Un franc le volume

NOUVELLE COLLECTION MICHEL LÉVY

1 FR. 25 C. PAR LA POSTE

COMTE AGÉNOR DE GASPARIN

DISCOURS
POLITIQUES

— 1843 — 1846 —

PREMIÈRE ÉDITION

CALMANN LÉVY, ÉDITEUR

ANCIENNE MAISON MICHEL LÉVY FRÈRES

RUE AUBER, 3, ET BOULEVARD DES ITALIENS, 15

A LA LIBRAIRIE NOUVELLE

DISCOURS POLITIQUES

CALMANN LÉVY, ÉDITEUR

OUVRAGES

DE

M. LE COMTE AGÉNOR DE GASPARIN

OUVRAGES

DE L'AUTEUR DES HORIZONS PROCHAINS

IMPRIMERIE CENTRALE DES CHEMINS DE FER. — A. CHAIX ET Cie,
RUE BERGÈRE 20, A PARIS. — 12720-0.

DISCOURS

POLITIQUES

— 1843-1846 —

PAR

LE Cᵀᴱ AGÉNOR DE GASPARIN

PREMIÈRE ÉDITION

PARIS

CALMANN LÉVY, ÉDITEUR

ANCIENNE MAISON MICHEL LÉVY FRÈRES

RUE AUBER, 3, ET BOULEVARD DES ITALIENS, 15

A LA LIBRAIRIE NOUVELLE

—

1881

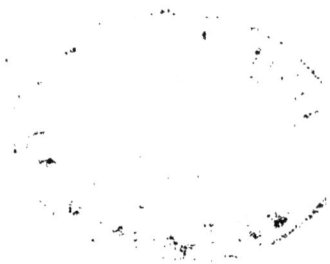

Nous dédions ces discours à la France.

Ils donneront espérance et courage aux champions de la liberté.

Édit.

1843

CHAMBRE DES DÉPUTÉS

Le droit de visite.

Messieurs, dans votre projet d'adresse, j'approuve tout ce que blâme l'honorable préopinant[1], et je blâme tout ce qu'il approuve. (Ah ! ah !)

Oui, Messieurs ; si je parle en ce moment en faveur du projet, c'est qu'il consacre cette politique vraiment nationale, qui a prévalu depuis douze ans au milieu de nous. Ce n'est pas assez de faire triompher cette politique par nos votes, il faut encore empêcher qu'elle ne soit calomniée à cette tribune. (Approbation au centre.)

Cette politique n'a pas seulement besoin d'être triomphante, il faut qu'elle soit honorée : nous devons être modestes pour nos personnes, mais nous ne devons pas

---

1. M. de Larochejaquelin.

l'être pour nos opinions, nous ne devons pas l'être pour notre politique.

Eh bien, je soutiens que la politique consacrée par votre projet d'adresse, que la politique exprimée par les honorables membres de votre commission, que cette politique-là est la politique vraiment nationale, la seule politique qui assure la liberté au dedans et la force du pays au dehors.

Oui, Messieurs, je n'accepte pas, pour mon compte, cette répartition des rôles qu'un éloquent orateur faisait hier à cette tribune [1] : Aux uns, l'honneur national, l'amour de la liberté, l'indépendance de la conscience ; aux autres, sans doute, tout ce qui n'est pas cela. Je ne l'accepte point, cette répartition des rôles ; il y a de l'indépendance sur tous les bancs, croyez-le bien, et j'en sens dans mon cœur; je sens qu'il n'y a personne ici qui ne soit indépendant. (Rires et murmures.) Seulement, voici la différence : nous sommes tous indépendants vis-à-vis du pouvoir. (Rires ironiques à gauche.) Cela est facile, je le sens, il est très facile d'être indépendant vis-à-vis du pouvoir; mais ce qui n'est pas facile, c'est d'être indépendant vis-à-vis de la presse.

A gauche. — Allons donc!

Au centre. — Oui! oui! c'est vrai!

Le Cᵗᵉ DE GASPARIN. — Voilà qui n'est pas facile. Ne parlons pas d'indépendance, et ne donnons pas à une seule fraction de cette Chambre le privilège de l'indépendance. J'en dirai autant de la liberté. Croyez que c'est par un sentiment de libéralisme, et de libéralisme profond, que je suis venu m'asseoir sur ces bancs (montrant le centre) ; c'est parce que je sens que les

1. M. de Lamartine.

libertés publiques ont besoin d'être garanties contre les
dangers que leur créeraient et le désordre des rues et
la guerre universélle... (Interruption aux extrémités.)

Un membre. — Tout cela est vieux !

M. DE GASPARIN. — Oui, cela est vieux, le bon sens
aussi est vieux. La liberté a besoin d'une condition ; il y
a encore un progrès à accomplir ; c'est de faire durer
quelque chose parmi nous. Et quant à la force au
dehors, que vous voulez tous et que je veux aussi,
croyez-vous qu'elle puisse résulter d'une instabilité perpétuelle, de la pensée où l'on serait qu'il n'y a rien qui
puisse durer en France, rien de ferme, rien de suivi ? La
force au dehors, vous l'aurez, Messieurs, quand vous
aurez l'ordre au dedans. Oui, les libertés véritables sont
intéressées au triomphe des principes que nous soutenons
et qui sont consacrés dans votre projet d'adresse. C'est
à ce point de vue que je viens défendre ce projet. (Très
bien ! très bien !) Messieurs, j'ai dit ce qui me faisait
approuver le projet d'adresse : j'ai à dire maintenant
ce que je conteste dans sa rédaction.

Il y a un point très grave, Messieurs, une question
très importante, celle qui, à vrai dire, préoccupe le
plus le pays aujourd'hui, celle qui tient la plus grande
place dans la discussion des journaux, celle qui a
occupé presque tout entière la discussion dans une autre
Chambre : c'est la question du droit de visite.

Cette question, je ne prétends point la discuter en
ce moment au point de vue de la rédaction ; mais e
blâme le paragraphe de l'adresse et parce qu'il condamne les traités et parce qu'il ne le fait pas clairement.

Voilà les reproches que je lui fais. Je demande à la
Chambre la permission de me renfermer aujourd'hui

dans cette discussion. C'est, encore une fois, la plus grave. Tout le reste est du réchauffé! (Exclamations à gauche.)

On a beaucoup parlé de la politique générale, de toutes les questions de politique extérieure : cela n'intéresse et ne touche guère. Ce qu'il y a de grave, ce qui nous préoccupe, ce qui me préoccupe profondément, je le déclare, c'est la question du droit de visite, c'est la question des traités de 1831 et de 1833. Si la Chambre m'y autorise, j'essayerai d'examiner sérieusement, complètement devant elle, cette importante question, que j'étudie depuis très longtemps, et sur laquelle j'ai une opinion, je ne dirai pas éclairée assurément, mais très profonde, très consciencieuse, et très ancienne.

Messieurs, je regrette vivement qu'on ait mêlé la question ministérielle à cette question-là. L'honorable M. de Beaumont a déclaré que les deux questions étaient connexes et qu'elles se tenaient; je demande la permission de les séparer, et cela pour deux motifs.

D'abord, il me paraît impossible de faire peser sur un seul cabinet la responsabilité (la responsabilité glorieuse selon moi) mais enfin la responsabilité des conventions. S'il y a une chose qui ait été surabondamment prouvée, c'est que tous les ministères, et je les en honore, ont accepté et les mêmes traditions et la même politique jusqu'à ce jour; par conséquent, il est impossible de faire à un cabinet, encore moins à un ministre, une place à part dans cette discussion.

Il y a une autre raison, pour écarter la question ministérielle. Cette question est grande, très grande à mes yeux, je l'affirme, et cependant elle est trop petite pour le débat ; oui, le débat est plus haut que cela. Ce n'est pas moi qui viendrai vous proposer sans cesse l'imitation d'un peuple voisin, qui viendrai vous proposer de copier, en France, ce qui se fait en Angleterre ; je crois qu'il doit y avoir une grande différence entre les deux pays. Mais il y a une chose très noble qui se fait en Angleterre ; il y a des hommes calomniés (j'y reviendrai), qui ont mis la question pour laquelle ils se sont dévoués de cœur, qui ont mis la question de l'esclavage des noirs et de la suppression de la traite au-dessus de toutes les questions ministérielles, des questions de partis, d'opinion. Et si vous en voulez des exemples, ils sont faciles à citer. Voyez, sur cette question de l'abolition de la traite, des ennemis politiques se rencontrer : Pitt et Fox voter ensemble, et parler dans le même sens ; voyez Wilberforce et Burke ; voyez le fils de lord Howich, qui sort du ministère présidé par son père, parce qu'une clause du bill d'abolition de l'esclavage ne convenait pas à ses convictions. Vous avez plus que cela ; dernièrement, c'est de l'histoire très récente, vous avez la portion du parti Whig, qui soutenait par conscience l'abolition de l'esclavage, et qui, renversant l'administration Whig, ruinant son propre parti, a voté avec lord Sandon, contre l'abaissement des droits sur les sucres étrangers, par crainte que cet abaissement ne nuisît à la situation des émancipés dans les colonies anglaises.

Ainsi, Messieurs, les hommes généreux qui ont voulu mettre les choses à leur place, et donner aux questions leur véritable grandeur, ont dédaigné de faire de cette grande question une question ministérielle ; ils ont laissé la question de lutte politique pour la

1.

question d'humanité ; grande et belle question, qu'il faut pourtant que nous examinions un peu.

J'écarte la question ministérielle. (Très bien !)

Messieurs, il y a un point sur lequel tout le monde est d'accord, c'est que les traités sont mauvais. Tout le monde l'a dit, à une exception près, exception glorieuse, derrière laquelle je suis heureux de m'abriter maintenant. M. le duc de Broglie a soutenu que les traités étaient bons en eux-mêmes, qu'il se félicitait de les avoir faits, et que, s'ils étaient à faire, il les referait ; il s'est placé à ce point de vue. Mais à cette exception près, il m'a semblé que tout le monde avait plus ou moins désavoué les traités ; que ceux qui ont attaqué ou défendu, dans cette Chambre ou dans l'autre, des amendements ou des paragraphes relatifs à la question, ont tous plus ou moins dit que les traités étaient regrettables, qu'ils étaient fâcheux, qu'ils pouvaient être remplacés par d'autres moyens qui n'auraient pas les mêmes inconvénients ; qu'il était à désirer, ou que ces traités pussent être déchirés immédiatement, ou qu'on pût négocier autre chose, ou du moins qu'on attendît l'occasion de substituer un autre principe à ceux qui ont prévalu jusqu'ici.

C'est cette opinion, générale en ce moment, je le reconnais, que je demande l'autorisation d'examiner et d'attaquer. Je crois que, en raison de mon isolement, la Chambre me doit peut-être quelque indulgence ; et d'ailleurs quand je viens, Messieurs, aujourd'hui, défendre à cette tribune l'opinion qui était celle de tout le monde il y a quelques années, l'opinion qui était celle de tous les ministres, de tous les journaux, de toutes les législatures ; quand je viens, en 1843, essayer de reproduire timidement (non pas timidement, je me trompe, car cette opinion est très profonde dans mes convictions, et je crois que les Chambres, le pays les journaux et les ministres avaient raison il y a quelques années); quand je viens essayer de reproduire, de défendre l'opinion de la veille contre celle d'aujour-d'hui, l'opinion qui, j'espère, sera celle de demain; quand je viens remplir ce rôle dans un isolement que je regrette, j'espère que la Chambre m'accordera quelques moments d'indulgente attention. (Parlez! parlez!)

Il y a un autre argument, que je voudrais écarter de la discussion.

On a parlé de l'opinion publique ; le dernier ora-teur a mis en avant cette raison de décision pour la Chambre.

Messieurs, je ne l'accepte pas. L'opinion publique, nul ne la proclame plus haut que moi. Je viens encore de le constater tout à l'heure. Mais je demande que, dans l'intérêt de ce débat lui-même, nous restions libres vis-à-vis de cette opinion. L'opinion publique, nous ne l'acceptons pas seulement; nous la faisons aussi à cette tribune. C'est la gloire de cette Chambre, permettez-moi de le dire, d'avoir, depuis douze années, répudié les opi-nions même les plus générales du dehors. Il y a des moments où l'opinion publique s'égare; il y a eu des moments où la grande majorité du pays était pour la guerre, j'en suis convaincu.

Or, les Chambres ont porté un examen sérieux sur cette question, que tranchait légèrement l'opinion publi-que, et l'opinion s'est réformée par cette Chambre. D'ailleurs, s'il fallait accepter cet argument de l'opinion publique, il n'y aurait plus qu'une chose à dire : apportez vos cahiers; examinons ce qui se passe dans le pays, et ne discutons pas. (Nouvelle approbation au centre.)

J'aborde tout de suite le principal argument des adversaires des traités.

On vous dit : Les traités ne sont pas nécessaires pour la répression de la traite ! — Et on tient beaucoup à l'établir, comme aussi je tiens beaucoup à le contester; car, vous le sentez bien, si l'on n'établit pas que les traités ne sont pas nécessaires à la répression de la traite, il faut qu'en se déclarant contre les traités, on se déclare pour la traite. Or tout le monde, dans cette enceinte, assurément, est contraire à ce trafic, je ne veux pas dire infâme, car il est ainsi qualifié dans tous les documents, même espagnols et portugais; tout le monde est contraire à ce trafic, cela ne fait aucun doute à mes yeux. Ailleurs, on lui a bien cherché quelque justification, et en même temps qu'on célébrait les charmes de l'esclavage colonial, on a bien plaidé un peu la cause de la traite, mais enfin je tiens ceci pour le sentiment général : La traite est une chose mauvaise, exécrable, et qu'il faut supprimer.

Mais si les traités étaient le seul moyen, par hasard, d'y parvenir; s'il n'y en avait pas d'autres; il faudrait bien arriver à cette conséquence, qu'en déchirant les traités, nous renoncerions à toute répression sérieuse de la traite.

Voyons donc.

On a dit d'abord que les traités avaient atteint leur but. Atteint leur but ! Messieurs, il y a une manière d'établir, non cette vérité, mais cette assertion, à laquelle

on a renoncé. Je suis bien aise de le rappeler, pour
montrer que la question a fait quelques progrès, qu'on
a déserté une partie des arguments qu'on employait
l'année dernière. — Le 22 janvier de l'année dernière,
M. Thiers disait : « Il faut que vous sachiez que la traite,
même avant les traités de 1831 et 1833, était tellement
diminuée qu'elle ne se faisait pour ainsi dire plus ; » et
M. Berryer ajoutait le surlendemain : « La traite ne se
fait guère plus dans le monde ; il y a très peu de bâtiments qui s'y livrent aujourd'hui. » — Eh bien, nous
savons tous qu'aujourd'hui, la traite a encore une
effroyable extension.

On a dit de plus : Si la traite se fait encore dans le
monde, si elle n'est pas encore supprimée, du moins
elle ne se fait plus sous pavillon français ; votre traité
a atteint son but ! — Je voudrais pouvoir admettre
complètement l'assertion ; je l'admets en très grande
partie pour l'honneur de mon pays, mais cependant, j'ai
quelques restrictions à y apporter. Ainsi, si j'ai bonne
mémoire, en 1838, l'équipage du brick *le Voltigeur* a
été traduit devant le tribunal de Bordeaux ; une dépêche
de lord Palmerston au ministre des affaires étrangères,
transmettait au commencement de 1840 un rapport du
mois de décembre 1839, par lequel le commandant
de la corvette anglaise *la Bonnetta* signalait trois
bâtiments français, équipés par des Français, gouvernés
par des Français, faisant ostensiblement la traite, et il
signalait en même temps les deux principaux agents de
la traite dans la rivière du Congo comme Français, en
demandant une répression à la France.

Ainsi, il ne serait pas tout à fait vrai de dire que la
traite ne se fait pas sous pavillon français, et que les
Français sont entièrement étrangers à la traite ; toutefois,

j'accepte l'assertion en grande partie. Mais que signifie l'argument? De deux choses l'une : ou vous croyez les traités inefficaces, et alors il faut y renoncer (soit que le pavillon de la France couvre encore ou non la traite, cela ne fait rien à la question); ou vous croyez à l'efficacité des traités, et alors que signifie l'argument? Il signifie que, toutes les fois qu'une nation aura supprimé la traite sous son pavillon, il faudra qu'elle renonce au droit de visite réciproque, et qu'ainsi, successivement, l'Angleterre comme la France, et les autres pays sous le pavillon desquels la traite ne se fera plus, sortiront du droit de visite réciproque. La solidarité des nations, qui était la garantie de la suppression de la traite, disparaîtra; par conséquent, nous finirons par n'avoir pour réprimer et surveiller la traite, que les seules nations qui s'y livrent. L'Espagne, le Portugal et le Brésil seront les seuls pays qui visiteront les navires pour réprimer la traite. Voilà les conséquences obligées, si vous voulez que toutes les nations qui ne se livrent plus à la traite, sortent du droit de visite réciproque. — On ne peut donc se servir de cet argument : que la traite ne se fait plus sous pavillon français.

Mais, Messieurs, après avoir cherché à établir que les traités ont atteint leur but, voici ce qu'on fait. On dit : Les traités ne peuvent pas atteindre leur but! — Car toutes les armes sont bonnes contre le droit de visite, le pour et le contre, le blanc et le noir. — Après avoir dit que les traités ont atteint leur but, on dit qu'ils ne peuvent plus l'atteindre.

Les traités ne peuvent pas atteindre leur but!

Examinons cette question.

C'est d'abord, parce que les États-Unis ont refusé d'entrer dans le système généralement accepté par les

nations européennes et par les nations du Nouveau
Monde; c'est parce que les États-Unis ont signé avec l'Angleterre un traité qui ne contient pas la stipulation du
droit de visite réciproque ! — J'ai beaucoup de peine à
comprendre cet argument-là. Quoi! le droit de visite
réciproque était efficace, ou pouvait l'être, avant que
les États-Unis eussent signé le dernier traité, et il ne
le serait plus aujourd'hui? Quoi, parce que les États-
Unis ont fait un premier pas, un pas énorme, une
première concession à l'Angleterre, celle d'établir une
croisière sérieuse sur les côtes d'Afrique ; parce qu'ils
ont fermé une des lacunes les plus dangereuses qui
existassent encore, cette lacune par laquelle passait
toute la traite; car vous savez que c'était sous le
pavillon des États-Unis, que la traite entière commençait
à se faire; quoi, parce que cette lacune est fermée, parce
que ce mal énorme a été supprimé, on vous dit que le
dernier traité avec les États-Unis a anéanti l'efficacité
des anciens ?

Messieurs, il est impossible d'accepter cela; d'accepter
le dernier traité avec les États-Unis, comme une défaite
du droit de visite. Les États-Unis ont refusé en tout
temps le droit de visite. L'Angleterre a insisté; elle n'a
pas encore réussi, mais elle réussira peut-être une autre
fois (Rumeurs à gauche); et ce qu'il y a de certain, c'est
qu'elle a beaucoup obtenu.

Il est très fâcheux sans doute, et je suis le premier à
le regretter, que les États-Unis n'aient pas consenti au
droit de visite réciproque; ils ont leurs motifs, je les
examinerai tout à l'heure; mais ce qu'on ne peut contester, c'est qu'ils ont fait une chose très grave, très
importante, pour le droit de visite: ils ont supprimé le
moyen le plus sûr, pour les négriers, d'échapper à la

surveillance des croisières qui exercent la visite sur les côtes d'Afrique.

On ajoute, Messieurs: — Les traités n'ont pas atteint leur but; car la traite est encore faite dans des dimensions effrayantes; elle se fait à l'heure qu'il est dans des proportions qui épouvantent l'imagination! — Cela est vrai, et cependant encore ici, je voudrais examiner le fait, le circonscrire, l'établir dans ses proportions véritables avant de le discuter.

Il n'est pas tout à fait vrai de dire que la traite n'a reçu aucun échec des traités sur le droit de visite, et que sans les traités, elle serait ce qu'elle est aujourd'hui. Cela n'est pas exact. En effet, la traite est aujourd'hui ce qu'elle était avant les traités, je le reconnais; mais que serait-elle sans les traités? Savez-vous que la production du sucre s'est accrue prodigieusement à la Havane, au Brésil, et dans toutes les parties du monde qui demandent des esclaves de traite, et qui en achètent? Savez-vous que la Havane seule, ajoute cent mille caisses de sucre, tous les dix ou douze ans, à sa production et à ses exportations? Avez-vous calculé ce que cela aurait ajouté à la demande d'esclaves des côtes d'Afrique, si les traités n'eussent pas existé, si le droit de visite n'avait pas été là pour empêcher l'accroissement? Non seulement les demandes d'esclaves se seraient immensément accrues, mais la récolte d'esclaves en Afrique (il faut bien que j'emploie cette expression) se serait immensément accrue aussi.

Il ne faut pas croire que l'Afrique se soit habituée du premier coup à cette récolte-là, qu'elle se soit habituée facilement à ces guerres, à ces brigandages, à tous ces crimes enfin, qui amènent le trafic des esclaves, et qui le rendent possible.

Non, Messieurs, ce n'est pas du premier coup que les habitants de l'Afrique se sont résignés à la traite. Examinez les détails consignés dans une foule de documents, et vous verrez que, dans l'origine, on avait beaucoup de peine à obtenir 4,000 noirs d'Afrique. Puis on a eu de la peine a en avoir 10,000 ; puis on en a tiré 20,000, puis 50,000, puis 70,000, puis 80,000. L'Afrique ne s'est accoutumée que peu à peu à cette production, et la production se serait accrue sans limites. Plus les demandes d'esclaves auraient été considérables d'un côté de l'Atlantique, plus la production d'esclaves aurait augmenté de l'autre. La traite serait devenue gigantesque, et si elle est encore énorme aujourd'hui, il faut cependant convenir que ses proportions ne sont pas celles qu'elle aurait affectées, si vous n'aviez pas fait les traités sur le droit de visite réciproque.

Non seulement cela est vrai, mais j'ai cherché à établir les véritables proportions de l'assertion dont je reconnais la vérité. La traite existe ; Messieurs, pourquoi existe-t-elle ? Voilà la seconde question. N'y a-t-il pas des causes particulières qui la protègent, et qu'i. serait facile de faire disparaître, et qui, en disparaissant, donneraient au droit de visite réciproque toute son efficacité ?

Il y en a deux. La première, c'est que la France n'a pas de droit de visite sur l'Espagne, sur le Brésil, sur le Portugal, sur toutes les nations qui font la traite ; par conséquent, les croisières anglaises sont seules ; la répression, qui pourrait être double, est simple. Et c'est ainsi que les inconvénients des traités qui existent, quand on n'exécute les traités qu'à demi, disparaîtraient avec une acceptation entière. Si nous voulions complètement le droit de visite, il deviendrait efficace ; il extir-

perait le mal ; il vous dispenserait bientôt de l'emploi
du remède, et votre réciprocité serait sérieuse. Messieurs,
vous touchez à ce moment, vous en êtes plus près que
vous ne croyez, si vous ne détruisez pas ce noble accord
entre les puissances, accord qui a déjà empêché l'accroissement de la traite , et qui pourrait achever de
l'abolir.

Il n'est pas difficile pour la France d'obtenir le consentement du Portugal, du Brésil et de l'Espagne, au
droit de visite exercé par les bâtiments français.

La seconde cause qui protège la traite, c'est que derrière le droit de visite réciproque, il n'y a pas de péna-
lité aujourd'hui.

Il faut ces deux choses pour la répression de la traite :
le droit de visite qui saisit les criminels, et le châtiment personnel qui les frappe. Tant que vous n'aurez
que la confiscation et la vente des navires, vous
aurez la traite ; cela est évident. Il y a à la Havane des
compagnies d'assurance contre les croisières. Avant de
partir pour le voyage, on fait son marché, et l'on est
certain d'avance qu'il n'y a rien à risquer. — La traite
ne sera pas arrêtée par la confiscation, par la vente des
navires ; il faut l'exécution des lois pénales de l'Espagne,
du Brésil et du Portugal. Elles existent, mais elles ne
sont pas appliquées ; et c'est là-dessus que les remon-
trances du gouvernement français, si elles étaient unies
à celles du gouvernement anglais, finiraient par exercer
une décisive influence : nous obtiendrions que ce hideux
commerce disparût entièrement.

Vous ne savez peut-être pas comment se fait la traite,
comment les esclaves de traite sont amenés sur les côtes
de Cuba. — Non seulement le débarquement des esclaves
est favorisé par tous les moyens ; non seulement aux

heures où les bâtiments ordinaires, qui font un commerce légitime, ne peuvent pas entrer dans le port de la Havane, les négriers y entrent; mais voici ce qui arrive: Vous traduisez les équipages, les capitaines devant les tribunaux espagnols. Les lois espagnoles sont sévères ; elles prononcent la peine des galères, des présides, de la prison, avec une grande libéralité. Eh bien, l'impunité est si constante, si inévitable jusqu'à présent, qu'on renonce à traduire les équipages. On se contente de traduire les capitaines.

Qu'arrive-t-il? Le capitaine est pris au milieu d'une cargaison de noirs, il faut bien mettre le capitaine en prison. Deux jours après, il est malade, toujours; on le transporte à l'hôpital. Trois jours après il est mort. Toujours, toujours! (On rit.)

Je suis surpris qu'un fait aussi scandaleux que celui que je signale excite autre chose que l'indignation de la Chambre. Quant à moi, je n'ai pas songé à en rire un seul instant; il m'est impossible d'en rire. Vous avez des certificats du commissaire de police, du curé qui a enterré; on les joint au dossier, le dossier est retiré, et on ne peut plus exercer de poursuites contre le capitaine. Il y a des gens qui sont morts comme cela cinq à six fois à la Havane. (Rires prolongés.)

J'ai essayé de répondre à ces deux arguments contradictoires : la traite a atteint son but; la traite ne peut pas atteindre son but. Ils sont aussi faibles l'un que l'autre. Je crois l'avoir prouvé.

Mais il y a, dit-on, bien d'autres moyens d'extirper la traite que le droit de visite ; des moyens plus efficaces peut-être, et qui n'auraient pas l'inconvénient, comme le droit de visite, de blesser la susceptibilité française, et de soumettre son pavillon à des avanies de la part des Anglais !

Le premier moyen, c'est l'abolition universelle de l'esclavage : celui-là, je le déclare excellent ; il est radical ; il tranche toutes les difficultés. Par malheur, l'esclavage n'existe pas seulement chez nous, et après l'avoir aboli chez nous, il faudra l'abolir chez les autres. Il est certain que quand nous aurons aboli le marché, nous aurons supprimé la marchandise. C'est le meilleur moyen, je le proclame. Mais êtes-vous bien décidés à l'employer avec énergie ? Êtes-vous bien décidés à abolir l'esclavage, d'abord dans vos colonies, et, après l'avoir aboli dans vos colonies, à l'abolir ailleurs ? Êtes-vous décidés à cela, vous qui craignez de vous montrer trop anglais ? Êtes-vous prêts à vous placer, je ne dirai pas à la suite, mais à côté de l'Angleterre, dans la question bien plus brûlante de l'abolition au sein des colonies espagnoles, au Brésil ; et dans les colonies françaises, tout d'abord ?

M. Dessaigne. — Dans les colonies anglaises de l'Inde aussi.

M. de Gasparin.—J'en parlerai tout à l'heure. Êtes-vous décidés à cela ? En vérité, Messieurs, j'admire l'imprudence des avocats de nos colonies. Ils ont contribué pour beaucoup, je parle de ceux qui sont en dehors de cette Chambre, je ne fais allusion à personne dans cette enceinte ; ils ont beaucoup contribué à la prise d'armes contre le droit de visite ; ils l'ont signalé, poursuivi, décrié ; quelle imprudence ! Si l'on supprime le droit de visite, il n'y a plus qu'un moyen de détruire la traite : c'est l'abolition de l'esclavage. (*A gauche. C'est cela ! très bien !*) Mais alors, tous les ans nous reviendrons à cette tribune, et, moi le premier, nous viendrons vous dire : la traite se continue ; elle s'accroît ; elle se développe dans des proportions à chaque instant plus grandes ; il faut y mettre un terme ; nous n'avons plus d'autre moyen que l'abolition de l'esclavage !

Les hommes qui, comme moi, étaient décidés à mettre beaucoup de modération dans l'examen de la question de l'abolition de l'esclavage, à avancer progressivement, à y regarder de près, à marcher pas à pas, ces hommes, vous les forcerez à marcher au pas de charge (Oh ! oh !) ; vous les forcerez à passer par-dessus des difficultés qui les auraient arrêtés autrefois ; vous les forcerez à affranchir brusquement les esclaves de nos colonies, pour enserrer les colonies espagnoles et brésiliennes, et toutes les colonies à esclaves, dans un cercle de liberté.

Je recommande cette observation à la conscience et au bon sens des avocats, des défenseurs des intérêts coloniaux. Elle vaut la peine d'être prise en considération.

Après avoir proposé l'abolition de l'esclavage, on propose de déclarer la traite *piraterie*. C'est encore un moyen ; i. n'a pas la même efficacité que l'autre, néanmoins il peut avoir sa valeur. Déclarer que tout bâtiment négrier est dénationalisé, qu'il peut être saisi en pleine mer et traduit devant les tribunaux étrangers, c'est un moyen très énergique, qui vaut presque le droit de visite.

Mais êtes-vous bien décidés à adopter ce moyen-là, avec tous ses inconvénients ? La répression de la piraterie entraîne le changement de juridiction, et mille autres inconvénients qui ne sont pas dans le droit de visite. J'attendrai que ce moyen soit proposé sérieusement par un membre de cette Chambre, pour le combattre sérieusement aussi.

Que vous dirai-je de la suppression des marchés ?

Je ne comprends la suppression des marchés que par la suppression de l'esclavage. La suppression des marchés sans l'abolition de l'esclavage! c'est-à-dire, obtenir des gouvernements espagnol et brésilien d'empêcher la vente des esclaves dans leurs territoires, d'intervertir toutes les idées de propriété dans leurs colonies : c'est impossible.

Reste le grand moyen : Entrer, sur la provocation du président des États-Unis, dans la voie où les États-Unis sont entrés eux-mêmes. Le président des États-Unis, s'adressant en quelque sorte à toutes les nations du monde, a dit que si les autres peuples entraient dans la voie où sont entrés les États-Unis, on obtiendrait la suppression efficace et réelle de la traite des noirs, sans interpolation dans le droit national : ce sont les termes.

Je prétends qu'il n'y a rien au monde de plus impuissant, de plus inefficace, de plus absurde, pardonnez-moi le mot, pour réprimer la traite, que le traité des États-Unis adopté par toutes les puissances.

Assurément, la Chambre ne veut pas que la France renonce seule au droit de visite réciproque, et qu'elle laisse toutes les puissances secondaires, à la tête desquelles elle s'est trouvée et se trouve encore placée, seules sous l'inspection, sous la surveillance, sous la visite de l'Angleterre. Vous ne pouvez pas non plus conserver sur les autres puissances un droit de visite que vous ne voulez pas accepter pour vous-mêmes.

Ainsi, voilà le résultat net et clair de la renonciation de la France aux traités de droit de visite réciproque.

Quand la France renonce au principe de la visite réciproque, il faut que les autres nations y renoncent aussi.

Messieurs, si cela est; si, à la suite de la France, les

traités de 1831 et 1833 sont déchirés par les autres puissances, voici ce qui va arriver.

Supposez (je fais une supposition bien gratuite, assurément), supposez que toutes les nations qui ont un pavillon aient aussi des croisières, et que toutes ces croisières soient sur la côte d'Afrique ; je dis que la traite échappera à toutes ces croisières, qui ne pourront atteindre, chacune, que les bâtiments placés sous le pavillon de leur nation.

Permettez-moi encore une comparaison bien vulgaire, qui me vient à l'esprit. On a dit que les croisières étaient la gendarmerie des mers. Notre gendarmerie a le droit d'arrêter tous les malfaiteurs. Supposez qu'au lieu de lui donner ce droit, on fasse des groupes de gendarmes, et qu'on dise à l'un : Vous n'arrêterez que les incendiaires ; à l'autre : Vous n'arrêterez que les assassins ; au troisième : Vous n'arrêterez que les voleurs. Il arrivera tous les jours, que les gendarmes qui ont droit d'arrêter seulement les assassins, rencontreront des incendiaires, et ne pourront les arrêter ; que les gendarmes qui ont droit d'arrêter les voleurs, ne rencontreront que des assassins, et ne pourront les arrêter. Cela est évident. Si vous avez vingt ou trente croisières sur la côte d'Afrique, et si elles n'ont pas chacune le droit de visiter tous les bâtiments, elles seront impuissantes, et, presque toujours, des bâtiments chargés de noirs, qui devraient être arrêtés, échapperont au milieu de ces vingt ou trente croisières.

Mais j'ai fait une trop grave concession. Qui est-ce qui croit, dans cette Chambre, que nous aurons une croisière du Brésil, une croisière des Villes Anséatiques, une croisière sérieuse du Pérou, du Chili, ou de telle autre puissance inférieure de l'Amérique et de l'Europe ? Vous aurez une croisière française, une croisière anglaise, une croisière russe, peut-être une croisière autrichienne; mais vous ne pouvez pas compter sur les croisières des petites puissances.

Or, je dis que du moment où vous serez entrés dans cette voie nouvelle, dès ce moment, la traite est assurée d'une complète impunité; dès ce moment, les pavillons qui ne pourront plus être surveillés serviront à couvrir la traite tout entière; dès ce moment-là, il aura, à un degré très regrettable, ce que nous avons vu, depuis quelques années, sous le pavillon des États-Unis, qui, n'étant pas surveillé sur la Côte d'Afrique, couvrait seul la traite tout entière.

Ainsi, la conclusion de ce que je viens de dire à la Chambre, conclusion qui me paraît évidente et claire, que j'exprime clairement parce que mon esprit la conçoit ainsi, c'est que renoncer au droit de visite réciproque, c'est renoncer à la suppression sérieuse de la traite des noirs; j'en demeure profondément convaincu. Je désire que la discussion s'établisse sur ce point; je désire que mes assertions soient contestées; mais ce que je désire aussi, c'est que la Chambre, avant de prendre une décision sur une question aussi grave, se demande à elle-même si, en présence des faits, des raisonnements et des documents, il est possible de distinguer entre la question des traités et la question de la répression de la traite.

Messieurs, on aime mieux se placer sur un autre terrain, je le comprends. Au lieu d'aborder de front la question toujours difficile à traiter, pour les adversaires des conventions de 1831 et 1833, la question de savoir si ces conventions ne sont pas absolument nécessaires à la répression de l'esclavage, on se jette sur les inconvénients des traités ; c'est beaucoup plus simple, beaucoup plus facile, surtout dans un temps où l'on est disposé à ne pas accepter les inconvénients de ce qu'on veut. Il faut pourtant accepter les inconvénients de ce qu'on veut ; il y a des inconvénients à tout. Il y en a à la liberté de cette tribune. Il y en a à la liberté de la presse ; il y en a à toutes vos libertés ; qui est-ce qui en doute ? Et vous les supportez cependant, parce que le bien l'emporte sur le mal.

D'après ce que je viens d'essayer de démontrer à la Chambre, je pourrais ne pas insister beaucoup sur la question des inconvénients ; toutefois, je l'examinerai encore à fond, si la Chambre me le permet... (Parlez ! Parlez !) Je regrette d'être long, mais je suis seul à défendre cette cause.

Messieurs, les inconvénients, il y en a quelques-uns sur lesquels je ne m'étendrai pas ; on les a presque désertés. Un des caractères de ce fait, que je signalais en commençant, c'est que l'opinion, à tout prendre, s'est éclairée depuis un an ; c'est que l'opinion, qu'on a tant cherché à égarer dans cette question, a cependant abandonné une partie des arguments qui produisaient le plus d'impression naguère.

Ainsi, on a parlé de l'inconstitutionnalité, de l'illégalité des traités ; je crois que c'est un argument à peu près abandonné aujourd'hui. (*A gauche.* Non ! non !)

Il me paraît évident, qu'à moins de vouloir absolument détruire l'autorité de la France au dehors, qu'à moins de vouloir ruiner notre crédit vis-à-vis des autres puissances, il ne faut pas ajouter aux causes graves qui peuvent ruiner ce crédit (à l'instabilité de notre gouvernement, à nos refus de ratifier des conventions signées), il ne faut pas y ajouter des causes de nullité dans des conventions signées, ratifiées, exécutées.

S'il en était ainsi, il n'y aurait plus de conventions possibles, pas plus pour la France que contre elle. En effet, quelle convention pourrait exister avec de tels principes? Quelle est la convention à laquelle l'Angleterre ne pourrait se soustraire, si elle voulait la déchirer? Est-ce que dans ce pays, où il y a tant de jurisconsultes habiles qui ne connaissent pas l'ensemble des lois de leur pays, est-ce qu'il ne serait pas toujours possible de trouver (que sais-je?) des décrets de la reine Anne ou de la reine Élisabeth, qui seraient contraires aux traités dont on ne voudrait plus? Est-ce qu'il serait difficile de prouver que ces traités sont en opposition avec les lois du pays; qu'on ne s'en est pas aperçu pendant vingt, trente, cinquante ans, un siècle, mais qu'une cause de nullité existe, et que ces traités ne peuvent être exécutés? (Très bien!)

Il n'y a plus de traités, c'est évident, si on admet des causes de nullité. dans les conventions signées, ratifiées.

D'autres inconvénients peuvent être signalés; je les indique en peu de mots.

Ainsi, on a beaucoup parlé de l'espionnage exercé sur notre commerce. Cela est ruiné; on n'en parle plus; on ne l'ose pas... (Marques de dénégation à gauche. — Interruption.)

Je suis surpris de l'interruption, et vraiment je n'ai pas beaucoup d'arguments à lui opposer. Un fait est clair : Comment! l'espionnage de nos bâtiments de commerce serait exercé par les croisières anglaises, qui coûtent à l'Angleterre deux millions par an, lorsque l'Angleterre peut se procurer pour cinq ou six francs l'état du commerce en France, l'état publié tous les ans par M. le Ministre du commerce! (On rit.)

M. Vivien. — Mais dix-huit mois après !

M. de Gasparin. — M. Vivien me fait l'honneur de me dire : dix-huit mois après ! Cela est vrai. Mais l'Angleterre a des consuls dans tous nos ports, et ils connaissent les chargements et les directions de nos navires, aussi bien que nous.

D'ailleurs, si on savait comment se pratique le droit de visite, même avec tous ses abus, on verrait qu'il faut quelque légèreté d'esprit, pour supposer que le grand but de l'Angleterre par l'établissement de ses croisières, est de savoir ce que nous portons aux côtes d'Afrique et ce que nous en rapportons. Cela n'est pas sérieux.

Une voix à droite. — C'est pour nous gêner.

M. de Gasparin. — Autant en dirai-je d'un autre argument, ruiné aussi : Celui des souffrances de notre commerce sur les côtes d'Afrique.

Nous avons tous vu dans les journaux, si cela n'a pas été articulé à la tribune, que les armateurs étaient effrayés, découragés, que le commerce devenait impossible, que l'on renonçait à de nouvelles expéditions.

Tout cela disparaît, en présence des états qui constatent que le commerce qui a le plus prospéré depuis dix ans, c'est le commerce français, avec la zone comprise dans le droit de visite sur la côte d'Afrique. Le commerce général a décuplé, le commerce spécial a décuplé aussi. Et notez bien ceci, Messieurs, l'augmentation a été progressive ; ce n'est pas un accident, ce n'est pas une année exceptionnelle mise en regard d'une autre année exceptionnelle : 1832 a produit plus que 1831, 1833 plus que 1832, 1834 plus que 1833, ainsi de suite.

Il n'y a pas de fait plus clair que celui-là. Le commerce peut être découragé, effrayé, mais il va très bien.

Il y a un autre argument. C'est de dire que la paix du monde est bien plus exposée par les traités sur le droit de visite, que sans ces traités. Après s'être fait très belliqueux, on se fait très pacifique. On dit : Vous qui voulez la paix du monde, vous l'exposez ; les canons partiront tout seuls ! Messieurs, les canons ne partent pas tout seuls ; un honorable amiral l'a dit à une autre tribune, avec une autorité que je n'ai pas. On nous a effrayés pour la paix du monde ! Mais la croyez-vous plus exposée par un droit de visite réciproque, consenti entre les gouvernements de l'Europe, réglé par eux, et qui amène leurs bâtiments devant les tribunaux nationaux, que par le droit de visite tel qu'il était exercé sous la restauration, de quelque manière qu'on le restreigne ? A-t-on oublié ces correspondances aigres, presque violentes, qui, sous la Restauration, ont été échangées entre les deux gouvernements, à propos de ce droit de visite exercé sur nos bâtiments ? C'était alors que la paix du monde était exposée ; c'était alors qu'on risquait de se livrer bataille, pour une visite contraire au droit des gens et aux conventions ; tandis qu'aujourd'hui, on ne court aucun risque de ce genre, avec des traités mutuellement consentis.

Messieurs, ne croyez pas qu'il soit possible (quand bien même vous refuseriez les traités) à des croiseurs qui voient des bâtiments chargés de noirs, depuis le fond de cale jusque sur le pont, de n'avoir pas la tentation d'en saisir quelques-uns. Non, nous aurions des croisières, que nous ferions de même. Les Anglais l'ont fait. Cela peut être regrettable, contraire au droit des gens, mais cela n'en constitue pas moins un sujet de conflit perpétuel, et beaucoup plus grave que l'exécution des traités.

Reste le grand reproche d'avoir compromis l'indépendance du pavillon, et même le droit des neutres.

Sur ce reproche, et pour l'étayer, on vous fait beaucoup de citations. On cite (ce n'est pas dans cette enceinte, mais dans celle de l'autre Chambre) les paroles de lord Aberdeen, du ministre des affaires étrangères de l'Angleterre, disant que le droit de visite n'était pas seulement favorable à des intérêts d'humanité, mais au commerce de toutes les nations, et de l'Angleterre.

Ces paroles nous sont données comme indiquant la véritable pensée du gouvernement anglais.

Messieurs, si on avait suivi avec attention les débats très considérables et très anciens qui se livrent en Angleterre, on aurait remarqué qu'un des projets dont on s'est le plus préoccupé, dont les hommes généreux, dévoués, inspirés par des sentiments élevés qui y poursuivent ces questions, se sont le plus préoccupés, c'est la pensée de civiliser l'Afrique, d'y introduire le commerce régulier, l'agriculture, des transactions autres que celles de la traite des noirs. Le grand obstacle à cette amélioration, qui en serait une pour tout le monde, dont profiterait le commerce de la France comme celui de l'Angleterre, car nous avons sur la côte d'Afrique des possessions très bien situées : c'est la traite elle-même. Tant que la traite existe, les naturels se refusent à tous les moyens de civilisation ; et, comme il est plus facile de récolter des hommes qu'autre chose, ils se refusent à l'agriculture, au commerce régulier. Par conséquent, l'exécution du droit de visite et l'abolition de la traite, sont dans les intérêts bien entendus, non seulement de l'humanité, mais du commerce.

2.

Ce qu'on cite surtout, ce qu'on aime à citer, ce
sont les gouvernements antérieurs à celui-ci. On cite
l'Empire, on cite la Restauration. Oui, l'Empire a refusé
le droit de visite; mais savez-vous ce qu'il a fait, savez-
vous quel est le décret au bas duquel on voit la même
signature qu'aux décrets de Milan et de Berlin ? Ce
décret, Messieurs, a rétabli la traite pour les colonies
françaises avec une épouvantable aggravation. Je voudrais pouvoir arracher ce décret de nos codes. Ce décret,
il ne se contente pas de rétablir officiellement la traite,
il établit des primes, et des primes beaucoup plus
fortes que celles de l'ancien régime. La traite rétablie
au commencement du XIXᵉ siècle, par un décret inséré
au *Bulletin des lois !* Voilà ce qu'a fait l'Empire. Et l'on
ose le citer dans nos discussions !

La Restauration a refusé le droit de visite. Mais ce
qu'elle demandait, ce qu'elle exigeait, c'était cinq
années pour l'approvisionnement des colonies françaises. Pesez bien ces mots : cinq années pour le crime !
cinq années, pour faire ce que nous voulons empêcher !
Et puis la Restauration, on sait de quelle scandaleuse
impunité elle a couvert le commerce des esclaves, jusqu'à la fin.

Jusqu'à la fin, des négriers français ont parcouru les
mers . C'est un fait acquis, qu'il est impossible de
dissimuler. Messieurs, dans une discussion comme
celle-ci, quand on se rappelle surtout que ce dernier
gouvernement tolérait le droit de visite non pas réglé
te. qu'il est aujourd'hui, mais contraire aux conventions
et aux traités, je ne comprends pas qu'on puisse apporter
un pareil argument.

On dit : Il y a les États-Unis ! Ils refusent. La France
a déserté la cause qu'elle avait soutenue jusqu'ici, les

États-Unis y sont demeurés fidèles ; ils maintiennent le droit des neutres, l'indépendance du pavillon, ils sont seuls dans le monde ; c'est une honte pour la France !

J'ai quelque chose à répondre à cet argument-là.

Et ce que j'ai à répondre, je l'emprunterai à une brochure fort remarquable, qui a été publiée par l'ancien représentant des États-Unis en France, brochure presque officielle. Quoiqu'elle ne soit pas signée, je ne crois pas commettre d'indiscrétion, en disant qu'elle doit être attribuée à M. le général Cass.

Dans cette brochure, le général Cass, qui combat ouvertement le droit de visite, qui le repousse avec force, au nom de son gouvernement, déclare en même temps le véritable motif de ce refus. C'est le motif qui a été rappelé dans une autre enceinte, qui doit être rappelé dans celle-ci, et auquel nous sommes parfaitement étrangers. C'est la presse des matelots anglais ou américains (car le langage les confond) sur les navires des États-Unis. Voilà le vrai motif, le seul.

Une voix à gauche. — Pas le seul.

M. DE GASPARIN. — C'est le seul.

« Les États-Unis, est-il dit dans la brochure, ne peuvent souscrire aucune stipulation dont le texte torturé pourrait sembler une reconnaissance de cette doctrine de la presse. Ils ne sauraient ni restreindre cette doctrine ni lui tracer des règles. Ils ne peuvent qu'accepter une déclaration générale du gouvernement britannique, que leur pavillon protégera leurs matelots en tout temps et en toutes circonstances, et il n'y a guères lieu d'espérer que les conseils de la justice prévaudront sur ceux de l'intérêt, au point de conduire à une semblable mesure. Si pourtant elle était adoptée par le gouvernement anglais comme règle de sa conduite future, cette déclaration serait accueillie aux États-Unis comme l'indice de jours plus heureux, comme la cause et le gage d'une longue paix entre deux peuples que tant de motifs unissent et que si peu divisent. En cas d'un tel événement, il y aurait peu de risques à prédire qu'on en pourrait bientôt venir à un arrangement satisfaisant, qui assurerait la pleine coopération des États-Unis à la suppression de la traite. La grande difficulté se trouvant écartée, un esprit mutuel de conciliation aurait bientôt fait le reste. Mais jusque-là, les États-Unis ne peuvent, dans aucun arrangement donnant le droit réciproque de visite pour le but déclaré de l'extinction de la traite, admettre l'engagement que la doctrine d'entrée facultative ne serait pas appliquée, et que la liberté de leurs matelots n'aurait rien à craindre. »

Vous le voyez, il y a une grande raison pour les États-Unis, ils le disent nettement. Cette raison écartée, un mutuel esprit de conciliation ferait aisément le reste.

Mais il est temps d'examiner au fond ces questions de l'indépendance du pavillon et des droits des neutres, sans se préoccuper des autorités, de ce qu'a fait un autre gouvernement, un autre pays.

Voyons si nous avons des raisons sérieuses, abstraction faite de toutes ces considérations, pour repousser le droit de visite réciproque, au point de vue de l'indépendance du pavillon.

Messieurs, il y a une distinction à faire dans la question de l'indépendance des pavillons, outre l'état de paix et l'état de guerre.

Dans l'état de paix, qu'arrive-t-il? Ce n'est pas là ce qui préoccupe le plus la Chambre; j'en dirai cepen-

dant un mot, parce qu'il faut que la question soit
épuisée. Dans l'état de paix, qu'arrive-t-il? L'Angleterre
élève une prétention que nous n'admettons pas, que
nous n'avons pas non plus contestée formellement,
mais qu'enfin nous n'avons jamais formellement admise.
C'est la prétention de constater la nationalité des bâtiments, la prétention d'exercer un droit de visite restreint
sur ces bâtiments, dans toutes les zones, sur toutes les
mers.

Que font, relativement à cette prétention de l'Angleterre, les traités de 1831 et de 1833 en temps de paix?
Ces traités restreignent à des zones extrêmement bornées,
l'acceptation pour un cas spécial, pour un but déterminé,
des prétentions de l'Angleterre; acceptation qui, précisément, parce qu'elle est spéciale, pour un but déterminé,
conteste beaucoup plus qu'elle ne les approuve, les prétentions générales de l'Angleterre.

Voilà ce que font très modestement (c'est peu de
chose), les traités de 1831 et de 1833, pour le cas de paix.

Mais le cas de guerre! C'est là qu'est le danger, dit-on.
Vous avez alors le droit des neutres; vous avez toujours
protégé les neutres, vous allez les abandonner, vous allez
laisser exercer le droit de visite sur eux! — On a beaucoup confondu; on a cité le traité d'Utrecht, la déclaration de Catherine, les protestations du gouvernement
danois. J'ai examiné ces divers documents, comme vous
avez pu le faire. Qu'y trouvons-nous? trois principes
contestés, rien de plus. La France conteste ces trois
principes.

D'abord le blocus fictif. Est-ce que le blocus fictif
serait admis en vertu du droit de visite réciproque? Je
tiens à établir ce fait, qui est sans doute reconnu de
la Chambre: aucun de nos territoires coloniaux ou

européens, ne sont compris dans les zones où s'exerce le droit de visite. Le blocus fictif, il ne peut donc pas en être question. La France maintient ses principes sur ce point; ils ne peuvent être violés en vertu des traités de 1831 et 1833.

La contrebande de guerre, l'assimilation de certaines marchandises aux munitions de guerre! Voilà la seconde prétention contestée par la France, par d'autres puissances, et qui reste contestée après les traités de 1831 et 1833. Nous n'admettons pas davantage aujourd'hui l'assimilation des céréales et des bois de construction, comme le demande la Grande-Bretagne, aux munitions de guerre.

Le troisième point est le plus grave, c'est le droit de visite. Mais quel est ce droit de visite que contestent la France, le Danemark et d'autres puissances? C'est le droit de visite des bâtiments convoyés, rien de plus. Or, que trouvons-nous dans les traités de 1831 et de 1833? Nous y trouvons cette exception formellement, clairement écrite.

Je vais lire à la Chambre cet article, qui réserve le seul point qui parût être compromis par les conventions: c'est-à-dire la visite des bâtiments convoyés; car celle des bâtiments non convoyés n'est pas contestée, elle a toujours été exercée et acceptée. Cela est tellement vrai, que la France l'a réglementée elle-même avec les États-Unis, pendant la guerre de 1800.

Voici ce que dit l'article 3 du traité de 1833 :

« Si un croiseur d'une des deux nations avait lieu de soupçonner qu'un navire marchand, naviguant sous le convoi ou avec la compagnie d'un bâtiment de guerre de l'autre nation, s'est livré à la traite ou a été armé pour ce trafic, il devra communiquer ses soupçons au commandant du convoi ou du bâtiment de guerre, lequel procédera seul à la visite du navire suspect. »

Il est impossible, Messieurs, de garantir mieux par les traités, le seul point qui parût pouvoir être compromis par eux : la visite des bâtiments convoyés. (Bruit.)

Messieurs, j'abrège, parce que je sens que la Chambre est impatiente. La discussion à laquelle je suis obligé de me livrer est longue; je la resserre autant que je puis. Si j'avais plus d'habitude de la tribune, je pourrais peut-être la resserrer davantage; mais enfin, j'abrège le plus possible.

Messieurs, j'ai essayé d'établir jusqu'ici que les traités étaient nécessaires à la répression de la traite, qu'ils n'ont pas les inconvénients qu'on leur attribue. Sur ce dernier point, un seul mot encore.

On a parlé de la réciprocité; on a dit que la réciprocité était illusoire, cela est vrai; je crois qu'il faut être parfaitement sincère et franc à cette tribune : la réciprocité n'est pas très sérieuse. Mais par quel motif? Par le motif que nous n'avons pas le droit de visite sur les seules nations qui se livrent à la traite des noirs, sur l'Espagne, le Portugal et le Brésil.

Il est évident, que lorsqu'on a des croiseurs à qui on dit de se porter sur les côtes de Madagascar, de l'Afrique occidentale, du Brésil, et d'examiner les bâtiments hollandais, russes, siciliens, autrichiens, qui ne font pas la traite; il est évident qu'au bout de quelque temps, comme on ne met pas de sérieux à un métier qui n'a rien de sérieux en lui-même, les croisières n'agissent plus; le mandat reste dans la poche, cela est évident. La réciprocité dans le droit de visite, n'a pas été sérieuse

jusqu'ici. Mais elle peut le devenir ; elle le deviendra,
du moment où vous aurez les traités qui ont été déjà
négociés par la France, qui doivent être plus sérieusement négociés avec le désir de réussir. Alors, vous
aurez une réciprocité réelle ; alors, vous exercerez à votre
tour des droits sérieux ; et l'Angleterre sera obligée de
voir à ses côtés une puissance qui fera autant, qui fera
plus qu'elle. La France aura l'autorité que l'Angleterre
n'a pas dans ce moment, parce qu'on conteste le motif
de ses actes. On ne contestera pas celui de la France :
elle exercera sur la question de l'abolition de la traite,
sur celle de l'abolition de l'esclavage, une influence très
glorieuse pour elle.

Messieurs, puisque je rencontre la politique, je ne
l'éviterai pas. Il y a deux politiques. Quelle est celle
qu'on vous propose ? C'est de vous retirer, de renoncer
à vos actes, de désavouer tout votre passé, de revenir
sur tout ce que vous avez fait, sur tout ce que vous
avez proposé et colporté en Europe, d'abandonner tout
cela, et de vous mettre peut-être à la tête, que sais-je ?
des nations à esclaves contre l'Angleterre. Mais il y a
une autre politique, derrière laquelle je vois plus d'influence pour notre pays : c'est d'être fidèle à nos actes,
c'est d'accepter en entier ce que nous avons accepté à
demi, c'est de marcher franchement, vigoureusement,
dans la voie honorable où nous sommes entrés jusqu'ici ;
et nous aurons barre, passez-moi cette expression, sur
l'Angleterre elle-même.

On parlait tout à l'heure de l'esclavage indien. Quand
nous aurons pris à cœur la question de l'émancipation,
nous pourrons faire bonne guerre à l'Angleterre, user
d'honorables représailles, en poursuivant l'abolition de
l'esclavage indien. Vous aurez barre sur la Russie avec

ses serfs, sur l'Espagne, sur les États-Unis, enfin sur tous les peuples qui sont encore affligés par le fléau de l'esclavage. Vous aurez une grande influence sur le monde, parce que vous aurez été humains, libéraux, que vous serez restés fidèles à vos précédents, à votre politique, et aux sentiments généreux qui, je n'en doute pas, dominent parmi nous. (*Au centre.* Très bien !)

Je le sens, Messieurs, c'est en vain que j'essaye de prouver ce choses-là. Je sens que je me heurte contre une opinion préconçue qui est plus forte que moi, ce ne serait rien dire, mais qui est plus forte que les arguments que je mets en avant. Je m'attache à briser les branches et le tronc de l'arbre, mais les racines subsistent. Ces racines, c'est d'un côté la haine de l'Angleterre, haine trop souvent proclamée, pour qu'elle ne soit pas vraie. C'est, de l'autre, l'opinion que l'Angleterre a son plan ; qu'il y a de sa part un calcul philanthropique ; qu'elle ne veut pas sérieusement l'abolition de la traite, mais qu'elle veut augmenter sa puissance au dehors ; qu'elle veut transporter dans l'Inde, comme on vient de le dire, la production du sucre, qu'elle a ruinée, systématiquement, dans les colonies d'Amérique ; qu'elle veut se rendre maîtresse du marché, qu'elle veut faire de la politique avec de la philanthropie. Voilà l'opinion contre laquelle je me brise, je le sens ; elle est là devant moi, il faut donc que j'en dise quelque chose.

Le plus vulgaire bon sens devrait suffire pour faire justice, en grande partie du moins, de cette exagération.

Croire qu'un pays sensé comme l'Angleterre, qui sait ce qu'il fait, croire que ce pays est allé d'abord jeter à la mer six cents millions que lui a coûté l'émancipation des esclaves ; accepter ensuite l'accroissement, et un accroissement considérable, du prix des denrées de première nécessité chez lui ; compromettre systématiquement la fortune de beaucoup d'Anglais, de beaucoup de membres de la Chambre des lords et de la Chambre des communes, qui ont des intérêts considérables à la Jamaïque, à la Trinité, à la Guyane ; admettre que l'Angleterre a fait tout cela dans le but de ruiner les colonies espagnoles, les colonies brésiliennes, les colonies françaises, et de transporter un jour la production du sucre dans l'Inde ; admettre ce calcul *à priori*, l'exécution froide et régulière de ce plan aux dépens de la bourse de ceux qui l'exécutaient ; en vérité, cela n'est pas sérieux.

Non seulement le bon sens proteste, mais le plus simple examen des faits qui se sont accomplis en Angleterre, proteste plus vivement encore.

Qu'y voyons-nous ? Nous y voyons un petit nombre d'hommes généreux animés par des sentiments chrétiens, hommes dévoués de cœur à la cause qu'ils soutiennent : Wilberforce, Clarkson, Granville-Sharpe ; ces hommes-là combattent contre les hommes politiques ; les hommes politiques luttent d'abord, ils luttent ensuite, ils luttent encore à l'heure qu'il est. Ces hommes-là commencent d'abord par être hués." C'est le sort des défenseurs de toutes les causes vraies : il faut qu'ils s'y résignent. Cependant les pétitions arrivent ; le pays s'émeut ; l'opinion publique s'empare des vérités franches, magnanimes, que ces hommes-là avaient mises en avant. Mais tous les hommes politiques luttent, luttent encore ; tous les hommes politiques, excepté ceux que je viens de nommer, ont lutté jusqu'à la fin, contre l'abolition de l'esclavage, puis contre l'abolition de la traite, et ils luttent aujourd'hui pour l'esclavage indien ; ils luttent pour l'immigration des coolies et des noirs dans les

colonies anglaises; ils luttent pour le maintien de l'esclavage anglais sur les côtes de l'Afrique; ils luttent pour
le maintien de ces abus ou de ces crimes que vous
sentez comme moi, et que vous avez raison de signaler
au pays, au monde; ils luttent et attaquent le parti
émancipateur, qui est toujours sur la brèche, qui n'est
arrêté par aucune considération d'égoïsme national.
Voilà la contradiction. Le parti émancipateur lutte,
et il triomphe peu à peu sur tous les points: il a déjà
obtenu l'abolition de l'esclavage et l'abolition de la
traite; mais il n'a pas encore obtenu l'abolition de l'esclavage aux Indes. Il avait obtenu, en 1833, qu'un premier ministre présentât une loi sur ce sujet, dans ce sens,
au parlement. Cette loi a été rejetée par la Chambre des
lords. On y reviendra. Ces hommes généreux ne se
découragent pas, parce qu'au fond de leur âme, il y a
ce qui est au fond de la mienne: la certitude que ce qui
est vrai, bon, doit, en définitive, réussir un jour, et on
ne se décourage pas pour les causes auxquelles on croit,
soyez-en sûrs.

Il y a des contradictions, oui, je le proclame à la
gloire du parti émancipateur et chrétien de l'Angleterre; il y a des contradictions en Angleterre, entre les
actes qui détruisent la traite et l'esclavage, et les abo-
minations qui se maintiennent encore. Ces contradictions, aidez à les faire disparaître, au lieu de détruire
ce qu'il y a de bon, ce qu'il y a de vrai; car vos
coups ne porteront pas sur les hommes politiques, mais
sur les hommes bons et généreux dont les sentiments
sont certainement appréciés dans cette enceinte. (Marques d'approbation à gauche.)

On me conseille d'abréger, c'est un conseil que je
m'adresse à moi-même.

Au centre. — Parlez, parlez!

M. de Gasparin. — Puisque la Chambre le permet, j'irai jusqu'au bout. (On rit.)

J'ai parlé de la philanthropie anglaise; je crois l'avoir définie dans ses véritables termes, et avoir fait comprendre ce qu'étaient ces prétendues contradictions dont on s'est tant occupé. Maintenant, si je voulais dire un seul mot de la philanthropie de ces nations à la tête desquelles on veut nous placer (et elles ne sont pas plus inviolables que l'Angleterre, je puis donc en parler), si je voulais dire ce que c'est que la philanthropie de ces nations qu'on cite sans cesse, et chez lesquelles on n'a rien à blâmer, je vous ferais frémir. Je vais vous dire ce que c'est que la philanthropie de l'Espagne (de l'Espagne coloniale si l'on veut), et je citerai de grandes autorités, M. de Humboldt, qui a visité ces pays, et qui est un homme sérieux; M. de Humboldt vous dira que dans les sucreries de l'intérieur de Cuba, on fait un calcul affreux, atroce; on calcule ce que rapporteront les barriques, les caisses de sucre; on calcule ce que coûtent les noirs, et l'on établit la balance, et quand la balance est en faveur du sucre, on écrit: *Forcez le travail!* et les hommes sont détruits, sacrifiés, et remplacés!

Voilà ce qui se fait en Espagne, à la Havane; voilà la philanthropie de ce pays; il est bon de l'opposer à l'autre.

Vous dirai-je un mot de la philanthropie du Brésil? Ce sont des pays qui ont aussi leur hypocrisie de langage, si l'Angleterre a la sienne; ce sont des pays où l'on déclare comme chez nous que la traite est infâme, et où les bâtiments négriers sont décorés des noms les plus tendres, les plus libéraux : je ne les citerai point à la Chambre.

Au Brésil, il y a une convention en vertu de laquelle les nègres de traite, qui ont été émancipés par la cour mixte de Rio-Janeiro, doivent être mis en apprentissage, et puis libérés au bout de quelque temps. Or, il y a eu plus de 20,000 émancipés de cette manière, et pas un seul n'est devenu libre; tous sont restés en esclavage, ou sont morts à la peine, ou ont pris la place des morts; en un mot, ont été maintenus en esclavage; de plus, à Rio-Janeiro, il y a une rue de Vallongo qui n'est qu'un grand marché d'esclaves, au milieu de laquelle les hommes et les femmes de cette capitale se promènent en examinant la marchandise humaine. Telle est la philanthropie du Brésil.

Quant aux États-Unis qu'on a cités encore, si je ne craignais de faire frémir la Chambre, je dirais ce qui s'y passe. Je lui dirais qu'il y a des États, la Virginie entre autres, dont le seul métier est de faire des hommes et de les vendre.

Je lui dirais qu'il y a des États producteurs d'esclaves et des États consommateurs d'esclaves. 80,000 noirs sont vendus chaque année, par la traite intérieure qui se fait de province à province; et pour ces hommes, que l'on fait ainsi dans les États producteurs, il y a des marchands; marchands qui courent de ferme en ferme, comme ici on ramasse des chevaux, comme on opère une remonte; ces marchands qui se promènent de ferme en ferme, achètent ici un homme, là une femme, plus loin un enfant, ailleurs une famille, jusqu'à ce que leur convoi soit complet et puisse être conduit vers le Sud.

Dans la capitale de l'Union, à Washington, il y a des prisons où l'on enferme ces malheureux; à Washington, il y a un tarif pour les licences données aux marchands d'esclaves et aux traitants. Il me suffirait de lire, mais je ne l'ose pas, un seul journal du Sud de l'Union, vous y verriez ces annonces de noirs fugitifs, l'un mutilé de telle manière, l'autre de telle autre, le troisième avec la marque des premières lettres du nom de son maître, gravées au fer et au feu, sur le dos du malheureux esclave. Voilà la philanthropie des États-Unis ; et puisque l'on parle d'humanité, de philanthropie, il faut que chacun ait son tour. (Très bien !)

Et à présent, Messieurs, si, après avoir porté nos regards sur l'Angleterre, sur d'autres puissances, nous les reportons sur nous-mêmes, que verrons-nous ? Ne craignez pas que j'excite des débats irritants. On cherche à distinguer entre l'abolition de l'esclavage et l'abolition de la traite. Cette distinction n'est pas possible ; ce qui le prouve, c'est un vote qui a eu lieu l'année dernière ; une grande majorité a voté un amendement, elle l'a voté avec les meilleures intentions, et sans doute, avec toutes les lumières désirables en pareille matière. Eh bien, par le fait, quelles sont les questions qui ont souffert, celles qui ont gagné ? Messieurs, il y a en France une lutte sourde entre les intérêts généreux, les intérêts élevés, les grandes idées, et les intérêts purement matériels. Un des symptômes les plus fâcheux, les plus funestes, les plus significatifs jusqu'à cette heure, qui aient signalé, au milieu de nous, le succès de l'un de ces principes sur l'autre, ç'a été la discussion qui a suivi l'adoption de l'amendement de l'année dernière. La discussion est présente à tous les esprits, je parle de la discussion des journaux ; il y a des questions qui ont perdu du terrain ; il y en a d'autres qui en ont gagné. C'est là ce qui m'effraye plus que tout le reste : un échec nouveau, pour un principe auquel je suis

dévoué, et qui, certainement, contient beaucoup d'adhérents dans cette Chambre, dans tous les rangs de
cette Chambre.

Je crois, Messieurs, ne m'être pas écarté du plan que
je m'étais tracé. Je n'ai pas parlé de politique, presque
pas ; je n'ai pas parlé de la question ministérielle, je
me suis renfermé dans la question pure et simple de la
valeur intrinsèque des traités de 1831 et 1833.

Je n'ai pas même cherché à émouvoir la Chambre ;
non, je n'ai pas cherché à l'émouvoir ; et cependant, je
n'aurais eu qu'à lui raconter ce que c'est que la traite,
qu'à lui en dire un mot! Pour émouvoir la Chambre, je
n'aurais eu, j'en suis certain, qu'à rappeler qu'à l'heure
où nous sommes ici, tranquillement assis sur nos bancs
autour de cette tribune, il y a sur les mers peut-être
20,000 malheureux, qui souffrent des tortures inexpri-
mables. (Exclamations.)

Oui, Messieurs, à cette heure même. Vous ne détruirez
pas les faits. Les faits, il faut que je les dise; c'est là le grand
côté de la question, côté que vous considérez peut-être
comme le plus petit ; mais s'il est défendu de parler de
la traite, à propos du droit de visite, en vérité, nous
ferions mieux de ne pas discuter ici. Il y a trois mois
pendant lesquels les esclaves se transportent d'un côté
de l'Atlantique à l'autre : c'est novembre, décembre et
janvier. Nous sommes en janvier, Messieurs, et je dis
que dans ce moment, il y a des malheureux qui souffrent
ce que je n'aurais pas le courage de décrire. Non, j'aimerais mieux vous renvoyer au témoignage déjà ancien
de Falconbridge, qui, chirurgien d'un bâtiment de
traite et par conséquent endurci à ces émotions, déclarait
qu'il ne pouvait rester plus d'un quart d'heure dans
l'entrepont d'un négrier, qu'il était obligé d'en sor-

tir, et que, lorsqu'il en sortait, on le soutenait, et qu'il était près de tomber en défaillance. Je ne veux pas employer cet argument, j'aime mieux vous laisser peser dans vos consciences ce que c'est que ce crime affreux et quelles en sont les conséquences. Non seulement la traite détruit les noirs et les tue en Afrique, dans le passage intermédiaire, mais encore aux colonies. Dans les colonies qui se pourvoient par la traite, l'esclavage devient atroce, dénaturé. Je n'en veux qu'une preuve.

Dans les colonies où la traite est supprimée, la population noire se soutient ; dans les autres, cent mille hommes sont absorbés, consommés tous les ans, sans que le niveau puisse s'élever sensiblement. Voilà la vérité ; je me serais reproché de n'en avoir rien dit dans la question du droit de visite, car c'est là le grand côté de la question. Il doit être permis, quand on a tant parlé de la politique, du commerce et du droit des neutres, il doit être permis de dire au moins une parole d'humanité, dans une question qui en est toute pleine. (Très bien !)

Maintenant j'ai fini... (Exclamations ironiques à gauche.)

Au centre. — Parlez ! parlez ! nous vous écoutons.

M. DE GASPARIN. — J'ai fini, et je confie ces considérations à la conscience de mes collègues, comme je les conserve dans la mienne. Faisons ce que nous avons à faire : demandons-nous les conséquences de nos actes, et agissons ensuite.

Messieurs, il y a peut-être quelque insensibilité dans le pays sur cette question. Oui, ce n'est pas la première fois que je l'éprouve, on ne sent pas, comme on devrait le sentir, ces épouvantables forfaits. Nous aimerions mieux que la traite n'existât pas, mais cela ne nous empêche pas de dormir..... (Exclamations diverses.)

Non, nous ne le sentons pas comme nous devrions le sentir. Et à présent, je me retire, en déposant encore une fois dans vos esprits, ces considérations qui me paraissent graves. Prenons garde de dire, parce que les crimes sont éloignés, que ce ne sont pas des crimes; parce que nous n'avons pas les souffrances sous nos yeux, que ce ne sont pas des souffrances. Ne croyons pas surtout qu'un grand pays, qui doit avoir une grande part d'action dans le monde, ne soit pas complice des malheurs qu'il n'empêche pas. Messieurs, quand on est un pays comme la France, on est coupable de ce qu'on n'a pas empêché. Dieu nous préserve de répéter ce mot, ce mot affreux, ce mot du premier meurtrier : « Suis-je le gardien de mon frère? »

(Marques nombreuses d'adhésion au centre. L'orateur, en descendant de la tribune, reçoit les félicitations de ses collègues. La séance reste suspendue pendant dix minutes.)

CHAMBRE DES DÉPUTÉS

SÉANCE DU 1er MARS 1843

Discussion du projet de loi relatif au crédit supplémentaire pour les dépenses secrètes de 1843.

(QUESTION DE CABINET)

Le Cte Agénor de Gasparin. — L'honorable préopinant a terminé par quelques mots, auxquels j'adhère pour mon compte, et je me hâte de le constater, car c'est probablement le seul point de son discours auquel je puisse adhérer [1]. — Il a demandé que les explications fussent complètes, loyales, sincères; Messieurs, je crois que nous devons tous nous réjouir de ce que la question politique est enfin posée, que nous devons tous

---

1. M. *Ledru-Rollin* venait de terminer son discours, en prononçant les paroles suivantes: « Un dernier mot, Messieurs, et j'ai résumé ma pensée. Des explications données, de leur franchise, de leur loyauté, dépendra la résolution du parti démocratique: jusque-là il réserve son vote. »

désirer qu'elle soit complètement débattue, que nous
devons tous désirer que le vote de la Chambre soit
net, et ne puisse prêter à aucune équivoque.

Il est heureux, Messieurs, que la question politique soit
enfin posée. Elle n'a pu l'être suffisamment, reconnais-
sons-le, ni dans l'adresse du mois d'août, dominée par
un sentiment douloureux [1], ni dans l'adresse dernière,
dominée par une question spéciale [2]. Il est bon que la question soit posée une bonne fois, pour qu'elle ne le soit pas
tous les jours. Il faut trancher une fois la question
ministérielle, pour ne pas être obligé de discuter le
ministère à propos de toutes les lois. Si nous ne déci-
dions pas la question ministérielle aujourd'hui, nous
serions obligés de la traiter dans la loi des sucres,
dans la loi des patentes, dans la loi des ministres d'État,
dans toutes les lois qui sont présentées ou qui pourraient
l'être plus tard.

J'ajoute qu'il faut que la question de cabinet, la
question politique, soit complètement et loyalement
débattue. Si tout le monde apporte la même sincérité
dans ce débat que les amis du cabinet, si tout le monde
est aussi ardent que nous, à provoquer comme à donner
des explications, j'ose dire que la Chambre et le pays
seront suffisamment édifiés.

Nous tenons, Messieurs, à ce que ce débat soit sincère.
(Exclamations à gauche.) Nous tenons à ce que le débat
soit sincère, parce que nous croyons notre cause bonne,
parce que le pays l'a trouvée bonne jusqu'à présent, et
que les bonnes causes aiment le grand jour, parce
qu'elles grandissent au soleil de la discussion publique.

1. Mort du duc d'Orléans.
2. Droit de visite.

Remarquez-le, Messieurs, la cause du parti conservateur semble parfois compromise et près de se perdre dans l'intervalle des sessions, quand la tribune est fermée. Mais quand la tribune se rouvre, cette cause retrouve sa force ; elle se redresse et s'affermit. Voilà ce qui est arrivé jusqu'ici, et voilà pourquoi la bonne cause, la cause du parti conservateur, celle que nous avons du moins le droit de trouver bonne, voilà pourquoi cette cause aime les discussions complètes, aime les discussions sincères, et se réjouit lorsque la tribune est ouverte. (Très bien !)

Il y a un motif de plus pour cela ; cette Chambre est une Chambre nouvelle. Elle renferme beaucoup de membres que l'on classe dans divers partis, dont on dispose arbitrairement. Eh bien, ces hommes écouteront, regarderont et se décideront par eux-mêmes. Pour ces membres-là, il est bon (permettez que je le répète encore, quoique je l'aie déjà dit trop souvent), il est bon aussi que la discussion soit complète et sincère.

Pour qu'elle le soit, pour que le débat ait un résultat qui ne puisse pas prêter à deux interprétations, il est bon que la question soit posée, je le reconnais, sur un amendement, et non pas sur le projet de loi lui-même. Poser la question de confiance sur une loi, qui, aux yeux de bien des membres de cette Chambre, est une loi de nécessité, ce ne serait pas chose loyale ; je suis d'autant plus libre de le dire, qu'à mes yeux cette loi n'est pas une loi de nécessité, que je suis du très petit nombre d'hommes, sans doute, qui, dans cette Chambre, doutent fort de la moralité comme de l'efficacité de la police secrète. (Mouvement à gauche.)

Or, c'est précisément parce que je suis dans cette

position, que je me sens libre d'insister sur l'obligation de poser la question à propos d'un amendement, aussi faible qu'on le voudra. Plus il sera faible, plus la question sera nette et dégagée ; plus la liberté de tous les membres sera entière.

Je viens donc bien plutôt combattre les amendements politiques, que défendre l'ensemble du projet de loi. Mais cette question politique, il faut que nous en comprenions l'importance.

Nous ne devons ni l'exagérer ni la restreindre. Ce serait l'exagérer, soyez-en sûrs, que de croire que toutes les questions sont renfermées dans la question politique. Il y a des questions plus hautes ; il est des questions dont la politique n'a pas la solution. La politique n'a pas la solution de tous les problèmes ; elle n'a pas le remède de tous les maux.

Et cependant, c'est une question bien grave et bien grande, que celle dont la Chambre est saisie en cet instant.

De quoi s'agit-il ? Il s'agit de savoir si au moment où un immense malheur vient de nous faire une obligation plus étroite de consolider nos institutions et de serrer nos rangs, une législation nouvelle confirmera la politique de ses devanciers, ou si elle désertera cette politique ? si le parti conservateur constitué dans cette enceinte, sera dissous, ou s'il subsistera ? si nous nous engagerons dans une voie inconnue, ou si nous persisterons dans celle où les législations précédentes ont persévéré avec tant de foi, tant de courage et tant de bonheur ? C'est là une grande question, Messieurs.

Il y a deux manières de traiter cette question-là au point de vue du parti conservateur. On peut la traiter, ou en défendant la politique du cabinet, ou en attaquant la politique de ses adversaires.

Messieurs, j'avoue que, pour mon compte, et surtout après avoir entendu les paroles qui viennent d'être prononcées à cette tribune, je ne me sens pas disposé à me renfermer dans cette défensive; dans ce système de pure et simple défensive, auquel le parti conservateur s'est peut-être trop constamment résigné. Je ne comprends pas comment, dans cette enceinte, il y a un parti toujours accusé, toujours sur la sellette, toujours interrogé sur ses faits et actes par un autre parti.

Et quel est ce parti accusateur? c'est celui qui s'est constamment trompé depuis 1830. (Rumeurs à gauche.)

Trompé sur toutes les questions, au dedans comme au dehors; celui auquel le pays a donné constamment des démentis; celui que les événements ont constamment désavoué. (Approbation au centre.) Voilà le parti qui accuse, qui régente, qui fait la leçon!

Et quel est le parti, au contraire, qui semble se résigner au rôle d'accusé? C'est le parti qui a fondé, qui a consolidé, par son courage, par sa persévérance, tout ce qui subsiste au milieu de nous.

C'est un grand parti, Messieurs, et l'histoire aura une place pour lui. C'est un grand parti que celui qui, au milieu de difficultés de tout genre, au milieu d'obstacles de tout genre, avec les ministères et malgré les ministères, a toujours maintenu haut le drapeau de l'ordre et de la conservation, le drapeau du progrès... (Rumeurs) du progrès et de la véritable civilisation. (Réclamations à gauche, approbation au centre.)

Voilà un noble parti, Messieurs. Et c'est ce parti-là qui se résignerait toujours au rôle d'accusé; qui n'oserait pas renvoyer les accusations à ses adversaires;

qui n'oserait pas leur demander compte, à eux aussi, de leurs actes politiques?

Oh! s'il n'y avait, sur les bancs du parti conservateur, que des hommes qui s'y soient placés par faiblesse de caractère, par indécision ou par complaisance, je le comprendrais. Mais si, comme je le sais et comme je le sens, il y a des convictions véritables; s'il y a des hommes fermes, qui croient que leur cause est bonne, que c'est la cause du pays, alors, je ne comprends pas qu'ils gardent cette attitude. Cela n'est pas digne du parti qui a fondé et consolidé tout ce qu'il y a de bon, tout ce qu'il y a de grand au milieu de nous. (Approbation au centre.)

Il faut bien que les adversaires de la politique ministérielle, de la politique de la majorité de cette Chambre, sachent qu'il y a aussi, pour les oppositions comme pour les ministères, un *Moniteur*, une histoire, une responsabilité; qu'on répond de ses paroles comme de ses actes. Cette responsabilité, nous devons la rappeler aux partis.

Messieurs, je vais essayer, très brièvement, de retracer le programme de ceux des adversaires du cabinet qui ont un programme; je vais essayer de réclamer le programme de ceux qui n'en ont pas. Je le ferai, Messieurs, en écartant toute question personnelle. Ceci n'est pas une précaution oratoire: il y a sur tous les bancs de cette Chambre des hommes que j'honore sincèrement, et je serai d'autant plus libre d'examiner, sans faux ménagements, la politique, l'histoire des partis, que j'aurai plus sincèrement mis de côté les intentions et les personnes.

Le premier parti que je rencontre, est celui dont l'honorable M. Ledru-Rollin s'est fait l'organe, et qui a d'autres organes dans cette enceinte. Pour ne pas fatiguer la Chambre, pour ne pas multiplier les divisions du discours, je dirai tout de suite : l'opposition qui, depuis Casimir Perier, n'a pas exercé le pouvoir, n'a pas touché aux affaires.

Elle a un programme, cette opposition-là. Qu'a-t-elle demandé? Elle a demandé au dedans la réforme com-plète de nos lois fondamentales, de nos lois électorales, de la constitution de cette Chambre. Elle a demandé au dehors la rupture des traités, la guerre partout et toujours (Exclamations à gauche); l'intervention ....
(Murmures. — Interruption) oui, l'intervention à propos de l'Espagne, l'intervention à propos de l'Italie, l'inter-vention à propos de la Pologne. Ce n'est pas ma faute, si l'histoire ici ressemble à une calomnie. (Rires aux bancs des ministres.)

Messieurs, l'opposition dont je parle semble avoir con-servé de singulières illusions; et nous en sommes cou-pables jusqu'à un certain point, parce que nous ne lui avons pas dit ses vérités. Une de ces illusions, c'est qu'elle croit faire du nouveau, sortir des chemins battus, sortir de l'ornière. — Savez-vous ce qu'il y a de nou-veau dans l'histoire du monde, de très nouveau, ce qu'on n'a pas vu depuis longtemps dans l'histoire en général, dans l'histoire de ce pays en particulier ? C'est un règne libéral, pacifique, qui ferme une révolution, et qui la ferme sans recourir à aucun moyen extraordinaire, (Exclamations à gauche), sans fausser les lois du pays, sans proscriptions, sans violences; un règne qui a créé non seulement les institutions de l'ordre, mais encore celles de la liberté, et d'une liberté telle, qu'on en use même contre lui. Voilà quelque chose de nouveau dans l'histoire du monde.

Mais ce qui est usé, ce qui est rebattu, c'est la politique qui ne trouve pas d'autre formule que l'extension du suffrage universel et le système guerrier.

Cette politique est usée, elle a ses dates de naissance dans l'histoire des cinquante dernières années ; c'est une politique rétrospective.

On a parlé de parti *avancé*. Messieurs, s'il y avait un parti des bornes, ce parti serait plus avancé que le parti rétrograde. (Mouvement.)

Une autre illusion de l'opposition dont je parle, c'est de croire que le pays est pour elle. L'opposition parle toujours du pays, mais de quel pays? entendons-nous. Est-ce le pays légal, dont on peut constater l'opinion? Ce pays lui a constamment donné des démentis. Il n'y a pas eu une dissolution de la Chambre, où l'opposition n'ait prédit la chute du système établi depuis 1830, où elle n'ait prédit que les électeurs allaient repousser avec indignation tout ce régime de déception et d'illégalité. (Et ici, je ne rappelle pas tout ce qui vient d'être dit à cette tribune. Je m'attendais à une proposition d'accusation contre le cabinet.) A toutes les élections, on a annoncé cela ; et toujours, le pays légal a répondu en confirmant la politique pacifique avec dignité, libérale et progressive au dedans : la politique du parti conservateur. — Je sais bien qu'il y a un autre pays ; qu'à côté du pays légal, il y a un pays dont on ne peut pas constater l'opinion et la pensée. Celui-là, tout le monde peut le faire parler, en lui attribuant ses propres pensées et sa propre opinion.

Il ne tiendrait qu'à moi de le faire parler aussi, et de vous dire que bien des illusions ont été détruites ; que ce pays n'a plus un enthousiasme aussi grand pour les théories de l'opposition ; que ce pays-là, qui a vu l'opposition soutenir les chicanes du recensement avec autant d'ardeur que la grande question de Syrie, que ce pays-là n'a pas conservé sur les doctrines de l'opposition, une opinion aussi avantageuse qu'on pourrait le croire.

Hé ! Messieurs, s'il y avait dans cette Chambre un parti vraiment libéral, c'est-à-dire qui, au lieu de se renfermer dans des formules d'extension du suffrage électoral, s'occupât des grandes questions de liberté pratique, les prît sous son patronage, s'y intéressât véritablement ; je le dis sans hésiter, oh, soyez-en sûrs, il y aurait des sympathies dans le pays pour ce parti-là.

Mais qu'est-il arrivé? Voilà quelques semaines seulement que la session est ouverte; deux questions de liberté pratique ont été soulevées dans cette Chambre; une fois c'était la liberté commerciale, un des côtés importants de la doctrine générale de liberté : c'était à propos des négociations avec la Belgique.

Il y avait là de grands intérêts, non seulement de libéralisme bien entendu, mais aussi de politique, de force politique au dehors. Je ne les examine pas en ce moment. Qu'est-il arrivé? L'opposition libérale, celle qui fait de la liberté son sujet spécial, qui se l'est appropriée, est restée muette.

Une autre question a été posée, question de liberté pratique et positive. Il s'agissait de la liberté de ces malheureux qu'on emmène de la côte d'Afrique, pour les jeter sur la côte d'Amérique. (Bruits divers.)

Ne craignez pas que je revienne sur des questions vidées.

J'accepte la solution, bonne ou mauvaise, qui leur a été donnée ; je me résigne, moi aussi ; mais, ce que je remarque, c'est que cette question de liberté pratique, n'a pas eu, un seul instant, la puissance de faire reculer ou hésiter cette portion de la Chambre, devant le désir de renverser le cabinet.

Ainsi, je le répète, le pays n'a pas conservé de grandes illusions, soyez-en certains. Mais, encore une fois, je ne devais parler que du pays légal; quant à l'autre, tout le monde peut le faire parler.

On me dira, Messieurs, que l'opposition dont il s'agit ne prétend pas à l'héritage du cabinet, qu'elle n'a pas de candidats au ministère; que, par conséquent, je traite une question presque inutile, qui ne va pas aux préoccupations actuelles de la Chambre.

Rapprochons-nous des hommes (du parti, veux-je dire, je laisse les hommes de côté) rapprochons-nous de cette partie de l'opposition, qui a exercé le pouvoir depuis 1830. Elle aussi a un programme : deux fois elle a exercé le pouvoir, et deux fois elle a été obligée de le quitter au bout de quelques mois, après avoir tristement compromis les affaires de ce pays.

Où en serions-nous, si la politique de l'opposition dont je parle avait prévalu? Si, la première fois, nous étions intervenus en Espagne, nous y serions encore, responsables de ce qui s'y est passé de désastreux; responsables de la pénurie du trésor et de l'irritation des partis; odieux à tous. Voilà ce qui serait arrivé, si cette politique avait prévalu.

Une seconde fois, si l'opposition dont je parle, celle qui a pratiqué le pouvoir, si cette opposition avait pu appliquer jusqu'au bout ses idées, que serait-il arrivé? De deux choses l'une : ou nous aurions eu la guerre au printemps, un million d'hommes sous les armes et l'Europe en feu, ou bien, chose plus probable, nous aurions reculé. C'est pour le coup, que nous aurions été placés (je n'insiste pas sur ces souvenirs) entre une faiblesse et une folie.

Messieurs, on dirait vraiment que, dans ce pays, nous voulons nous donner de temps en temps le luxe d'un ministère d'opposition, nous voulons nous passer cette fantaisie de grands seigneurs. (On rit.)

Quand les affaires du pays sont bien réglées, quand la tranquillité est rétablie, quand les finances sont en bon état... (Exclamations ironiques à gauche), quand les finances sont en bon état (nous n'en sommes pas là, je le sais ; je ne m'attendais pas à ce qu'on m'en fît apercevoir de ce côté, dans une discussion qui se réfère au ministère de 1840) on veut se donner pour quelque temps les émotions d'un ministère qui brouillera les affaires avec l'Europe, nous menacera de la guerre, excitera les passions au dedans et au dehors ; puis, quand tout est bien compromis, on rappelle les hommes sages, les hommes prudents auxquels le parti conservateur a confiance, et ces hommes rétablissent pendant deux ou trois ans les affaires de leur pays. Voilà comment les choses se sont passées. Jouerons-nous encore un pareil jeu ? N'est-ce pas assez de deux épreuves ? en faut-il une troisième ? 1840 est-il déjà si loin de nous ? Attendons, au moins, que le déficit qui faisait sourire tout à l'heure une partie de la Chambre, soit comblé dans les caisses de l'État.

On dira peut-être que l'opposition dont je parle ne ferait plus les mêmes choses, si elle revenait au pouvoir. J'en doute fort. J'en doute, parce que je crois que lorsqu'on a fait deux fois certaines choses, on risque de les faire une troisième ; j'en doute, parce que je crois qu'on est lié par ses précédents, par son entourage ; lié par les partis qui appuient au dedans de la Chambre comme au dehors ; et lié aussi, par les méfiances mêmes que l'on excite dans le parti conservateur, par les méfiances qu'on excite en Europe. On est forcé d'agir autrement qu'on ne le voudrait peut-être.

Et cela ne fût-il pas, que ferait cette opposition dont je parle, que pourrait-elle faire ? Suivre alors ; suivre la politique du cabinet actuel ; la suivre avec cette différence, qu'elle n'y croirait pas, qu'elle n'en voudrait pas ; avec cette différence, qu'elle la subirait de mauvaise grâce, qu'elle ferait moins bien les mêmes choses ; qu'elle ne pourrait réagir qu'en menaçant, maintenir la paix qu'en armant, défendre l'ordre et la tranquillité intérieure qu'en ménageant les partis.

Il me reste à parler d'une autre classe d'adversaires du cabinet, de ceux auxquels nous devons demander leur programme. Je voudrais pour beaucoup ne pas les rencontrer devant moi ; je voudrais pour beaucoup que les bruits qui ont été répandus, qui ont été accueillis, que les conséquences qu'on a cru devoir tirer des votes des bureaux fussent démenties.

Je ne décide pas la question de fait ; mais, à supposer qu'elle soit décidée dans le sens de la notoriété politique, je serais obligé de demander à ces hommes, à ces hommes honorables que nous comptions dans nos rangs, à ces hommes que nous aurions soutenus de nos suffrages, s'ils étaient arrivés au pouvoir par une autre voie ; je serais obligé de leur demander des explications catégoriques, c'est-à-dire des explications sur les difficultés pendantes ; non pas des phrases sur la dignité et la liberté, que tout le monde peut répéter sans se compromettre ; mais des explications catégoriques sur les questions pendantes, sur les négociations actuelles. Et s'ils ne les donnaient pas, nous serions obligés de leur dire que les Chambres ne sont pas faites pour décider de simples questions de personnes.

Ici, je ne fais que répéter ce qui a été dit par l'honorable préopinant : de simples questions de personnes ne peuvent pas occuper une Chambre. Il n'y a pas de personnes, ni ici ni ailleurs, qui, à elles seules, vaillent une crise ministérielle et la perturbation des affaires du pays.

Nous serions obligés de leur dire que, pour gouverner d'une manière utile et durable, il faut avoir des convictions ; des convictions fortes ; des convictions qui ne soient pas seulement assez fortes pour le scrutin, mais qui le soient pour la tribune. Ce sont les hommes qui ont ces convictions-là, qui savent oser ; qui savent hasarder quelque chose. Ce sont eux qui exercent de l'ascendant, qui peuvent utilement gouverner ; ce ne sont pas les hommes qui ne savent que calculer leur propre opinion, l'opinion probable d'une majorité présente ou future.

Ce que nous serions obligés de leur dire, c'est que, sans doute, on veut renverser avec l'opposition et gouverner avec les conservateurs. Or, comment supposer que le parti conservateur ait une adhésion bien franche, bien cordiale, une confiance bien complète pour les hommes qui seraient arrivés en ruinant ce parti, en le divisant, en donnant des succès à ses adversaires, en compromettant sa politique? Cela n'est pas possible ; et cependant, c'est cette confiance vive, cordiale, qui seule fait durer, qui seule donne la force de gouverner utilement.

Qu'arriverait-il? Il arriverait ce que nous entrevoyons

tous ; c'est qu'un parti parvenu de cette manière aux
affaires, ne pourrait être qu'un chemin pour aller à
d'autres, qu'une transition. Or, il n'y a rien de perfide
comme les transitions.

Quant à des changements brusques et complets, je ne
les redoute pas. On sait à quoi s'en tenir, et on se met
en garde. Mais ces transitions qui mènent peu à peu
où on ne voulait pas aller ; ces pentes douces sur
lesquelles on glisse, qui entraînent dans le précipice où
l'on ne serait pas tombé, si l'on avait été placé sur-le-
champ au bord, si l'on avait pu en mesurer la profondeur, voilà ce qui est redoutable. (Très bien.)

Messieurs, fidèle au plan que je m'étais proposé, je
n'ai pas dit un mot du côté que j'appellerai le côté
positif de la question ministérielle ; je me suis renfermé
dans le côté négatif de cette question ; j'ai examiné la
position des différents adversaires du cabinet.

Un mot cependant, un seul (je n'abuserai pas des
moments de la Chambre) sur le ministère lui-même, et
sur les motifs qui me portent à lui donner ma complète
adhésion.

Il y a trois grands motifs, Messieurs.

D'abord, ce ministère a un programme, lui, et ce
programme n'est autre que celui du parti conservateur : ce sont les opinions qui, depuis 1830, ont prévalu
dans la majorité de cette Chambre, au dehors comme
au dedans. Au dehors, la paix avec dignité ; au dedans,
la tranquillité maintenue, et une énergique résistance
aux propositions de réformes : électorale et parlementaire.

C'est là un programme, Messieurs, et voilà mon premier motif.

Le second, c'est que ce ministère a duré. Je sais que c'est là son plus grand crime ; mais aux yeux de beaucoup de personnes, aux yeux des gens sensés, c'est un mérite. Avoir duré, c'est avoir imprimé de la suite et de la fixité aux relations avec les fonctionnaires publics... (Réclamations à gauche.)

Oui, avoir duré c'est tout cela, Messieurs ; et n'avoir pas duré, c'est le contraire ; et remplacer les ministres tous les quinze jours, c'est le moyen de n'avoir ni cette force ni cette dignité.

Tel est, à mes yeux, le second mérite du ministère.

Le troisième, c'est que l'administration actuelle a abordé résolument une situation difficile et ingrate ; c'est qu'en 1840, lorsqu'elle a été appelée aux affaires, il n'y avait pas grande tentation d'être ministre; ils'agissait de réparer des fautes désastreuses ; il s'agissait de tirer le pays d'une situation déplorable. Alors, il n'y avait pas autant de concurrents au cabinet ; alors, on lui laissait la place libre, car il n'y avait à recueillir que de l'impopularité. Le ministère a abordé nettement, franchement, cette situation difficile.

Messieurs, je crois que ceux qui étaient bons pour le moment du péril, sont meilleurs que d'autres, pour le moment où le péril est passé, grâce à leurs soins. (Approbation aux centres.)

Ne pensez pas, Messieurs, que mon attachement pour le cabinet, m'empêche d'ouvrir les yeux sur les fautes qu'il peut commettre, que je fasse profession de croire tout ce qu'il croira, de voter tout ce qu'il proposera; vous verrez le contraire.

Il ne se passera pas beaucoup de temps, avant que l'on ne voie que, très ferme dans ma conviction que ce cabinet est le seul qui puisse bien gouverner nos affaires, je suis cependant très libre dans les questions spéciales, quand mon opinion se sépare de celle du cabinet.

M. HAVIN. — Pour les lois d'intérêt local. (On rit.)

M. DE GASPARIN. — Non seulement dans les lois d'intérêt local, mais dans les questions de principe.

Je réponds à l'honorable membre : dans les questions de principe, et je vais en citer une sur-le-champ.

Sur une question qui a préoccupé vivement la Chambre, la question de l'enquête, je ne saurais approuver complètement la conduite du cabinet ; je le dirai avec une pleine liberté, lorsque la question arrivera à cette tribune : je crois que le cabinet a sacrifié quelque chose des principes. Il y a des questions graves, vous le voyez bien, sur lesquelles je ne crains pas d'exprimer mon opinion, bien qu'elle soit contraire à celle du cabinet.

M. LUNEAU. — C'est être plus ministériel que le ministère.

M. DE GASPARIN. — Une règle qui ne trompe pas, c'est de ne pas faire ce que veulent nos ennemis. Il y a des ennemis de nos institutions, de la dynastie, non pas dans cette Chambre ; dans cette Chambre, il n'y a personne qui ne parle, qui ne vote dans l'intérêt de la dynastie et des institutions, personne ! Mais au dehors, il y a des partis qui ne cachent pas leur inimitié, leur hostilité, qui s'annoncent comme voulant renverser ce que nous avons juré de maintenir. Ces partis veulent-ils sincèrement le maintien d'un ministère ? Croyez-vous que s'ils avaient à voter ici, ils déposeraient des boules blanches ? Non, assurément, ils veulent le renversement du cabinet. Leur haine ne s'y est pas trompée ; que notre dévouement ne s'y trompe pas non plus. (Agitation prolongée.)

4

CHAMBRE DES DÉPUTÉS

Demande de fixation d'un jour pour interpellations.

M. DE GASPARIN. — J'ai l'honneur de demander à la Chambre l'autorisation d'adresser des interpellations à MM. les Ministres, sur les événements et les actes qui se sont accomplis dans l'Océanie. (Mouvements divers.)

Je la prie de fixer un jour pour ces interpellations.

M. GUIZOT, *ministre des affaires étrangères.* — J'aurai l'honneur de faire observer à l'honorable membre et à la Chambre, que le gouvernement devant présenter très prochainement à la Chambre des demandes de crédits pour pourvoir aux dépenses auxquelles les événements qui se sont accomplis dans l'Océanie donnent lieu, toutes les questions qui se rattachent à cette matière, pourront être traitées alors avec détail.

J'ajouterai qu'aujourd'hui il serait impossible d'entrer

dans les détails que le sujet comporte, tandis qu'à cette époque, tout pourra être dit et discuté.

M. DE GASPARIN. — Je demande la permission d'insister.

Je n'ai que deux mots à dire. La Chambre doit comprendre, qu'en insistant dans un pareil moment, je dois avoir de graves raisons pour le faire. Ces raisons, il est impossible que je les soumette en ce moment à la Chambre, sans développer les interpellations elles-mêmes. Il y a des questions de fait et de principe très considérables, engagées dans l'affaire dont il s'agit ; je regretterais donc que le débat fût reporté à l'époque de la présentation du projet de loi, dont a parlé M. le Ministre des affaires étrangères. J'insiste sur ma demande d'interpellations.

(M. le Ministre des affaires étrangères déclare que si les interpellations sont autorisées par la Chambre, il ne pourra « répondre qu'en quatre mots » comme il vient de le faire. — La Chambre, consultée par M. le Président « n'autorise pas les interpellations ».)

CHAMBRE DES DÉPUTES

SÉANCE DU 5 MAI 1843

*Discussion sur les résolutions de la commission
d'enquête*[1].

LE Cte AGÉNOR DE GASPARIN. — Messieurs, je n'aurai pas
de peine à obéir aux ordres de la Chambre[2], car je suis
préoccupé, avant tout, de la gravité de la question générale
qui a été abordée, au commencement de cette discussion,
par l'honorable M. Pascalis.

Je l'aborderai, à mon tour, avec une entière liberté,
fondée sur mon sincère respect pour les intentions et
les personnes.

Ce que je respecterai aussi, c'est le vote du mois

1. Enquête électorale exécutée par une commission, composée de
députés nommés par la Chambre.

2. S'en tenir à la question générale, et réserver les faits de détail
pour la discussion spéciale.

d'août : c'est le vote de la Chambre, c'est le vote de
l'enquête.

Je ne crois pas qu'il soit dans le droit de personne
ici, de s'élever contre ce vote et de le contester aujour-
d'hui. Je ne m'y suis pas associé, mais je ne me sens
pas libre de l'attaquer. Cependant, permettez-moi de
remarquer que ce vote est spécial; spécial à la question
qui vous a été soumise au mois d'août; qu'il n'engage
pas l'avenir, que vous conservez toute votre liberté, que
les législatures qui vous succéderont conserveront
également toute leur liberté. (Marques d'adhésion.)

La question d'enquête, en principe, et dans son
application, sera toujours tout entière soumise à nos
délibérations. (Marques nouvelles d'approbation.)

Permettez-moi de remarquer aussi, que le vote du mois
d'août est épuisé aujourd'hui, par le travail de la commission. Vous n'avez plus à juger la question d'enquête,
mais à examiner l'enquête elle-même.

C'est à cet examen de l'enquête que je vais me livrer.

Messieurs, nous avons marché bien vite. D'abord il
n'était question que d'ajournement, la question d'enquête
était réservée.

Quant à moi, je ne me suis associé au vote d'ajournement pour aucun député, à quelque fraction de la
Chambre qu'il appartînt.

Après le vote d'ajournement, il s'est trouvé que la
question d'ajournement elle-même était résolue, forcé-
ment résolue, et qu'il n'y avait pas moyen de la contester
sérieusement.

Puis, votre Commission d'enquête saisie de la mission
que vous lui aviez confiée, l'a singulièrement agrandie.
Elle lui a donné les conséquences que vous voyez

4.

aujourd'hui ; les conséquences que je vais essayer
d'examiner devant vous ; les conséquences qui, j'ose le
dire, n'étaient pas toules prévues par les membres de
cette Chambre qui ont pris part, il y a quelques mois,
au vote de la majorité. (Agitation.)

Voilà le chemin que nous avons fait, et que nous
avons fait bien rapidement.

Je le disais en commençant, c'est la question de principe
qui me préoccupe ici, qui me paraît grave et sérieuse.

Je regarde les résultats de l'enquête comme infiniment
moins importants que ses moyens, que ses procédés.
Les résultats de l'enquête sont sérieux, sont importants,
sans aucun doute. Je ne regarde pas comme une chose
indifférente l'admission de tel ou tel député, l'annulation de telle ou telle élection.

Je ne regarde pas non plus comme une chose indifférente, cet autre résultat acquis par l'enquête, à savoir,
que les accusations dirigées contre l'administration
supérieure sont toutes démenties par les faits et par
l'instruction.

Cependant, il y a quelque chose de plus important
à mes yeux que ces résultats. Ce sont les procédés de
votre commission, la marche qu'elle a suivie, la direction qu'elle a donnée au travail d'investigation dont elle
était chargée.

Messieurs, ce qui fait l'importance de cette question,
c'est qu'elle intéresse l'avenir.

Je sais bien qu'on a l'air d'un insensé aujourd'hui,
quand on se préoccupe de l'avenir, quand on ne se
renferme pas dans les difficultés du moment, dans les
besoins de l'heure présente.

Tous, gouvernement et Chambres, nous aimons à
nous débarrasser des embarras actuels aux dépens des

principes qui ne pèseront que sur l'avenir. Le gouvernement au jour le jour est accepté par chacun de nous; voilà le mal, le mal contre lequel nous ne saurions assez nous élever. Il faut enfin se préoccuper de l'avenir; il faut relever nos discussions et leur donner leur véritable taille, leur véritable nom. On ne perd les grandes causes que parce qu'on dissimule leur gravité, parce qu'on refuse de les appeler par leur nom, parce qu'on n'en reconnaît pas toute l'importance, parce que l'on veut toujours substituer des expédients à des solutions. (Approbation générale.)

Messieurs, je sais bien que nous ne pouvons plus, aujourd'hui, que protester contre les procédés de votre commission d'enquête. (Mouvement.) Je le crois du moins, et, je le regrette; mais je pense que c'est encore quelque chose que de protester. Je crois qu'il y aurait danger à admettre une doctrine, en vertu de laquelle il suffirait d'avoir osé beaucoup, d'avoir accompli des actes graves, considérables, sans consulter la Chambre, d'avoir été jusqu'au bout de sa pensée et de son opinion, pour ensuite se tenir à l'abri de toute récrimination, de tout reproche. Je crois qu'il est d'autant plus de notre devoir de protester contre les procédés de la commission d'enquête, si nous les croyons funestes et inconstitutionnels, qu'elle nous a mis dans l'impossibilité de nous défendre autrement que par des paroles. Il importe qu'il y ait au *Moniteur* des paroles de protestation, en face des résolutions de votre commission d'enquête. (Mouvement.)

Et c'est précisément le premier reproche que je lui adresse. Je lui reproche de nous avoir mis dans l'impuissance où nous nous trouvons.

Quoi! cette commission a agi à côté de vous, en

même temps que vous, ses travaux ont commencé et
fini en même temps que les vôtres, elle soulevait des
questions dont la gravité n'échappait à aucun de ses
membres (les procès-verbaux en font foi), des questions
qui n'étaient résolues par aucun précédent! Car ce n'est
pas sérieusement qu'on cherche à arguer des précédents relatifs à l'enquête des tabacs, à l'enquête du déficit Kesner, ou aux instructions judiciaires auxquelles
la Chambre s'est livrée, pour accomplir les droits cons-
titutionnels que la Charte lui confère, relativement à
l'accusation des Ministres.

Votre commission a fait tout cela, et jamais elle n'a
saisi la Chambre d'une seule de ces questions, si graves
en elles-mêmes! Quoi, le 26 août dernier, la commission
d'enquête a adopté une résolution tellement importante,
qu'elle-même, dans son rapport, elle l'appelle empha-
tiquement (mais je ne lui reproche pas l'emphase, car
elle est justifiée par la gravité du fait) : *La résolution du
26 août!* Et lorsque le 30 août, elle rend compte à la
Chambre de la situation de ses travaux, lorsqu'elle
lui communique le parti qu'elle a pris de ne pas
délibérer dans l'intervalle des sessions, elle ne nous en
dit pas un seul mot, de sa grande résolution! Cela se
passe sans que la Chambre en soit informée, sans que
la Chambre puisse émettre un avis sur des questions
aussi graves!

Messieurs, votre commission n'a reculé devant aucune responsabilité de ce genre, je dois lui rendre
justice. Ainsi, par la publication des procès-verbaux,
dont on vous entretenait tout à l'heure, elle n'a pas
hésité à livrer en pâture aux mauvaises passions des
villes de province, des détails..... (Réclamations sur
quelques bancs.)

Plusieurs membres. — Oui! oui!

M. DE GASPARIN. — Des détails sur lesquels je ne veux pas m'appesantir, dans la crainte d'aggraver moi-même le mal en le signalant. Elle a posé des questions sur la réputation de tels ou tels individus, sur ce que l'on pensait d'eux, sur leurs précédents, sur leur état de fortune, sur leur moralité. (Interruptions diverses.) Et les réponses entre nous, sont placées à côté de ces questions; et tout cela a été imprimé, distribué à tous les membres de cette Chambre, livré à une immense publicité.

M. ODILON BARROT. — Je demande la parole.

M. DE GASPARIN. — Messieurs, je crois que la commission s'est singulièrement méprise sur l'étendue de son mandat. Je crois qu'elle s'est singulièrement méprise, quand, au lieu de se borner à examiner la validité de deux ou trois élections qui étaient déférées à son examen, elle s'est constituée tribunal de censure, et tribunal sans appel, remarquez-le bien, messieurs; car votre commission, dans ses conclusions inscrites à la fin du rapport, a inséré cinquante-deux ou cinquante-quatre réponses qu'elle a votées, et que vous ne voterez pas, sur des questions de moralité de fonctionnaires publics ou de simples particuliers. Je dis qu'il y a là un jugement de censure rendu par votre commission, en dehors de ses véritables pouvoirs, jugement que vous ne pouvez pas révoquer aujourd'hui. (Exclamations à gauche.)

Aux centres. — Très bien! très bien!

Plusieurs membres. — C'est vrai!

M. DE GASPARIN. — Messieurs, comme je l'avais annoncé, je ne m'appesantis pas sur cette question, je crois qu'il ne le faut pas, dans l'intérêt même de la tranquillité publique et de la paix des familles. (Rires ironiques à gauche.)

Oui, Messieurs, dans l'intérêt de la tranquillité publique, il y aurait péril à revenir sur ces détails, et je m'en abstiens. Mais il y a d'autres questions bien hautes, qui ont été tranchées par votre commission. Elle a résolu que ses travaux seraient interrompus, pendant l'intervalle des sessions des chambres. Or, Messieurs, l'ont-ils été? Vous comprenez toute l'étendue de cette question. Nous sentons tous que, parmi les droits de la couronne, il n'y en a pas de plus essentiel peut-être que le droit de proroger, de clore et de dissoudre les Chambres ; que si nous permettions qu'à un titre, à un degré quelconque, on atténuât ce droit, on l'affaiblît, nous briserions aux mains du pouvoir royal l'arme qui lui a été remise par la constitution. (Rumeur.)

Que s'est-il passé pendant l'intervalle des sessions? Votre commission a eu des réunions *officieuses*; elles sont constatées par le rapport. Messieurs, je redoute beaucoup les réunions officieuses des commissions de la Chambre, pendant l'intervalle des sessions ; car si nous les admettons pour l'une, il faut les admettre pour toutes, et derrière ces réunions officieuses, les réunions officielles ne tarderont pas à paraître. Mais je crois qu'il y a eu beaucoup plus ici que des réunions officieuses ; il y a eu des correspondances entre les membres de la commission pour discuter certaines affaires, et non seulement pour les discuter, mais pour constater et compter les suffrages, en sorte qu'une résolution de la commission d'enquête, la résolution la plus sérieuse qu'elle ait prise, la résolution du 26 août, a été annulée par un vote de la commission d'enquête, émis pendant l'intervalle des sessions. Je ne fais ici qu'exprimer ce que M. Gustave de Beaumont a exprimé, je crois, lui-même, au sein de la commission. Si j'ai bien lu les procès-verbaux, il a contesté, et avec raison, selon moi, cette annulation illégale, inconstitutionnelle, résultant d'un vote pendant la session des Chambres, quand il n'y avait plus de Chambres exerçant des pouvoirs, quand il ne pouvait pas y avoir de commissions ayant plus de pouvoir que la Chambre elle-même.

Un mot encore sur ce point : je sais que le résultat du vote inconstitutionnel de votre commission, émis après la prorogation des Chambres, était favorable, en fait, aux principes que je défends, aux principes auxquels je suis attaché; eh bien, ce n'est pas un motif pour moi de ne pas attaquer ce vote, de ne pas le déplorer. Je ne me réjouirai jamais de voir réparer une première violation de principe par une seconde. Messieurs, votre commission a pris cette résolution, dont il a été si souvent question dans les discours de l'honorable M. Pascalis au commencement de la séance : la résolution de se diviser en trois sous-commissions, chargées d'aller, l'une à Embrun, l'autre à Langres, la troisième à Carpentras, et d'examiner les choses par elles-mêmes. Comment ne pas être frappé de tout ce qu'a de grand une pareille résolution? Il y a tant de questions à traiter à propos de celle-là, qu'en vérité, il faut choisir.

La première question qui se présente à l'esprit, c'est celle de savoir si, quand vous nommez une commission, cette commission a le droit de se subdiviser elle-même, a le droit de déléguer ses pouvoirs, a le droit de faire faire par trois membres, ce que vous avez confié à neuf membres. C'est une première question à laquelle il est permis de faire au moins allusion, puisqu'elle a été sérieusement débattue, dans le sein de votre commission d'enquête.

Une voix. — Et la commission du budget? (Bruits divers.)

M. DE GASPARIN. — Je n'ai fait qu'indiquer cette question; il y en a de plus grandes.

Je parlais tout à l'heure des prérogatives de la couronne. Parmi ces prérogatives, il en est une qu'il importe de maintenir avec soin : celle de convoquer, de fixer le lieu où les Chambres seront assemblées, le lieu en dehors duquel il n'y a plus de Chambre, le lieu en dehors duquel nos pouvoirs expirent, ainsi que les pouvoirs des commissions qui émanent de nous. Ce droit de la couronne, a-t-il été respecté à un degré quelconque?

La couronne nous a ordonné à tous de nous réunir le 9 janvier dans cette enceinte autour du trône! Cet ordre, nous l'avons tous exécuté. Que compte faire votre commission ? (Vive interruption.)

M. DE VATRY. — Nous ne recevons d'ordre de personne.

M. DUFAURE. — Quel langage!

M. LHERBETTE. — On n'obéit pas au roi ici.

M. DE GASPARIN. — A la convocation constitutionnelle (Ah! ah!) qui nous a été adressée, tous les membres de votre commission auraient répondu en se rendant, non pas à Paris autour du trône, mais à Langres, à Embrun, et à Carpentras. Or, je soutiens que l'on n'avait pas le droit de décider d'avance, que l'on ne se rendrait pas à la convocation constitutionnelle de la couronne. Je soutiens que la commission a été bien hardie d'aller jusque-là; car, comme on l'a déjà fait remarquer, si ce voyage s'était accompli, il est probable qu'une proposition émanée du sein de cette Chambre, aurait été présentée ici pour blâmer, précisément pendant qu'elle s'exécutait, la démarche que la commission avait votée au mois d'août.

Un autre point mérite aussi d'être examiné de près, c'est celui qui a été traité par M. Pascalis, et auquel l'honorable M. Marion a fait allusion au commencement de son discours ; je veux parler de la comparution des fonctionnaires publics devant votre commission d'enquête. Ici, les principes ont été rappelés, rappelés énergiquement, noblement, par la lettre de M. le Ministre de l'intérieur ; je regrette, pour mon compte, qu'il n'ait pas persisté jusqu'au bout à les maintenir en entier, qu'il n'ait pas persisté, au risque de faire venir la question devant la Chambre, ou plutôt avec la chance heureuse et favorable que la Chambre fût saisie de la question. M. le Ministre de l'intérieur a rappelé à la commission que devant la Chambre, il n'y a que des ministres ; que les fonctionnaires publics qui ne sont pas désavoués, que les fonctionnaires qui ne sont pas destitués, sont couverts par la responsabilité ministérielle ; il a rappelé que si on passait par-dessus la tête des ministres pour se saisir des fonctionnaires subordonnés, la séparation nécessaire des pouvoirs, les garanties nécessaires à tous, seraient sacrifiées d'un seul coup. Messieurs, qu'est-il arrivé ? Votre commission a persisté à faire comparaître les fonctionnaires publics, et M. le Ministre a transigé sur une telle prétention ; il a accompagné dans le sein de votre commission les sous-préfets que la commission avait mandés. Or, je le demande, cette garantie que semblait s'être réservée le Gouvernement, a-t-elle été suffisante ? Les questions qui ont été posées à M. le sous-préfet de Carpentras, par exemple, n'ont-elles pas porté sur l'exercice de ses fonctions, n'ont-elles pas porté sur ses actes de fonctionnaire public? Quand on lui a reproché d'avoir menacé de destitution un agent de l'administration, d'avoir cherché à exercer une contrainte morale sur un autre, n'était-ce pas le fonctionnaire qu'on attaquait, qu'on questionnait? Les principes qu'il était si essentiel de maintenir n'ont-ils pas été compromis?

Messieurs, il y a un autre principe que je ne crains pas d'énoncer fermement à cette tribune, bien persuadé que je ne serai démenti par personne, car l'honorable M. de Beaumont, qui me répondra, je crois, l'honorable M. de Beaumont a proclamé lui-même ce principe, dans la session du mois d'août : Ce principe, c'est qu'il y a une action nécessaire, une action légitime des fonctionnaires dans les élections.

M. DE TRACY. — Nous contestons cela.

M. TAILLANDIER. — Mais cela n'est pas admissible!

M. DE GASPARIN. — Messieurs, ce n'est pas au moment où les partis ont perdu leurs derniers scrupules, où les alliances qui, autrefois, étaient regardées comme *monstrueuses*, qu'on désavouait en 1830, sont proclamées et provoquées ; ce n'est pas dans un tel moment, qu'on peut sérieusement désirer que l'administration soit désarmée, inactive et impuissante. (Réclamations à gauche.)

Elle ne doit pas, sans doute, employer des moyens qui ne soient pas honorables ; personne ne repousse plus énergiquement que moi tous les actes qui ne seraient pas avoués par la conscience la plus scrupuleuse. Mais dans mon opinion, dans ma conviction profonde, je regarde comme un droit, et même comme un devoir pour l'administration, de tenir haut et ferme le drapeau du gouvernement, d'avoir des candidats, et de déclarer que ces candidats sont ceux dont le gouvernement désire l'élection. (Vives réclamations à gauche.)

M. DE SAINT-ALBIN. — Faites nommer les députés.

M. DE GASPARIN. — Il faut que ces choses-là soient dites, et je voudrais qu'une voix plus autorisée que la mienne vînt les proclamer, dans un moment où l'on cherche, où l'on parvient peut-être, jusqu'à un certain point, à affaiblir l'administration publique. (Divers murmures à gauche. Allons donc! Allons donc!)

Quoi, Messieurs, l'administration publique ne sera point affaiblie? Quoi! les fonctionnaires publics, qui sauront qu'après les élections, ils auront à rendre compte devant des commissions, ne seront pas intimidés?

Voix de la gauche. — Tant mieux! ils s'abstiendront du moins.

M. DE GASPARIN. — Je dis, Messieurs, que si les fonctionnaires publics sont menacés d'une instruction quasi judiciaire devant une commission de la Chambre, à la suite de laquelle un rapport est publié, qui contient tous les détails; je dis que s'ils sont menacés de répondre, non seulement de leurs actes, mais aussi de leurs paroles...... (Bruit), de leur tendance, de leurs influences diverses..... (Agitation toujours croissante.)

Je dis, Messieurs, que l'héroïsme ne court pas assez les rues aujourd'hui, pour qu'on puisse croire que les fonctionnaires publics qui auront à redouter ces épreuves, qui sauront ce qui les attend en cas de succès, je dis que les fonctionnaires publics qui auront à traverser ces épreuves, où on laisse toujours quelque chose, lors même qu'on n'a rien à se reprocher au fond, je dis que ces fonctionnaires publics se tiendront chez eux.

A gauche. — Bravo! c'est ce qu'on demande.

M. DE SAINT-ALBIN. — C'est ce que recommandait Casimir Perier.

M. DE GASPARIN. — Je comprends à merveille la satisfaction qui est exprimée de ce côté de la Chambre (l'orateur se tourne vers la gauche), mais votre conviction sur l'intervention des fonctionnaires publics n'est pas partagée par la Chambre tout entière; il est assez naturel que je puisse exprimer à cette tribune l'opinion d'une portion de cette Chambre...

Au centre. — Oui! oui, parlez!

M. DE GASPARIN. — ...et que je dise, qu'annuler l'action légitime, l'action régulière, l'action honorable des fonctionnaires publics dans les élections (Interruption nouvelle à gauche. — Approbation au centre), c'est vicier dans son essence, l'égalité de la lutte que nous devons vouloir tous. (Même mouvement.)

Dans quel but, Messieurs, a-t-on fait tout cela? Dans quel but votre commission d'enquête, a-t-elle été jusqu'à compromettre tous ces principes essentiels de notre régime constitutionnel? Elle a exigé la comparution des fonctionnaires publics *pour s'éclairer;* la chose vient de nous être déclarée tout à l'heure encore à cette tribune, par l'honorable M. Marion. Il nous a dit : « Quand la Chambre confie à une commission le droit d'éclaircir des questions obscures, de faire une enquête, d'arriver à la vérité, de proposer l'annulation ou le maintien d'une élection, cette commission doit avoir tous les pouvoirs, tous les droits nécessaires à la constatation de la vérité. Tout ce qui est réclamé par l'exécution de son mandat lui est acquis. » Or, Messieurs, je dis que l'on irait bien loin avec cette doctrine-là. Je commence par rappeler à la Chambre que, depuis 1830 seulement, elle a examiné au moins trois mille dossiers d'élections, et que sur ces trois mille dossiers, elle a prononcé des annulations ou des maintiens, en parfaite connaissance de cause, nous devons le croire.

Je suis dans mon droit en le déclarant. Or votre commission d'enquête, qui, outre les lumières acquises antérieurement à la Chambre ou aux législatures précédentes, avait tous les renseignements qu'elle s'était procurés, a eu encore besoin de la comparution des fonctionnaires publics ! Elle ne pouvait pas sans cela, arriver à la vérité et proposer l'annulation ou le maintien des élections ! Mais on pourrait vouloir aller plus loin ; on pourrait vous dire : — Nous n'avons pas assez de cette comparution ; nous avons besoin des dossiers, des correspondances officielles ; nous avons le droit de les faire demander, le droit de les saisir. Car si la commission d'enquête est revêtue de tous les pouvoirs nécessaires, à un point de vue abstrait, pour exécuter sa mission, il faut aller jusque-là.

Messieurs, il n'y a pas d'envahissement qui ne puisse être accompli sous ce prétexte et dans ce but ; une Chambre qui voudrait exercer tous les pouvoirs, sans exception, nécessaires à un point de vue abstrait pour une enquête électorale, pourrait s'emparer de l'administration entière et annuler complètement les autres pouvoirs. (Réclamations à gauche.) Votre commission s'est proposé un autre but; elle a voulu assurer, garantir la considération de cette Chambre. C'est un singulier moyen de garantir la considération de cette Chambre que de vous proposer, comme elle le fait, d'admettre les députés, en déclarant, en même temps, qu'on exprime un regret modéré ou même un regret affaibli, sur certains actes qui n'appartiennent pas au matériel de l'élection, qui ne sont pas de simples irrégularités de bureaux. C'est aussi, permettez-moi de vous le dire, entendre singulièrement, à mon avis, les intérêts de cette Chambre, que de provoquer des protestations plus nombreuses, comme il ne manquera pas d'y en avoir, et de multiplier ainsi la classe des ajournés.

Ceci est une question considérable. Quand vous aurez donné cette prime aux protestations calomnieuses et il y en a, aux protestations qui avancent des faits assez bien prouvés, en apparence, pour arrêter les résolutions de la Chambre, vous ajournerez beaucoup au lieu d'annuler ou d'admettre les candidats élus, vous les ajournerez.

Je ne crains pas de l'affirmer, la catégorie des ajournés s'agrandira beaucoup ; c'est-à-dire que vous aurez un grand nombre d'arrondissements qui ne seront plus représentés dans cette Chambre.

A gauche. — Allons donc! allons donc!

M. DE GASPARIN. — Et dans quel moment? Dans le moment des travaux les plus sérieux, dans le moment de la discussion de l'adresse, dans le moment où tous les arrondissements de la France ont le droit et le besoin d'être représentés ici.

Au centre. — Très bien!

M. DE GASPARIN. — Messieurs, il me semblait que ceci ne devait pas être une question de parti.. J'avais cru, je l'avoue, que ces principes étaient assez élevés, pour être compris par tout le monde; j'avais cru que nous étions tous intéressés à ne pas remettre aux mains des majorités violentes (il faut tout prévoir), aux mains des majorités violentes, tyranniques, une arme comme celle-là; j'avais cru que c'était la minorité qui devait sentir le plus à quel point il importe de ne pas remettre un pareil pouvoir aux mains de majorités violentes ou réactionnaires.

Au centre. — Très bien!

M. DE GASPARIN. — Un dernier motif vous a été

présenté par votre commission d'enquête : Il faut
épurer les mœurs électorales.

Un membre à gauche. — Et la commission a
raison!

M. DE GASPARIN. — Épurer les mœurs électorales!
Je trouve encore ici que le moyen est singulièrement
choisi, car s'il y a quelque chose de honteux, quelque
chose que la morale réprouve, et que nos consciences
soient assurément unanimes à réprouver, ce sont les
protestations calomnieuses, ce sont les mensonges
froidement calculés pour se venger d'une défaite; or je
crains que ces mensonges, que ces protestations calomnieuses ne se multiplient à l'infini.

Il me semble que votre commission s'est étrangement
abusée sur la nature du mal, et, par conséquent,
sur la nature du remède. Le mal, où est-il? Ne
croyez pas que je le conteste; il y a du mal, mais
ce n'est pas celui qu'indique votre commission
d'enquête,

On vous parle de fraude, de corruption; la Chambre,
sans doute, me connaît assez déjà, pour croire que
personne ne les répudie plus énergiquement que moi.
Messieurs, ce n'est pas là, le mal qui est en progrès ; la
preuve, c'est que, dans les élections de 1839, vous avez
eu seize élections contestées pour fraude, corruption ou
violence, tandis que vous n'en avez eu que huit en 1842.
En 1839, vous aviez des actes contestés, *le Bulletin français*, les circulaires administratives; cette fois, vous avez
au contraire une conclusion formelle de votre commission, qui est *forcée* de reconnaître (j'emprunte son
langage) que l'administration supérieure n'a rien à se
reprocher. (Réclamations à gauche.)

Ainsi, et je suis heureux de le déclarer pour l'honneur

de cette législature, sur laquelle on voudrait faire peser un soupçon qui n'a pas pesé sur les autres : elle n'a pas à rougir de son origine; il n'y a rien qui révèle une aggravation, dans les abus qui ont été signalés lors de la vérification des pouvoirs en 1839.

Mais le mal, le mal véritable, où est-il? Il est dans l'administration des départements par les députés.

Voix nombreuses. — Très bien! très bien!

M. DE GASPARIN. — Oui, Messieurs, il est scandaleux, il est triste, profondément triste que des questions, qui devraient dépendre des administrations locales, des préfectures, des sous-préfectures, soient décidées à Paris par l'influence des députés. (Très bien! très bien !)

M. DUPIN. — Faites défendre par le règlement d'apostiller les pétitions. Vous vous soulagerez singulièrement. (Appuyé! Appuyé! — On rit.)

M. DE GASPARIN. — Je sais, Messieurs, à quel point ce principe (qui s'est introduit dans nos mœurs publiques) à quel point ce principe vicie et abaisse les relations entre les électeurs et les députés, entre les députés et le gouvernement; à quel point il abaisse toute chose et toute personne. Cela est vrai, je crois que nous le sentons tous, et voyez-le, ce n'est pas le parti conservateur (Rires ironiques à gauche) qui redoute le plus le détrônement de cette apostille, dont vient de parler l'honorable M. Dupin. (Exclamation à gauche.)

M. GLAIS BIZOIN. — Il aura l'oreille des Ministres. (On rit.)

M. DE GASPARIN. — Messieurs, je ne peux pas tout faire à la fois, indiquer en même temps le mal et le remède. Le remède, je n'en connais pas de parfaitement efficace, je ne me fais pas une pareille illusion; mais il semble, qu'à part les grands, à part ceux qui s'adressent aux mœurs publiques, aux croyances publiques, et qui ne dépendent ni de l'administration ni des Chambres, il y a des moyens d'entourer la hiérarchie administrative de conditions et de garanties, qui ne permettent pas de si fréquents abus ; il me semble qu'il est possible d'imiter, jusqu'à un certain point, ce qui se passe dans d'autres pays, et ce qui déjà est fait chez nous, dans plusieurs branches de l'administration.

Je pense (et ce serait déjà quelque chose) que MM. les Ministres, qui ont besoin d'être défendus contre nous tous, fortement défendus, que les Ministres pussent répondre : — Nous ne pouvons faire ce que vous demandez, il faut telles conditions, il faut avoir passé par tels grades. (Mouvements en sens divers.)

Messieurs, j'abuse des moments de la Chambre... (Non ! non !) Je me hâte de résumer ce que je viens de dire, en ajoutant que le remède qui est dans l'indépendance de l'administration et dans sa force, nous allons le chercher dans ce qui affaiblit, dans ce qui ruine le pouvoir.

Je soutiens que, si les principes qui ont été adoptés et suivis par la commission d'enquête, venaient à prévaloir, ces principes entraîneraient bien plus d'abaissement et de corruption réels, qu'il n'en existe aujourd'hui. (Réclamations à gauche.)

On vous l'a déjà dit ; permettez-moi de le répéter : Prenons garde à notre pouvoir. C'est la prérogative et le devoir d'une grande puissance comme la nôtre, de s'observer elle-même, de poser elle-même à son action des limites, que d'autres peut-être, ne pourraient pas toujours y poser.

M. le Ministre des affaires étrangères disait, il y a quelques années, .à cette tribune, un mot bien profond et bien vrai : « On ne tombe que du côté où l'on penche. »

De quel côté penchons-nous, Messieurs? Est-ce du côté de l'amoindrissement des pouvoirs parlementaires de la Chambre?

Il suffit d'avoir posé une telle question pour la résoudre. (Agitation prolongée.)

CHAMBRE DES DÉPUTÉS

Discussion générale du projet de loi, portant demande d'un crédit extraordinaire, pour être affecté aux dépenses des établissements français dans l'Océanie.

Le Cte de Gasparin. — Messieurs, le projet de loi en discussion soulève une question grave, à laquelle la plupart des honorables orateurs qui m'ont précédé à cette tribune ont fait allusion, et dont la Chambre voudra bien m'autoriser, peut-être, à lui dire quelques mots ; quelques mots très courts et très modérés. (Exclamations sur quelques bancs.)

L'exemple de l'honorable M. Lacrosse[1] me rassure contre l'accusation d'infidélité à mon parti. Pour mon compte, je n'accepterai jamais un rôle qui m'ôterait la

_____
1. Le précédent orateur.

liberté du blâme, et par cela même la dignité et l'autorité de l'approbation. (Très bien !)

Nous pensons tous ainsi. (Oui !) Tous nous sommes
émus ici par une pensée patriotique : ceux qui attaquent,
comme ceux qui défendent le projet de loi. Il y a certes
du patriotisme à signaler certains agrandissements comme
des affaiblissements réels, quand on pense qu'ils ont ce
caractère. Il y aurait du patriotisme, à dire la vérité sur
des actes qui seraient contraires à la morale, sur des
actes coupables accomplis au nom du pays; il y aurait
du patriotisme à tenir un pareil. langage; et lorsque
dernièrement, dans la Chambre des Communes, un
membre honoré de cette assemblée, lord Ashley, attaquait avec énergie la politique anglaise en Chine ;
lorsqu'il attaquait l'importation de l'opium; quand il
disait à son pays, qu'il préférerait voir la Grande-Bretagne descendre au rang de troisième puissance, plutôt
que de lui voir fouler aux pieds les principes de la
morale et de la vertu, je dis qu'il tenait là un langage
qui honorait à la fois et celui qui osait le tenir et ceux
qui l'écoutaient avec respect.

M. ODILON BARROT. — Vous avez raison.

M. DE GASPARIN. — Messieurs, que la Chambre ne
craigne pas de me voir traiter une question religieuse.

Je suis d'avis qu'il ne faut pas traiter de questions
religieuses à cette tribune, et c'est précisément le reproche que j'adresse au projet de loi, ou aux actes qui l'ont
nécessité, d'avoir méconnu la distinction si nécessaire,
la distinction qui ne sera jamais trop profonde, entre les
intérêts de la politique et les intérêts de la religion. Je
reproche à ces actes d'introduire dans vos débats, parce
qu'ils l'ont introduite dans la pratique et dans les faits,
une association dangereuse entre la politique et la religion.

Vous le voyez donc, Messieurs, ce n'est pas une question religieuse que je viens soumettre à la Chambre; c'est une simple question de politique et de droit constitutionnel.

Aussi, refoulerai-je dans mon âme toutes mes convictions, toutes mes sympathies, si vives soient-elles, pour ces grandes missions protestantes, qui ont fondé une civilisation nouvelle dans l'Océanie. Elles ont été calomniées, les faits répondront aux calomnies, et déjà des voix honorables se sont élevées en France, pour leur rendre justice. Je ne m'occupe pas de leur justification, je laisse cela entièrement de côté.

Messieurs, quel est le véritable caractère du projet de loi? Quelle est la véritable importance de nos établissements nouveaux? Faut-il la chercher dans les intérêts politiques, commerciaux, maritimes? Faut-il la chercher ailleurs?

Après tout ce qui a été dit aujourd'hui dans cette enceinte, je ne me hasarderai pas à rentrer dans une discussion développée des intérêts maritimes et commerciaux. Une chose me paraît avoir été démontrée: c'est qu'il y a peu de proportion entre les sacrifices qu'on nous demande, et les résultats qu'on prétend obtenir.

A cet égard, Messieurs, il existe un témoignage auquel, pour mon compte, je crois beaucoup : le témoignage de nos rivaux.

Que s'est-il passé en Angleterre?

D'abord, je rappellerai qu'en 1823, le protectorat des *îles de la Société* fut offert à la Grande-Bretagne. Il fut refusé.

Aujourd'hui, la France s'empare de ce protectorat, et le public d'Angleterre reste parfaitement froid. La nouvelle de notre prise de possession a été accueillie avec l'indifférence la plus dédaigneuse. Je crois ce fait incontestable.

Or, remarquez-le, ce qui a lieu en Angleterre, a lieu aussi chez nous. Consultez tous ceux qui ont pris intérêt à la question, tous ceux qui l'ont traitée : les écrivains, les hommes d'État, les missionnaires eux-mêmes, les partisans les plus déclarés de l'occupation des îles de la Société ; tous vous feront la même réponse ; tous vous diront que l'intérêt politique et commercial est nul, ou à peu près nul.

Il y a, selon eux, un autre intérêt dont la France a bien fait de se préoccuper, qu'elle a bien fait de poursuivre. Ils approuvent la prise de possession sous ce rapport ; mais si elle n'était pas justifiée par cet intérêt-là, elle leur semblerait injustifiable.

Nous avons tous lu les articles intéressants sur la question, publiés par M. Reybaud et M. de Carné.

Eh bien, nous y trouvons toujours cette pensée fondamentale : la France n'a pris possession des îles de la Société, que dans un intérêt qui n'est ni politique ni commercial.

M. Reybaud va plus loin ; il affirme que c'est à la provocation de la maison de Picpus, que les expéditions ont été faites. (Mouvement prolongé.)

Maintenant, écoutez ce que disent les missionnaires catholiques. Je citerai les paroles de l'un d'eux, qui est établi aux Marquises, et qui a publié un ouvrage intéressant sur nos nouvelles possessions : le *Père Mathias*. Voici sa conclusion :

« Veuille le ciel, que la France marche en tête de l'œuvre de la civilisation océanienne qui se prépare par le concours des moyens matériels et moraux qu'elle peut lui procurer. Alors, elle aura rempli la tâche que semble lui destiner en ce moment la Providence. »

Et un autre missionnaire écrivait, en 1838, à bord de *la Vénus* : « Il a été résolu d'établir des missionnaires catholiques partout. » (Interruption.)

M. DE LA ROCHEJAQUELIN. — Il n'y a pas grand mal à cela.

M. DE GASPARIN. — Je n'attaque pas, Messieurs ; je constate ; je n'attaque pas le moins du monde, en ce moment, ce qui a été fait. La discussion viendra tout à l'heure. Je prie la Chambre de me permettre, dans cette matière délicate, difficile, de suivre l'ordre de mes idées.

Un homme d'État, justement honoré, M. le duc de Broglie, disait l'autre jour, à la Chambre des pairs, que, quant à lui, il ne pouvait trouver de motifs sérieux à notre prise de possession.

Messieurs, tout le monde l'a compris ainsi. Quel est le public qui s'est préoccupé de la prise de possession ? C'est, avant tout, le public religieux, pour s'en réjouir ou pour s'en alarmer. C'est le public religieux en France, en Angleterre, partout.

En Angleterre, Messieurs ; je suis loin d'approuver toutes les paroles qui ont été prononcées, mais je constate ce fait, qu'en Angleterre, ceux que vous avez blessés, ceux que vous avez alarmés, ce ne sont pas les hommes politiques : ce sont les hommes qui combattent l'opium, qui attaquent l'esclavage indien ; les hommes que vous voudrez, en toute autre circonstance, honorer et voir honorer.

Ces impressions ne sont pas particulières à la Grande-Bretagne, particulières à la France. Le protestantisme du monde entier les a ressenties. (Exclamations.) Le protestantisme ne s'est pas ému seulement en Angleterre, il ne s'est pas ému seulement en France, il s'est ému en Suisse, en Allemagne, et je pourrais citer beaucoup d'extraits de correspondance, d'extraits de journaux religieux, qui constatent cette émotion. Le protestantisme s'est cru, s'est senti attaqué par la France.

Comment pourrait-il en être autrement? Les faits qui se sont accomplis aux îles Gambier, aux îles de la Société, aux îles Marquises, aux Sandwich, aux îles des Amis, tous ces faits ne se groupent-ils pas autour d'une pensée commune? Il y a eu, en 1833, un décret du pape, qui a donné à la maison de Picpus toutes les îles de l'Océanie. (On rit.) En 1834, les premiers missionnaires catholiques se sont rendus dans les mers du Sud.

Que voyons-nous ensuite? Nous voyons des expéditions successives en 1838, en 1839, en 1842; et quel est le but de ces expéditions? En 1838, nos vaisseaux se rendent sur la côte des îles de la Société et des îles Sandwich, pour demander des réparations, à cause de l'expulsion des missionnaires catholiques.

En 1842, troisième expédition dont le but est, pour les îles de la Société, la prise de possession, et, pour les îles Sandwich, de nouvelles exigences insinuées par la même pensée, par le même esprit.

Je passe rapidement sur les circonstances honteuses qui ont accompagné quelques-uns de ces actes; j'en dirai très peu de chose. Je suis cependant obligé de rappeler que dans ces archipels, nouvellement appelés à la connaissance du christianisme et de la civilisation, existaient deux règlements, qui méritent assurément le respect et les sympathies de tout le monde. L'un de ces règlements interdisait la communication des femmes indigènes avec les équipages européens. (On rit.) L'autre interdisait la vente, le débit des spiritueux. Or, je crains que nous n'ayons fait la guerre qu'à ces deux règlements, et je le regrette de toute mon âme. Pour ce qui concerne le premier, je veux bien admettre que le récit qui a été publié n'est pas exact.....

M. DE LA ROCHEJAQUELIN. — Quel récit ?

M. DE GASPARIN. — Le récit des désordres attribués à l'équipage de *la Reine Blanche*. Le gouvernement l'**a** démenti, mais ce qu'il n'a pas pu démentir, ce sont des excès semblables qui ont eu lieu à d'autres époques, à des époques récentes ; ce sont les désordres qui ont signalé si tristement l'expédition de *l'Artémise* en 1839 ; ce sont les désordres plus graves encore, qui ont marqué l'apparition de *l'Astrolabe* et de *la Zélée* sur la côte des Marquises, désordres dont le canon a donné le signal, et dont le canon a annoncé la cessation à bord. (Bruits et mouvements divers.)

J'ai promis à la Chambre de ne pas m'appesantir sur ces détails ; je tiens parole.

Pour ce qui concerne le second règlement, relatif à la vente et au débit des spiritueux, il n'est personne ici, qui ne comprenne à quel point il était nécessaire, sous tous les rapports, de le maintenir et de le respecter. Les eaux-de-vie, dans un pareil climat, avec un tel peuple, mais c'est le poison; c'est la perte du corps en même temps que celle de l'âme: c'est la corruption en même temps que la mort.

Messieurs, nous nous élevons beaucoup, avec force et raison, contre l'introduction de l'opium en Chine. Personne ne s'élève avec plus d'énergie et de sincérité que moi, contre cet acte odieux.

Prenons garde d'avoir fait en petit, et d'avoir fait avec persévérance, un acte absolument semblable. Je dis avec persévérance, car en 1839 la première expédition, commandée par le capitaine Laplace, imposa par la force au gouvernement de Sandwich un traité qui, entre autres stipulations, exigeait l'admission, à des droits très modérés, des eaux-de-vie françaises.

M. LE CONTRE-AMIRAL LERAY, *rapporteur*. — Permettez une interruption.

Lorsque M. le capitaine Laplace a demandé la modération des droits sur les eaux-de-vie françaises, l'impôt qui les frappait était tellement fort, que les eaux-de-vie françaises ne pouvaient pas être vendues aux îles Sandwich.

M. DE GASPARIN. — Alors, je ne comprends pas très bien : La vente des eaux-de-vie étant absolument impossible, je ne comprends pas l'insistance que paraît avoir mise notre gouvernement, à exiger l'abaissement des droits ; insistance telle qu'en 1842, au moment même où *la Reine Blanche* prenait possession de Taïti, un autre bâtiment français, commandé par le capitaine Mallet, se rendait aux îles Sandwich, et protestait contre certaines mesures relatives à la vente en détail des eaux-de-vie ; mesures qui avaient été destinées à limiter cette vente, à l'entraver, à la rendre aussi peu considérable que possible. Le capitaine Mallet a cru devoir protester contre ces mesures, et réclamer la libre admission des eaux-de-vie.

Voilà le fait ; et de ce fait, je pourrais en rapprocher un autre : Dans les deux archipels dont je parle, le consul français paraît être le principal débitant d'eau-de-vie ; le principal appui du commerce des spiritueux!

Hélas, Messieurs, je crains que les paroles prononcées par M. le Ministre des affaires étrangères[1] à la Chambre des pairs, paroles auxquelles je serais heureux de m'as-

1. M. Guizot

socier complètement, ne soient inexactes. Il a dit que jamais le christianisme n'avait reculé devant la France ! Or, le jour (et des récits très détaillés le prouveraient au besoin) le jour où l'introduction exigée par nos frégates a eu lieu, en 1839, ce jour-là, le christianisme et la civilisation ont reculé, et des désordres honteux, des désordres que nous déplorons tous, ont succédé à cette introduction.

M. LE RAPPORTEUR (se levant). — On ne peut pas laisser passer des faits aussi inexacts; on ne peut pas laisser accuser ainsi nos capitaines.

Plusieurs voix. — Laissez parler, vous répondrez.

M. DE GASPARIN. — Personne ne serait plus heureux que moi d'apprendre que je suis dans l'erreur, que le traité de 1839 est une chimère, que la lettre de 1842 est apocryphe et inexacte; personne ne serait plus heureux que moi d'apprendre qu'il est faux, qu'au nom de la France, et par la force, on ait exigé l'introduction des eaux-de-vie françaises aux îles Sandwich.

M. LE MINISTRE DE L'AGRICULTURE ET DU COMMERCE. — Il y a là une très grande erreur. Les eaux-de-vie anglaises étaient admises avec des droits inférieurs aux nôtres, nous avons demandé l'égalité des droits. Voilà tout.

Au centre. — Les Anglais ont aussi le monopole du rhum de la Jamaïque.

M. DE GASPARIN. — On conteste l'exactitude des observations que j'ai l'honneur de présenter à la Chambre. Mais, avant le traité de 1839, les îles Sandwich avaient un aspect d'ordre et de civilisation; l'ivrognerie n'y régnait pas; le lendemain du traité, l'ivrognerie avait reparu. (Murmures.)

Au centre. — Ce sont les Anglais qui l'ont introduite.

M . DE GASPARIN. — J'arrive au fait principal.
L'appréciation en semble délicate; mais je crois,
Messieurs, qu'avec une parfaite sincérité, on peut
traiter toutes les questions délicates à la tribune. (Oui !
Oui!) Je veux parler de l'introduction forcée des
missionnaires catholiques, aux îles Sandwich et à Taïti,
(Nouvelles réclamations.)

M. MANUEL. — Cela ressemble beaucoup à la question
religieuse.

M. DE GASPARIN. — Je suis sûr que ces murmures
ne se seraient pas élevés, si la Chambre avait pu connaître le fond de ma pensée sur cette question, si elle
m'avait permis d'ajouter quelques mots. Qu'elle ne craigne
pas que j'émette ici une opinion contraire à la liberté
des cultes.

Un membre au centre. — Il ne manquerait plus que
cela !

M. DE GASPARIN. — Que la Chambre ne craigne pas
que je demande des entraves, pour quelque culte que ce
soit. J'espère qu'elle me verra toujours fidèle au drapeau
de la liberté religieuse, et que, quand il s'agira des
catholiques, elle me trouvera aussi ardent, plus ardent
peut-être, que lorsqu'il s'agit de mes coreligionnaires.

Mais l'examen auquel je viens de me livrer, vaut la
peine d'être soumis à la Chambre. Je sais ce qu'on
peut dire, à l'appui de l'exclusion qui a frappé les
missionnaires catholiques; je sais qu'on peut dire que
cette exclusion était ancienne, qu'elle n'avait pas été
inventée exprès pour eux, qu'elle avait frappé les missionnaires protestants avant eux. Je sais qu'on peut dire
qu'aux îles Sandwich et à Taïti, il n'y avait plus de
païens à convertir, qu'il n'y avait que des protestants; je sais qu'on peut dire que ce champ, labo-

rieusement défriché par quarante ou cinquante ans de
travail et par le sang des martyrs, devait être réservé
pendant quelque temps au culte qui l'avait conquis.
On peut dire tout cela ; on peut craindre pour les populations nouvellement appelées à la religion chrétienne,
les controverses, les luttes engagées entre communions
rivales ; ces craintes-là peuvent avoir quelque chose de
fondé ; mais elles ne me déterminent pas. Je maintiens
le principe.

Je blâme hautement l'exclusion qui frappait les missionnaires catholiques. Non seulement je n'admets pas
que dans aucune possession française une exclusion
pareille puisse être introduite (et je serais le premier à
la combattre, si elle était proposée pour nos établissements de l'Océanie) ; mais je désire qu'elle n'existe nulle
part. Je crois que la dignité de tous les cultes est intéressée à la liberté religieuse, et que sans cela, il n'y a
pas de religion consciencieusement adoptée. Mais autre
chose est d'admettre le principe, autre chose est de
reconnaître le droit de l'imposer par la force.

Messieurs, remarquez où nous mènerait une pareille
doctrine. Si vous l'acceptez, il faut que ce soit avec
toutes ses conséquences et dans toute son étendue.

M. D'ANGEVILLE. — Mais personne n'en parle.

M. DE GASPARIN. — M. d'Angeville me fait l'honneur
de me dire : « Personne n'en parle. » Mais nos actes
n'ont eu d'autre but assurément, que de faire cesser
l'exclusion, que de faire admettre les missionnaires
exclus contrairement au principe de la liberté religieuse.
Nos expéditions successives de 1838, 1839 et 1842 n'ont
pas de sens, si elles n'ont pas celui-là. Par conséquent
on en parle, et j'ai le droit d'en parler aussi. (Con-
tinuez !)

Je dis donc que c'est une grande question, que celle
de savoir si l'on a le droit d'imposer de pareils principes.
Qu'on les propage, je le veux bien; mais les imposer
par la force, je nie qu'on en ait le droit; et si nous
pouvions les imposer, je me chargerais de proposer
des expéditions en grand nombre et de quoi occuper
longtemps la marine de notre pays; car nous sommes
entourés de pays qui n'admettent pas d'autre culte que
le culte catholique. Les missionnaires français protestants sont repoussés de l'Espagne, du Portugal, de l'I-
talie.

M. Denis (de sa place). — Voici le texte du mani-
feste du capitaine Laplace: « Que le culte catholique soit
libre sur toutes les terres possédées par le roi des
Sandwich; que les membres de cette foi religieuse, jouissent de tous les privilèges accordés aux protestants. »

M. de Gasparin. — Nous ne demanderions pas autre
chose à l'Espagne, au Portugal, à l'Italie. (Nouvelle
interruption.)

Je tiens à constater que c'est une question sérieuse,
et qui est digne de fixer l'attention de la Chambre.

Il n'y a pas de considération de nationalité engagée
ici; les prêtres catholiques dont il s'agit, étaient les uns
français, les autres étrangers; les consuls étrangers ont
réclamé comme les consuls français; le consul anglais
comme le nôtre; par conséquent, point de considération de nationalité. La seule question est celle que j'examine: celle du droit que nous nous sommes attribué,
d'imposer la liberté religieuse à un peuple qui a le tort
de n'en pas vouloir.

M. Denis. — Il y a des catholiques indigènes empri-
sonnés, et quand on veut la liberté religieuse, il la faut
pour tous. (Exclamations.)

M. DE GASPARIN. — Je me ferai peut-être mieux comprendre de la Chambre, en renversant l'hypothèse.

Je suppose que ce qui s'est accompli aux îles Sandwich et aux îles de la Société, se soit accompli aux îles Gambier ; je suppose que nous apprenions qu'un vaisseau anglais s'est présenté devant ces îles, et que, mêche allumée, il ait exigé dans cet archipel (où un seul culte existe, le culte catholique, et qui, comme les îles Sandwich et de Taïti, est gouverné par des princes indigènes), je suppose qu'il ait exigé par la force, l'admission des missionnaires protestants. Je crois que, en apprenant un pareil fait, nous pourrions éprouver quelques craintes et qu'il exciterait peut-être quelques réclamations dans le parlement.

Un membre. — Dans le parlement anglais ?

M. DE GASPARIN. — Dans le parlement français.

M. CAYX. — C'est ainsi dans l'île des Amis.

M. DE GASPARIN. — Tels sont les faits qui se sont accomplis. J'aurais été moins long dans leur exposé, si j'étais parvenu à faire comprendre ma pensée à la Chambre. Je l'ai mal exprimée sans doute.

L'importance de ces faits n'est pas diminuée par les assurances, très sincères j'en suis convaincu, que donne le gouvernement. Le gouvernement promet la liberté de tous les cultes, il promet sa protection à tous les cultes.

Je crois à la sincérité des promesses que fait le gouvernement ; je crois que la reconnaissance annoncée de l'indépendance des îles Sandwich sera, pour cet archipel du moins, une garantie parfaitement suffisante ; mais en ce qui concerne Taïti, mes craintes subsistent, sinon quant à la pensée du gouvernement, du moins quant à la force qu'il aura pour résister de si loin, aux tendances qui pourraient se manifester. Je crains qu'il

ne soit fort difficile de maintenir une égale protection ;
je crains qu'il n'y ait quelque chose de fondé dans les
bruits qui se sont répandus, tout inexacts qu'ils soient
aujourd'hui dans leurs détails ; je crains qu'il n'y ait
là comme un pressentiment de l'avenir, et que, quand
on dit : les missionnaires anglais ont été expulsés, les
enfants ont été forcés de suivre les écoles catholiques ;
tout cela ne soit faux en ce moment, que pour devenir
vrai plus tard. Je le crains, et personne ne contestera
la loyauté avec laquelle j'exprime ces craintes, puisque
j'ajoute, que je crois parfaitement à la sincère intention du gouvernement, de maintenir la liberté religieuse
à Taïti.

En tous cas, que ressort-il de ce que je viens d'exposer? Que pour la première fois, le gouvernement
s'est associé au dehors, avec un des cultes pratiqués en
France ; qu'il a associé ses intérêts avec ceux de ce
culte.

Voilà un fait nouveau, voilà un fait très considérable.
Ce fait est d'autant plus considérable, que nous le rap-
prochons de ce qui se passe ailleurs. En Syrie, on nous
dit qu'il faut s'appuyer sur le catholicisme ; en Espagne,
on nous dit que l'alliance avec ce pays est d'autant
plus naturelle, que l'Espagne est catholique. Un honorable membre de la Chambre, M. Corne, a clairement
formulé cette pensée, quand il a écrit : Au dehors, le
catholicisme, c'est la France! et quand il a dit à cette
tribune, l'année dernière, que la France, dans sa politique, devait s'appuyer sur l'idée catholique!

Si cela était vrai au dehors, cela serait bientôt vrai
au dedans. S'il était vrai qu'au dehors le catholicisme fût
la France, il serait bientôt vrai aussi que l'accroissement, le maintien même du protestantisme en France,

serait un affaiblissement national. Je ne presse pas les dernières conséquences d'une telle doctrine, mais je lui crois, Messieurs, une grande portée, et je la signale à votre attention.

Il s'est passé quelque chose en 1830. La religion de l'État a été rayée du pacte fondamental. Il me semble que si l'État a une religion au dehors, s'il s'appuie exclusivement sur un principe religieux, s'il s'associe aux destinées de ce principe, il me semble qu'il est difficile d'affirmer que la religion d'État n'est pas rétablie. (Agitation.) Assurément, Messieurs, lorsqu'en 1830, on substituait la mention de la religion de la majorité à la mention de la religion d'État, personne n'aurait imaginé de venir dire à la Chambre, qu'en vertu de cette modification, le catholicisme au dehors serait la France.

Mais, Messieurs, laissons le terrain constitutionnel ; descendons dans la simple pratique des faits. Au point de vue de la simple politique, quelle est la conséquence d'un principe si nouveau au milieu de nous? Car nous ne devons pas oublier, qu'alors même que la religion d'État existait en France, dans la grande guerre religieuse des temps modernes, la guerre de trente ans, la France a pris parti pour les réformés.

C'est donc un principe très nouveau que celui-ci.

Je dis que la première conséquence d'un tel principe, c'est de classer les religions en partis politiques ; ce qui est très fâcheux, ce que je repousse de toutes mes forces, de toute l'énergie de mon patriotisme ; c'est de leur faire des positions spéciales, vis-à-vis de la politique générale du pays.

Il en résulte une position que la minorité religieuse ne saurait accepter, une position qui la met entre son patrio-

tisme et sa foi, qui la place en dehors des intérêts généraux du pays. Elle ne s'y laissera pas placer. Elle tient,
elle tient essentiellement, et elle le prouvera, aux intérêts
généraux du pays; elle est dévouée autant que qui que
ce soit à ces intérêts généraux ; et c'est une situation
funeste qu'on lui fait, je le répète, entre son patriotisme si ardent, si éprouvé, et sa foi si profonde. (Aux
voix, aux voix ! — Interruption.)

Messieurs, il arrivera, je le crains, que d'autres, plus
tard, exprimeront les mêmes reproches, les mêmes craintes, les exprimeront dans une autre intention, peut-être
dans un meilleur langage, mais, à coup sûr, avec un
sentiment qui ne sera pas plus dévoué à notre gouvernement et à nos institutions. On parlera de la religion
d'État, on en parlera (on en parle peut-être déjà), on
en parlera avec une pensée hostile, et j'en parle avec
une pensée d'affection, et j'en parle pour prémunir le
gouvernement de mon pays contre des tendances que je
crois funestes, contre des tendances qui mènent plus
loin qu'on ne sait et qu'on ne veut. (A la question.)

Messieurs, la Charte fait une position et plus sûre, et plus
noble, et meilleure au gouvernement de ce pays : une
position plus forte au dehors et au dedans.

Pour le dedans, elle assure l'unité parfaite, l'unité
complète du pays, parce qu'elle n'associe la politique du
pays à aucun culte particulier ; elle protège tous les cultes,
elle les admet tous, elle ne fait les affaires particulières
d'aucun.

Au dehors, elle maintient la liberté de nos alliances;
je ne vois pas, pour mon compte, ce que nous avons
pu gagner à déserter ce principe de la constitution, ce
principe de l'égalité devant la loi pour tous les cultes,
et de la politique parfaitement distincte de la religion.

Je crains qu'ici, selon l'expression de M. le Ministre des affaires étrangères, s'adressant à lord Palmerston, nous ne sacrifiions la grande politique à la petite.

M. THIERS. — C'est vrai!

M. DE GASPARIN. —. Messieurs, je termine. J'ai cru devoir présenter à la Chambre, ce qui me paraît être un des aspects sérieux, essentiels, des actes qui viennent de s'accomplir : un des grands côtés de la question qui vous est soumise. J'ai cherché à le faire avec modération. Je me suis peut-être trompé. (*A gauche.* Non, non!) Mais à coup sûr, je n'ai pas exprimé tout ce que je sens.

1844

CHAMBRE DES DÉPUTES

SÉANCE DU 18 JANVIER 1844

Discussion du Projet d'adresse.

M. Billault (membre de l'opposition) ... — Cette situation est-elle bonne et vraiment parlementaire? La preuve qu'elle ne l'est pas, c'est que pour la maintenir ainsi tendue, il faut agir d'une manière fâcheuse sur les collèges électoraux; et je n'emprunterai encore là que les paroles des membres de la majorité. Il y a dans cette assemblée un homme dont l'énergique conviction, l'honorable caractère, le dévouement au parti conservateur ne sont pas équivoques; eh bien, cet honorable membre, poussé à bout par tout ce détail d'action ministérielle, a été amené à dire à ses électeurs qu'il était lassé d'un tel état de choses, et qu'il fallait en secouer le déplorable fardeau!

Plusieurs voix. — Qui donc? (Interruptions diverses.)

Le Cte de Gasparin. — Je demande la parole. (Mouvement.)

. . . .

M. le Président. — M. de Gasparin a la parole pour un fait personnel.

M. de Gasparin. — Messieurs, le caractère général de ce débat, dans lequel tant d'attaques, que je crois injustes, ont été dirigées contre les principes politiques du cabinet, m'a fait hésiter à prendre la parole, afin de confirmer une critique que je sais malheureusement trop fondée. Aussi n'ai-je pas répondu, dans une précédente séance, aux allusions bien transparentes cependant, de l'honorable M. Thiers, et de l'honorable M. Gustave de Beaumont.

Mais en présence de la provocation si directe, si personnelle que vous venez d'entendre, mon silence serait une véritable lâcheté. (Mouvement.)

Je viens donc remplir un devoir qui, pour être pénible, n'en est pas moins absolu.

Messieurs, ce que j'ai dit ailleurs, avec modération, mais avec fermeté, je désire le répéter ici, puisqu'on m'y provoque, avec la même fermeté, et, je l'espère, avec la même modération. Je ne manquerai ni au respect, ni à la haute considération que je dois aux personnes ; je ne descendrai pas dans le conflit des accusations et des scandales ; je n'adresserai même d'autre reproche au cabinet, que celui d'avoir été faible ; faible comme on l'avait été avant lui, un peu plus peut-être, car il a été mieux averti, et une occasion lui a été offerte, qui n'avait pas existé auparavant, de reprendre dans le département que j'ai l'honneur de représenter[1], sa

---

1. La Corse.

position et son rôle de gouvernement. (Légère rumeur.)

Messieurs, l'influence abusive des députés est un grand mal et un grand danger, partout, dans tous les départements ; je me suis donné le droit de le dire. Mais ce danger, grave partout, prend en Corse une gravité toute spéciale; il emprunte cette gravité à une circonstance spéciale aussi à la Corse, et qui ne se présente pas ailleurs. Les autres départements sont divisés par la politique, la Corse est presque entièrement étrangère à ce genre de préoccupations; elle est divisée par des inimitiés de famille. Il en résulte, et la Chambre le comprendra, que, s'il existe un département où il soit absurde, impolitique, injuste, de confondre la cause du gouvernement avec celle d'une famille, avec celle d'un des représentants du pays, c'est la Corse. Distinguer ces deux causes si profondément distinctes par elles-mêmes, c'est en même temps assurer au gouvernement la presque unanimité des adhésions, et, d'un autre côté, atténuer, affaiblir ces causes d'inimitiés, de divisions locales, dont nous devons tous désirer la disparition. Confondre les deux causes, au contraire, la cause du gouvernement et la cause d'une famille, c'est repousser les amis qui viennent au gouvernement, qui ne lui demandent qu'à être gouvernés par lui, par lui seul; c'est, d'un autre côté, perpétuer, aggraver, envenimer les causes de divisions locales. (Très bien! à gauche.)

Messieurs, je maintiens que telle est la faute qui a été commise en Corse. Je maintiens que la confusion des deux causes y a été poussée jusqu'à la subordination complète du gouvernement, jusqu'à une véritable abdication. (Mouvements divers.)

M. Duchatel, *ministre de l'intérieur.* — Je demande la parole.

M. DE GASPARIN. — Je maintiens qu'on a créé en Corse un état agité et violent, qui peut avoir de déplorables conséquences, et qui n'a pas d'autre origine que cette administration à contresens. Je maintiens qu'il existe en Corse, une classe nombreuse de parias, auxquels l'accès des fonctions publiques est complètement interdit, et qui, cependant, ne repoussent ni le gouvernement, ni même les principes politiques du ministère.

Messieurs, si mes assertions étaient contestées, si on niait, si on mettait en doute à la tribune, ce qui ne se met guère en doute dans le cabinet, ce que la notoriété publique, d'ailleurs, démontre surabondamment, voici ce que j'aurais l'honneur de répondre :

Les preuves, j'en ai les mains pleines ; il me serait trop facile de les administrer ; mais, ces preuves, ce sont des noms propres, et la Chambre m'approuvera, je crois, quand je dirai que je ne veux, ni ne dois discuter des noms propres à cette tribune. (Marques d'adhésion.)

Toutefois, si le doute auquel je fais allusion venait à s'élever d'une manière sérieuse, j'indiquerais une manière très simple d'en sortir.

Il y a deux ans, dans des circonstances beaucoup moins graves, le Ministère avait eu recours à une mesure que je lui recommanderais de nouveau aujourd'hui. A cette époque, le parquet de la Cour royale de Bastia avait à sa tête un homme qui a laissé en Corse les souvenirs les plus honorables, et que, par conséquent, je puis nommer : M. Chaix. Ce consciencieux magistrat n'avait voulu remplir que son devoir, obéir qu'au gouvernement, et immédiatement avait éclaté une lutte, qui, depuis, a pris d'autres formes, et qui en prendra d'autres encore, si le motif même de la lutte n'est pas supprimé.

Or, à cette époque, le gouvernement jugea convenable

de s'éclairer sur ce conflit. Il désigna un personnage considérable, un membre de la Chambre des pairs; il lui confia les dossiers relatifs à la Corse. Ce haut commissaire se disposait à partir pour remplir sa mission, quand tout à coup, les difficultés s'évanouirent comme par enchantement. La nécessité de l'information disparut; les papiers furent retirés sans explication, et tout s'arrangea..... par l'éloignement du procureur général. (Mouvement.)

Eh bien, Messieurs, ce que le gouvernement avait eu la pensée de faire il y a deux ans, ce qu'il avait eu le courage d'ordonner, mais ce qu'il n'avait pas eu le courage d'accomplir, je le supplierai de l'ordonner aujourd'hui dans des circonstances qui, je le répète, sont plus graves; je le supplierai de l'ordonner, si un doute existe encore dans son esprit. Quant à moi, je déclare que, quelle que soit la personne qu'on chargera de l'information, je serai certain d'avance que son rapport ne contredira aucune de mes assertions.

M. LE MARÉCHAL SÉBASTIANI. — Je demande la parole. (Mouvement.)

M. GUIZOT, *ministre des affaires étrangères*. — C'est au gouvernement à répondre.

M. DE GASPARIN. — Je ne me suis jamais mieux senti qu'aujourd'hui, dans mon rôle de député conservateur. Je veux conserver nos institutions, c'est-à-dire les défendre à la fois et contre les innovations mal calculées qui les compromettent, et contre les abus et les faiblesses qui les corrompent. (Vive approbation à gauche.)

Je suis trop conservateur pour me taire, quand je vois qu'au lieu d'un gouvernement fort, indépendant, agissant par lui-même et pour ses propres intérêts, on nous fait un gouvernement timide, obéissant à des influences qui, pour être honorables, n'en sont pas moins profondément inconciliables avec l'action régulière et digne de l'administration publique.

A gauche. — Très bien, très bien !

M. DE GASPARIN. — Je suis trop conservateur pour me taire enfin, Messieurs, quand je vois que notre gouvernement, qui, partout ailleurs, accueille les hommes qui viennent à lui, les hommes qui, sans lui demander de concessions, se rallient à son drapeau, semble prendre à tâche de faire précisément le contraire en Corse ; qu'il y repousse des citoyens qui lui ont prouvé leur dévouement, qui ne réclament aucune modification de ses principes, aucun abaissement de sa politique, qui ne veulent qu'une chose, obéir à lui, à lui seul ; je suis trop conservateur pour me taire, enfin, Messieurs, quand je vois... (Interruption. — Mouvements divers.)

Je tiens, Messieurs, à maintenir ma position politique, alors même que j'accomplis vis-à-vis du cabinet un acte pénible, comme je le disais en commençant.

Oui, ce sont mes sentiments de conservateur, de conservateur dévoué, consciencieux, sentiments qu'on retrouvera peut-être dans des moments difficiles, ce sont mes sentiments qui sont froissés, quand je vois que notre gouvernement qui partout ailleurs, dans les autres départements, poursuit son œuvre... (Nouvelle interruption.)

Partout ailleurs, dans tous les autres départements, le gouvernement du roi, et je l'en loue hautement, poursuit avec zèle son œuvre de paix et d'ordre public ; et en Corse il travaille, involontairement je le crois, mais il travaille avec un déplorable succès, à entretenir les querelles, les inimitiés, en y prenant parti, tandis qu'il devrait y rester éternellement étranger. (Rumeurs. — Assez ! assez ! à la question !)

Que la Chambre ne craigne pas de me voir abuser de l'indulgence avec laquelle elle a bien voulu accueillir une véritable digression, dans la discussion générale ; j'y ai été appelé malgré moi. La Chambre est à présent saisie des faits ; la gravité m'en paraît grande ; j'espère qu'elle lui paraîtra grande aussi.

Je ne crains pas qu'on vienne nous dire qu'il ne s'agit que de la Corse, et que les principes généraux, le droit commun, ne peuvent s'y appliquer. Je ne crains pas qu'on vienne nous dire que ce sont là de petites affaires, de petites questions, de petites réclamations de bureaux. Ceci, vous le sentez tous, touche à ce qu'il y a de plus essentiel, de plus vital dans notre système représentatif.

Prétendra-t-on que ce sont là de tristes conséquences, mais des conséquences inévitables d'un tel régime, qu'il faut savoir en prendre son parti? Si une telle doctrine de résignation au mal pouvait prévaloir parmi vous, si la situation anormale et douloureuse qu'on a faite à la Corse ne vous paraissait pas mériter un instant d'attention, je ne pourrais que courber la tête. En effet, que puis-je faire ici? Dire ma pensée, remplir mon devoir. Mais je sais que je ne suis pas le seul, à protester contre ces théories décourageantes qui condamnent, comme inutile, toute tentative de remédier aux inconvénients graves de notre forme de Gouvernement.

J'ai meilleure opinion, quant à moi, des institutions qui nous régissent. Je crois que si elles affaiblissent quelquefois le pouvoir, elles sont admirables pour le raffermir.

Et c'est de la force que je vous demande ; la force d'extirper des abus, que protège sans doute leur ancienneté.

7

A gauche. — Très bien!

M. Duchatel, *ministre de l'intérieur.* — Que l'honorable M. de Gasparin me permette une observation. Je ne porterai pas dans ces débats la vivacité qu'il y a peut-être mise. Personne ne rend plus hommage que moi à la loyauté de son caractère et de ses intentions ; mais enfin il me sera permis de lui dire, sans sortir des formes parlementaires, qu'il a dans l'esprit quelque chose d'absolu qui, peut-être, fait que, lorsque certains actes administratifs ont lieu dans l'arrondissement qu'il représente, ils ont pu être interprétés par lui, non pas, ce qui est vrai, comme des actes d'indépendance du Gouvernement à l'égard d'exigences quelquefois un peu vives, mais comme des preuves de soumission à une autre influence.

M. de Gasparin. — Je demande la parole.

(M. le Ministre de l'Intérieur achève son discours. M. de Gasparin monte à la tribune.)

Plusieurs membres au centre. — Assez! assez !

A gauche. — Parlez! parlez !

M. de Gasparin. — Messieurs, je ne prolongerai pas ce débat, soyez-en certains. Deux mots seulement; à la lettre, deux mots, pour ne pas accepter la leçon que vient de me faire M. le Ministre de l'intérieur. (Oh ! oh ! Mouvements divers.)

M. le Ministre de l'intérieur. — Je n'ai pas prétendu vous faire une leçon.

M. de Gasparin. — Je suis un esprit absolu ! Passons condamnation. Ces choses-là, Messieurs, ne se discutent pas à la tribune. Mais j'aurais porté ici, une plainte de la nature de celle que j'y ai portée, parce que j'avais joué le rôle ridicule de solliciteur mal accueilli !...

M. le Ministre. — Non, je n'ai pas dit cela.

Plusieurs membres à gauche. — Si ! si ! vous l'avez dit !

M. DE GASPARIN. — De solliciteur mal accueilli. Parce qu'à mon tour, *j'aurais menacé l'indépendance du gouvernement* par des exigences extrêmes, conçues dans des termes qui n'étaient pas toujours convenables!

M. LE MINISTRE. — Je n'ai pas dit cela.

M. DE GASPARIN. — Voilà ce que je ne puis pas accepter ; et si M. le Ministre de l'intérieur voulait préciser..... (Nouvelle interruption.)

Plusieurs membres du centre. — Allons donc ! — A l'adresse ! — assez ! assez !

A gauche. — Parlez ! parlez !

M. DE GASPARIN. — Je comprends l'impatience de la Chambre ; je ne me sens pas de force à lutter contre elle ; aussi, je me contente de soutenir qu'en Corse, la question n'est pas une question de parti, une question politique. Je tiens beaucoup à cela, parce que cela importe, non pas à moi, mais à la bonne administration d'un département français.

Je soutiens, en second lieu, qu'il ne s'agit pas de quelques refus, mais d'un système de subordination absolue, à une influence exclusive. Voilà le système, tel qu'il se pratique, et tel que je l'ai dénoncé.

Je répéterai ce que j'ai dit tout à l'heure : il y a une manière de s'éclairer sur la question. Une mesure a été adoptée, par le gouvernement, il y a deux ans, dans des circonstances moins graves. Que le Gouvernement y recoure, et ce ne sera pas moi qui craindrai le résultat de l'information.

A gauche. — Très bien !

CHAMBRE DES DEPUTÉS

SÉANCE DU MARDI 23 JANVIER 1844

Suite de la discussion du projet d'adresse [1].

LE Cte DE GASPARIN. — Je crains, Messieurs, qu'en suivant l'honorable préopinant [2] sur le terrain stérile, à mon avis, où il s'est placé, la Chambre ne néglige la vraie question, la seule qu'il soit utile et nécessaire d'examiner aujourd'hui. Quelle est cette question?

Est-ce celle de savoir si, comme l'honorable préopinant vous y engage, vous témoignerez, dans votre adresse, quelque défiance au cabinet qui a adopté vos résolutions, au cabinet qui déjà s'y est conformé dans sa conduite ?

Est-ce la question de savoir quels sont les inconvé-

1. Cinquième paragraphe. Droit de visite.
2. M. Billault.

nients ou les avantages du droit de visite? L'année
dernière, vous avez permis (et je n'oublierai jamais avec
quelle indulgence) l'examen du fond ; mais cette année,
vous ne pouvez ni ne devez le permettre. Il y a un point
acquis pour tout le monde, un point de départ que nous
devons tous accepter aujourd'hui, ceux qui ont voté
la résolution l'année dernière, comme ceux qui ne l'ont
pas votée ; c'est que la Chambre, organe du pays, a
désiré que le commerce français fût replacé sous la surveillance exclusive du pavillon national.

Cela ne peut plus se discuter. Quelle est donc la véritable question? C'est celle que pose cette portion de
votre paragraphe de l'année dernière dont personne ne
parle, à laquelle personne ne fait allusion. Je me trompe,
l'honorable préopinant y a fait tout à l'heure allusion
en passant ; et c'est ce qui m'a déterminé à prendre la
parole.

L'année dernière, dans votre paragraphe, vous avez
demandé deux choses qui se tiennent, qu'on ne peut
séparer : l'abolition du droit de visite, et la persistance
de notre pays à prêter son concours pour la répression
du trafic des noirs.

Or, Messieurs, quels sont les moyens que nous pourrons
substituer au droit de visite? Quelle est la mesure qui
pourra remplacer ce que vous désirez abolir? Il est bien
temps peut-être, de se préoccuper un peu de cette question; car là se trouve la condition même du succès de la
négociation. Sans cette condition, le succès est impossible; sans elle, si le succès était possible, le succès serait
un grand crime et une grande calamité.

Supposez un instant que le gouvernement, par ces
négociations persévérantes que lui demandait tout à
l'heure l'honorable M. Billault, parvînt à obtenir la

suppression entière, immédiate du droit de visite, san
avoir rien préparé, sans avoir pris aucune mesure pro
pre à le remplacer; supposez, et ce n'est pas ici un
supposition gratuite, qu'après la France, les nations qu
ont signé avec la France, c'est-à-dire les Pays-Bas, l
Suède, le Danemark, Naples, la Sardaigne et tant d'autres
se retirent à leur tour des conventions; supposez qu
ces pavillons, qui, il y a quelques années encore, cou-
vraient une partie de la traite, recommencent à la couvrir; supposez enfin que les trois pays, complice
aujourd'hui de la traite, l'Espagne, le Brésil et le Portugal
profitent de cette réaction dont nous aurons donné l
signal, pour rompre à leur tour leur traité avec l'Angleterre, ce traité auquel l'Angleterre n'attacherait plu
aucun prix, puisqu'il serait devenu en ses mains inefficace et impuissant; qu'arriverait-il alors? Il arriverai
que la traite aurait reconquis sa liberté; il arriverait qu
la traite, arrêtée par le droit de visite, se développerait
dans d'effrayantes proportions. Oh! c'est dans ce cas,
que nous aurions des comptes sévères à demander à notr
gouvernement, pour avoir oublié les réserves solennelle
que la Chambre avait insérées dans ses paragraphes
pour avoir méconnu le sentiment unanime du pays. J
dis unanime, car nous avons bien pu différer sur le
moyens, mais nous avons été unanimes sur le but.

Je me rappelle avec bonheur les expressions employées par tous les adversaires du droit de visite dan
cette enceinte. Le but, l'abolition de la traite, nous l
voulons tous; sur les moyens nous différons. C'es
pour cela, précisément, que la question des moyens es
la question du moment.

Messieurs, je ne m'arrêterai pas plus longtemps à
une hypothèse qui est dénuée de toute vraisemblance;

contre laquelle protestent, à la fois, et les résolutions de la Chambre, et les affirmations du Gouvernement, et les déclarations des adversaires du droit de visite. Mais je crains que si la Chambre, cette année encore, émet un vote très grave, sans se rendre compte de la portée de ce vote, sans discuter la question pratique, sans se demander quelles sont les mesures qui peuvent être substituées au droit de visite, si la Chambre se préoccupe beaucoup plus de donner au Gouvernement le conseil de négocier que de lui en donner les moyens, je crains que l'année prochaine, nous ne nous trouvions en présence d'une alternative déplorable. Alors, devant l'insuccès presque certain des négociations, il faudra choisir : ou la Chambre se résignera à ne plus vouloir ce qu'elle a voulu, à retirer ses résolutions, à ne maintenir tout au plus qu'une protestation vaine, et, comme on l'a si bien dit, un second paragraphe sur la Pologne ; ou bien la Chambre, pressée par le sentiment de sa dignité, précipitera le gouvernement dans des actes imprudents, extrêmes, qui compromettront sa politique.

M. LHERBETTE. — Je demande la parole.

M. DE GASPARIN. — Voilà ce que je crains. Est-ce trop réclamer de prévoyance, que de demander que nous pensions à l'année prochaine ? Est-ce trop faire violence à cette douce habitude que nous avons prise, d'ajourner les questions au lieu de les résoudre, et de vivre au jour le jour ?

Mettons-nous, je vous en supplie, en présence de la réalité, en présence des faits. Quelle est la réalité sur ces deux points, dont vous vous êtes occupés l'année dernière, et dont vous vous occupez encore cette année ; sur les deux points qui sont signalés dans votre projet d'adresse, et que signale aussi l'amendement de l'honorable M. Billault? Vous voulez, d'un côté, la suppression du droit de visite, et, de l'autre, la continuation des efforts contre la traite. Or, voici la réalité sur ces deux points.

En ce qui concerne la traite (je ne serai pas long sur ce sujet), elle est aujourd'hui ce qu'elle était avant votre vote de l'année dernière. (Interruption à gauche.)

Ne craignez pas, messieurs, que j'entre dans le fond de la question ; je rappelle ceci, seulement pour le placer sur la conscience de mes collègues : c'est toujours la même traite, avec toutes ses atrocités ; avec ses guerres dans l'intérieur de l'Afrique, avec sa chasse aux hommes, avec son passage intermédiaire, avec sa consommation d'hommes en Amérique. Car, Messieurs, souvenez-vous de ce fait (il suffira pour donner de la gravité à notre discussion) : les colonies qui ne font plus la traite, voient leur population noire se soutenir, s'élever par elle-même ; et les colonies qui font la traite, qui savent qu'il est moins coûteux de remplacer que d'élever, ont toujours des lacunes à combler.

M. L'AMIRAL MACKAU, *ministre de la marine*. — Ce ne sont pas les colonies françaises.

M. DE GASPARIN. — Non, sans doute, et cela résulte de la distinction même que je viens d'établir.

M. DUPIN. — C'est justement là la question.

M. LE MINISTRE DE LA MARINE. — Il fallait dire d'abord que ce n'est pas dans les colonies françaises.

M. DE GASPARIN. — Je suis très heureux de l'interruption, qui me permet de préciser ma pensée et de dire que, lorsque je signalais d'une part, les colonies qui ne font plus la traite, et de l'autre les colonies qui la font, je plaçais les colonies françaises à la tête des premières.

Voilà, Messieurs, la réalité quant à la traite. Voici la réalité, je crois, en ce qui concerne la négociation :

Quel est l'obstacle qu'elle rencontre dans un pays voisin ; l'obstacle sérieux, parce qu'il est respectable? Les débats du parlement britannique nous l'ont appris. A lui seul, notre bon sens nous l'aurait appris au besoin.

Que répondre à des hommes qui nous disent : « Nous sommes prêts à abolir le droit de visite, nous sommes prêts à déchirer les traités de 1831 et de 1833 ; nous détruirons beaucoup d'accusations calomnieuses en renonçant à ce droit. Peu nous importe le droit de visite. Mais il nous importe beaucoup de réprimer la traite ; ceci vous importe aussi, vos chambres l'ont déclaré. Hé bien, où sont vos mesures, où sont vos moyens? Discutons, voyons si vous avez quelque chose qui puisse remplacer ce que vous supprimerez ; et du moment où vous aurez quelque chose de sérieux, d'acceptable, nous serons bientôt d'accord. » (Bruit et mouvements divers.)

M. DUFAURE. — Ce moyen, c'est de substituer les navires français aux navires anglais, d'imiter ce que font déjà les navires américains.

M. DE GASPARIN. — Je répondrai plus tard à l'interpellation qui m'est adressée. La réponse se trouvera tout naturellement dans ce qui me reste à dire.

Quels moyens ont été présentés? Quelles mesures ont été prises jusqu'ici?

On a parlé, l'honorable M. Thiers a eu le courage de parler l'autre jour encore, du système des États-Unis ; c'est-à-dire, du prétendu système de répression de la traite, qui suppose une croisière brésilienne pour réprimer la traite du Brésil, une croisière espagnole pour réprimer la traite d'Espagne, une croisière portugaise pour réprimer la traite que fait le Portugal; de ce prétendu système, qui suppose autant de croisières spéciales et indépendantes, qu'il y a de pavillons marchands dans le monde!

Voilà ce que c'est que le système américain. Assurément, la Chambre n'exigera pas qu'on discute cela.

Un autre système a été mis en avant, c'est celui de la clôture des marchés.

On a beaucoup dit, l'année dernière, qu'il fallait recourir à la fermeture des marchés coloniaux. Cette idée a joué un grand rôle dans la discussion, en rassurant d'honorables membres qui, tout en étant très disposés à voter contre le droit de visite, tenaient beaucoup à ne pas voter pour la traite.

Or, que signifie la clôture des marchés? C'est d'abord une énorme négociation. On a mis trente ans à négocier le droit de visite, je demande combien vous mettriez de temps pour arriver à la clôture des marchés? Mais je ne m'arrête pas à cette considération.

Allons plus au fond de la question. Pour fermer les marchés, il faut de deux choses l'une : ou interdire absolument la vente des noirs, dans l'intérieur des colonies qui font la traite (et alors, c'est toute une révolution sociale, c'est la substitution du servage à l'esclavage, c'est-à-dire que c'est une mesure qui ne dépasse pas seulement la volonté, mais qui dépasse certainement les forces des gouvernements auxquels vous vous adressez), ou il faut combiner un ensemble de mesures d'enregistrement, de surveillance, de répression, qui supposent l'administration la plus vigilante, la plus éclairée, la plus dévouée à ses devoirs, la plus décidée à combattre le trafic des noirs! Ai-je besoin de dire que c'est de toutes les chimères la plus chimérique, et qu'on ne saurait rêver cela au Brésil?

Tels sont, Messieurs, les deux systèmes qui ont été soutenus.

Je ne vois pas, jusqu'à présent, qu'aucune autre mesure ait été sérieusement proposée à cette tribune. Je désire qu'il s'en produise de plus raisonnables. Personne ne souhaite plus vivement que moi, qu'on arrive à la suppression du droit de visite, en trouvant un tout autre moyen de supprimer la traite, et qu'on donne ainsi force aux résolutions de la Chambre, à ces résolutions que je veux puissantes et efficaces, alors même que je ne m'y associe pas.

De ce que je viens de dire, je n'excepte qu'une seule proposition ; celle de l'abolition de l'esclavage, dans les colonies françaises d'abord, et ensuite chez les autres peuples, par l'influence, que je crois très grande, de notre exemple et de nos conseils. C'est là une mesure qui va au but, et qui remplacera utilement le droit de visite.

Mais ce n'est pas l'affaire d'un jour, ce n'est pas même l'affaire d'un vote d'émancipation et d'indemnité. Émanciper! il y a là une idée complexe ; elle n'intéresse pas seulement les noirs, elle intéresse aussi les blancs.

Il faut donner aux uns la liberté personnelle, aux autres la liberté commerciale, et la liquidation de leurs propriétés.

Il faut un ensemble de mesures qui exigeront beaucoup de temps et beaucoup de débats.

Or, sur cette mesure, la seule qui puisse remplacer un jour le droit de visite, la discussion n'est pas même ouverte aujourd'hui. A la vérité, la question se traite dans le monde entier à l'heure qu'il est. Elle est posée ici par les faits, là par les discussions des hommes d'État. Elle est posée à Cuba, par les révoltes périodiques des noirs; aux États-Unis, par le projet d'incorporation du Texas, qui menace d'étendre d'une manière si funeste les tristes frontières de l'esclavage. Elle est posée et résolue en Angleterre, par l'acte en conseil du 7 avril 1843, qui assure l'abolition de l'esclavage dans l'Inde anglaise. Elle est posée et résolue en Suède, en Danemark, par des ordonnances royales, qui reconnaissent aux noirs le droit de rachat et de pécule.

Elle a été posée, même par le Portugal, qui paraît enfin honteux du rôle auquel il s'était résigné jusqu'ici. Vous avez pu voir, dans les derniers débats de ses Cortès, plusieurs membres signalant la complicité des autorités du Portugal, en matière de traite, et réclamant l'abolition de l'esclavage dans l'Inde portugaise.

Ainsi, la question se traite partout. Mais elle ne se traite pas chez nous, et je le regrette, pour mon compte.

Je sais bien qu'on a réuni une commission composée d'hommes éminents. J'ai lu, avec une admiration à laquelle mes collègues se seront associés, le beau rapport de M. le duc de Broglie, président de cette commission; toutefois, je n'ai aperçu ni dans le discours du trône, ni dans les communications du Gouvernement, aucune allusion, même contraire, au projet d'émanciper les esclaves dans nos colonies. On n'a rien proposé, rien préparé. Et l'on ne craint pas de réclamer la suppression du droit de visite !...

M. Dupin. — Sur nous et par d'autres que nous.

M. de Mackau, *ministre de la marine.* — Je demande la parole.

M. de Gasparin. — M. Dupin dit « sur nous ! » Mais il s'agit ici d'une œuvre collective, dont l'efficacité tout entière consiste dans l'accord des puissances. Or, si chaque puissance, quand elle a aboli la traite pour son

compte, renonçait au droit de visite, on arriverait à
cette conséquence absurde, que le droit de réprimer la
traite n'appartiendrait plus qu'à ceux qui la font! (Interruption.)

M. MANUEL. — Nous voulons, avant tout, l'honneur
du pavillon national.

M. DE GASPARIN. — Dans cette situation, M. le Ministre des affaires étrangères l'a parfaitement compris, il
est impossible au gouvernement d'accepter la mission
d'abolir le droit de visite sans le remplacer. Aucun
gouvernement n'acceptera une mission semblable, à
quelque portion de cette Chambre qu'il appartienne.

Le gouvernement ne peut aujourd'hui que chercher
à modifier le droit de visite.

Me sera-t-il permis d'indiquer, puisque je me trouve
à la tribune, un moyen très simple de modifier les
conventions de 1831 et 1833, dans ce qu'elles ont de
plus fâcheux? de les modifier profondément par la seule
action de la France, sans négocier avec l'Angleterre, et
sans sortir de l'esprit des traités? (Voyons! voyons!)

Deux reproches principaux ont été adressés au droit
de visite: On l'a accusé de n'être pas suffisamment efficace, et de ne pas offrir à la France une suffisante réciprocité. Ces deux reproches sont fondés dans une certaine mesure, quoiqu'on les at présentés avec exagération.

M. ODILON BARROT. — C'est une délégation de la
souveraineté.

M. DE GASPARIN. — Sans doute, Messieurs, c'est exagérer, que de dire que le droit de visite a totalement
manqué d'efficacité. On pourrait, en effet, citer le témoignage des personnes les moins suspectes ; celui, par
exemple, de M. Bouët, qui a commandé longtemps notre
croisière d'Afrique, et qui gouverne aujourd'hui notre

colonie du Sénégal. Il a dit que les traités de 1831 et 1833, avaient considérablement diminué les armements de traite; mais j'aime mieux recourir à un argument dont on ne contestera pas la valeur, car il repose sur des chiffres. Consultez les registres d'entrée de la Havane, à l'époque où le trafic des noirs était encore licite; vous verrez qu'on n'y introduisait d'abord que 250 esclaves noirs par année; bientôt après, le nombre s'est élevé à 1,100; puis à 4,000; puis à 25,000. Jusqu'où se serait-il élevé, si le droit de visite n'était venu arrêter cette effrayante progression? Néanmoins, ce n'était pas assez de l'arrêter; il fallait amener une réduction, et c'est là ce qui justifie, jusqu'à un certain point, le reproche d'inefficacité.

Quant au défaut de réciprocité, on l'a exagéré pareillement. Toutefois, il ne suffit pas de compter les mandats que la France donne à l'Angleterre et l'Angleterre à la France; il ne suffit pas d'établir que nous en donnons cinquante, quand nous n'en recevons que quarante-neuf; le bons sens public proteste contre la conclusion qu'on voudrait tirer de ces chiffres. Le bon sens nous dit que la réciprocité qui nous est assurée, n'est pas dans la proportion de 49 à 50; il nous dit que, s'il y a pour l'Angleterre une mission sérieuse sur les côtes d'Afrique, il n'y a pour nous que des formalités à remplir, par convenance ou par représailles.

Or, voici la cause des deux vices que l'on signale dans les traités actuels. Sur les trois grands coupables en matière de traité, sur le Brésil, l'Espagne et le Portugal, l'Angleterre seule a le droit de visite ! Il en résulte que l'Angleterre seule, a d'importants devoirs à confier à sa croisière; que ses marins seuls, sont soutenus par la pensée d'un grand bien à accomplir; tandis que nous faisons véritablement aux marins français une position qui n'est pas digne d'eux, quand nous leur ordonnons de visiter les pavillons anglais, hollandais, sardes, napolitains : tous les pavillons, en un mot, qui ne couvrent plus la traite ; et de se ranger, pour laisser passer les négriers brésiliens, espagnols ou portugais ! Ce n'est pas la position qu'on devrait faire à des hommes de cœur.

Messieurs, le remède est simple, je l'ai presque indiqué en signalant le mal. Nous avons ouvert des négociations avec le Brésil, l'Espagne et le Portugal, pour conclure avec eux des conventions analogues à celles qui les lient à la Grande-Bretagne. Peut-être ces négociations ont-elles été conduites jusqu'ici avec quelque mollesse, peut-être n'en a-t-on pas assez senti la nécessité ; mais si nous voulions les reprendre sérieusement, il est probable que nous réussirions, et, dès lors, les inconvénients dont on s'est plaint disparaîtraient.

Notre croisière, recevant le droit qui lui manque aujourd'hui : le droit de visiter les coupables, les seuls coupables, notre croisière visiterait. La réciprocité apparaîtrait tout entière. Elle apparaîtrait au profit de la France, car (ainsi qu'on l'a dit ailleurs), l'Angleterre offre plus de surface.

Autant en dirai-je de l'efficacité. Vous savez, Messieurs, que, dans toutes les affaires, il y a un point au delà duquel le moindre progrès est décisif. Je crois que nous avons atteint ce point, dans la répression de la traite. J'aimerais, je l'avoue, que mon pays eût la gloire d'avoir porté le grand coup, le coup funeste à ce trafic honteux, contre lequel il a raison de continuer à protester, et par ses paroles, et par ses actes.

Je viens d'indiquer, Messieurs, le véritable moyen de modifier profondément, utilement, le droit de visite.

La France une fois liée avec les trois pays qui font la traite, aurait le droit de surveiller cette impunité scandaleuse, qui est le véritable rempart du trafic des noirs. Elle aurait le droit de demander si l'on applique les lois pénales, aux misérables qui se sont rendus coupables de l'attentat !

J'ignore ce qu'a fait le gouvernement, il y a deux ou trois années, relativement au négrier portugais *la Pocha*, qui fut arrêté par notre marine, non pas comme négrier (nous n'en avions pas le droit), mais comme corsaire, et dont l'équipage fut remis aux mains des autorités portugaises. J'ignore ce qui s'est passé à ce sujet; mais ce que je sais, c'est que, du moment où nous serions investis, par les traités dont je réclame la conclusion, du droit de surveiller les conséquences de ces traités, nous pourrions exiger la cessation d'une impunité scandaleuse. Ce que je sais également, c'est que dès à présent, si la presse française voulait remplir un grand devoir, elle pourrait coopérer fortement à la répression de la traite. Il est facile de connaître les noms de ces assureurs, de ces capitaines, de ces armateurs de négriers, que signalent chaque jour les arrêts des cours mixtes. Pourquoi les journaux qui racontent tant de crimes, n'infligeraient-ils pas au plus horrible de tous, le châtiment d'une immense et flétrissante publicité?

Voici, Messieurs, ce que j'ai cherché à établir devant la Chambre. Évitant d'entrer dans l'examen du fond, qui m'était nécessairement interdit, j'ai cherché à établir d'une part, qu'il était impossible, sans méconnaître le sentiment national, sans aller contre les résolutions de la Chambre, sans oublier les protestations des adversaires mêmes du droit de visite, qu'il était impossible de négocier l'abolition des traités de 1831 et de 1833, tant qu'on n'aurait pas un moyen équivalent à leur substituer.

J'ai cherché à établir ensuite que, parmi les moyens proposés, il n'y en avait pas un qui allât au but, qui fût sérieux et applicable, sauf l'abolition de l'esclavage, et c'est une mesure encore éloignée, malheureusement.

J'en ai conclu, et je tiens à cette conclusion, que ce serait se faire une étrange illusion, une illusion funeste à la dignité de la Chambre et du pays, que de s'imaginer qu'on peut réussir demain à supprimer le droit de visite. Ne nous faisons pas de telles illusions. Nous les retrouverions l'année prochaine ; et l'année prochaine, nous serions placés entre deux partis également déplorables.

Mieux vaut savoir ce que nous faisons, ce que nous voulons, comprendre la portée de notre vote, calculer les chances de succès, et ne pas négliger la grande question des moyens.

Je pense que le véritable patriotisme ne consiste pas à pousser le gouvernement hors de la voie où il est entré. Je pense que, pour un grand pays, ce qui importe, c'est la persistance, la gravité dans les résolutions, et que rien ne nuit, rien ne déconsidère, comme cette politique passionnée et étourdie, qui, toujours sous la réaction du moment, exige sans délai, sans mesure, la répudiation des engagements les plus solennels, des engagements acceptés deux fois, accomplis pendant treize années ; des engagements proposés par les États-Unis en 1824, et colportés par la France elle-même, dans tous les pays de l'ancien et du nouveau monde.

Je sais bien qu'à soutenir de telles causes, on ne conquiert ni considération ni popularité.... (Marques de dénégation.)

Je sais bien que, pour être un homme *supérieur* aujourd'hui, il faut traiter avec un souverain mépris ces questions, qu'on flétrit du nom de philanthropiques. (Réclamations.) Mais il y a longtemps que je suis résigné à être un des *petits esprits* dont parle Montesquieu, lorsque, prévoyant le droit de visite, il écrivait ces lignes remarquables : « De petits esprits s'exagèrent sans doute l'injustice qu'on fait aux Africains, car si elle était telle qu'ils le disent, ne serait-il pas venu dans la tête des princes de l'Europe, qui font entre eux tant de conventions inutiles, d'en faire une générale en faveur de la miséricorde et de la pitié? » (Bruit et mouvements divers.)

CHAMBRE DES DEPUTÉS

SÉANCE DU 1er MARS 1844

Suite de la discussion sur les interpellations relatives à Taïti.

LE Cte AGÉNOR DE GASPARIN. — Vous connaissez, Messieurs, mon opinion sur les actes accomplis par notre marine dans l'Océanie. J'ai pris, l'année dernière, la liberté d'exprimer franchement ma conviction à ce sujet. Ma franchise est une preuve de mon respect pour la Chambre.

Je croyais alors, je crois encore aujourd'hui, qu'il y a eu là violence exercée sur le faible par le fort. J'ai trop de fierté nationale, j'aime trop mon pays, pour me réjouir de ce que je regarde comme une injustice : une injustice qui n'a pas même l'excuse du danger et de l'audace; une injustice pour laquelle je n'admettrai jamais l'excuse tirée des injustices pareilles, que peuvent commettre d'autres nations. (Très bien !)

Quant à l'utilité de notre possession, je ne croyais pas l'année dernière, et je ne crois pas davantage aujourd'hui, qu'elle soit féconde en avantages pour notre commerce ou pour notre marine. Je croyais, et je crois, qu'elle ne sera guère féconde qu'en dépenses pour notre trésor, qu'en embarras et en complications pour notre politique générale. (Mouvement.)

Cette opinion, la Chambre comprend que mon intention n'est pas de la développer en ce moment. Je la rappelle, j'y persiste. Elle est avouée par ma raison et mon bon sens, autant que par ma conscience.

Mais ce que ni ma raison, ni mon bon sens, ni ma conscience ne peuvent accepter, c'est la conduite tenue par les adversaires actuels du cabinet. (Ah! Ah! écoutez!)

Que lui reprochaient-ils l'année dernière? D'avoir agi. Que lui reprochent-ils cette année? De s'arrêter. (Bruit.) Que signifiaient, Messieurs, les boules noires, si elles ne signifiaient pas qu'on regrettait les actes accomplis, qu'on demandait que les conséquences en fussent soigneusement surveillées?

Je crains que nous n'arrivions à constater que, pour un grand nombre de membres de l'opposition, la question se pose ainsi : Attendons de savoir quelle est l'opinion du gouvernement pour former la nôtre, de manière à vouloir toujours ce qu'il ne veut pas, et à ne pas vouloir ce qu'il veut! (Murmures à gauche. — Approbation au centre.)

Quant à moi, j'approuve de toute la force d'une conviction raisonnée, la résistance sensée, ferme, énergique, que le gouvernement oppose à des entraînements qui nous perdraient.

Je doute du succès, je vois qu'il est difficile de s'arrêter sur certaines pentes. Je redoute la logique impitoyable des évènements, et les mauvaises conséquences d'un mauvais principe une fois admis. Mais c'est pour moi une raison de plus, d'applaudir au gouvernement qui résiste à ces conséquences, à cette logique des événements, et qui cherche à poser la limite qu'il lui importe de ne pas franchir.

Il est vrai qu'on fait valoir ici un argument, qui a beaucoup d'influence, beaucoup trop d'influence parmi nous : « L'Angleterre est jalouse, l'Angleterre ne veut pas, l'Angleterre nous défend de faire des choses contraires à ses intérêts. »

L'Angleterre nous défend! Messieurs, je ne sais pas si, après avoir entendu les paroles éloquentes de M. le Ministre des affaires étrangères[1], après avoir vu de quelle hauteur de raison et de courage il a repoussé de pareilles allégations, je ne sais pas s'il convient d'y revenir. (*Au centre.* Très bien !)

Mais ce que je sais, l'engagement que je puis prendre ici pour mon compte devant la Chambre et le pays, c'est qu'il ne m'arrivera jamais d'adresser à un cabinet, fût-il composé de mes adversaires les plus décidés, de lui adresser sans preuves, sans preuves positives, un pareil reproche de trahison et de lâcheté. Je crains que ce ne soit aux dépens de l'honneur du pays, (Vive approbation au centre.) qu'on fasse ainsi la guerre aux ministres. (Murmures à gauche.)

On dit : Le gouvernement a mis huit jours, dix jours à délibérer ; et pendant ce temps, la presse anglaise s'est émue ; il y a eu des interpellations au parlement; on peut avoir adressé ici des dépêches.

Soyons de bonne foi, Messieurs. Qu'aurait-on dit, si

---

1. M. Guizot.

le gouvernement, au lieu d'attendre ces huit jours, s'était décidé dans les vingt-quatre heures ? Qu'aurait-on dit de cette précipitation inouïe, de cette façon cavalière, permettez-moi l'expression, de traiter les grands intérêts du pays ? On aurait dit (le discours de l'opposition n'est pas difficile à faire), on aurait dit : Le gouvernement connaît les intentions, les répugnances de l'Angleterre; il n'avait pas besoin d'attendre des dépêches; il s'est empressé d'aller au-devant des sommations qui lui seront adressées; il n'a pas même su conserver les apparences de maturité et de calme, dont un gouvernement sage ne s'écarte jamais.

Voilà les reproches, fondés sans doute, qu'on aurait pu adresser au cabinet, si, sans examen, sans délibération intérieure, il avait désavoué la conduite de l'amiral Dupetit-Thouars. (Approbations au centre.)

Mais le reproche d'avoir mis huit jours à délibérer, n'ayant pas eu grand succès auprès de la Chambre; qu'à cela ne tienne : on l'a remplacé par le reproche diamétralement opposé.

On a dit (et je regrette que ces paroles soient sorties de la bouche d'un homme important dans cette assemblée, d'un ancien ministre du roi); on a dit qu'il fallait attendre, s'informer, écrire à Taïti, faire une enquête.

A gauche. — Laissez donc !

M. DE GASPARIN. — On l'a dit. Attendre quatorze mois ! Eh, Messieurs, nous voyons déjà ce que la question est devenue aujourd'hui. Que deviendrait-elle, pendant cette étrange suspension qu'on a demandée, avec les nouvelles qu'on a reçues et celles qu'on recevrait dans le cours de quatorze mois ?

Je suppose que dans quatorze mois, le gouvernement

fût en état de prendre une résolution comme celle
qu'il a prise aujourd'hui. Il faudrait encore six mois
pour la porter à Taïti. Deux ans s'écouleraient donc entre
les actes qui se sont accomplis, et le désaveu du gouvernement.

Est-ce ainsi qu'on peut traiter une pareille affaire ?
Est-ce que le gouvernement du pays peut se pratiquer à
de telles conditions ?

Il faut, en vérité, que la crainte de l'influence
anglaise soit bien vive, pour troubler à ce point des esprits
aussi éclairés.

Disons-le très haut. Il n'y a pas de folie qu'on ne
puisse nous faire faire, si des arguments comme ceux-là
ont du crédit au milieu de nous. Il n'y a rien qu'on ne
ne puisse nous faire faire, s'il suffit pour dicter nos
résolutions, d'argumenter des répugnances vraies ou
fausses d'un pays voisin.

Déjà, ce mode d'argumentation n'a eu que trop d'action
sur nous. On a dit : L'Angleterre est jalouse de votre
établissement en Algérie ! Aussitôt, nous nous y
sommes cramponnés, acharnés ; et, pour mon compte,
je crains que nous n'y ayons compromis une partie de
notre force, de notre liberté d'action pour l'avenir.
(Mouvement en sens divers.)

A présent on dit : L'Angleterre ne veut pas que les
établissements coloniaux de la France se multiplient ! Et
nous ne rêvons plus que colonies ! Hier c'étaient les îles
Marquises ; aujourd'hui c'est Taïti ; demain ce sera
Madagascar ; après-demain, que sais-je, Saint-Domingue
peut-être, pour nous achever !

J'applaudis donc, à la résolution prise par le cabinet, de
décourager ces imaginations ruineuses et insensées.......
(Interruption.)

Voix à gauche. — Ce n'est pas poli !

M. DE GASPARIN. — Insensées !... Il le fait, croyez-le bien, en prenant ses motifs chez nous, et non pas chez les autres ; en regardant aux intérêts de la France, et non pas aux préoccupations de l'Angleterre. Et j'exprimerai ici toute ma pensée. (Écoutez ! écoutez !)

Je ne crois pas qu'il soit du devoir d'un gouvernement qui avoue une politique, qui avoue une alliance, d'accepter sans examen tous les actes qui compromettent cette alliance et cette politique, sans nous servir.

En tout cas, ce qu'un gouvernement, quel qu'il soit, et pour peu qu'il se respecte, fera toujours, ce sera de n'abandonner à personne, l'initiative qui lui appartient ; ce sera de ne permettre à personne, d'aller au delà de ses ordres, de violer ses instructions. (Bruit à gauche.)

Messieurs, si un principe aussi élémentaire était méconnu parmi nous, s'il était admis que la fantaisie personnelle d'un amiral nous engageât ; le gouvernement de la France serait partout, excepté où il doit être ; nous n'aurions plus qu'à attendre ici, la nouvelle de ce qu'on aurait décidé pour nous, sans nous, loin de nous, sur tous les points du globe, en fait d'abandons et de conquêtes, de guerre et de paix. (Rumeurs à gauche. — Adhésion aux centres.)

L'honorable M. Dufaure, a fait valoir hier un motif qui m'a surpris. Il a dit qu'aucune instruction n'ayant été donnée à nos agents dans les mers du Sud, ceux-ci auraient été libres de se déterminer, conformément aux circonstances, selon l'appréciation libre qu'ils ont pu faire des évènements.

En vérité, Messieurs, il est bien étrange que le gouvernement, qui donnait à M. l'amiral Dupetit-Thouars la mission d'appliquer le protectorat, d'exécuter le

traité, de porter à Taïti les engagements de la France,
la signature du roi, ne lui ait pas donné en même
temps des instructions sur la manière de violer le traité,
et de déchirer la signature ! (Réclamations à gauche.)

Je ne croyais pas qu'on fût obligé de dire, dans des
instructions qui portent formellement l'exécution d'un
traité, que c'est dans le cercle de ce traité que les instructions doivent être suivies. Je ne croyais pas qu'à
la première difficulté, au premier obstacle que rencontrent
nos agents, ils fussent autorisés, non pas à agir conformément à leurs instructions, avec les forces qui leur
sont remises, forces certainement bien plus que suffisantes dans le cas actuel ; mais à prendre sur eux, immédiatement, sans recourir à d'autres moyens, la violation même des instructions auxquelles ils sont tenus
d'obéir. On ne fera croire à personne qu'il fût impossible à l'amiral Dupetit-Thouars d'exécuter le traité ;
que, s'il y rencontrait des obstacles et des difficultés (or
je ne nie pas qu'il y en ait eu), il n'ait pas pu en
triompher.

M. JULES DE LASTEYRIE. — Comment le savez-vous ?
C'est là la question.

M. DE GASPARIN. — Je n'ai pas entendu l'interruption.
Je crois qu'on a parlé du pavillon. C'est là une question
épuisée, et que je n'ai pas la prétention de traiter à mon
tour. Mais il me semble que s'il y a eu un drapeau
arboré qui ne dût pas l'être, il était aussi facile de l'ôter
que de déposséder une reine.

M. LE MINISTRE DES AFFAIRES ÉTRANGÈRES. — Il n'y a
pas de doute.

A gauche. — Avec le canon !

M. LE MINISTRE DES AFFAIRES ÉTRANGÈRES. — Sans canon ! Il n'y avait besoin de canon pour rien.

M. DE GASPARIN. — Voici ce qui me préoccupe dans ce débat, qui a toute la physionomie d'une question ministérielle. (Mouvements divers.) Je ne crois pas, Messieurs, qu'on s'échauffât autant (j'exprime ici ma conviction, sans application à personne individuellement) je ne crois pas qu'on s'échauffât autant, pour la seule souveraineté de Taïti, ou pour le seul honneur de M. Dupetit-Thouars. (Exclamations à gauche.)

M. DE COURTAIS. — Il s'agit de l'honneur national.

M. DE GASPARIN. — Quelle est donc cette politique, qui se présente aujourd'hui en face de celle du cabinet, et qui aspire à lui succéder? (*Aux centres.* Très bien ! — *A gauche.* Ah ! ah ! — Voyons, voyons !)

L'interruption m'a servi; je continue. Quelle est cette politique?

C'est une politique qui, d'abord, ne tiendra pas trop compte des traités conclus par la France, de la signature du roi, de l'honneur du pays. (Ah ! ah!)

On a parlé de l'honneur national. Je crois que l'honneur national est engagé dans une signature donnée au nom de la nation. (*Au centre.* Très bien !) C'est donc une politique qui ne tiendra pas compte de ces petites considérations. Il y a quelques années, Messieurs, on a lu à cette tribune une dépêche, par laquelle un ministre de France ordonnait à un ambassadeur de France, de ne pas exécuter un traité signé par la France. J'espérais, quant à moi, que ce scandale serait le dernier du même genre.

M. ROGER DU NORD. — Ce scandale!.... (Bruit.)

M. DE GASPARIN. — Ce scandale. Qu'on n'érige pas du moins de tels faits en théorie !

La politique qui se présente pour succéder au cabinet (et c'est là la vraie question), cette politique ne sera pas trop difficile en fait d'honneur national, car elle nous demande de relever le nom de la France, la gloire française dans les mers du Sud, en manquant à la parole de la France. (Murmures à gauche.)

C'est une politique qui se laissera traîner à la remorque, par quiconque, amiral ou caporal, s'avisera.... (Exclamations à gauche.), s'avisera d'élever une querelle, une prétention exorbitante. En effet, cette politique aura reconnu à tout le monde, le droit d'engager la France. Cette politique, sans doute, déclarera qu'elle veut la paix; mais elle travaillera incessamment à mettre la paix en péril. Elle avouera des alliances, mais à la condition de venir toujours, ici, attaquer ses alliés; à la condition de blesser, de menacer leurs intérêts, de supposer sans cesse chez eux l'intention d'agir avec malveillance; à la condition de préparer ainsi la guerre, en parlant de paix. (Très bien!)

Messieurs, la Chambre n'a jamais été appelée à délibérer plus directement, sur la question de paix et de guerre. (Vives dénégations à gauche.)

Voilà ce que j'avais besoin d'exprimer devant la Chambre. Mais je ne descendrai pas de la tribune, sans lui avoir expliqué, ce qu'elle devine peut-être déjà : le motif du silence que je garde sur un côté de la question; un côté qui, on le sait, me préoccupe sincèrement et profondément.

Plusieurs voix. — La question de religion!

A gauche. — Pritchard! Pritchard!

M. DE GASPARIN. — Je me tais, parce que je ne veux pas compliquer ce débat; parce que la question à laquelle j'ai fait allusion, n'est plus directement engagée; parce que la vérité fait son chemin toute seule; parce que, de l'année dernière à cette année, ses progrès sont évidents. Il y a une très grande différence, entre la manière dont cette question est envisagée aujourd'hui dans la Chambre, comme au dehors, et la manière dont on la traitait l'année dernière. Je constate cette différence ; je me contente de la constater.

Il y a, sans doute, des attaques dirigées contre M. Pritchard. Je le nomme à mon tour, puisqu'on l'a nommé tout à l'heure. (*A gauche.* C'est cela!) On a dit que M. Pritchard s'était livré à des manœuvres hostiles ; que quelques missionnaires avaient également agi contre nous. M. Pritchard n'est pas missionnaire, il est consul anglais. (Bruit.)

M. VICTOR GRANDIN. — Il est missionnaire, il est méthodiste.

M. DE GASPARIN. — Il n'est pas missionnaire ; il est consul anglais, et l'on doit comprendre que, comme consul anglais, il ait pu agir publiquement dans l'intérêt de l'Angleterre.

Quant aux actes imputés à quelques missionnaires, je déclare que personne ne regretterait plus que moi, qu'ils eussent cédé aux tentations, bien fortes assurément, qu'a créées l'état provisoire ; tentations inhérentes au début de cette situation. Mais, pour mon compte, j'attendrai que des récits sur ce point, nous aient été transmis par d'autres que par leurs adversaires déclarés.

Il est certain, comme je le disais tout à l'heure, qu'aujourd'hui la question n'est plus dénaturée, envenimée par des considérations malveillantes, étrangères au débat principal. On ne vient plus reproduire ces accusations grossières, ces accusations contre des hommes vénérables, ces accusations d'après lesquelles ils auraient été à l'autre bout du monde poursuivre des intérêts mercantiles, faire leur fortune, faire leurs affaires, quand nous savons que plusieurs d'entre eux et des plus illustres, sont morts laissant leurs familles dans une telle misère, qu'il a fallu se cotiser ici, pour empêcher leurs veuves de mourir de faim; quand nous savons que pas un seul d'entre eux ne possède un arpent de terre à Taïti.

Je m'arrête, je ne veux pas entrer à fond dans ce débat qui, je m'en félicite, n'a pas été introduit cette année au milieu de nous, et je remercie la Chambre de m'avoir permis, en finissant, de lui en dire quelques mots.

CHAMBRE DES DÉPUTÉS

Rapport de M. Lebobe sur les opérations électorales du collège de Louviers, qui a réélu député M. Ch. Laffitte [1].

M. LE PRÉSIDENT. — M. de Gasparin a la parole pour soutenir les conclusions du rapport.

M. DE GASPARIN. — Ce qui ressort des détails dans lesquels vient d'entrer M. Grandin, et dans lesquels je n'entrerai pas à mon tour, c'est un reproche de contradiction, adressé à ceux qui adopteraient aujourd'hui les conclusions du rapport, et qui, il y a un mois, ont voté l'annulation de la première élection de M. Charles Laffitte.

---

1. M. Lebobe, rapporteur, conclut à la validation de l'élection de M. Ch. Laffitte.

C'est à ce reproche de contradiction, que je demande la permission de répondre quelques mots. S'il était fondé, je devrais me l'appliquer plus que personne ; car, il y a un mois, j'ai pris l'initiative de la proposition d'annulation, et, l'autre jour, j'ai insisté pour l'admission au sein du 5ᵉ bureau.

Je ne crois pas qu'il soit difficile, Messieurs, d'établir, de prouver devant la Chambre, que ces deux votes se concilient parfaitement. Parlons d'abord du premier.

Est-il question de le retirer, de le renier, de le condamner? Est-il question de déclarer que la Chambre s'est montrée trop scrupuleuse ou trop puritaine? Est-il question de reconnaître qu'on a eu tort, d'attacher tant d'importance aux révélations qui avaient été faites à la tribune? En aucune manière. Et c'est peut-être le moment, puisqu'un doute a été élevé tout à l'heure à ce sujet, c'est peut-être le moment d'établir que des actes très naturels, très légitimes, très honorables en eux-mêmes, peuvent devenir, par leur rapprochement avec des prétentions électorales, cause suffisante d'annulation.

On a demandé si l'on oserait reprocher à un citoyen, d'avoir fait du bien à un arrondissement, d'avoir fait des dons à des bureaux de bienfaisance, à des hospices ou à des communes? Je réponds sans hésiter, que si ces dons sont faits à l'occasion d'une candidature, dans le but de capter des suffrages, ils constituent un acte de corruption, rien de plus, rien de moins. (Très bien!)

J'honore autant que personne la charité véritable ; mais quant à la charité, à la libéralité intéressée, qui calcule les conséquences de ses œuvres, qui donne aux pauvres ou aux écoles pour recevoir des électeurs, je ne crois pas qu'elle mérite beaucoup de respect.

Pour en revenir à ce qui s'est fait à Louviers, je pense qu'il est très permis de demander la concession d'un chemin de fer, qu'il est très permis et très louable de tenir grand compte des intérêts d'une ville, d'un arrondissement, et de hasarder sa fortune pour y satisfaire; mais ce qui ne me semble pas permis, c'est de satisfaire aux intérêts d'un arrondissement, au moment où l'on brigue ses suffrages. Quand un tel fait était signalé à la Chambre, quand un tel rapprochement était produit devant elle, il était bon que la Chambre protestât.

Quand on lui disait: « La candidature a été offerte le 1ᵉʳ janvier, la demande en concession a eu lieu le 2 janvier », il était bon que la Chambre annulât l'élection et se montrât presque unanime, comme elle le sera, j'espère, toutes les fois qu'il s'agira de protester contre ces tendances qui envahissent nos collèges : contre la transformation déplorable qui s'opère sous nos yeux.

Ainsi, il n'est pas question le moins du monde, de retirer le vote qui a été émis il y a un mois. J'irai plus loin (M. Laffitte me le permettra, car je ne mets pas ses intentions en cause, je ne mets jamais en cause les intentions de personne), je dirai que, malgré toutes les explications qui ont été données au sein du cinquième bureau et dans la Chambre, la conviction qui a déterminé ma première résolution et mes premières paroles, subsiste encore aujourd'hui.

Il a été établi sans doute, que la pensée de l'embranchement de Louviers, était antérieure à l'ordonnance qui a élevé M. Passy à la pairie. Mais cette pensée ne s'est convertie en projet, en demande formelle de concession, que le jour où la candidature est née. Or, je ne puis pas aujourd'hui m'empêcher de croire que, dans l'esprit des électeurs, l'idée de la candidature et l'idée du chemin de fer sont restées unies. Je voterais donc aujourd'hui comme j'ai voté il y a un mois, s'il s'agissait encore de la première élection. (Rumeurs à gauche.)

C'est ici, que je prie la Chambre de fixer un instant son attention sur une question de principe, qui me paraît digne d'être examinée avec soin.

Quand nous annulons une élection, que faisons-nous? De deux choses l'une : ou nous nous contentons d'adresser un avertissement solennel au pays, de faire appel à la probité politique des électeurs, décidés d'ailleurs à accepter leur jugement souverain, sur les faits qui ont motivé le premier vote de la Chambre ; ou, si nous ne faisons pas cela, nous déclarons l'indignité personnelle et durable.

M. ODILON BAROT. — Je demande la parole.

M. DE GASPARIN. — Nous déclarons l'indignité du citoyen dont les pouvoirs n'ont pas été validés ; nous limitons à son égard le choix des électeurs ; nous le rendons inéligible dans un collège. (Interruption.)

Messieurs, remarquez-le, l'annulation aura presque toujours ce dernier sens, si nous ne consentons pas à adopter la doctrine, d'après laquelle une nouvelle élection efface les faits qui ont motivé l'annulation de la première.

M. LANYER. — Je demande la parole.

M. DE GASPARIN. — Il est de la nature de ces faits de subsister, d'exercer leur influence sur la deuxième, sur la troisième, sur la quatrième élection comme sur la première.

La Chambre, je le suppose, a cassé une élection, parce qu'il a été constaté qu'un grand nombre de promesses avaient été faites, et qu'elles avaient déterminé les suffrages de plusieurs électeurs. Qu'arrive-t-il dans la nouvelle élection? Ces promesses n'ont pas besoin d'être renouvelées, pour agir sur les esprits. Ce qui a été déclaré la première fois, sera sous-entendu la seconde. Pour être conséquent, il faut annuler encore, il faut annuler toujours, ce qu'on a annulé une première fois. (Interruption.)

Je ne crois pas, Messieurs, qu'il soit nécessaire de signaler à l'attention de la Chambre, le péril d'une telle doctrine. D'abord, elle met la Chambre aux prises avec les collèges électoraux; elle institue une lutte, une lutte déplorable, une lutte que nous regretterions tous. En deuxième lieu, elle forge une arme terrible au profit des majorités violentes et oppressives; elle forge une arme dont on pourra cruellement abuser. Je suis étonné, en vérité, Messieurs, que la thèse que je combats en ce moment, soit soutenue par l'opposition, par la minorité. Mais c'est la cause des minorités, que je défends ici! Quelle est la garantie, le refuge, le recours des mino-rités? C'est précisément la souveraineté, l'inviolable souveraineté des électeurs. Ce qu'il faut aux minorités, c'est que la Chambre, qui peut casser les actes d'un collège, ne puisse pas en empêcher le renouvellement. Ce qu'il faut à la minorité, c'est que ses chefs ne puissent pas être expulsés ; c'est qu'on puisse casser des élections, mais non exclure des personnes. Ceci est dans l'intérêt de tout le monde ; car tout le monde est exposé à faire un jour partie de la minorité.

A gauche. — Cela vous arrivera, nous l'espérons bien !

M. DE GASPARIN. — C'est donc l'intérêt de tout le monde que je défends ici. Prenons garde de changer le sens des annulations : de les convertir en déclarations d'indignité. Je suis obligé de répéter le mot.

Voilà le principal motif qui, à mes yeux, établit une différence profonde entre la première et la deuxième élection de M. Charles Laffitte.

Je ne nie pas le droit absolu de la Chambre. La Chambre peut casser une seconde, une troisième et une quatrième fois, l'élection qu'elle a cassée une première. Mais je soutiens qu'une telle conduite ne serait pas digne de sa sagesse.

Sans doute, Messieurs, personne ne m'attribue cette pensée, qu'une seconde élection doive toujours être acceptée les yeux fermés.

M. JOLY. — C'est la conséquence de ce que vous dites, cependant.

M. DE GASPARIN. — Nullement. L'élection nouvelle n'emporte que les faits anciens. Si des faits nouveaux se sont produits, la Chambre a le droit et le devoir, évidemment, d'agir avec la même sévérité que la première fois.

A Louviers, Messieurs, s'est-il produit des faits nouveaux? Je prétends, au contraire, que, dans ce cas particulier, et par exception à la règle générale que j'énonçais tout à l'heure, l'ancien fait, le fait qui avait motivé le premier vote de la Chambre, a perdu son importance.

Tout le monde a semblé être disposé à reconnaître que, si M. Charles Laffitte avait retiré sa demande en concession, les dernières opérations du collège seraient inattaquables. (Non, non!)

On l'a dit dans le cinquième bureau, on l'a beaucoup soutenu. Or, il y a autre chose ici que le retrait d'une pièce insignifiante, qui ne garantit rien, qui n'engage personne, ni M. Charles Laffitte qui l'a écrite, ni le gouvernement qui ne lui a pas répondu. Il y a un vote de la Chambre, et je ne crains pas de le déclarer, je le déclare à dessein, le vote de la Chambre a déchiré la demande en concession. (Marques de dénégation.)

Un membre. — Demandez-le aux électeurs!

M. de GASPARIN. — J'exprime une opinion qui m'est personnelle, mais qui, je le crois, ne doit pas rencontrer beaucoup de contradicteurs, quand je dis qu'il me paraît, sinon impossible, du moins très difficile qu'un gouvernement, quel qu'il soit, accorde désormais la concession du chemin de fer de Louviers à M. Charles Laffitte, ou à un représentant de M. Charles Laffitte. (Bruits divers.)

Cette circonstance, qui n'a pu être ignorée des électeurs, a établi une différence notable, entre la seconde élection et la première.

On le voit donc, ceux qui ont voté l'annulation, il y a un mois, et qui voteront l'admission aujourd'hui, ne sont pas en contradiction avec eux-mêmes. Ils s'appuient sur deux motifs, l'un tiré des principes, l'autre tiré des faits. Ils ne retirent pas, ils ne condamnent pas une décision qui était juste, nécessaire, et qui a eu, qui continuera à avoir de salutaires conséquences.

Je me suis attaché à la demande d'annulation, qui seule est véritablement soumise à nos délibérations.

Quant à l'enquête, elle ne me paraît avoir été mise en avant, que par ceux qui semblent y voir un but plutôt qu'un moyen. J'ai d'ailleurs cette confiance que la Chambre, qui a fait l'expérience de l'enquête, n'y reviendra pas volontiers. Elle sait aujourd'hui que, dans les cas véritablement douteux, l'enquête par réélection est infiniment préférable à cette procédure monstrueuse, qui, pour combattre un mal dont je n'ai jamais contesté la réalité, produit un mal plus réel encore. La Chambre sait que, de 1830 à 1840, cette nécessité prétendue de s'enquérir ne s'est pas une seule fois manifestée, et qu'elle n'a éprouvé aucun embarras à juger par admission ou par annulation pure et simple plus de trois mille dossiers d'élection.

Lorsque des moyens si faciles ont si longtemps suffi, il est permis de croire qu'on laissera reposer dans l'ombre ce moyen extraordinaire, qui menace de sacrifier l'indépendance de l'administration à la toute-puissance de la Chambre.

Pour ma part, j'espère que de longtemps nous n'entendrons parler de fonctionnaires publics mandés à notre barre, de députés à envoyer en mission, d'élections en suspens, d'arrondissements privés pendant plusieurs mois de leurs représentants légitimes.

Ce sont là les conséquences de l'enquête, et ce ne sont pas les seules. Mais la proposition n'en est pas assez sérieusement faite à présent pour qu'il faille sérieusement la combattre.

Je vote pour les conclusions du rapport.

CHAMBRE DES DÉPUTÉS

SÉANCE DU 20 AVRIL 1844

Liberté religieuse : Pétition des membres de divers consistoires de l'Église réformée[1].

LE Cᵗᵉ AGÉNOR DE GASPARIN. — M. le Garde des sceaux[2] accepte les conclusions de M. de La Farelle et repousse les conclusions du rapport. Je crois qu'il est de l'équité de la Chambre de permettre que deux opinions très dissemblables soient successivement exposées devant elle. (Parlez ! parlez !)

Quant à moi, je viens soutenir les conclusions telles

1. Ces pétitions, au nombre de quatre-vingt-dix, réclament le droit, garanti par la Charte, de pratiquer la liberté religieuse : réunions de culte, sans autorisation préalable. — M. d'Haussonville, rapporteur, appuie les pétitions. M. de La Farelle, député protestant, combat les conclusions du rapporteur.

2. M. Martin, du Nord.

qu'elles ont été présentées par M. le Rapporteur. Je
comprends que les amis de la liberté religieuse les
acceptent, comme je comprends que les adversaires de la
liberté religieuse les repoussent. Mais je ne comprends
pas le terme moyen entre le rejet et l'adoption, c'est-à-
dire entre le régime de la liberté et le régime de l'autorisation préalable, entre le droit et la tolérance. (Très
bien ! très bien !)

Je m'étonne que M. le Garde des sceaux ait cru devoir
repousser les conclusions si simples, si modérées du rapport. — Que lui demande-t-on, en effet? Demande-t-on
que la Chambre réforme la jurisprudence de la Cour de
cassation? En aucune manière. La Cour de cassation
a son rôle. Le roi et les Chambres ont le leur. On
réclame, non la réforme d'une jurisprudence, mais la
présentation d'une loi nouvelle.

Demande-t-on que cette loi sacrifie les intérêts de
l'ordre aux intérêts de la liberté?

Non, Messieurs, on demande qu'elle concilie le droit
absolu de se réunir pour prier Dieu, dans toutes les
communions ou nuances religieuses, avec le droit non
moins absolu de répression et de surveillance, qui appartient à l'État. On demande une loi qui règle les conséquences de l'article 5 de la Charte, comme d'autres
lois ont réglé les conséquences des autres articles.

Voilà les conclusions de M. le Rapporteur et de la Commission. Elles sont simples et modérées ; la Chambre me
permettra d'ajouter que les pétitions dont nous nous
trouvons saisis portent l'empreinte de la même
modération. Si je pouvais les placer toutes sous les
yeux de la Chambre, ma cause serait gagnée. La
Chambre ne pourrait pas ne point être frappée du
caractère particulier de ces réclamations respectueuses,

pleines de gratitude pour les bienfaits reçus, en même temps que d'énergie pour le maintien et la défense des droits compromis.

Ne pouvant pas placer toutes les pétitions sous les yeux de la Chambre, je lui demande l'autorisation d'en lire trois ou quatre fragments.

Je les emprunte aux différentes catégories de pétitions. Voici ce qu'écrit un consistoire de la confession d'Augsbourg. Le consistoire de *Dieméringen :* « Nous ne méconnaissons pas tous les bienfaits que nous devons au gouvernement de juillet, et nous aimons à. croire que vous voudrez bien ajouter, par la loi que nous réclamons, un nouveau titre à notre reconnaissance. »

Un consistoire de l'Église réformée, celui de Tours, tient le même langage : « Nous ne sommes pas ennemis du gouvernement, Messieurs les députés. Nous détestons autant que qui que ce soit le désordre, l'anarchie ; et, en réclamant la liberté des cultes, nous applaudissons d'avance à toutes les mesures qui, sans atteindre cette liberté, seront propres à réprimer les délits. »

Voici un extrait de la pétition que vous adresse le consistoire d'Oran :

« L'article 5 a porté tous ses fruits en Algérie. Ce qui est bon ici deviendrait-il dangereux ailleurs ? Faites justice. C'est par la justice que les nations s'élèvent ; ne permettez pas que la conscience soit gênée. La gêner, c'est la flétrir et la tuer ; et pourtant, c'est d'elle que vient toute vraie obéissance, toute soumission réelle aux lois, et, par conséquent, tout affermissement des États. »

L'Église indépendante de Bordeaux aime, à son tour, à reconnaître la liberté dont elle jouit, en réclamant cette liberté pour les autres.

Messieurs, je ne voudrais pas abuser des moments de la Chambre, en faisant de plus longues citations; cependant voici quelques mots encore, tirés d'une pétition signée par d'honorables membres de notre Église, dont tout le monde connait, à Toulouse, les sentiments charitables et pieux :

« Vous accueillerez favorablement les observations respectueuses que nous venons vous soumettre, et que trois anciens ministres du roi ont présentées avec tant de force à la Chambre des pairs, dans la dernière session. Pas plus que ces hommes d'État, dont deux sont nos coreligionnaires, nous ne demandons une liberté sans limite, une liberté qui puisse dégénérer en licence ou servir d'arme aux factieux. Pas plus qu'eux, nous ne pourrions nous contenter d'une liberté subordonnée au consentement facultatif. »

Voilà comment la question a été posée par les pétitionnaires, et c'est de la même manière qu'elle a été posée par votre Commission unanime. Cette même unanimité, Messieurs, je suis sûr que nous la retrouverions dans la Chambre si des confusions, des confusions déplorables, ne venaient embarrasser le débat.

On a l'air de défendre contre nous l'article 291 du Code pénal et la loi de 1834 qui l'a développé. Votre Commission vous l'a déjà dit, nous ne contestons aucunement l'application de cet article et de cette loi; nous prétendons seulement qu'ils s'appliquent aux associations, et non aux réunions des cultes. Je vais plus loin; l'article 294 du Code pénal, qui est relatif à l'autorisation du local, a toujours été appliqué sans résistance aucune. Et, pour le dire en passant, cet article 294 lui-même, cet article du Code pénal de 1810, prend déjà soin de distinguer entre les cultes et les associations, même autorisées.

Ainsi, Messieurs, nous ne repoussons nullement l'application de l'article 291 ou la loi de 1834. Qu'il s'agisse d'associations catholiques, de congrégations, de couvents, de confréries ; qu'il s'agisse pour les protestants de sociétés destinées à répandre la Bible, de sociétés des missions, de sociétés de traités religieux, ces sociétés sont soumises à la formalité de l'autorisation préalable. Vous ne leur avez pas promis la liberté, à elles et, par conséquent, vous ne leur devez qu'une tolérance qui, je l'espère, sera toujours large quand il s'agira d'objets sérieux ; mais enfin, ce ne sera que de la tolérance, nous n'avons jamais prétendu le contraire. (Très bien !)

Telle est la première confusion que j'avais à signaler. La seconde est peut-être plus étrange encore. Après avoir défendu contre nous l'article 291 du Code pénal, on semble aussi défendre contre nous, qui ne l'attaquons pas, l'application de la loi organique de germinal an X.

Ici encore, rien n'est contesté, absolument rien. Qu'il soit question du culte catholique ou du culte protestant, qu'on veuille ouvrir une cathédrale ou un temple, non seulement l'autorisation est nécessaire, mais il faut plus que l'autorisation, il faut l'enquête, il faut les recherches sur les lieux, il faut la constatation des ressources locales, il faut l'avis des autorités diverses, il faut une délibération du conseil d'État, il faut enfin une ordonnance royale. Rien de tout cela n'a été nié un seul instant.

Ce qui est nié, le voici : Les pétitionnaires prétendent, et votre Commission prétend avec eux, que la loi de germinal an X n'est pas la loi de la liberté des cultes. (Sensation.)

Si l'on venait dire que la liberté des cultes, qui a été formulée dans la Charte de 1814, a été prophétiquement organisée en quelque sorte par la loi de germinal an X, savez-vous à quelles conséquences on arriverait? Je ne veux pas les signaler toutes; j'en citerai deux.

La première conséquence d'un tel système serait de transporter les garanties de la liberté des cultes du domaine constitutionnel au domaine législatif. C'est-à-dire, que cette liberté ne reposerait plus que sur une loi : sur une loi qui peut être modifiée, révoquée par suite d'un changement de majorité ou d'un caprice d'opinion. La liberté des cultes ne reposerait plus sur le texte de la constitution.

M. ODILON BARROT. — Elle n'existerait d'ailleurs que pour les cultes qui ont traité.

M. DE GASPARIN. — C'est précisément ce que je vais dire.

Voici la seconde conséquence :

La liberté promise à chacun par la Charte constitutionnelle n'existerait qu'au profit de quatre communions reconnues..... Je me trompe, je retire cette expression.... salariées par l'État, et organisées par la loi de l'an X.

Voilà ce qui arriverait, et, en 1844, les deux communions protestantes (pour ne parler que d'elles) seraient défendues chez nous contre la dissidence, comme le catholicisme était défendu contre la réforme au XVI° siècle. (Très bien ! Très bien !)

Il faut savoir accepter toutes les conséquences de son opinion, il faut savoir nous dire que la liberté promise à tout le monde est refusée aux diverses fractions religieuses, à des églises entières, à des églises glorieuses qui ont fait leurs preuves dans le monde chrétien.

Je parlerai spécialement de deux églises, qui sont en

quelque sorte *partie* dans ce débat, car leurs pétitions figurent au nombre de celles sur lesquelles vous délibérez : l'église wesleyenne et l'église baptiste. Elles comptent en France de nombreux adhérents, des adhérents sérieux.

Oserez-vous dire aux membres de ces églises, aux Français qui en font partie qu'ils n'ont pas droit aux garanties de liberté stipulées par l'article 5 de la Charte? Oserez-vous traduire ainsi l'article 5 de la Charte, qui dit que chacun a le droit d'exercer son culte : « Pour exercer librement son culte, il est nécessaire d'appartenir à l'une des quatre communions que la loi salarie ; il est nécessaire d'accepter la formule catholique, ou la formule israélite, ou la confession d'Augsbourg, ou la formule de la Rochelle; la liberté religieuse n'est point promise à ceux qui font partie des églises baptiste, morave ou wesleyenne ! » (Très bien ! Très bien !)

Vous le voyez, Messieurs, ce n'est pas une question égoïste que nous posons devant vous; ce n'est pas sur un terrain étroit que nous nous plaçons ; ce n'est pas même comme protestants que nous réclamons, c'est comme citoyens (Très bien !); c'est comme Français. C'est la liberté générale que nous voulons, sachant bien que la liberté qui n'est accordée qu'à quelques-uns n'est sûre pour personne. (Très bien ! très bien !)

Ces confusions écartées (et il fallait les écarter pour arriver à la véritable question), ces confusions écartées, que reste-t-il devant nous ? Il reste l'article 5 de la Charte constitutionnelle. Et ici, Messieurs, mon embarras ne naît que de l'évidence même : rien n'est plus difficile que de démontrer l'évidence.

Que promet cet article 5? La liberté des cultes.

Qu'est-ce qu'une liberté? Qu'est-ce qu'un culte?

La liberté, elle se concilie avec toutes les mesures de surveillance, de répression, de précautions légitimes nécessitées par le maintien de l'ordre public.

La liberté se concilie avec tout cela. Il n'y a qu'une chose avec laquelle la liberté ne se concilie pas : elle ne se concilie pas avec ce qui la nie. Or, l'autorisation préalable a toujours nié la liberté.

Toutes les fois que vous avez voulu fonder une liberté parmi nous, qu'avez-vous fait? Vous avez supprimé l'autorisation préalable.

Comment avez-vous établi la liberté de l'instruction primaire? Vous avez supprimé l'autorisation préalable.

Lorsque le gouvernement a voulu instituer enfin la liberté de l'instruction secondaire, conformément aux promesses de la Charte, qu'a-t-il fait? (Je parle en présence de M. le Ministre de l'instruction publique.) Il a présenté un projet de loi qui supprime l'autorisation préalable.

La liberté de la presse, quel jour est-elle née parmi nous? Le jour où on a supprimé l'autorisation préalable, qui s'appelait censure. (Très bien! Très bien!)

Et la liberté du gouvernement représentatif, la liberté des assemblées délibérantes, la liberté dont j'use à cette tribune, quel jour est-elle née réellement? Le jour où la réunion des représentants du pays n'a plus été absolument, complètement subordonnée à l'autorisation préalable de la couronne.

Enfin, le sujet qui nous occupe m'amène à citer un dernier exemple: Qu'est devenue la liberté du gouvernement synodal, des protestants français, depuis le jour où on l'a subordonnée à l'autorisation préalable?

Une voix à gauche. — Elle a disparu.

M. DE GASPARIN. — Vous le voyez, Messieurs, la iberté exclut de plein droit l'autorisation préalable.

9.

A présent, qu'est-ce qu'un culte? Personne n'osera
dire que le culte dont parle la Charte soit une croyance
intérieure qu'on garde pour soi et qu'on n'ose communiquer à d'autres. Le culte dont la liberté est garantie
par la constitution, c'est avant tout la réunion. (*A gauche.*
C'est vrai !)

Dira-t-on qu'il ne s'agit que des cultes reconnus?
J'ai le droit de repousser cette expression, en m'appuyant sur le commentaire donné par les législateurs
mêmes qui ont fait la Charte.

En 1830, lorsqu'on votait l'article sur la liberté religieuse, que s'est-il passé dans cette enceinte?

Un honorable membre avait proposé un amendement
qui contenait ces mots : « les cultes reconnus. » Un
autre membre se leva, M. Duvergier de Hauranne, et,
avec l'assentiment de l'assemblée entière, sans contestation aucune du gouvernement, il déclara que l'amendement devait être repoussé, par cela seul qu'il contenait
ces mots : « les cultes reconnus. » Il déclara que,
d'après l'article 6 de la Charte, il y avait des cultes salariés
et des cultes non salariés; mais que tous les cultes
sérieux étaient d'avance reconnus par l'article 5. (Approbation à gauche.)

Il n'y a donc pas de culte reconnu. (Mouvements
divers.) Messieurs je demande pardon à la Chambre
d'entrer dans la discussion de fond; c'est avec son autorisation que je le fais. (Parlez! parlez!)

On a essayé d'un autre argument, pour retirer de la
Charte l'article 5 et les garanties qu'il contient. On a
dit : — Mais cet article est emprunté aux constitutions
antérieures; or, vous savez que, sous leur empire, la
liberté générale des cultes n'existait pas.

Voici ce que j'ai à répondre : Oui, il est très vrai

que la liberté générale des cultes n'a pas existé sous les
constitutions antérieures. Prétendez-vous que, parce
qu'elles n'ont pas tenu toutes leurs promesses, la
Charte de 1830 ne doit pas tenir les siennes? Et, pour
citer un exemple, prétendez-vous que, parce que nous
avons dans la Charte un article copié des constitutions
antérieures qui garantit la liberté individuelle, il sera
permis, sous l'empire de la Charte, de construire des
prisons d'État, comme on l'a fait sous une constitution
antérieure qui, elle aussi, garantissait la liberté individuelle?

Trêve donc aux subtilités! L'article de la Charte subsiste dans toute sa force, et, en vérité, je regrette presque
d'être entré dans tant de détails, quand je songe que le
sens de cet article a été interprété deux fois, solennellement interprété, et par la Chambre elle-même, et par
les trois pouvoirs de l'État.

M. le Rapporteur rappelait tout à l'heure ces deux
interprétations. Je les rappelle à mon tour. La première
a été donnée en 1830, par une législature qui venait de
discuter la Charte, de la voter, et qui en savait le sens
peut-être!

En 1830, une pétition semblable à celle-ci dans ses
motifs et dans ses conclusions fut soumise à la Chambre;
un rapport tout semblable à celui qui vient de vous être
lu fut ludevant ceux qui venaient de rédiger la Charte.
Que firent-ils? La Chambre entière, sans contestation de
la part du gouvernement, reconnut à cette époque que,
par l'effet de l'article 5, le régime de l'autorisation préalable avait nécessairement disparu. Tel fut le sens du
rapport, tel fut le sens du vote.

A gauche. — Il y a quatorze ans de cela!

M. DE GASPARIN. — Quatre années après, en 1834, une

discussion importante eut lieu dans cette enceinte. Il s'agissait de la loi des associations. Des amendements (on vous l'a rappelé tout à l'heure) furent proposés, et, je tiens à constater le fait, proposés avec la pensée de garantir les droits des cultes non salariés. Que fit le gouvernement entier, par l'organe du garde des sceaux ? Il fit la déclaration qu'on vient de mentionner dans le rapport, déclaration dont je tiens à replacer les termes sous vos yeux : « L'amendement est d'abord inutile, ensuite dangereux.... Voici la grande distinction, et cette distinction, Messieurs, nous la reconnaissons tous. S'agit-il de *réunions* qui ont seulement pour but le culte *à rendre à la divinité*, la loi n'est pas applicable, nous le déclarons de la manière la plus formelle ; mais s'agit-il d'associations qui auraient pour objet ou pour prétexte *les principes religieux*, la loi leur est applicable. »

Messieurs, craignez d'affaiblir l'autorité de votre tribune en ne vous montrant pas gardiens sévères et vigilants des déclarations que le gouvernement y porte ainsi. Il importe plus que je ne puis le dire que ces déclarations, enregistrées par les Chambres et par l'opinion, conservent leur valeur, sinon aux yeux des tribunaux, du moins aux yeux des législateurs qui en ont tenu compte. (Vive approbation à gauche.)

La déclaration dont je parle avait un sens précis. Elle ne contenait pas la promesse dérisoire de soustraire au régime des autorisations préalables les réunions du culte déjà autorisées, que dis-je ? fondées et organisées par l'État.

Elle était si claire que les partisans les plus décidés de la liberté générale des cultes disaient, après avoir entendu les paroles du ministre : « Si ces paroles pouvaient être converties en un article de loi, il n'y aurait plus rien à réclamer.» Le lendemain, les journaux politiques et religieux étaient unanimes à reconnaître que, désormais, la liberté des cultes se trouvait à l'abri de toute atteinte.

Ce n'est pas tout. L'année dernière, des pétitions semblables à celles-ci furent portées devant la Chambre des pairs; et là eut lieu un incident que vous me permettrez de rappeler.

Un des membres les plus éminents du cabinet de 1834, M. le duc de Broglie, se sentit pressé de dire (ce que personne ne pouvait dire avec plus d'autorité) dans quel sens avait été faite la déclaration du Gouvernement. Voici les paroles de M. le duc de Broglie :

« Dans l'opinion du cabinet dont je faisais partie (vous le voyez, ce n'est pas l'opinion seule d'un de ses membres, c'est l'opinion du cabinet)... l'article de la Charte protégeait, contre tout régime préventif, les réunions du culte.....» Et plus loin : « Nous nous étions trompés, sans doute, mes collègues et moi, en attribuant à la Charte une portée qu'elle n'a pas. »

Voilà un membre éminent du cabinet de 1834 qui avoue que non seulement lui, mais tous ses collègues se sont trompés à cette époque sur la portée de la Charte, parce qu'ils ont tous pensé alors que l'article 5 de la Charte était inconciliable avec l'autorisation préalable.

Eh bien, votre commission tout entière n'a pas craint de se *tromper* à son tour, avec le cabinet de 1834, avec la Chambre des pairs et la Chambre des députés. (Très bien!)

Toute la question est dans l'article 5 de la Charte. Et cependant, les paroles que M. le Garde des sceaux a prononcées, à d'autres époques, dans cette enceinte ou ailleurs (je suis obligé de remonter à une autre époque, car il n'est pas entré aujourd'hui dans le fond de la question) ces paroles me font un devoir de porter encore le débat sur un autre terrain.

On a prétendu nous donner, tout à l'heure encore, le libéralisme pratique de l'administration comme un équivalent de notre droit. (On rit.) On a osé nous dire que, l'administration étant très libérale, nous n'avions à nous inquiéter de rien ! Je commence par protester contre cette assertion. Le fait ne tiendra jamais lieu du droit ; les faits passent avec les bonnes idées, passent avec les ministères, souvent et vite. (Interruption.)

Une voix à gauche. — Pas assez vite. (On rit.)

M. DE GASPARIN. — Mais enfin, Messieurs, indépendamment de cette réserve (je tenais à la faire), que doit-on penser du libéralisme pratique de l'administration ? L'administration a de bonnes intentions, sans doute ; mais, je le déclare, elle a eu la main très malheureuse. Depuis quelque temps, les procès deviennent de plus en plus nombreux ; ils sont dirigés à la fois et contre les Églises indépendantes et contre les délégués des consistoires.

C'est un délégué du consistoire général de Mens qui a été poursuivi et condamné pour réunions religieuses tenues parmi les protestants de Vienne.

C'est un délégué du consistoire général du Mas-d'Azil qui a été poursuivi et condamné, pour réunions religieuses tenues dans la commune de Serres (Ariège).

Il y a plus. Ce pasteur, délégué d'un consistoire, a été arrêté parce qu'il n'avait pas pris un passeport pour voyager dans l'intérieur d'un département. (Sensation.)

C'est un délégué du consistoire général de Meaux qui s'est vu menacé de procès pour avoir été tenir, par ordre de ce consistoire, des réunions religieuses parmi les protestants de Joinville.

Il y a huit jours, enfin, c'est encore un délégué du consistoire général de Le Jay, qui, ayant tenu des réunions religieuses dans la commune de Ville-Favard, a vu le lieu du culte fermé, par mesure administrative.

Messieurs, permettez-moi de citer quelques circonstances de ces différentes affaires.

A Ville-Favard (c'est la dernière), savez-vous quel arrêté a rendu M. le préfet de la Haute-Vienne pour interdire les réunions? Le voici ; la Chambre appréciera les tendances qui se manifestent dans de tels actes :

« Nous, préfet de la Haute-Vienne, considérant qu'aucun habitant de Ville-Favard n'appartient au culte réformé (Exclamations à gauche) et que, dès lors, l'intervention du pasteur est sans objet et ne saurait être réclamée de bonne foi ; considérant, d'ailleurs, qu'il n'est pas muni de l'autorisation prescrite par l'article 291 du Code pénal, arrêtons :

» Il sera procédé à la fermeture du lieu de réunion et à l'apposition des scellés. (Sensation.)

» Limoges, 5 avril 1844. »

Dans une autre localité, à Foix, un délégué d'un consistoire aussi, M. le pasteur Boubila, ayant voulu célébrer le culte suivant nos usages, lors de l'ensevelissement d'un de nos coreligionnaires, n'a pu en obtenir l'autorisation. Il a reçu du maire de Foix une déclaration ainsi conçue :

« Dans l'intérêt de l'ordre et de la tranquillité des habitants de Foix, qui sont tous catholiques, je ne consentirai jamais à ce que des étrangers viennent se réunir dans une maison de la ville pour se livrer à

l'exercice d'un culte qui n'y est pas légalement et ostensiblement établi. »

Messieurs, je n'en finirais pas si, après avoir parlé des
atteintes portées aux cultes qu'on appelle *reconnus*, je
voulais parler des atteintes portées aux cultes indépendants. L'histoire seule des persécutions, le mot ici
n'est pas trop fort, dirigées contre les baptistes du Nord
et de l'Aisne démontrerait la légitimité des conclusions
du rapport. Qu'il me suffise de dire qu'à Floyons, à la
Croix-Saint-Ouen, à Pierrefonds, le culte a été interdit.

A Genlis, un honorable citoyen dont la pétition est
jointe à celles sur lesquelles vous délibérez, ayant con-
struit une chapelle à l'usage de ses coreligionnaires, le
maire a répondu qu'il ne lui donnerait pas l'autorisation
de l'ouvrir; le préfet l'a refusée à son tour, et je ne
pense pas que M. le Ministre des cultes l'ait accordée.

M. LE GARDE DES SCEAUX. — S'est-on pourvu?

M. ODILON BARROT. — Voilà où aboutit une liberté.

M. DE GASPARIN. — A Châtillon-lès-Sons (le rapport a
signalé le fait) c'est le culte de famille qui a été poursuivi et condamné : ce culte qui existe dans nos familles
pieuses, et qui consiste dans la lecture de la Bible, dans
la prière en commun, le soir, au milieu des parents,
des domestiques, parfois de quelques amis, c'est ce culte
qui a été condamné! C'est si bien le culte de famille qui
a été atteint par le jugement de Laon du 14 avril 1843
que le dispositif du jugement est ainsi conçu :

« Le tribunal déclare Victor Flamant coupable d'avoir
prêté sa maison pour l'exercice d'un culte sans autorisation du maire et au mépris d'un arrêté pris par lui. »

Or, l'arrêté a été pris le 4 décembre, et il est constant
qu'aucune réunion publique n'a eu lieu depuis cette

époque. Cela ressort du *Journal de l'évangéliste baptiste*, journal que je me suis fait présenter et qui constate que, depuis le 4 décembre, aucune réunion autre que le culte de famille n'a eu lieu. Cela ressort aussi des dépositions faites devant le tribunal, qui a été obligé d'établir, dans un de ses considérants, que la lecture de l'Évangile en commun et le développement de ses commentaires constituent l'exercice d'un culte. Enfin, cela ressort des certificats du maire et du garde champêtre (On rit), que voilà. Je pourrais les lire à la Chambre.

Il y a quinze jours à peine, ces mêmes protestants baptistes ont été poursuivis et condamnés pour avoir tenu une réunion de dix personnes, je crois, après avoir prévenu l'autorité de Salencey.

Je ne me prévaudrai pas seulement de ces faits, je me prévaudrai des doctrines émanées de l'administration elle-même : des déclarations formelles, officielles de M. le Garde des sceaux.

Voici ce qu'il a écrit dans l'affaire de Serres et de Ganac (Ariège).

Après avoir énuméré les motifs qui justifient à ses yeux le refus d'autorisation pour Serres, M. le Ministre ajoute :

« Mais, à Ganac, les choses ne peuvent être considérées sous le même point de vue. Dans cette commune, les réunions protestantes n'ont excité aucune émotion; le nombre des sectateurs du culte réformé, quoiqu'ils n'en aient que plus tard adopté les croyances, paraît être beaucoup plus considérable qu'à Serres : leur sincérité est moins douteuse, puisqu'ils n'ont reçu aucune excitation directe à abandonner la religion catholique. »

Ainsi, trois circonstances, selon M. le garde des sceaux, peuvent justifier le refus d'une autorisation:

D'abord, si les réunions d'un culte protestant, d'un culte dissident excitent de l'émotion, si elles excitent l'animadversion d'une majorité intolérante.

En second lieu, si ces réunions ont le malheur de commencer par être très petites, très peu nombreuses.

En troisième lieu, s'il paraît à un maire, à un préfet, et même à un homme aussi éminent, aussi éclairé qu'un ministre de la justice que leur sincérité est douteuse. (Très bien !)

Ceci, Messieurs, comme je le disais tout à l'heure, s'applique à des délégués de consistoire, et c'est un pas rétrograde qui a été fait.

Un des prédécesseurs de M. le garde des sceaux disait, dans une dépêche du 27 août 1840 : « Il était nécessaire que le maire fût averti (nous ne le contestons pas) d'un changement qui intéressait l'ordre de sa commune, et le consistoire, en agissant ainsi, s'est conformé aux règles d'une sage administration, *mais cet avis doit suffire.* »

Messieurs, il y a encore un acte émané de M. le Ministre de la justice, un acte dont je crois que tout à l'heure il se faisait une arme pour attaquer les conclusions du rapport. Cet acte est la circulaire *en faveur de la liberté religieuse.*

En date du 28 février 1844, je lis dans cette circulaire : « On ne saurait, sans de très graves motifs, restreindre l'application du principe de la liberté religieuse, quand elle est réclamée de bonne foi par des citoyens pratiquant l'un des cultes reconnus en France. »

Ainsi, trois conditions pour obtenir le droit accordé *à chacun* par l'article 5 de la Charte :

Il faut d'abord appartenir à un culte *reconnu*, c'est-à-dire salarié.

Secondement, il ne suffit pas d'appartenir à un culte salarié. il faut encore réclamer de *bonne foi,* et cette bonne foi est appréciée administrativement. (On rit.)

Troisièmement enfin, il ne suffit pas d'appartenir à un culte reconnu et de réclamer de bonne foi ; l'autorisation est refusée si, par malheur, il se trouve une *de ces circonstances très graves* qui peuvent obliger l'administration à restreindre l'application du principe posé par la Charte. (Très bien !)

Voilà, messieurs, les doctrines de l'administration, en matière de liberté religieuse. (Très bien !)

Je sens, au reste, que la difficulté de la question n'est pas là. La grande objection qu'on nous oppose, c'est la crainte des résultats funestes qui sortiraient de la liberté générale des cultes ; et, à cet égard, on produit de vaines fantasmagories, des appréhensions purement chimériques à mon avis. J'essayerai de le démontrer à la Chambre.

On parle de liberté illimitée, sans condition, sans garantie, et on a parfaitement raison de repousser une telle liberté. Personne ne la réclame. La liberté inconditionnelle, illimitée, c'est la tyrannie.

Permettez à ceux qui ne veulent pas de cette tyrannie, et qui veulent la liberté, de réclamer des conditions, des garanties et des limites qui se concilient avec la liberté, au lieu de la nier et de la détruire.

Or, c'est là ce que requiert le rapport. Le rapport demande une loi qui, dans l'intérêt, le double intérêt de l'ordre et de la liberté, et en réservant complètement les droits du gouvernement, organise les conséquences de l'article 5 de la Charte. Voilà ce qu'il demande, pas autre chose : il ne réclame pas de liberté illimitée et inconditionnelle.

On dit : — Quand vous aurez votre liberté générale,
tous les désordres politiques, tous les désordres religieux viendront s'abriter derrière elle. Il suffira d'écrire
le mot *culte* sur sa porte, pour être en droit de se livrer
impunément aux pratiques les plus condamnables, les
plus contraires à l'ordre public.

Nul, plus que les partisans de la liberté religieuse, ne
désire que la répression soit sévère. La sévérité, ici,
c'est la garantie de nos droits. (Très bien!)

Mais il n'est pas vrai que tous les désordres puissent
s'abriter derrière la liberté générale des cultes et qu'il
suffira d'écrire le mot culte sur sa porte pour être à l'abri
de toute poursuite. Vous avez des arrêts parfaitement
sensés, parfaitement fondés en.droit, et qui continueront
à être appliqués ; des arrêts de la cour de cassation, de
plusieurs cours royales, qui déclarent que le mot
de culte ne peut pas s'appliquer à ce qui n'est pas
sérieux.

Au centre. — C'est ce que nous disons. (Bruit.)

M. DE GASPARIN. — Les tribunaux, et non pas l'administration.

M. ODILON BARROT. — La répression, et non pas la
prévention.

M. DE GASPARIN. — Je m'étonne, Messieurs, de l'interruption. Si mes honorables collègues ne pensent pas,
comme moi, qu'il y a une différence entre la répression et
la prévention, entre le régime qui punit et le régime qui
prévient ; s'ils ne découvrent pas de différence entre les
arrêts de tribunaux survenant après les délits commis
et l'appréciation discrétionaire de l'autorité publique, en
vérité, nous ne voyons pas de même ce qui me paraît,
à moi, plus évident que la lumière du jour. (Très bien !
très bien !)

La cour de cassation a dit (et je l'approuve complètement, et je désire que cette doctrine continue à être
appliquée), la cour de cassation a dit dans une circonstance : « La prétendue religion, a la terre et non le
ciel pour objet. » La cour royale de Grenoble a dit,
dans une autre circonstance : « La protection accordée
par la Charte à toutes les religions ne comprend pas
les *supercheries* dérivées du nom de culte. »

Les désordres politiques ne pourront pas se cacher
plus que les désordres religieux derrière la liberté générale que nous invoquons. En effet, s'agit-il de réunions
à huis-clos, portes fermées, sans déclaration à l'autorité ? Non, Messieurs, l'autorité est prévenue ; elle
est présente ; elle surveille ; elle constate les premiers
délits, elle les réprime. Si les tribunaux déclarent
que le nom de culte est invoqué injustement, le droit
préventif reparaît ; non seulement le délit commis dans
de semblables réunions est puni, mais les réunions elles-
mêmes sont punies, comme réunions non autorisées.

S'il était vrai que tous les désordres pussent s'abriter
derrière la liberté générale des cultes, il est probable
qu'on en aurait aperçu quelque chose dans les pays où
existe cette liberté générale. Je ne citerai pas les États-
Unis ; on pourrait dire, on a souvent dit, à tort ou à
raison, qu'il y avait une trop grande différence entre
leur état social et le nôtre.

Mais je citerai l'Angleterre. En Angleterre, la liberté
générale des cultes existe ; en Angleterre, l'autorisation
préalable n'est pas réclamée ; en Angleterre, quand on
veut créer une cure, une église nouvelle appartenant
au culte salarié par l'État, il faut obtenir l'autorisation
des pouvoirs publics. Mais, s'il s'agit de l'érection d'une
cathédrale catholique, rien de pareil n'est exigé. Et non

seulement cela se fait sans contestation sur le territoire d'Angleterre, mais dans ses colonies les plus éloignées, où elle pourrait être tentée de violer, au profit de sa politique, la liberté des cultes, cette liberté existe tout entière. A Hong-Kong, savez-vous quelle a été la première église qui se soit élevée? Une cathédrale catholique, bâtie par des étrangers.

Ce qui est vrai de l'Angleterre l'est aussi de la Belgique. Je le dis à son honneur. Les réunions protestantes sont plus libres dans ce pays qu'en France; elles ne sont pas soumises à l'autorisation préalable.

Dans la Suisse française, la même liberté existe pour tout le monde; elle existe, sans entraîner aucun de ces inconvénients prétendus, dont on fait tant de bruit. Il y a quelques mois, des pétitions furent envoyées au grand conseil du canton de Vaud pour demander qu'on empêchât la construction de chapelles catholiques dans ce canton. Il y eut unanimité d'indignation contre une telle demande, qui fut repoussée par tous les partis.

Voilà ce qui est arrivé, dans les pays où existe la liberté générale. Elle n'a produit aucun de ces résultats funestes, créé aucun de ces périls sociaux que l'on se plaît à supposer.

Je crains de fatiguer la Chambre (Non ! non !) mais la question est une des plus graves que nous puissions discuter ici. Je crois qu'il importe que le débat soit approfondi, et je cherche à contribuer à ce résultat, autant que ma faiblesse me le permet. (Parlez ! parlez !)

On a encore fait valoir une autre crainte, pour repousser la liberté générale des cultes. On a dit qu'elle constituait un privilège au profit des protestants.

Il faut être bien oublieux du passé, bien imprévoyant de l'avenir pour tenir un pareil langage.

Quel est l'homme qui, le premier en France, a réclamé la liberté que nous réclamons aujourd'hui ? C'est Camille Jordan, et il l'a réclamée au profit des catholiques. Il n'y a pas un culte qui ne soit intéressé à ce que le principe général de la liberté, inscrit dans notre constitution, y soit maintenu avec fermeté. (Très bien !)

Voici les paroles que Camille Jordan prononçait en 1797; ces paroles expriment, admirablement, notre pensée :

« Point de doute que les sectateurs d'un culte ne doivent être surveillés pour qu'ils ne troublent pas l'ordre, et arrêtés au moment où ils le troublent; mais cette surveillance provisoire ne doit pas attenter à leur liberté jusqu'à l'existence du délit. *La loi ne punit pas d'avance; elle ne persécute pas par prévention.* »

Il est très vrai que le catholicisme est moins intéressé que nous à la question. Aujourd'hui, à l'heure où je parle, cela ne peut être contesté un instant. Le catholicisme est moins intéressé pour deux motifs : d'abord, parce que son organisation même, qui a ses avantages, comme elle peut, dans certains cas donnés, avoir ses inconvénients; son organisation hiérarchique fait qu'il est plus étroitement lié que nous par la loi organique.

Et puis, on l'a déjà dit, le catholicisme ne peut être parqué nulle part; le catholicisme ne peut pas craindre en France qu'on l'enferme dans certaine circonscription. Presque partout, partout bientôt, j'espère (car, pour mon compte, je m'associerai toujours aux votes qui réaliseront pour lui cet état normal), partout il peut s'offrir à ses amis et à ses adversaires ; partout il peut pratiquer ce qui est le droit et le devoir de tous les cultes : la propagande. (Très bien ! très bien !)

Il n'en n'est pas de même du culte de la minorité. Que faites-vous en lui niant la liberté? Vous l'enfermez dans les 7 à 800 communes où il est organisé ; vous l'excluez des 22 ou 23 départements, où les églises consistoriales n'existent pas.

C'est là ce qu'une religion qui a foi en elle-même, qui sent sa dignité et sa mission ne peut et ne doit jamais accepter; ne l'oublions pas. C'est au moyen de la liberté religieuse, que nous réclamons aujourd'hui, que plusieurs églises, aujourd'hui salariées par l'État, se sont fondées parmi nous; c'est au moyen de cette liberté, que l'on conteste, que l'église de Siouville, que les églises de Tours, de Saumur, de Troyes, et plusieurs autres ont été créées.

Le droit de croître, voilà ce qu'on nous conteste, en nous contestant la liberté. C'est la vieille prétention que la minorité religieuse a toujours repoussée avec le plus d'énergie et de conviction; c'est la prétention que formulait Mazarin quand il disait : « Je n'ai pas à me plaindre du petit troupeau ; s'il broute de mauvaises herbes, du moins il 'ne s'écarte pas. » (On rit.) C'était aussi la prétention de Louis XIV quand, préparant la révocation de l'édit de Nantes, il déclarait que l'on devait *maintenir les protestants de France en l'état où ils étaient.*

Messieurs, j'ai fini. Et cependant, je sens qu'il y a une prévention qui lutte contre la vérité que j'ai cherché à établir devant la Chambre. On se dit : « Nous avions bien assez des questions politiques; à quoi bon y joindre les questions religieuses? »

Je pourrais répondre, que ce ne sont pas ici des ques

tions religieuses, que ce sont des questions de droit, de droit constitutionnel qui, pour s'appliquer à des églises, ne cessent pas d'être des questions de droit. (Approbation sur plusieurs bancs.) J'aime mieux accepter l'objection avec sincérité.

Eh bien, oui! Il naît des questions religieuses au milieu de nous, comme partout. Quelle est la grande question qui s'élève en Angleterre? Une question religieuse. Quelle est la grande question qui s'élève en Prusse? Une question religieuse. En Russie? Une question religieuse. En Suisse, en Belgique? Des questions religieuses.

M. DUPIN. — On persécute là!

M. DE GASPARIN. — Personne ne sera plus disposé que moi à blâmer les persécuteurs, où qu'ils soient, à quelque religion qu'ils appartiennent.

Je le répète, les questions religieuses naissent partout. Elles naissent même en Autriche: Dans les États de Hongrie, on s'occupe d'une question religieuse.

Il est très vrai que c'est là un fait nouveau, qui n'existait pas, quand on a fait la loi de l'an X. La vie des églises est un fait nouveau. La vie est plus embarrassante que la mort: mais ne vaut-elle pas mieux? Et ne saurons-nous pas féliciter notre temps, de ce que de pareilles questions commencent à se poser, à se soutenir sérieusement au milieu de nous? (Très bien! très bien!)

Messieurs, il y a deux grands intérêts auxquels, pour mon compte, je suis décidé à me dévouer toujours : l'intérêt de la liberté et l'intérêt du gouvernement.

Ces deux intérêts sont également engagés dans la question.

La liberté, Messieurs, je ne crois pas que la chose soit toujours où retentit le nom; je n'accepte pas toutes les théories de liberté ; mais il y a des libertés véritables, profondes, des libertés que, je l'espère, nous soutiendrons et nous sauvegarderons tous. (Agitation.)

Il ne s'agit plus ici de ce vieux libéralisme qui a prêté des armes à tous les despotismes, impériaux et républicains.

Au centre. — Très bien ! très bien !

Un membre de la gauche. — Les approbations viennent du centre, maintenant. (On rit.)

M. DE GASPARIN. — Il ne s'agit plus de ce vieux libéralisme qui prétend administrer les intelligences comme on administre les poudres et les tabacs. (Mouvement.) Il s'agit d'une liberté vraie, d'une liberté vraiment digne de ce nom. Il faut, Messieurs, que nous soyons bien jeunes en fait de liberté, pour qu'on discute encore ces choses au milieu de nous. (Très bien ! très bien !)

Je songe avec rougeur à la surprise des peuples vraiment libres quand ils apprendront qu'en l'année 1844 on se débat encore ici pour savoir si des hommes de foi qui veulent prier Dieu selon leur conscience peuvent se réunir sans obtenir l'autorisation d'un maire, d'un préfet ou d'un ministre : autorisation qu'on donne ou qu'on retire, selon son bon plaisir. (Nouvelle approbation sur un grand nombre de bancs.)

Voilà pour la liberté.

Messieurs, si l'intérêt de la liberté est engagé, l'intérêt du gouvernement ne l'est pas moins ; et, vous le croirez, cet intérêt me préoccupe ; je ne m'y suis jamais montré insensible. (C'est vrai !) La liberté, elle fera son chemin, je n'en suis pas inquiet. (On sourit.) Les Églises vivantes finiront toujours par être des Églises libres ; s'il leur en coûte quelque chose, peut-être leur triomphe n'en sera-t-il que plus sûr. Mais le gou-

vernement, prenons garde de le compromettre, de
l'engager dans des questions où il n'a que faire. Ne
croyons pas que tout droit nouveau soit une force nouvelle pour lui. Autant il lui importe d'être muni des
droits qui lui reviennent naturellement et légitimement,
autant il lui importe de s'abstenir de droits usurpés,
de droits qui ne rentrent pas dans sa mission naturelle.
(Assentiment.)

Croyez-vous que ce soit faire un présent bien utile
au gouvernement que de lui donner la mission de
rechercher la sincérité des convictions religieuses,
d'accorder l'autorisation ici, de la refuser là, de prendre
des responsabilités vis-à-vis de tout le monde?

Messieurs, gardons notre gouvernement d'entrer dans
une pareille entreprise! Il y rencontrerait un des sentiments les plus persévérants qui soient au monde. Sans
doute, cette persévérance ne se traduira jamais en actes
violents, car la première doctrine que l'on enseigne
dans les réunions religieuses que vous empêchez, c'est la
doctrine du respect des lois, du respect aux gouvernements
établis. Mais, vous devez le prévoir, quand il ne s'agira
que de subir des condamnations, pour remplir le devoir
le plus impérieux: celui de porter à d'autres ce qu'on
regarde comme la vérité par excellence, il se trouvera
des hommes disposés à accepter de telles chances.

Déjà, à l'heure où je parle, les deux consistoires
généraux le plus rapprochés de vous, le consistoire
général de Paris et le consistoire général de Meaux, ont
donné ordre à leurs agents de ne pas demander l'autorisation d'organiser, d'instituer le culte, après simple
déclaration. (Rumeurs diverses.)

Ainsi vous aurez des procès. Vous les aurez de plus
en plus nombreux.

Après les amendes, vous en viendrez à la prison.... Je me trompe, vous en êtes déjà venus là. En 1837, une condamnation à la prison a été prononcée contre un ministre de l'Évangile, M. de Lafontaine, pour délit de réunion non autorisée.

On a bon marché des *farces religieuses*, comme on dit ; mais il n'en est pas de même des Eglises sérieuses, sincères, qui croient véritablement en leur mission ; qui prient (je puis le dire à la Chambre, elle respectera ce sentiment), qui prient, à l'heure même où je parle, pour le succès de notre délibération.

Un homme dont les paroles ont une autre portée que celle des paroles que je puis prononcer moi-même a dit dans une discussion analogue et dans une autre enceinte :

« Il est dangereux d'entrer en lutte avec l'esprit de liberté appuyé sur le sentiment religieux. Des pouvoirs plus forts que le vôtre y ont échoué. » (Mouvement.)

Je prie la Chambre d'écouter cet avertissement. J'espère que, fidèle à son précédent de 1830, elle enverra les pétitions à M. le Garde des sceaux, comme le rapport l'a proposé. (Très bien, très bien ! — Appuyé !)

(La Chambre vote le renvoi des pétitions à M. le Garde des sceaux, conformément aux conclusions du rapport.)

CHAMBRE DES DÉPUTÉS

*Pétition des ouvriers de Paris qui demandent l'abolition
de l'esclavage dans les colonies* [1].

M. le Président. — La parole est à M. de Gasparin
contre les conclusions du rapport.

(M. de Gasparin monte à la tribune.)

M. de La Rochejaquelin. — Je demande la permission
de dire un mot. (Non! non!) Je ne veux faire qu'une
simple observation à la Chambre ; ce n'est pas un discours que je veux prononcer. (Non! Non!)

M. le Président. — Si M. de Gasparin y consent, vous
avez la parole.

M. de La Rochejaquelin. — C'est comme ayant déposé
sur le bureau de M. le Président une des pétitions dont
on vient de faire le rapport que je désirerais dire à la
Chambre quelques mots.

1. M. Denis, rapporteur, conclut dans un sens contraire à celui
de la pétition.

10

Plusieurs voix. — Non! non! Laissez parler M. de Gasparin.

M. DE LA ROCHEJAQUELIN. — M. le Président m'avait cependant accordé la parole.

M. LE MINISTRE DES AFFAIRES ÉTRANGÈRES. — C'est M. de Gasparin qui l'a.

LE Cte AGÉNOR DE GASPARIN. — Messieurs, je ne sais si j'ai été le seul à éprouver ce sentiment, mais le rapport que nous venons d'entendre m'a fait l'effet d'un anachronisme. (Oui! oui! C'est vrai!)

Il m'a semblé qu'on nous reportait de dix ans, de vingt ans en arrière. (Très bien!)

Il y a dix ans, il y a vingt ans que le principe de l'émancipation, et non pas un principe vague, abstrait, non pas une promesse pour l'avenir le plus lointain, non pas une page, comme l'a dit le rapporteur, à écrire plus tard dans l'histoire de la France, mais le principe efficace, le principe avec ses conséquences, le principe avec la résolution de lui donner des résultats, le principe avec des actes derrière les paroles; il y a dix ans, vingt ans que ce principe est admis par les Chambres, admis par toutes les commissions qu'elles ont nommées, admis par le gouvernement.

Tel est l'état réel de la question; or j'ai éprouvé, je le répète, un sentiment pénible en voyant que l'honorable rapporteur, dans des intentions que je ne prétends pas juger avec malveillance, a remis en question un pareil principe devant vous.

M. LE RAPPORTEUR. — Je ne l'ai pas remis en question; je l'ai proclamé, au contraire.

M. DE GASPARIN. — Messieurs, quoi que l'on fasse, si l'ordre du jour qui vous est proposé pouvait être adopté par la Chambre, il n'y aurait pas deux manières d'in-

terpréter ce vote. Tout le monde y verrait un pas en
arrière. (Oui, oui! — C'est vrai !)

Nul ne pourrait croire que, par un motif tiré du système des pétitionnaires, par cela seul qu'ils se montrent
partisans de l'émancipation immédiate et simultanée
plutôt que de l'émancipation progressive, que par cela
seul la Chambre se fût déterminée à prononcer l'ordre
du jour.

Tout le monde le comprend, nous n'en sommes pas
encore à discuter les systèmes ; nous les discuterons
quand M. le Ministre de la marine aura saisi la Chambre du projet de loi destiné à abolir l'esclavage dans nos
colonies. Jusque-là, la discussion des systèmes est pré-
maturée ; je n'y entre en aucune façon ; je maintiens
simplement le principe de l'abolition, tel que je le défi-
nissais tout à l'heure. (Très bien, très bien !)

Ce n'est pas seulement en France, que l'ordre du jour
serait interprété comme je viens de le dire ; il le serait
aux colonies, et je prie la Chambre d'être attentive à
cette considération.

Ce que nous devons avant tout aux colonies, c'est la
manifestation claire et ferme de notre volonté. Ce que les
colonies doivent savoir, c'est que notre résolution, la
résolution des Chambres, du gouvernement, du pays est
inébranlable ; que ce n'est pas un vain mot ; que nous
passerons bientôt aux actes décisifs. Voilà ce que les
colonies doivent savoir ; car si nous le leur laissions
ignorer, nous les engagerions dans une résistance que
je ne crains pas d'appeler insensée. Il faut avoir lu les
débats des conseils coloniaux pour se faire une idée de
l'égarement auquel les meilleurs esprits se laissent entraîner, dans nos colonies, par les passions locales. Ce sont
des apologies de l'esclavage, de la traite elle-même ; c'est

le rejet enthousiaste de toutes les propositions d'émancipation, de tous les systèmes, quels qu'ils soient. Telle
est la voie dans laquelle les colonies se trouvent malheureusement engagées. Vous leur devez donc, dans leur
intérêt bien entendu, la manifestation claire et ferme de
votre volonté.

Je ne sortirai pas du terrain où s'est placé l'honorable rapporteur. Je pourrais invoquer ici l'intérêt politique de la France, je pourrais invoquer aussi son
honneur ; je ne le ferai pas. On a parlé de l'intérêt des
colonies, je me renferme dans cet ordre de considérations.

Quel est aujourd'hui le véritable intérêt des colonies?
C'est de ne pas se méprendre sur leur situation.

La question n'est plus posée entre le maintien de l'esclavage et l'abolition. La question, la voici :

L'émancipation se fera-t-elle par des moyens réguliers,
par des lois votées ici, avec prudence, avec précaution,
avec une affection sincère pour les colonies, avec l'indemnité que nul ne refuse, je suis bien aise de le dire
après ce que nous avons entendu du rapport (très
bien!), l'indemnité que lord Howick définissait :
« l'amende que nous devons tous payer pour expier
notre crime » ? (Sensation.)

L'émancipation se fera-t-elle ainsi, ou se fera-t-elle
par des moyens violents, imprévus, sans préparation,
sans indemnité? Voilà la question, Messieurs.

Il n'y a pas moyen de se faire illusion aujourd'hui.
La liberté enserre de toutes parts nos colonies. La
Guyane française ne restera pas esclave, à côté de la
Guyane anglaise émancipée. Des côtes de la Martinique
esclave, on voit les côtes de la Dominique émancipée.

Croyez-vous qu'il n'y ait pas entre ces contrées voisines une contagion de liberté ? Rappelez-vous que,
selon l'expression d'un membre illustre de cette assemblée, les idées prennent leur niveau comme l'Océan.
(Très bien !)

Remarquez qu'en temps de paix même, les évasions
se multiplient. Malgré toutes les précautions que prennent nos gouverneurs, les esclaves s'échappent de
toutes parts.

Remarquez qu'à Cuba les révoltes se multiplient,
en dépit des moyens atroces employés pour les
réprimer.

La paix produit cela. Je ne parle pas de ce que pro-
duirait la guerre ; je m'en tiens à une allusion qui sera
comprise de tout le monde. N'allons pas, par nos fautes,
faire que le pavillon de la Grande-Bretagne soit un jour
le signe de l'émancipation et de la liberté. Ne créons
pas, en temps de guerre, pour nos colonies, une situation violente dont personne n'oserait prédire l'issue.

Je tiens parole, Messieurs. Je me renferme (la Chambre
le voit) dans l'intérêt colonial. Mais il y a encore ici un
point, que nous ne devons pas tout à fait oublier. Je veux
parler de ce qui touche à la discussion de la question
coloniale au milieu de nous.

Prenez-y garde, ces hommes qui tiennent beaucoup
à mettre des ménagements, des précautions dans la
solution de la question coloniale, ces hommes veulent
la solution ; ils veulent marcher ; ils veulent arriver ;
chaque année, chaque mois que vous perdez transforme
un partisan de l'émancipation progressive en partisan
de l'émancipation immédiate. (Très bien !) C'est une
considération que je prends la liberté de recommander
aux défenseurs de nos colonies.

J'ai été surpris de voir l'honorable rapporteur parler des résultats de l'émancipation anglaise pour justifier ses conclusions.

J'étais, je le confesse, du nombre de ceux qui redoutaient les résultats de cette grande mesure. Je craignais que l'émancipation, brusquement accomplie, ne compromît le travail. Je craignais qu'une partie de la population noire ne retournât peut-être à l'état sauvage. Cette crainte, que j'ai exprimée il y a dix ans et que bien des gens ont alors éprouvée avec moi, cette crainte a été démentie par les incontestables résultats de l'affranchissement britannique.

Je n'exagère rien ; je crois que rien ne nuirait plus à la cause de l'émancipation qu'une exagération quelconque.

Je ne prétends pas nier ce qu'il y a de fondé dans les observations de M. le Rapporteur, dans la distinction qu'il a établie entre la situation de nos colonies et la situation de la plupart des colonies anglaises. Une différence, trop réelle, existe là, en effet.

Il est très vrai que ce qui a principalement contribué au succès de l'émancipation anglaise, c'est l'action vive et universelle des sentiments religieux, c'est l'intervention des missionnaires. Tous les planteurs, qui les maudissaient autrefois, les bénissent aujourd'hui.

Sous le rapport que je viens de signaler, nos colonies diffèrent, malheureusement, des colonies anglaises. J'avoue que si on voulait établir une comparaison exacte, il faudrait les comparer à l'île Maurice, à l'île où l'action des missionnaires est le moins vivement exercée, à l'île où la traite s'est maintenue le plus longtemps.

Mais l'émancipation n'a pas échoué complètement à

l'île Maurice; il s'en faut de beaucoup. Et quant aux autres possessions de la Grande-Bretagne, voici les résultats constatés par le rapport de M. de Broglie, auquel l'honorable rapporteur a fait allusion. Malgré l'immense secousse de l'émancipation, malgré la suppression à peu près complète du travail des femmes, il n'y a eu qu'une diminution d'un quart, dans les produits coloniaux; et, encore, cette diminution s'affaiblit chaque jour. Les documents cités par M. le duc de Broglie s'arrêtent en 1841. Or, en 1842, les produits sont plus élevés qu'en 1841. En 1843, ils sont plus élevés qu'en 1842; et non seulement les produits coloniaux s'accroissent, mais les salaires s'abaissent constamment et le prix des sucres, à Londres, suit la même progression descendante.

En vérité, Messieurs, je suis confus d'avoir cité ces résultats secondaires avant d'avoir cité le plus grand de tous : une classe de paysans libres, industrieux, chétiens, a été créée en quelques années. C'est un spectacle nouveau dans l'histoire du monde. (Très bien! très bien!)

M. Odilon Barrot. — La valeur des propriétés a augmenté.

M. de Gasparin. — Voilà les résultats de l'expérience. Ils ne sont pas de nature, ce me semble, à justifier un ordre du jour.

Une voix à gauche. — Personne n'en veut.

M. de Chasseloup-Laubat. — On ne le demande pas.

M. de Gasparin. — Je ne descendrai pas de cette tribune, quoique j'y apporte plutôt une protestation contre le rapport qu'une discussion approfondie de la question, je ne descendrai pas de cette tribune sans dire un mot de l'un des arguments, de l'une des doctrines qui forment la base du rapport.

C'est une doctrine, c'est un argument qu'on repro-duit volontiers. Je crois urgent d'en faire une bonne fois justice.

On nous a parlé de la félicité des esclaves ; on a donné à entendre qu'ils étaient beaucoup plus heureux que les ouvriers, que les paysans de la métropole.

M. Denis. — Je n'ai pas parlé du bonheur des esclaves ; j'ai dit qu'ils n'étaient pas aussi malheureux que des rapports exagérés le prétendaient. Vous vous attaquez à un fantôme, il ne vous sera pas difficile de le vaincre.

M. de Gasparin. — J'accepte avec grand plaisir l'ex-plication de M. le Rapporteur. Mais comme cet argument, s'il ne s'est pas positivement produit dans son travail, se produit sans cesse dans les discussions de la presse et de la tribune, la Chambre me permettra de le réfuter en terminant.

Je pourrais contester le fait, j'aime mieux l'accepter. Je pourrais contester le fait, et citer bien des circonstances qui ne se concilient guère avec ce prétendu bonheur. En les citant, je ne croirais pas accuser la cruauté des colons. Les hommes peuvent ne pas être cruels ; c'est l'esclavage qui est cruel, c'est l'institution qui est cruelle. Toutes les fois que vous faites d'un homme la propriété d'un autre homme, il sort de là des consé-quences atroces. (Très bien !) Je le dis, sans mettre en cause les propriétaires d'esclaves.

Laissons de côté les scènes abominables, les procès, les acquittements scandaleux dont nous avons tous lu le récit. Laissons de côté ce que nous apprend la sta-tistique (ici elle ne peut être contestée et prêter des armes à toutes les opinions) ; laissons de côté ce que la

statistique nous apprend sur l'absence presque absolue
de mariages réguliers parmi les noirs de nos colonies ;
et, par conséquent sur l'abîme de turpitudes, de dépra-
vation, où l'esclavage, par sa seule force, précipite ses
victimes (Très bien !) ; laissons tout cela. Acceptons le
fait du bonheur ; acceptons-le, mais demandons-nous
si ce bonheur, au lieu d'être un titre en faveur de
l'esclavage, n'est pas sa plus éclatante condamnation ;
si ce bonheur n'est pas le plus honteux produit, le plus
effroyable crime de l'esclavage ? (Sensation.)

Je me défie beaucoup d'un avantage qu'on prétend
être grand, et dont cependant personne ne veut. Or,
depuis qu'on exalte la félicité des nègres au-dessus de
celle des ouvriers, des paysans de la métropole, j'en
suis à trouver un ouvrier, un paysan assez misérable
pour désirer d'être esclave. (C'est vrai !) Et pourquoi ?
c'est que l'argument repose sur l'oubli de la plus noble
partie de notre être. Le bonheur de l'animal qui mange
et boit à sa suffisance, qui n'a ni regret, ni passé, ni
souci de l'avenir, a-t-il jamais excité la jalousie de personne ? La joie, le rire du fou, de l'imbécile, n'inspire-
t-il pas une profonde pitié ? Il en est de même du bonheur de l'esclave ; tant que son être moral n'est pas
mutilé, il souffre, et cette souffrance le relève à nos
yeux. Mais quand l'esclavage a accompli jusqu'au bout
son œuvre infernale, quand il a éteint tout sentiment
de prévoyance, de responsabilité ; quand la pensée du
malheureux s'est renfermée dans les plaisirs grossiers
du moment présent ; quand cette situation horrible,
qui n'admet ni dignité personnelle, ni respect conjugal,
ni autorité paternelle, est devenue à ses yeux une situation naturelle et normale ; alors, l'esclave a des instants
de bonheur. (Vive sensation.)

Ah! ne nous parlez pas du bonheur des esclaves.

M. Denis. — Personne, je le répète, n'en a parlé, cherchez un autre texte.

M. de Gasparin. — Leur bonheur est la plus éclatante condamnation de l'esclavage, car il prouve que l'esclavage détruit la plus belle partie de l'être moral. Il prouve que l'esclavage retranche tout cet ordre de souffrances et de joies, que la brute sauvage et que la brute humaine ne peuvent pas ressentir. (Très bien! très bien!) Il prouve que l'esclavage supprime, même la révolte des cœurs. (Oui! oui! C'est vrai!)

Messieurs, la servitude individuelle agit comme la servitude collective. Quand l'esclavage politique s'établit au milieu d'un peuple, il y a d'abord des révoltes, par conséquent des souffrances; mais que la servitude politique dure, on s'y habitue, on courbe la tête, on ne souffre plus, on est heureux. Est-ce là un progrès? (Très bien! très bien!)

Grâce à Dieu, il y a encore des esclaves qui souffrent dans nos colonies. Il y en a qui répondraient comme ce nègre des États-Unis, complimenté sur les douceurs d'une position à laquelle rien ne semblait manquer : « Monsieur, il me manque une chose, c'est de pouvoir mettre ma main sur mon cœur, et de pouvoir dire : *Ma chair est à moi.* » (Vive approbation.)

(La pétition est renvoyée au Conseil des ministres, contrairement aux conclusions de M . Denis, rapporteur.)

1845

CHAMBRE DES DÉPUTÉS

L'alliance anglaise.

Le Cte Agénor de Gasparin. — L'honorable préopinant [1] vient de blâmer, d'attaquer la politique suivie par le cabinet vis-à-vis de l'Angleterre : « Peu importe, a-t-il dit, le nom qu'on donne à cette politique, qu'on l'appelle alliance, qu'on l'appelle relations amicales ! »

Le nom importe beaucoup, Messieurs. Une alliance doit avoir un but déterminé : il n'y a pas d'alliance aujourd'hui, d'alliance véritable entre l'Angleterre et nous. Mais les bonnes relations, les relations amicales, les relations particulièrement amicales avec l'Angleterre ; voilà ce qui existe, je le reconnais ; voilà ce qui a été pratiqué par les ministres assis devant moi sur ces bancs, et voilà ce que l'honorable préopinant vient d'attaquer.

1. M. de Tocqueville.

J'ai attendu, je l'avoue, avec impatience, mais j'ai attendu en vain les conclusions de M. de Tocqueville. Il me semblait qu'en renonçant aux relations amicales avec l'Angleterre (quelque nom qu'on veuille d'ailleurs leur donner), il fallait encore bien leur substituer quelque chose. Or, pour mon compte, après avoir écouté avec une grande attention, j'ai mieux compris ce que déjà m'avait appris notre histoire entière depuis quatorze ans ; j'ai mieux compris que l'alliance anglaise, ou les rapports particulièrement amicaux avec l'Angleterre, étaient la seule base raisonnable de la paix, la seule base de la politique pacifique que nous défendons, que la majorité conservatrice a toujours défendue.

Au reste, je remercie M. de Tocqueville d'avoir posé la véritable question, la question de la politique pacifique et des bons rapports avec l'Angleterre. Il me tardait qu'un tel débat fût sincèrement, sérieusement entamé. Il me tardait que cette tribune fût ouverte.

Nous vivions, depuis le commencement de la session, dans une si épaisse et si malsaine atmosphère de bruits de couloirs, de combinaisons mystérieuses, d'arrangements secrets ; nous avions vu ou soupçonné autour de nous tant d'agitations, d'espérances, d'inquiétudes, qu'il était bien temps de sortir de tout cela, et de respirer enfin le grand air, l'air agité mais pur des discussions parlementaires. (Très bien !)

Prenons-y garde ! Nos institutions représentatives dégénèreraient vite, au milieu des menées silencieuses. Elles ont besoin de la lutte franche, ouverte, politique contre politique, drapeau contre drapeau, système contre système ; elles se dénatureraient promptement si l'on substituait des votes aux arguments, des boules aux discours, des arrangements silencieux de noms propres à l'appréciation publique des choses. (Très bien !)

M. GLAIS-BIZOIN. — Le vote public.

LE Cᵗᵉ DE GASPARIN. — Cette tribune a un grand privilège, Messieurs, elle exerce par elle-même une puissance souveraine et salutaire. A peine est-elle ouverte, à peine les discussions commencen t-elles, que la vérité reprend ses droits. Chacun reconnaît ses couleurs, et la majorité conservatrice, qui ne se détermine pas par préférence pour les personnes, mais pour les choses, la majorité conservatrice dont tout le monde veut être (On rit.); mais qui ne voit pas la nécessité de changer par caprice ni les ministres ni les présidents (On rit.); la majorité se retrouve tout entière, compacte, sous son drapeau, à son poste, et donne un démenti public, solennel, à ceux qui disposent d'elle dans l'ombre, sans la consulter. (Très bien !)

La discussion a déjà porté ses fruits.

M. HAVIN. — Déjà?

LE Cᵗᵉ DE GASPARIN. — Déjà. (On rit.) Et l'interruption me force à expliquer ma pensée, plus que je ne l'aurais fait peut-être.

La discussion a porté ses fruits.

Il est un homme d'État considérable, respecté, dont le nom figurait en tête de la combinaison qui circulait au milieu de nous ; cet homme d'État a pris la parole dans une autre enceinte [1], il a ruiné lui-même, avec une loyauté qui l'honore, les chances de son avènement. (On rit.)

Sur deux questions importantes, sur la question du droit de visite et sur la question de Taïti, il a exprimé

1. M. le Cᵗᵉ Molé, pair de France.

une opinion dont je le remercie, dont je le félicite, qui est la mienne, que j'ai exprimée à une autre époque avec infiniment moins d'autorité; une opinion dont je suis loin de me désister, une opinion qui me semble être encore, à l'heure qu'il est, tellement opposée (je le regrette) à celle de la majorité du pays et des Chambres, qu'il serait difficile qu'elle figurât dans le programme d'une prochaine administration.

Voilà les fruits de la discussion.

Messieurs, on me demandera peut-être, comment il se fait que, partageant sur les deux points que je viens de signaler l'opinion de M. le comte Molé, et ayant, sur d'autres points, attaqué franchement les actes du cabinet, attaqué l'abdication déplorable à laquelle, selon moi, il a consenti dans un département que je représente... (Bruits divers.) (je rappelle une opinion que j'ai exposée devant la Chambre); attaqué les actes qu'il a accomplis, qu'il a autorisés, et qui me paraissent contraires à la liberté religieuse, garantie par l'article 5 de la Charte; comment il se fait, dis-je, que je vienne cependant, en ce moment, à cette tribune, défendre les actes de ce cabinet, défendre l'ensemble de sa politique et me déclarer ouvertement en sa faveur.

S'il ne s'agissait que d'une explication personnelle, que de ma propre situation, je m'abstiendrais d'en parler. Je ne crois pas qu'il appartienne à aucune individualité de se produire ici, et assurément, s'il y avait quelque exception à cette règle, ce n'est pas en ma faveur qu'elle pourrait exister. Mais je crois que les explications que je vais donner aideront à dissiper certaines obscurités, certaines confusions, qui contribuent peut-être à l'hésitation de plus d'une conscience.

Les amis du cabinet montent à cette tribune pour

défendre sa conduite, et à Taïti, et dans la négociation du droit de visite, et dans le traité du Maroc. Les adversaires du cabinet, à leur tour, montent à cette même tribune pour attaquer sa conduite dans la question du Maroc, dans le droit de visite, à Taïti.

Est-ce là, cependant, la politique du cabinet? Est-ce que le gouvernement représente seulement ses actes à Tanger, à Taïti, à Maroc? Il représente autre chose, Messieurs; il représente quelque chose de plus élevé que cela. Le cabinet représente cette politique énergiquement, résolument pacifique, qu'il a restaurée à travers mille obstacles, en 1840, et qu'il a maintenue depuis. Voilà ce que représente le cabinet; voilà ce qu'il s'agit véritablement de renverser ou de soutenir. (Très bien! très bien!)

Où irions-nous, Messieurs, permettez-moi de le demander, si nous laissions établir la confusion que je signale, entre les question spéciales et la question politique proprement dite; si tout dissentiment sur un fait particulier, entraînait une scission radicale? Nous irions à la dissolution complète de tous les partis; nous irions à un état d'instabilité sans remède. Aucun ministère ne pourrait tenir, je ne dis pas quatre années, mais quatre jours.

Et où irions-nous, d'un autre côté, si, dans un intérêt de durée, de discipline parlementaire, comme on dit, on voulait interdire ces dissentiments particuliers, qui se manifestent légitimement? Qu'arriverait-il? Exactement la même chose : la dissolution des partis, l'instabilité perpétuelle, le morcellement indéfini. Les hommes (et je le dis en passant, pour ceux qui ont blâmé quelquefois avec amertume les dissidences individuelles dans le sein de leur parti), les hommes qu'on empêcherait de manifester leur opinion avec pleine liberté, sur les questions autres que les questions de cabinet, ces hommes préféreraient leur indépendance à leur parti ; car leur indépendance, c'est leur honneur : ce qu'ils ont de plus précieux au monde. (Très bien!)

Il n'était pas inutile peut-être de rappeler ces principes. Ou je me trompe fort, ou l'on exploite contre le ministère les dissentiments qui existent sur des points particuliers. On voudrait en extraire ce qu'ils ne contiennent pas : un vote contre le cabinet lui-même.

Quant à moi, tout en réservant mon droit de blâme sur certain actes, j'attendrai, pour émettre un tel vote, qu'on m'ait prouvé de deux choses l'une : ou que le ministère actuel représente moins courageusement, moins énergiquement, moins habilement qu'un autre, la politique pacifique à laquelle je suis dévoué; ou bien que cette politique pacifique, contraire aux intérêts et à l'honneur du pays, est une politique rétrograde, déshonorante. J'attendrai qu'on m'ait prouvé l'une ou l'autre de ces choses. (Très bien!)

On a cherché à introduire une seconde confusion, sur laquelle il importe de s'expliquer également.

On a essayé, fait étrange, de nous prouver (à nous qui n'avons pas perdu toute raison et toute mémoire) que nous nous trompons, en croyant avoir le monopole de la politique pacifique. Tout le monde la veut, tout le monde la soutiendra. Peu s'en faut qu'on n'ajoute : « Tout le monde l'a pratiquée. » — Tout le monde, à l'exception néanmoins de MM. de Tocqueville et de Beaumont. Ils ont constaté leur dissidence, et je les en félicite.

Oui, nous sommes tous d'accord; il n'est personne qui ne veuille les bonnes relations avec l'Angleterre;

seulement, il y a deux manières de les vouloir. Le cabinet
les compromet, en les soutenant avec trop de chaleur :
le vrai moyen d'assurer la paix du monde, c'est de n'en
point tant parler.

Nous sommes tous d'accord ! — Messieurs, là nouvelle
est trop bonne. Il faut l'examiner d'un peu près.

Parmi les hommes que nous avons la douleur de
compter aujourd'hui dans les rangs de nos adversaires,
il en est sans doute qui peuvent, comme nous, prétendre à l'honneur d'avoir soutenu la politique pacifique et conservatrice. La seule différence qui existe
entre eux et les ministres actuels, c'est qu'ils l'ont
voulue moins énergiquement, qu'ils l'ont pratiquée
avec moins d'éclat.

Ce sera la même politique, mais elle ne sera pas affi-
chée ; on cherchera les bonnes relations avec l'Angleterre, mais on sera discret, réservé dans ces relations.
Arrière les hommes à système absolu, qui veulent
trop hardiment les choses : les hommes à outrance !

Messieurs, par le temps qui court, dans ce temps de
nivellement universel, de demi-courages, de demi-carac-
tères, de demi-convictions, dans ce temps, ce qu'il y
a de plus rare à trouver, c'est *un homme*; un homme
qui soit lui, et non pas tout le monde (Très bien ! très
bien !) un homme qui ait sa pensée propre, et qui y
tienne, et qui lui sacrifie quelque chose. Ce qu'on
poursuit, ce qu'on craint, ce qu'on voudrait proscrire,
ce sont les caractères entiers, les doctrines arrêtées,
les idées absolues. Ah ! croyez-moi, ne proscrivez pas
de tels hommes ; ils sont rares ! Ne proscrivez pas les
vrais doctrinaires..... si vous avez le bonheur d'en
rencontrer ! (Hilarité.)

Savez-vous ce que je reproche à MM. les Ministres,

qu'on a accusés d'être systématiques, exagérés, d'outrer leurs idées et leur politique? Je leur reproche de ne pas mériter assez l'accusation (Rires et murmures.) de n'être pas assez entiers, assez absolus ; de laisser trop fréquemment fléchir leurs opinions et leur conduite au vent des influences, et aux circonstances diverses.

Vous l'avouerai-je, Messieurs? Je redoute beaucoup plus un affaiblissement insensible et graduel, qu'un changement complet de notre politique. Je redoute beaucoup moins un ministère d'opposition, qu'un ministère de transition. (Très bien!)

Que l'opposition arrive aux affaires, rien de mieux. Nous honorons nos adversaires; nous reconnaissons qu'il y a parmi eux assez de nobles caractères, de beaux talents, pour qu'ils agissent avec l'intention de gouverner à leur tour; nous leur reprochons même, de ne pas y aspirer assez en ce moment. Que l'opposition arrive aux affaires dans la personne de M. Thiers ou dans celle de M. Barrot, nous saurons, nous conservateurs, quel parti nous aurons à prendre. Il n'y aura qu'une interversion de rôle. Tout se passera dignement, simplement, comme en Angleterre: les membres qui siègent sur ces bancs (désignant l'opposition) appuieront l'administration nouvelle, et quant à nous, Messieurs, nous jouirons pour la première fois (On rit.) des douceurs de la critique dans les questions de cabinet.

Un tel événement n'aurait rien d'anormal, rien d'effrayant. Il ne déclasserait personne. Il laisserait aux partis toutes leurs chances. Nos adversaires pratiqueraient leur politique, une politique nouvelle, une politique qui serait jugée sur ses actes; qui serait promptement jugée, du moins je le crois, comme elle l'a

été en 1840 ; mais enfin la majorité, après avoir combattu cette politique, rentrerait au pouvoir enseignes
déployées, entière, compacte, sans avoir perdu ni un
homme ni un principe.

Au contraire, Messieurs, que la majorité soit soumise,
encore une fois, à l'épreuve d'un ministère de transition (et je le nomme ainsi, parce que l'opposition
n'appuie ces ministères-là que pour en amener d'autres)
(On rit.) ; qu'elle soit soumise à une telle épreuve, oh !
alors, je crains beaucoup pour la majorité.

Si un ministère de transition ne défend pas assez la
politique conservatrice, pour qu'elle soit suivie par
tous les conservateurs, il ne la compromet pas assez,
pour qu'elle soit attaquée par tous ; il en résulte que
les drapeaux se mêlent, que les rangs se confondent :
on a des amis trop froids et trop nombreux, et l'on
n'est jamais plus près d'avoir détruit la majorité, que
quand on touche à l'unanimité. (Très bien ! très
bien !)

Un ministère tel que celui auquel je fais allusion,
produit un mal profond, durable ; il dissout tout, autour
de lui ; et, quand il a disparu, il laisse derrière lui une
longue trace de défiances, de rancunes, d'hésita-
tions.

Encore un coup, je crains moins la défaite que cela.
Après la défaite, la majorité se retrouverait tout entière ;
après un ministère de transition, je craindrais qu'elle
ne se retrouvât plus. (Très bien !)

Il n'y a qu'une manière, Messieurs (je veux être
franc avec tout le monde, c'est assez mon habitude
à cette tribune), il n'y a qu'une manière de donner
à un ministère de transition la dignité, la force, la
légitimité qui lui manquent ; il n'y a qu'une manière

de lui créer un noble rôle, de lui rallier les conservateurs : c'est de faire une coalition pour le renverser.

Messieurs, j'ai signalé avec une sincérité qui n'exclut jamais le respect des intentions et des personnes, les inconvénients attachés aux tentatives nouvelles dont se préoccupe la Chambre. Je me tourne à présent vers l'opposition, la véritable opposition (Mouvement à gauche.), et je cherche quelle est sa situation dans ce débat.

J'avais craint, je l'avoue, que l'opposition n'eût été gagnée, elle aussi, par la contagion des compromis, des demi-mesures, des réticences. J'avais vu avec regret le ton radouci de ses journaux. Il semblait que, elle aussi, prétendît nous faire croire, à nous qui avons assisté aux événements de 1840, à nous qui avons assisté aux discussions de ces dernières années, qu'elle était passionnée pour l'alliance anglaise, pour la paix. — Je me suis rassuré, en entendant MM. de Beaumont et de Tocqueville. Je suis sûr que l'opposition dont je parle ne consentira pas à dissimuler ses tendances, à modifier son attitude ; qu'elle ne consentira pas à se laisser transformer en machine à renverser les cabinets ; qu'elle stipulera pour ses principes, pour sa politique.

Sa politique ! Je m'exposerai à beaucoup de récriminations, pour le mot que je vais prononcer ; et l'honorable M. de Tocqueville, tout à l'heure, m'a fait craindre encore bien plus, quand il a dit qu'on ne pouvait attribuer une politique belliqueuse à l'opposition, sans se rendre coupable de calomnie. Eh bien, ce mot, je me hasarde à le dire : La politique de l'opposition, c'est la guerre. (Vives réclamations à gauche.)

M. Havin. — Le mot n'est pas nouveau.

Le Cte de Gasparin. — Vous avez raison : le mot n'est pas plus nouveau que la politique que je viens combattre.

Je m'attendais, vous l'avez vu, aux réclamations qui se sont élevées. Je me hâte d'ajouter que je ne crois pas qu'il y ait dans cette enceinte, sur aucun des bancs de cette Chambre, beaucoup d'hommes qui froidement, résolument, en s'en rendant compte, désirent cette épouvantable chose qu'on nomme la guerre.

Je ne vous accuse pas de vouloir la guerre, je vous accuse d'y avoir toujours pensé. Je ne prétends pas que la guerre ait été ni dans vos cœurs ni dans vos paroles ; elle a toujours été dans votre politique. (*Au centre*. Très bien ! très bien !)

Toujours et partout, vous avez parlé de paix, en en refusant les conditions nécessaires ; vous avez parlé des bonnes relations avec l'Angleterre, en suspectant toutes ses intentions, en flétrissant tous ses actes, en menaçant tous ses intérêts.

Voilà ce que j'appelle la politique de la guerre : la politique qui contient la guerre et qui y pousse, qu'elle le veuille ou qu'elle ne le veuille pas, qu'elle le sache ou qu'elle ne le sache pas. Or, permettez-moi de le dire, la politique qui ne le sait pas et ne le veut pas, est la plus dangereuse. (Approbation au centre.)

On ne va jamais plus loin, c'est Robespierre qui l'a dit (Mouvement.) et il en savait sans doute quelque chose ; on ne va jamais plus loin, que lorsqu'on ne sait pas où l'on va. (Rires et exclamations diverses à gauche.)

Messieurs, en entendant les réclamations qui s'élèvent, j'éprouve le besoin de justifier mes paroles. J'ai affirmé que la politique de l'opposition menait à la guerre ; il me reste à le prouver.

Prenons, je ne dis pas tous les actes, toutes les discussions qui ont eu lieu dans cette enceinte depuis quatorze années, mais les actes, les affaires pendantes actuelles, et voyons, dans ces affaires, quels ont été le langage et la politique de l'opposition.

Prenez l'acte le plus inoffensif de tous : l'ouverture des portes de la Chine par l'Angleterre, ouverture pratiquée au profit de toutes les nations. Assurément, il n'y avait rien là que d'honorable. (Nouvelles réclamations.)

Voix à gauche. — Et la cause, était-elle honorable?

Autres voix. — C'était pour y porter du poison.

M. DE GASPARIN. — Or, on lui a supposé toutes sortes de perfidies.

Prenez l'abolition de l'esclavage et de la traite. (Ah! voyons!)

C'est un abominable machiavélisme...

Voix à gauche. — Avec les Anglais, oui !

M. DE GASPARIN. — Prenez l'affaire de Taïti. Ne craignez pas que j'entre, en ce moment, dans des détails qui seraient étrangers à une discussion générale. (Pourquoi ?)

Non, je n'y entrerai pas; j'attendrai le paragraphe spécial. Je dis simplement que, lorsque notre gouvernement a pris possession, dans l'Océanie, de quelques îlots misérables à mon avis, l'opposition ne lui a pas reproché, ou du moins lui a reproché bien peu, la stérilité de cette conquête. (Dénégations à gauche.)

L'opposition a demandé surtout que l'acte accompli fût maintenu, aggravé même; elle a cherché à blesser au cœur les sympathies les plus légitimes du peuple anglais. (Même mouvement.)

Et qui donne de l'intérêt, du piquant à ce développement, insensé à mon avis, de nos établissements maritimes et coloniaux? La pensée qu'en agissant ainsi, on rend de plus en plus difficile le maintien des bonnes relations avec l'Angleterre. (Vives réclamations à gauche.)

Une voix. — C'est tout le contraire.

M. GUYET-DESFONTAINES. — Racontez au moins l'histoire telle qu'elle est.

M. DE GASPARIN. — Je m'adresse ici à l'opposition...

Une voix à gauche. — Et vous avez tort.

M. DE GASPARIN. — Parce que j'ai souvent entendu partir de ses bancs, des représentations sur la faiblesse du ministère au dehors, sur l'insuffisance de nos établissements coloniaux, comparés à ceux de l'Angleterre; j'ai entendu réclamer le développement, l'agrandissement..... (Nouvelle dénégation à gauche.)

Une voix. — C'est exactement le contraire.

M. DE GASPARIN. — Messieurs, je me féliciterais infiniment que ce fût exactement le contraire ; mais je crois que ma mémoire ne me trompe pas.

Voulez-vous une preuve qui ne sera pas récusée, je le suppose? Je la tire de l'affaire du Maroc. Dans cette affaire, que me paraît avoir fait l'opposition? je dis me *paraît*, car je n'ose plus affirmer. (On rit.) Elle a commencé par rechercher attentivement les preuves de la malveillance de l'Angleterre, les preuves de sa complicité avec l'empereur du Maroc. Cela était difficile, en présence de la dépêche de lord Aberdeen aux lords commissaires de l'amirauté. Cependant, on n'en désespère pas encore ; n'a-t-on pas le vaste champ des hypothèses, des pièces non communiquées, des paroles qui se disent et qui s'impriment de l'autre côté du détroit ?

Quand la guerre a commencé, quel a été le langage de l'opposition? Je suis obligé de le prendre dans ses journaux ; les Chambres n'étaient pas assemblées alors· L'opposition a signalé partout l'action funeste de l'Angleterre. Elle a dit au gouvernement : vous n'oserez pas faire la guerre, l'Angleterre l'a défendu ! La guerre a été faite, elle a été faite vigoureusement, glorieusement, et, certes, le choix du chef de notre escadre n'était pas à cette époque un acte de complaisance envers les Anglais. Puis, l'opposition a dit : vous n'oserez pas attaquer Tanger ! Tanger a été attaqué. Vous n'oserez pas attaquer, détruire Mogador ! Mogador a été détruit. L'Angleterre vous a défendu de prendre possession d'un seul point ! on a pris possession de l'île de Mogador. (On rit.)

Une voix. — Cela n'a pas été long.

M. DE GASPARIN. — Cela n'a pas été long, parce que cela ne pouvait pas l'être ; on l'a prouvé. Et aujourd'hui que les événements ont donné des démentis successifs à toutes ces prévisions bienveillantes, aujourd'hui que la paix (déclarée impossible, elle aussi, impossible à cause des intrigues de l'Angleterre) a été aussi bien faite que l'avait été la guerre ; faite en conformité exacte des premières instructions de M. le Ministre de la Marine ; aujourd'hui, on se rejette sur les articles du traité ; et, dans cette affaire où le gouvernement n'a pas été seulement habile, mais heureux (Murmures à gauche.), on va chercher je ne sais quelles misérables chicanes, qui toutes n'ont qu'un sens : une

tendance à réserver des chances de guerre à l'avenir ;
faire un traité de paix, qui assure la reprise des hostilités. (On rit.)

L'opposition aurait voulu, en premier lieu, un article
par lequel l'empereur du Maroc s'engageât à prendre et
à garder Abd-el-Kader. On a remarqué, je ne fais que
répéter l'objection, que c'était ce que nous n'avions pu
faire nous-mêmes dans quatorze ans, et avec cent mille
hommes. Que signifiait donc cet engagement? C'était
un bon prétexte pour recommencer l'année prochaine ;
ou un bon moyen pour remplacer Abder-Rahman par
Abd-el-Kader, sur le trône du Maroc. En tout cas, c'é-
tait la guerre ; cela n'avait pas d'autre but que d'introduire une chance de guerre dans un traité de paix.

L'opposition aurait voulu que nous occupassions
une ville, un territoire! On l'a prouvé encore (car on
ne peut que répéter dans cette discussion, quoiqu'elle
ne fasse que commencer) c'était s'engager à conquérir,
à reprendre les hostilités, à continuer la guerre. (Exclamations à gauche.)

Qu'a demandé enfin l'opposition? Qu'on mît à la
charge de l'empereur du Maroc le remboursement des
frais de l'expédition. Et les raisons que l'opposition a
données, une des raisons du moins, je n'ai pas la
prétention de les reproduire toutes ; c'est que, quand
on ne fait pas payer les frais de l'expédition, on ne
sait où sont le vainqueur et le vaincu.

Rassurez-vous sur ce point, Messieurs ; le peuple
marocain peut être très ignorant, très barbare, mais il
n'ignore pas qui a été vainqueur à Isly, à Tanger et
à Mogador. (*Au centre*, Très bien !)

Il peut être très barbare et très ignorant, mais il
sait très bien où est le vaincu et où est le vainqueur,

quand une des parties belligérantes accepte toutes les conditions qu'elle repoussait avant la guerre, et quand l'autre partie dicte les conditions qu'elle avait proposées dès l'origine, les dicte sous son canon, en donnant quelques heures pour les accepter, sans permettre d'y changer une syllabe. (Très bien!)

Les frais d'expédition n'ont qu'un mérite : ce serait aussi une chance de guerre. Il aurait fallu les aller chercher l'an prochain.

Oui, partout et toujours, l'opposition, qui ne veut pas la guerre (je ne mets pas en doute la bonne foi de nos adversaires), l'opposition soutient une politique qui mène à la guerre, qui en est pleine. Il importait de le dire et de le prouver. C'est sur ce point, sur ce point surtout, que les partis sont séparés dans la Chambre.

Et moi aussi, je me suis rapproché, sur plusieurs questions, des honorables membres de l'opposition ; mais par où suis-je séparé d'eux, d'où vient qu'une barrière infranchissable s'élève entre eux et moi? C'est que je suis fermement attaché à la politique pacifique, résolument pacifique, restaurée et pratiquée par le cabinet. C'est parce que je crois que ce sont les cabinets résolus, qui fondent les véritables majorités, et qui gouvernent avec utilité pour le pays. (Bravo!)

Reprenez notre histoire depuis 1830, voyez comment se sont formées les majorités. Est-ce autour des hommes irrésolus, à principes équivoques? Non, mais autour des hommes qui personnifiaient avec le plus de vigueur la politique et la pensée de la majorité; autour des symboles vivants de sa pensée; autour des représentants les plus ardents et les plus avancés de sa politique.

Voyez en 1830. Était-ce un caractère irrésolu, un homme à nuances, que Casimir Perier? D'où vient qu'il a fondé le premier une majorité et un gouvernement? C'est parce qu'il exprimait plus fortement que personne, les principes qui étaient dans le cœur de la majorité. (Très bien!)

Et après la perte de cet homme si regrettable, à qui échut son glorieux héritage? Aux hommes les plus engagés, les plus compromis dans les principes de la majorité: à MM. Thiers et Guizot. On pensait alors que, pour défendre et faire triompher une cause, il fallait y croire. On ne pensait pas que, pour maintenir la paix, il ne fallût en parler qu'à voix basse. (Vif mouvement d'approbation au centre.)

On croyait alors, qu'il fallait exprimer résolument ce qui avait été résolument nié; qu'il fallait défendre avec force, ce qui avait été attaqué avec force. C'est ainsi, messieurs, qu'on crée des majorités, et des gouvernements. Pour arriver. il faut savoir où l'on va. Pour être suivi, il faut le dire, à haute et intelligible voix.

Au centre. — Très bien!

Une voix à gauche. — Ce n'est pas la doctrine des faits accomplis.

M. Agénor de Gasparin. — Non, ce n'est pas la doctrine des faits accomplis. (On rit.)

C'est, je le répète, par ce point-là que nous sommes séparés. C'est à cause du dehors. C'est à cause de la paix fermement voulue avec ces conditions par les uns; voulue par les autres sans ces conditions: je m'exprimerai ainsi, si vous l'aimez mieux.

La majorité conservatrice a soutenu et maintiendra le cabinet, parce que le cabinet, c'est la politique ami-

cale avec l'Angleterre, et parce que la politique ami-
cale avec l'Angleterre, c'est la paix du monde.

Or, la paix du monde, c'est la liberté, c'est le progrès ;
et la guerre, *c'est le mot le plus antilibéral, le plus
antipopulaire qui existe dans la langue des hommes.*

L'honorable M. de Lamartine, qui a écrit ces belles
paroles, s'est séparé, pour toujours je l'espère, de ceux
qui, s'empanachant d'impérialisme, ont réduit leur
triste programme à ce triste mot : guerre. (Mouvement.)

Je voudrais, en finissant, adresser une prière à MM.
les ministres.

Un membre à gauche. — Ils vous doivent bien quelque chose.

LE Cᵗᵉ AGÉNOR DE GASPARIN. — En soutenant notre
alliance, nos bonnes relations avec la seule puissance
dont l'amitié garantisse la paix, avec la seule puissance
qui ait une grande tribune constitutionnelle ouverte à
côté de la nôtre, avec la seule puissance qui pratique
comme nous le droit d'asile, avec la seule qui ait ap-
plaudi de cœur à la révolution de 1830, la seule qui ait
refusé de recevoir en 1844 la protestation du duc de
Bordeaux ; en maintenant ces bonnes relations, il importe de leur faire produire des fruits.

Elles en produisaient, lorsque la France et l'Angleterre
réunies propageaient les libertés constitutionnelles dans
le monde ; lorsque, par la seule force de cette alliance
féconde, elles introduisaient les institutions représentatives en Espagne, en Belgique, en Portugal.

Aujourd'hui, rien ne contribue davantage, j'en suis
certain, aux préventions propagées parmi nous contre
l'alliance anglaise, que son apparente stérilité.

Le jour où les deux gouvernements réunis auront
commencé à poursuivre ensemble, sur les bases de l'é-

galité et de la liberté complètes, ces grandes œuvres industrielles qui réclament un tel concours : le percement de l'isthme de Suez par exemple (Bruit); le jour où les deux gouvernements réunis auront commencé à résoudre ensemble le vrai problème social, celui qui intéresse les classes populaires : la réduction des heures de travail, réduction nécessaire, réduction impossible tant qu'elle ne s'opère pas simultanément des deux côtés du Détroit ; ce jour-là, les bonnes relations avec l'Angleterre seront acceptées, acceptées avec joie, sans arrière-pensée, par bien des cœurs sincères et généreux.

(Marques très nombreuses d'approbation. — L'orateur, en regagnant sa place, reçoit les félicitations de ses collègues du centre.)

CHAMBRE DES DÉPUTÉS

Suite de la discussion des paragraphes du projet d'adresse.

Le Cᵗᵉ Agénor de Gasparin. — Messieurs, j'ai écouté avec attention les discours prononcés à cette tribune, par les honorables membres de l'opposition; je me suis demandé quelle aurait été leur conduite, sur les trois questions dont ils se sont successivement occupés, s'ils avaient été chargés de la direction des affaires. On s'est récrié l'autre jour, lorsque j'ai parlé de la politique de la guerre! Quelle aurait été la conduite de cette opposition, qui a été entendue, dont on ne récusera pas les déclarations : elles ont été assez applaudies de ce côté. (Montrant la gauche.)

Dans l'affaire du Maroc, on n'aurait tenu aucun compte de la situation difficile assurément (les pièces communiquées le prouvent) de l'empereur Abder-Rhaman vis-à-vis d'Abd-el-Kader. C'est-à-dire qu'au lieu d'une affaire terminée, nous aurions devant nous une affaire à peine commencée.

Dans l'affaire de Taïti, comment aurait négocié un ministère de l'opposition? A en croire les orateurs qui sont montés à cette tribune, on aurait déclaré au gouvernement anglais, qu'on ne ratifiait pas le jugement porté par le gouverneur français dans l'Océanie : le jugement de M. Bruat, reconnaissant qu'il ne pouvait approuver *ni le motif*, *ni la forme* de l'arrestation de M. Pritchard. On aurait déclaré à un ministère anglais qui a, lui aussi, affaire à une opinion publique; qui a, lui aussi, affaire à des Chambres assemblées, qui doit y répondre de ses actes ; on lui aurait déclaré que la France, à la suite de ce qui s'était passé, n'avait aucune explication à donner ; que la France désavouait, non pas M. d'Aubigny, mais M. Bruat ; que la France ne partageait pas, sur l'arrestation de M. Pritchard, l'opinion de M. Bruat ; on n'aurait donné au gouvernement anglais, ni une satisfaction quelconque pour l'arrestation de M. Pritchard, ni une preuve, ni même un commencement de preuve. On lui aurait affirmé la conviction morale du gouvernement français. C'est ainsi qu'on aurait traité, qu'on aurait résolu l'affaire de Taïti.

Quant au droit de visite, le procédé est aussi simple. Point de mesures dilatoires, point de commissions assemblées pour chercher les moyens nouveaux qu'on pourrait substituer au droit de visite. Non, une simple déclaration de la volonté du gouvernement français : La France ne veut plus du droit de visite, la France déchire les traités, renonce à leur exécution, ne tient pas la parole qu'elle a donnée, et tout est dit.

Voilà, Messieurs, comment les trois affaires pendantes auraient été traitées et résolues, par un ministère appartenant à ce côté de la Chambre.

On dirait, en vérité, que les honorables membres qui ont successivement adressé des reproches à la conduite du gouvernement (et qui nous ont assez fait comprendre quelle conduite ils auraient substituée à la sienne), on dirait que ces honorables membres, croient pouvoir traiter avec l'Angleterre comme nous traitions, il y a quelques mois, à Tanger, sur notre escadre, dictant les conditions du traité, donnant deux heures pour les accepter, et refusant toute modification. — La Chambre a entendu cette politique de l'opposition, elle l'a comparée à celle du gouvernement; son choix ne saurait être douteux.

Mon intention n'est pas de parcourir toutes les questions. Je me renfermerai dans une seule, dans une question que j'aborde sans embarras, même au milieu d'un débat ministériel; car mes paroles de blâme, en s'adressant à un acte du gouvernement, acte que j'ai toujours attaqué, s'adressent encore plus à l'opposition.

Pourquoi, Messieurs (et M. le ministre des Affaires étrangères le faisait remarquer l'autre jour), pourquoi le gouvernement a-t-il approuvé, il y a deux ans, ce qui s'est fait dans l'Océanie sans ordres, sans instructions? Parce que les mêmes passions qui s'y agitent aujourd'hui, s'agitaient alors dans cette enceinte; parce que les mêmes hommes qui faisaient au gouvernement .e reproche mérité de fonder un établissement dans l'Océanie, se seraient élevés avec plus de force encore, contre un désaveu qu'ils auraient considéré comme une concession faite au gouvernement anglais.

Je préfère, quant à moi, dans cette affaire, la politique du gouvernement, qui a voulu s'arrêter, qui s'est arrêté au protectorat ; je la préfère à la politique de l'opposition, qui aurait voulu aller plus loin, aggraver la faute et l'injustice commises : établir la souveraineté.

Messieurs, je sais les difficultés du rôle que je vais tenter de remplir. J'ose demander cependant quelques moments d'attention à la Chambre. Jamais aucune considération, aucune crainte, ne m'empêchera de remplir devant elle, ce que je regarde comme un devoir. J'espère qu'il y aura toujours, dans le sein de la Chambre, des membres qui l'honoreront assez pour oser lui déplaire quelquefois.

Au fond des attaques dirigées contre la politique du gouvernement à Taïti, il y a, dans tous les esprits, des erreurs graves; il y a ignorance des faits. Les esprits même les moins prévenus sur cette affaire se trompent, à mon avis, et sur l'origine de notre établissement, et sur la conduite des missionnaires, et sur le caractère des réclamations que nos actes ont provoquées. C'est sur les faits, sur les faits seulement, que je désire présenter à la Chambre.... (Bruit. — Ecoutez! écoutez !)

Ne croyez-vous point, messieurs, que la discussion aurait fait un pas, si quelques erreurs, généralement accréditées, avaient été dissipées à cette tribune ?

Je ne m'appesantirai pas sur les négociations qui ont rempli l'intervalle des deux sessions législatives.

Ces négociations ont-elles été habiles, heureuses ? (Rumeurs à gauche.) Je prie ceux qui en doutent, de vouloir bien comparer le point de départ et le point d'arrivée : le mois de juillet et le mois de septembre.

Qu'avions-nous au mois de juillet ? Un ancien consul anglais incarcéré et chassé; l'opinion publique en Angleterre profondément émue (dans un pays où elle ne s'émeut pas aisément, mais où les impressions subsistent); les hommes les plus froids, les plus réservés, les plus étrangers aux passions religieuses, les plus dévoués à l'alliance française, venant successivement, solennellement, déclarer qu'il y avait eu outrage et qu'il devait y avoir réparation : que l'outrage avait été grossier, que la réparation devait être éclatante.

Qu'avons-nous au mois de septembre? L'Angleterre se contentant de l'approbation pure et simple du jugement de M. le gouverneur Bruat, et d'une indemnité insignifiante, qui peut être ou ne pas être, et que régleront d'un commun accord les amiraux Hamelin et Seymour.

Je dis que, quand on rapproche le mois de juillet et le mois de septembre, quand on n'a pas perdu tout souvenir des inquiétudes que nous avons tous éprouvées, on ne peut pas méconnaître ce qu'il y a eu d'habile et d'heureux dans la conduite du gouvernement. (*Au centre :* C'est vrai!) Et ce sentiment a été universel. On refusait d'abord de croire à un tel succès. J'étais à l'étranger à cette époque, et je me souviens de l'impression universelle. Certes, ce n'était pas le gouvernement français qui passait pour avoir été battu, pour avoir eu le dessous, pour avoir reculé dans la négociation! (Bruit confus.)

D'où vient que les idées ont été si profondément faussées sur cette question (j'espère le prouver)? D'où vient que les faits ont été si complètement méconnus? C'est que la calomnie a joué un grand rôle dans cette affaire.

Je dis la calomnie, je ne dis pas les calomniateurs. Les calomniateurs, ce sont les passions, les passions haineuses, les passions généreuses quelquefois , les passions qui accueillent ce qui leur convient et qui repoussent ce qui les gêne, les passions qui convertissent toutes leurs préoccupations en vérités, qui accueillent l'attaque et qui n'accueillent pas la défense. (Approbation au centre.)

On calomnie beaucoup ainsi, Messieurs, il en reste toujours quelque chose ; mais je crois que la Chambre, qui tout entière cherche la vérité, qui, dans les questions de loyauté et de sincérité, doit être unanime, je crois que la Chambre voudra qu'il en reste le moins possible.

Quel est le premier fait accompli ? Ce sont les interventions successives de la France à Taïti.

On avait parlé de violence, de persécutions dirigées contre des sujets français à Taïti ; et ce fait, cette assertion, a été le point de départ de nos expéditions diverses. Il importe à tout le monde, Messieurs, d'examiner sérieusement, pour la première fois, la réalité de ce fait.

J'honore la Chambre, en osant poser devant elle une telle question, et la discuter ; en osant lui dire qu'une injustice a été commise au nom de la France. Et lorsque, dans le Parlement anglais, dont on parle tant, des voix généreuses, des voix patriotiques s'élèvent pour dénoncer les injustices de l'Angleterre : pour dénoncer l'opium, pour dénoncer les fraudes et les violences au moyen desquelles on dépose les Amirs de l'Inde ; quelque respect, quelque estime, a toujours entouré leurs protestations, et il s'est trouvé que ces protestations ont été quelquefois entendues, qu'on ne s'adressait pas vainement à la conscience d'une nation, à la conscience d'une assemblée délibérante, et que les partis eux-mêmes avaient plus de conscience qu'on ne leur en reconnaît en général. (Très bien !)

12.

A mon tour, j'ose poser cette question devant la Chambre : Quels ont été les faits ? (Bruit.)

On a cité le renvoi d'un charpentier français ; mais on n'a pas insisté sur un tel grief, car la conduite notoirement scandaleuse de cet homme, conduite constatée par une lettre de la reine Pomaré au roi des Français, n'a pas permis d'insister.

On a parlé de la tentative d'assassinat dirigée contre Mme Moerhemont ... (Bruit).

Messieurs, je ne prétends pas m'imposer à la Chambre. Le devoir qui m'a fait monter à cette tribune est très pressant ... (Le bruit continue.)

M. DE LA ROCHEJACQUELIN. — Ce n'est pas à gauche seulement qu'on vous interrompt.

M. LE PRÉSIDENT. — J'invite la Chambre au silence sur tous les bancs; l'orateur ne continuera que lorsque le silence sera rétabli.

M. DE GASPARIN. — Il ne m'appartient pas, je le répète, de m'imposer à la Chambre. Assurément, des préoccupations d'une autre nature que les préoccupations très légitimes et très profondes qui m'ont amené ici et qui m'y ramènent, des préoccupations ... (Rumeurs diverses.)

On me fait l'honneur de me dire qu'on ne m'écoutera pas. (Dénégations à gauche.)

Je renonce en ce moment à la parole : je crois comprendre le véritable désir de la Chambre et lui être agréable, en cédant à son impatience. Elle voudra bien peut-être, quand le paragraphe spécial sur Taïti sera venu, me permettre de lui présenter mes observations. (Oui ! oui !)

CHAMBRE DES DÉPUTÉS

SÉANCE DU 27 JANVIER 1845

*Suite de la discussion du projet d'adresse : Paragraphe 3,
relatif aux affaires de Taïti* [1].

M. LE PRÉSIDENT. — Je consulte la Chambre sur le paragraphe.

M. DE GASPARIN. — Je demande la parole.

De toutes parts. — Aux voix ! aux voix ! la clôture!

M. LE PRÉSIDENT. — On demande la clôture de la discussion. M. de Gasparin ne peut parler que contre la clôture.

LE Cte DE GASPARIN. — J'avais un grand devoir à remplir. Je ne le remplirai pas, Messieurs, rassurez-vous. Le motif qui me fait lever en cet instant, ce sont des atta-

---

1. Le discours de M. Odilon-Barrot terminé, les cris : *Aux voix aux voix!* se font entendre.

ques très directes, très personnelles, très graves ....
(Non ! non ! — Aux voix ! La clôture !)

M. Odilon Barrot. — Oublions un peu nos personnes
et souvenons-nous du pays. Il ne s'agit pas de M. de
Gasparin.

M. le Président. — Monsieur de Gasparin, il n'a rien été
dit de personnel pour vous ; il a pu y avoir des choses
ayant trait à votre opinion, mais il n'y a rien eu qui
pût être considéré comme relatif à votre personne.

(M. de Gasparin quitte sa place et se dirige avec
vivacité vers la tribune.)

De toutes parts. — La clôture ! la clôture !

M. de Gasparin, *à la tribune.* — Je parle contre la
clôture.

Voici, Messieurs, le motif qui me fait parler contre
la clôture ; je ne serai pas long.

Dans la séance de samedi (je ne fais pas, vous le voyez,
d'allusion à l'honorable M. Odilon Barrot), dans la
séance de samedi, des paroles dont vous allez juger la
gravité .... (La clôture ! la clôture !)

Personne ici, ne peut vouloir qu'un membre de cette
Chambre laisse fermer la discussion, en restant sous le
poids d'une accusation des plus graves.

Messieurs, dans la séance du samedi, des paroles ont
été prononcées, auxquelles je tenais, auxquelles je tiens
à répondre. Quoique inscrit le premier, mon tour n'est
pas venu samedi ; je demande la permission de dire
un mot. (Non ! non ! Aux voix ! La clôture ! la clôture !)

M. le Président. — La Chambre insistant pour la
clôture de la discussion, je dois la consulter.

(La Chambre, consultée, déclare fermer la discussion.)

CHAMBRE DES DÉPUTÉS

SÉANCE DU 6 FÉVRIER 1845

Discussion de la proposition de MM. d'Haussonville, de Sahune, Saint-Marc Girardin, de Gasparin, de Saint-Aulaire et Rihouet, sur les conditions d'admission et d'avancement dans les fonctions publiques [1].

La commission propose de modifier ainsi le premier article de la proposition : « A l'avenir, nul ne sera admis au grade le moins élevé de l'un des services publics rétribués par l'État, si son aptitude n'a été constatée par un des moyens suivants :

» Le résultat d'un concours ;

» Un examen subi à la sortie d'une école spéciale ;

» Un diplôme obtenu dans une des facultés ;

» Un surnumérariat précédé et suivi d'examen ;

1. Rapporteur : M. Dufaure.

» Un certificat d'aptitude délivré après examen spécial ;

» La forme dans laquelle l'aptitude doit être constatée sera réglée pour chacun des services publics, par des ordonnances royales rendues dans l'année qui suivra la promulgation de la présente loi, s'il n'y a déjà été pourvu, d'une manière conforme aux règles qui viennent d'être établies, par des lois, décrets ou ordonnances royales. »

L'honorable M. Corne propose d'amender cet article de la manière suivante. Après ces mots : « Par un des deux moyens suivants :

» Le résultat d'un concours,

» Un examen subi à la sortie d'une école spéciale. »

Ajouter ce paragraphe :

« En cas d'examen, la liste des candidats dont l'aptitude aura été reconnue, sera dressée dans l'ordre du mérite respectif de chacun ; elle sera limitée chaque année d'après le nombre des emplois présumés devoir vaquer dans chaque service. »

Le Cte de Gasparin. — Je dois déclarer au nom de mes collègues, auteurs de la proposition, qu'ils adoptent la modification proposée par la commission.

(Le 1er paragraphe étant mis aux voix et adopté, la Chambre procède à la discussion de l'amendement. — M. de Mornay parle contre le paragraphe relatif au tableau d'avancement.)

M. de Gasparin. — Messieurs, je crois que nous abordons ici la partie véritablement sérieuse de la loi.

S'il n'y avait dans la loi que les deux premiers articles auxquels M. le Ministre de l'intérieur [1] a déclaré donner son adhésion, je ne pourrais pas la voter con-

1. M. Duchâtel.

sciencieusement. Je crois que la loi ne doit pas se réduire à une bonne intention, à une pensée vertueuse, comme on l'a dit quelquefois ; il faut que ce soit une loi efficace, qui produise un effet réel. (Très bien !)

Ce n'est donc pas seulement de l'entrée en carrière que nous avons à nous préoccuper. Il faut que nous entourions aussi les grades les plus élevés des garanties qui leur ont manqué jusqu'à présent.

L'objection qui a été présentée par M. le ministre de l'Intérieur, relativement aux sous-préfets, peut-elle empêcher le vote de l'article en discussion ?

J'ajouterai aux observations présentées par l'honorable M. Dufaure, que le tableau d'avancement dont on parle existe déjà, si je ne me trompe, sous une autre forme, au ministère de l'Intérieur. Le ministre de l'Intérieur a, dans ses cartons, des notes sur tous les sous-préfets : des notes plus ou moins favorables. Nous ne demandons pas la publication de ces notes, ou des tableaux d'avancement qu'il est si facile de leur substituer ; nous ne demandons pas que l'on annonce à tout le monde que tel ou tel sous-préfet est porté sur le tableau, tandis que tel autre ne l'est pas. Nous disons seulement qu'en fait, les tableaux d'avancement existent ; ils résultent des notes qui sont au ministère de l'Intérieur ; il n'est nullement impossible d'appliquer l'article tel qu'il est proposé.

Je comprends parfaitement les scrupules de M. le ministre de l'Intérieur. Je comprends très bien que la loi proposée rencontre des adversaires consciencieux, sur tous les bancs de cette Chambre.

Il est tout simple que M. le ministre de l'Intérieur vienne dire, dans sa sollicitude naturelle pour les intérêts qui lui sont confiés, pour la liberté d'action du gou-

vernement, qu'il vienne dire à la Chambre : Cette liberté
sera entravée. Or, la liberté est le corollaire indispensable de la responsabilité. Vous ne pouvez pas emprun-
ter à un pays voisin, à l'Allemagne, des institutions
administratives qui s'appliqueraient mal chez nous. Une
administration indépendante, presque inviolable, est
possible en Prusse, avec le gouvernement absolu. En
France, avec le régime représentatif, avec des ministres
appelés à répondre sans cesse devant les Chambres pour
les actes de leurs agents, une administration inviolable
ne serait pas une garantie, elle serait un fléau.

Votre commission l'a compris ; les auteurs de la
proposition l'ont compris de même. A aucun degré,
pour aucun motif, nous n'aurions proposé une mesure
propre à gêner l'action du gouvernement ; cette action
doit être libre, le gouvernement n'est responsable qu'à
cette condition. Mais il n'y a rien, dans la proposition,
qui gêne l'action du gouvernement. Il n'y a rien qui
réponde au vœu exprimé de ce côté de la Chambre
(montrant la gauche), pour que le droit de révocation
soit retiré au gouvernement, pour qu'il soit limité : rien,
absolument rien.

Les nominations... (Bruit.)

Messieurs, je crois être dans la véritable question
(Oui ! oui!) en m'élevant un peu au-dessus de la discussion technique, de la discussion de détail, et en
rappelant le principe fondamental sur lequel est appuyée la proposition. (Très bien!)

Messieurs, le droit de révocation n'est pas contesté ;
le droit de nomination absolument libre ne l'est pas
davantage. Faisons-nous nommer un fonctionnaire
quelconque par le droit d'ancienneté, par le concours ?
Pas le moins du monde : la proposition ne crée que

des candidatures. Le Gouvernement devra choisir parmi ces candidatures, sans doute ; mais elles sont tellement étendues, surtout avec les équivalences proposées, que le choix du Gouvernement n'est ni entravé, ni gêné, ni forcé, comme on voudrait le faire croire.

Il est vrai qu'une règle est toujours une gêne à un jour donné. Eh bien, oui, la règle empêchera d'introduire dans le service public un homme de génie, un homme de capacité exceptionnelle ; mais si vous vouliez vous arrêter devant cette objection, qu'une règle gêne à un moment donné, il faudrait supprimer le cens électoral et le cens d'éligibilité (C'est vrai !) car il est certain que cette limite consigne à la porte du Collège et de la Chambre des hommes de génie qui n'y seraient pas de trop. (On rit.)

La liberté du Gouvernement, à laquelle M. le Ministre a mille fois raison de penser, qu'il a raison de vouloir protéger, que nous voulons comme lui, cette liberté sera complète après que le proposition aura été convertie en loi. Que dis-je? elle sera plus complète qu'elle ne l'est ajourd'hui.

Je n'appelle pas libre, un Gouvernement qui est contraint de céder à des obsessions déraisonnables (A gauche. Très bien!), qui ne peut pas leur opposer des règles positives, des textes précis, et qui est obligé de répondre à un solliciteur député, non pas : Telle règle, tel principe s'oppose à ce que j'accueille votre demande ; mais : Votre demande est injuste, et je ne veux pas l'accueillir. Cela se dit quelquefois sans doute, les ministres prononcent de telles paroles ; cela est difficile cependant, et, dans l'intérêt même de leur liberté, il faut que la loi les protège et les défende, mieux qu'elle ne l'a fait jusqu'ici.

Je dis donc que le projet qui vous est soumis est un projet qui crée, ou du moins qui augmente la liberté nécessaire à l'action du Gouvernement. Bien plus, il lui donne une administration, une administration digne et forte, faisant elle-même les affaires de sa compétence, les faisant chez elle comme elles doivent être faites, et puisant dans son influence auprès du Gouvernement l'influence qui lui manque, trop souvent aujourd'hui, auprès des populations. Croyez-le, une telle administration vous apporterait, le jour d'une élection générale, beaucoup plus de force que vous ne pourriez en trouver dans la continuation des tristes abus qui existent, qui sont connus de tous, qui ont été dénoncés sur tous les bancs de cette Chambre, et auxquels, je n'en doute pas, nous voulons tous mettre un terme. (Bruit.)

Messieurs, je n'entrerai pas dans de longs détails; je sais fort bien qu'il ne faut pas songer à faire un discours aujourd'hui devant la Chambre; je terminerai donc par une simple remarque.

Tous les auteurs de la proposition appartiennent au parti conservateur.

A gauche. — Non! non! pas tous!

M. DE GASPARIN. — Appartenaient si vous voulez. (On rit.)

Les auteurs de la proposition ont pensé à leur parti en la rédigeant. Ils ont cru qu'il était de l'intérêt de ce parti, de prendre l'initiative pour lui, de s'approprier les bonnes, les utiles initiatives; ils ont cru qu'il ne fallait pas laisser ce monopole à d'autres.

Le parti conservateur est dans son rôle, quand il repousse les mauvaises réformes.

Ainsi, quand il a repoussé la proposition sur les

incompatibilités, assurément il a fait ce qu'il devait faire. (Mouvements en divers sens.) Mais si le parti conservateur est dans son droit quand il s'oppose aux progrès qui ne sont pas des progrès, il est aussi dans son rôle en prenant l'initiative des progrès véritables, des réformes praticables, des réformes sans périls. Être conservateur, ce n'est pas être immobile. Nous avons à *conserver* nos institutions, leur pureté, leur dignité, qui sont menacées, plus qu'on ne le croit, par l'état actuel des choses. Le parti conservateur se doit à lui-même, de ne pas permettre qu'on identifie injustement sa cause, avec le maintien des abus que nous déplorons. C'est dans cette pensée, que les auteurs de la proposition ont formulé leur projet. J'espère que les conservateurs intelligents, j'espère que les ministres eux-mêmes, malgré les doutes qu'ils ont exprimés, comprendront la nécessité politique et morale de la proposition qui est soumise à la Chambre [1]. (Approbation sur plusieurs bancs.)

---

1. La Chambre adopte le paragraphe en discussion, et, par le vote qui termine la séance, *rejette* le projet tout entier, à *une* voix de majorité.

CHAMBRE DES DÉPUTÉS

SÉANCE DU 13 FÉVRIER 1845

Suite de la discussion relative aux irrigations [1].

LE Cᵗᵉ AGÉNOR DE GASPARIN. — Avant le vote de l'article premier, qui renferme le principe de la loi, la Chambre m'autorisera peut-être à adresser une question à MM. les Ministres, ou plutôt à transformer en interpellation précise et catégorique, une question posée déjà par la plupart des membres qui ont pris part à cette discussion.

Tout le monde a senti qu'à côté de la loi proposée dans ce moment, loi excellente, qui se combinera utilement, quoi qu'on en ait dit, avec les dispositions d'ensemble qu'on pourra y introduire plus tard ; tout le monde a senti qu'à côté de la propo-

1. Rapporteur, M. Dalloz.

sition il y avait une place, une place immense, réservée
aux mesures qu'il appartient au Gouvernement seul de
préparer et de prendre. Ces mesures sont de deux
natures. On a parlé de la *loi générale des irrigations*,
et je partage sur ce point l'opinion de l'honorable
M. Benoist, qui faisait remarquer hier que cette loi ne
devait pas s'improviser; que ce n'était pas en une année,
ni peut-être en quatre ou cinq années, qu'elle pouvait
être convenablement préparée et mûrie.

Mais, indépendamment de cette loi, des mesures
d'une autre nature peuvent être prises immédiatement.
Le Gouvernement peut prendre immédiatement, à cet
égard, un engagement positif, et j'espère qu'il n'hésitera
pas à le prendre. Je veux parler de l'étude complète
de la question des irrigations, étude qui doit porter à
la fois et sur les eaux surabondantes, et sur les eaux
susceptibles d'être employées aux arrosements, et sur
le nivellement, sur la constatation des terres en position
d'être arrosées. Cette étude devrait s'appliquer aux
différents bassins, aux fleuves, aux rivières, aux eaux
courantes.

Messieurs, c'est un objet de la plus haute importance.
Une telle mesure honorerait l'administration qui
en prendrait l'initiative. Remarquez-le, c'est dans cette
mesure seulement, c'est dans l'étude dont je parle, que
la loi générale des irrigations peut trouver sa base.
Aujourd'hui, vous seriez incapables de faire la loi, faute
de connaître les faits.

Je vais plus loin. Faute de connaître les faits, vous
courez risque d'errer, même dans les simples mesures
administratives.

Je redouterais beaucoup aujourd'hui, les concessions
qui seraient faites en dehors des études générales; je

craindrais qu'elles ne portassent préjudice aux intérêts généraux ; qu'en accordant l'irrigation dans l'intérêt d'une vallée, on ne préjudiciât aux intérêts d'une vallée inférieure.

Ce que je demande au Gouvernement, le Gouvernement l'a fait sur quelques points, il l'a fait notamment sur la Durance. Lorsqu'il a fait une concession d'eau pour le canal de Marseille, il a réglé la quantité des eaux, et déterminé leur répartition entre les différentes parties du bassin.

Ce qu'on a fait là, on peut le faire partout. Il faut étudier, pour toutes les rivières, pour tous les bassins de la France, la distribution la plus utile des eaux dont on dispose à toutes les hauteurs. Il faut constater la masse et la situation des terrains qui se prêtent à l'irrigation. On amènerait ainsi un développement agricole, dont on ne saurait aujourd'hui déterminer l'importance.

Il va sans dire, Messieurs, que dans l'étude dont je parle, on devrait s'occuper essentiellement des barrages, si urgents, surtout dans le Midi. Le Gouvernement seul, est en mesure de rechercher les vallées où pourraient se former, dans la saison pluviale, les approvisionnements de la saison sèche ; le Gouvernement seul, est en mesure d'exécuter ces magnifiques travaux.

J'appelle son attention sur ce point. Ne pourrait-il pas prendre l'engagement de nous demander les fonds nécessaires, pour une grande entreprise agricole, qui réclame sa puissante, sa prompte, son énergique intervention? (Sensation.)

CHAMBRE DES DÉPUTÉS

SÉANCE DU 26 FÉVRIER 1845

Suite de la discussion des articles du projet de loi sur le Conseil d'État. — Art. 8, relatif aux auditeurs.

(« *Art. 8.* Nul ne pourra être nommé conseiller d'État, s'il n'est âgé de trente ans accomplis; maître des requêtes, s'il n'est âgé de vingt-sept ans; auditeur, s'il n'est âgé de vingt-un ans et docteur en droit.

» Nul auditeur ne peut être nommé maître des requêtes, s'il n'a, pendant deux ans au moins, fait partie de la première classe. »)

M. LE PRÉSIDENT [1]. — Sur le premier paragraphe, divers amendements ont été proposés.

Le premier de ces amendements se réfère aux qualités exigées pour être conseiller d'État et maître des requêtes.

1. M. Sauzet.

La Commission propose :

« Nul ne pourra être nommé conseiller d'État s'il n'est âgé de trente ans accomplis ; maître des requêtes, s'il n'est âgé de vingt-sept ans. »

M. de Gasparin propose :

« Nul ne peut être nommé conseiller d'État, s'il n'est âgé de trente ans accomplis, et s'il n'a été maître des requêtes pendant deux années, ou s'il n'a été revêtu pendant le même temps de fonctions publiques salariées, déclarées par ordonnance royale équivalentes ou supérieures à celles de maître des requêtes.

» Nul ne peut être nommé maître des requêtes, s'il n'est âgé de vingt-sept ans, et s'il n'a été auditeur de première classe pendant deux années, ou s'il n'a été revêtu pendant le même temps de fonctions publiques salariées, déclarées équivalentes ou supérieures. »

Le reste comme au projet.

Je consulte d'abord la Chambre sur la partie de l'article qui est commune au gouvernement, à la Commission et à M. de Gasparin :

« Nul ne peut être nommé conseiller d'État, s'il n'est âgé de trente ans accomplis. »

(Cette partie de l'article est mise aux voix et adoptée.)

M. LE PRÉSIDENT. — Maintenant, M. de Gasparin a la parole pour développer son amendement.

M. DE GASPARIN. — Je puis être très court; car la Chambre connaît déjà mes motifs, mes principaux motifs, et je ne les reproduirai pas devant elle.

Je lui ai soumis, il y a quelques jours, de concert avec plusieurs de mes honorables collègues, et de concert avec une commission composée d'hommes éminents, une proposition qui n'a pas été adoptée.

Je ne viens assurément pas protester contre la déci-

sion de la Chambre; je l'accepte comme je le dois;
ce n'est pas moi qui contesterai la valeur d'une majorité, parce que c'est une majorité d'une voix. Toutes les
majorités sont égales; leurs décisions sont également
obligatoires pour tous. Mais, Messieurs, l'amendement
que j'ai l'honneur de vous proposer en ce moment,
diffère à plusieurs égards de la proposition qui a été
rejetée. Je crois que les différences qui existent entre
l'amendement et la proposition sont de nature à faire
espérer pour l'amendement plus de faveur que pour la
proposition. C'est ce que je vais essayer d'indiquer en
très peu de mots.

Quelles objections ont été présentées à cette tribune
ou ailleurs, contre les principes de la proposition?

On a parlé d'un tableau d'avancement. Il n'en est
plus question dans l'amendement actuel. S'il reproduit
toutes les autres dispositions de la proposition, il ne
reproduit pas celle-là.

On avait reproché à la proposition sa généralité.
Elle s'appliquait à tous les services publics; on pouvait
donc craindre qu'elle ne fût trop rigoureuse pour
les uns, trop indulgente pour les autres; on pouvait
craindre qu'elle ne s'adaptât qu'imparfaitement aux
nécessités de chaque service. L'amendement ne s'applique qu'au Conseil d'État, à une administration
déterminée, dont nous connaissons l'organisation et les
besoins; nous sommes à même d'examiner, par conséquent, si les conditions que je propose à la Chambre,
conviennent pour le cas particulier dont il s'agit.

On avait dit qu'en soumettant à certaines conditions
la nomination des fonctionnaires, on gênait la liberté
du gouvernement, et que la liberté est nécessaire à sa
responsabilité.

13.

Permettez-moi d'établir, Messieurs, que dans le Conseil d'État, une pareille objection ne peut pas se présenter. Le Conseil d'État est un corps qui, par sa nature même, repousse toute association étroite à la politique ministérielle; c'est un corps dans lequel il n'est nullement nécessaire que les membres soient liés à la pensée intime du Gouvernement. Le Conseil d'État donne de simples avis. Que le Conseil d'État rende presque des arrêts, il n'est jamais l'agent d'un système politique, et s'il existe un cas où la liberté du choix puisse être limitée sans inconvénient, c'est assurément celui-ci.

On a dit qu'il était nécessaire de faire arriver à certains postes élevés, d'emblée, sans passer par les grades intermédiaires, des hommes exceptionnels, en faveur desquels nous voulons maintenir le désordre et repousser toute hiérarchie. (Mouvement.)

Je ne saurais me préoccuper au fond de cet argument, quand je pense que M. le Ministre de la guerre est bien obligé (et personne ne le trouve fâcheux) de prendre les lieutenants généraux parmi les maréchaux de camp. Alors même qu'il se trouverait un colonel dont l'aptitude militaire serait tout à fait extraordinaire; alors même que les circonstances seraient difficiles et périlleuses, M. le Ministre de la guerre serait forcé de subir la règle. Je ne crois donc pas qu'au fond, l'objection tirée de la difficulté, des inconvénients de la règle, puisse s'appliquer à aucun service public.

Mais, permettez-moi de le faire observer. Les inconvénients ne seront jamais moindres qu'au Conseil d'État.

J'ai peu le droit, en général, de parler de mon expérience. Cependant je m'appuierai sur elle, en ce qui

concerne un corps où j'ai rempli, pendant quatorze
ans, des fonctions qui, pour être gratuites, n'en étaient
pas moins actives. Or, depuis quatorze ans, je ne me
suis jamais aperçu de la nécessité d'introduire au
Conseil d'État, des hommes étrangers à l'administration :
des littérateurs, des avocats ou des députés. Le Conseil
d'État, c'est la centralisation administrative personnifiée ;
c'est la tête de l'administration française. Toutes les
affaires viennent à lui ; et là, plus que nulle part ailleurs,
il est indispensable d'avoir des hommes qui possèdent
autre chose que de l'intelligence : des hommes qui
possèdent la pratique des affaires. On parle de la combinaison de l'administration délibérante et de l'administration active. Précisément, n'allez pas contre
cette bonne pensée ! Permettez que le Conseil d'État
se contente de la pépinière naturelle, suffisante, qu'il
trouve et en lui-même, et dans les différents services
publics.

Je sais bien qu'il y a une autre objection d'une tout
autre nature. On trouve peut-être que ma proposition
est beaucoup trop petite, trop insignifiante. On dira
qu'elle ne fait que confirmer à peu près l'état actuel
des choses ; que la plupart des conseillers d'État ont été
maîtres des requêtes ou ont rempli des positions équivalentes ; que la plupart des maîtres des requêtes ont
été auditeurs de première classe ou ont rempli des
fonctions équivalentes. J'accepte en partie l'objection,
en partie le reproche. Je l'accepte, et, en vérité, ce
n'est pas dans la loi actuelle qui (je le dis, et l'observation n'est pas une critique dans ma bouche), ce n'est
pas dans cette loi, qui ne fait que confirmer l'état de
choses existant, qui n'est que la transformation en loi
des ordonnances de la pratique antérieure ; ce n'est pas

dans la loi actuelle, qu'il serait bien étrange d'introduire une disposition destinée à confirmer, à consacrer le principe suivi pour la nomination des membres du Conseil d'État. Mais il n'en est pas complètement ainsi. Des nominations ont été faites, en dehors de la hiérarchie des conditions dont il s'agit. Or ces nominations (quoique je n'attaque assurément pas la personne de ceux auxquels elles ont été appliquées) ces nominations ont produit un certain découragement au sein du Conseil d'État.

Que la Chambre veuille bien le remarquer, ce que je propose n'a rien ni d'étrange ni de nouveau. L'ordonnance de 1824, dont nous avons parlé depuis le commencement de cette discussion, fait précisément ce que j'ai l'honneur de proposer : elle mentionne avec soin, elle établit elle-même, les catégories de fonctionnaires dans lesquelles doivent être pris les conseillers d'État et les maîtres des requêtes en service extraordinaire.

La loi qui vous a été soumise par le Gouvernement, a soin d'établir des conditions pour la nomination des maîtres des requêtes et des conseillers en service extraordinaire. Tout est réglé, sauf la nomination des conseillers d'État et des maîtres des requêtes en service ordinaire. Je dis qu'il y a là une véritable lacune.

Veuillez, messieurs, examiner la question en soi, indépendamment de celui qui l'a soulevée ; veuillez examiner s'il est convenable, s'il est utile au service important dont vous réglez l'organisation, de se borner à dire, comme on le propose : Les conseillers d'État auront trente ans, et les maîtres des requêtes vingt-sept.

M. LE PRÉSIDENT. — L'amendement est-il appuyé?
(Non, non! Oui, oui!)

M. DUPRAT. — Qu'entendez-vous par des fonctions
équivalentes?

M. DE GASPARIN. — L'ordonnance le déclarera! On
n'a pas trouvé difficile de fixer les catégories en 1824[1].

1. La Chambre n'adopte pas l'amendement.

CHAMBRE DES DÉPUTÉS

SÉANCE DU 27 FÉVRIER 1845

*Suite de la discussion du projet de loi sur le Conseil
d'État (des fonctions du Conseil d'État).*

Paragraphe en discussion rédigé par la commission :
« Les maîtres des requêtes ont voix délibérative au
Comité et au Conseil d'État, dans les affaires dont ils
font le rapport [1]. »

Le Cᵗᵉ Agénor de Gasparin. — Il est peut-être utile
que la Chambre connaisse toutes les modifications qui
peuvent être introduites dans le paragraphe en discussion.

Je n'adopte pas la proposition qui a été faite par
M. de l'Épée. Mais il me semble que le paragraphe

---

1. La Chambre rejette un amendement de M. de l'Épée, proposant
ceci : « Les maîtres des requêtes ont voix délibérative au comité; ils
n'ont voix délibérative à l'assemblée générale que dans les affaires
dont ils font le rapport. »

proposé par la Commission retire aux maîtres des requêtes un droit qui leur a été attribué jusqu'ici: la voix
consultative.

M. LE RAPPORTEUR. — Du tout !

M. DE GASPARIN. — Messieurs, il me semble qu'il serait utile alors que la rédaction de l'article 25 fût semblable à celle de l'article 21. — Dans l'article 21, vous
avez dit que les maîtres des requêtes avaient voix consultative dans toutes les affaires, et voix délibérative
dans celles dont ils sont rapporteurs.

Je ne retrouve pas dans l'article 25 la première partie
de l'article 21.

M. LE PRÉSIDENT. — La Chambre délibère d'abord sur
la proposition de M. de l'Épée, qui tend à donner, comme
la première proposition du Gouvernement, voix délibérative aux maîtres des requêtes dans les comités. Je
mets aux voix l'amendement.

(L'amendement n'est pas adopté.)

Maintenant, M. de Gasparin propose à titre d'amendement.....

M. DE GASPARIN. — Voulez-vous permettre, voici ma
proposition : « Les maîtres des requêtes ont voix délibérative aux comités et au Conseil d'État, dans les affaires
dont ils font le rapport, et voix consultative dans toutes
les autres affaires. »

(Cet amendement, auquel adhèrent le Gouvernement
et la commission, est mis aux voix et adopté.)

CHAMBRE DES DÉPUTÉS

SÉANCE DU 4 MARS 1845

Suite de la discussion du projet de loi relatif aux pensions de retraite.

« *Art. 7.* — Les dispositions de la présente loi ne sont point applicables :

» 1° Aux ministres secrétaires d'État.

» 2° Aux sous-secrétaires d'État.

» 3° Aux conseillers d'État et maîtres des requêtes.

» 4° Aux préfets et sous-préfets.

» Ces fonctionnaires auront droit à des pensions, conformément à la loi du 22 août 1790 et au décret du 13 septembre 1806.

» Sont pareillement admis à la pension sans retenue les postillons de relais, dont les pensions continueront d'être concédées en vertu de la loi du 19 frimaire au VII. »

M. DE GASPARIN. — Je suis trop partisan du projet de loi, pour accepter l'article 7 et les autres dispositions du projet, qui introduisent des exceptions à la règle générale qui y est posée.

Quel est l'esprit général de la loi nouvelle? C'est la substitution de l'État aux caisses de retenue. Les caisses de retenue ont été fondées d'après des principes divers. L'État se doit à lui-même d'établir un principe uniforme.

C'est là la pensée qui a dominé la Chambre, dans toutes les précédentes discussions. Permettez-moi de vous le rappeler. Elle a repoussé, elle a même refusé de discuter les projets de loi qui n'avaient pas un caractère suffisant de généralité. Ainsi, le projet de loi qui proposait de régler, seulement les pensions de retraite pour les administrations financières, a été repoussé par ce seul motif.

Le rapport de votre commission, constate les efforts qu'elle a faits pour réaliser la pensée de la Chambre, pour introduire dans la loi des dispositions générales ; je m'empresse de lui rendre pleine justice à cet égard. Elle a écarté plusieurs exceptions, qui étaient proposées par le gouvernement. Ainsi, on demandait une exception pour la magistrature, on la demandait encore dans la séance d'hier : votre commission l'a repoussée. On demandait une exception au mode général de liquidation, par un comité du Conseil d'État. M. le Ministre de l'instruction publique demandait que les pensions des membres du corps enseignant fussent liquidées par le conseil royal de l'instruction publique : votre commission a également repoussé cette prétention. Votre commission a reculé devant la rédaction primitive du chapitre intitulé : « *Dispositions particulières* ». Elle a

remanié ce chapitre, et je l'en remercie. Quand nous
en serons là, nous examinerons la question de savoir si
la commission est allée assez loin, et si ce chapitre ne
renferme pas encore des dispositions qui retirent en
détail, presque tout ce que la loi semble consacrer dans
ses dispositions d'ensemble.

Néanmoins, malgré les efforts de la commission, il reste
beaucoup d'exceptions dans la loi. Je crois qu'on pourrait les supprimer. Je crois qu'on pourrait voter une
loi qui réalisât enfin le principe général, qui établît
enfin, dans le règlement des pensions, la règle absolue :
la règle dominant toutes les administrations, faisant
fléchir toutes les dispositions spéciales et diverses.

Votre commission a admis beaucoup d'exceptions,
je l'ai dit tout à l'heure. Je ne rappellerai pas celles
qui consistent à écarter complètement de l'application
de la loi certains services publics.

Ainsi, on a laissé tout à fait en dehors de cette
application la caisse de la Légion d'honneur, la caisse
des dépôts et consignations, les bureaux de la marine;
on a laissé de nombreuses catégories qui sont mention-
nées dans la page 41 du rapport.

Je prends seulement les services qui entrent dans le
projet de loi, services à l'égard desquels cependant, les
règles générales qu'il pose sont modifiées, et je me
demande s'il est nécessaire de maintenir de telles modifications?

Voici les exceptions que le projet de loi, tel qu'il est
proposé, place en présence d'une règle soi-disant générale : les ministres, les sous-secrétaires d'État, le conseil d'État tout entier, les préfets, les sous-préfets, les
agents diplomatiques et consulaires, le corps enseignant
tout entier, le corps judiciaire tout entier, la cour des

comptes, les ponts et chaussées et les mines! A des titres divers, pour des motifs divers, dans une mesure diverse, tous ces services publics sont exceptés de la règle générale.

Que devient, Messieurs, la règle générale en face de ces nombreuses exceptions? Et ne croyez pas que je soutienne ici un principe purement théorique; que je combatte simplement pour que la loi ait meilleure façon, pour que ses dispositions soient mieux alignées. Non, Messieurs! Je crois l'intérêt politique de l'administration engagé dans la question que je traite en ce moment.

Vous avez des administrations diverses ; il importe, vous le reconnaîtrez tous, que l'on puisse passer de l'une à l'autre, que ces administrations puissent se faire des emprunts, que des échanges puissent s'établir entre elles. Or, qu'arrivera-t-il, si les unes sont soumises aux règles générales que pose la loi, tandis que les autres sont soumises, ou au régime exceptionnel du décret de 1806, ou aux règles spéciales que contient la loi actuelle dans un de ses chapitres? Il arrivera, Messieurs, que le passage d'une administration à l'autre sera le plus souvent entravé.

Je cite des exemples.

Il peut être utile d'appeler un préfet dans les bureaux d'une administration; cela s'est fait très utilement; un préfet peut être appelé à la tête d'une direction, d'une division. Comment cela sera-t-il possible, si les préfets restent sous le régime spécial du décret de 1806; si, en passant à la tête d'une direction ou d'une division dans un ministère, ils perdent les droits qui leur sont conférés par le décret de 1806, sans pouvoir acquérir une pension, aux termes de la loi générale, sous l'empire de laquelle ils tombent, puisqu'il faut, d'après cette loi, avoir passé vingt ans dans des fonctions publiques sujettes à retenue?

Prenons un autre exemple.

Sans doute, vous regardez comme utile que des magistrats entrent au Conseil d'État. Or, si vous acceptez l'article 7, tel qu'il est formulé, cela deviendra très difficile. Il faudra qu'un magistrat qui entre au Conseil d'État, renonçant à toutes les retenues faites pendant de longues années sur son traitement, se contente d'une pension nouvelle, moins élevée que celle à laquelle il aurait eu droit : une pension qui ne sera pas reversible sur la tête de sa femme ou de ses enfants.

Je n'insiste pas, pour ne pas fatiguer la Chambre, sur tous les inconvénients de ces dispositions gratuitement introduites dans la loi, alors qu'il serait si facile d'y faire dominer le principe général.

Je reprends l'article 7, et je me demande une fois encore si, indépendamment des considérations générales que j'ai abrégées le plus possible, des considérations générales qui reviendront d'ailleurs à propos de toutes les exceptions, et particulièrement à propos du chapitre intitulé : *Dispositions particulières;* je me demande si les exceptions de l'article 7 sont véritablement justifiées.

Quelles sont ces exceptions? *Les ministres, les sous-secrétaires d'État.* Pourquoi une exception dans ce cas? Parce que les traitements des ministres et des sous-secrétaires d'État, ne sont pas assez élevés pour comporter une retenue?

Je ne puis considérer cet argument comme tout à fait sérieux, quand je pense que la retenue s'exerce sur les traitements des ambassadeurs, placés, eux aussi, dans une situation qui exige de grands frais de représentation.

On se plaint de l'insuffisance de leurs traitements, et cependant, on les soumet à une retenue que consacre le projet de loi.

Pour les préfets et les sous-préfets, la même objection se présente. Je ne renouvelle pas la réponse; mais je prie la Chambre de remarquer un second argument. On dit: — Les préfets et les sous-préfets sont des agents politiques; il importe que le gouvernement puisse les déplacer librement, qu'il ne soit pas arrêté par la crainte de leur faire perdre, en les déplaçant, le bénéfice d'une retenue prélevée sur leur traitement pendant de longues années! — Je reprends l'exemple que je citais tout à l'heure. Les ambassadeurs, les ministres plénipotentiaires, les secrétaires d'ambassade, tout le corps diplomatique, tous les consuls, se trouvent dans la même position; ce sont aussi des agents politiques du gouvernement. Leur déplacement, leur révocation ne doit rencontrer aucun obstacle, et cependant, des retenues sont faites sur leur traitement.

Messieurs, ou je me trompe fort, ou l'on ne proposerait pas les exceptions que je discute en ce moment, si l'existence des caisses de retenue n'avait créé des habitudes, et ce qu'on appelle des droits acquis. C'est à cause de l'état de choses actuel, c'est pour maintenir le *statu quo*, et sans motifs véritablement sérieux, que les exceptions vous sont proposées.

Celle qui concerne le Conseil d'État, est plus extraordinaire peut-être que toutes les autres. Quoi! des conseillers d'État et des maîtres des requêtes ne peuvent être soumis à la règle générale; et la raison qu'on en donne, c'est qu'ils sont révocables, c'est qu'ils ne sont pas complètement inamovibles!

Mais, Messieurs, ils ne sont pas les seuls. Il y a beaucoup de fonctionnaires publics soumis à la règle générale posée par votre loi, et qui, cependant, sont au moins aussi amovibles que les conseillers d'État et les maîtres des requêtes.

On fait encore remarquer que les conseillers d'État et maîtres des requêtes, peuvent avoir appartenu à l'administration, qu'ils ont été préfets ou sous-préfets, et qu'il est très fâcheux pour eux, après avoir été dispensés de la retenue comme préfets ou sous-préfets, d'entrer sous un régime nouveau, sous celui de la loi que nous discutons.

Je réponds que, si vous admettez l'application de la règle générale aux préfets et sous-préfets, vous ne serez pas forcés d'admettre une nouvelle exception pour le Conseil d'État.

Messieurs, que la Chambre veuille bien prendre en grande considération les observations précédentes.

Elles ont beaucoup de poids, parce que je les ai empruntées aux précédentes discussions, parce qu'elles ont toujours été présentes à l'esprit de la Chambre, parce que c'est dans cet esprit, que la Chambre a toujours discuté les différents projets de loi sur les pensions.

Voulez-vous avoir des services isolés, scindés, sans communication entre eux? Maintenez les exceptions qui vous sont proposées.

Voulez-vous avoir, non des administrations, mais une administration? Retranchez l'article 7. Vous resterez fidèles au principe fondamental du projet, qui est une réaction contre les spécialités.

CHAMBRE DES DÉPUTÉS

*Suite de la discussion du projet de loi relatif aux
pensions civiles de retraite[1].*

M. DE GASPARIN. — Je ne sais si la Chambre est
très disposée à écouter des considérations d'ensemble.
(Parlez! parlez!)

Messieurs, j'ai combattu, il y a quelques jours, les
exceptions de l'article 7. Il m'est impossible de ne pas
combattre aujourd'hui les exceptions beaucoup plus
nombreuses et moins justifiables, à mon avis, de l'ancien
chapitre II.

Je prends la parole pour l'honneur des principes
(On rit.), car je n'espère pas beaucoup réussir ; mais je
crois que la grosse question du projet de loi, celle qui

---

1. *Art.* 54.

a occupé une place si considérable dans les précédentes discussions, qui en occupe une si considérable
encore dans le rapport de la commission, ne doit pas
être complètement abandonnée, ne doit pas être
désertée par tout le monde. La question vaut un quart
d'heure de l'attention de la Chambre.

Voici cette question :

Faut-il faire une loi générale (et la question, je prie
la Chambre de le remarquer, est encore entière, malgré le vote de l'article 7; si le chapitre en question
n'était pas adopté, la loi conserverait le caractère d'une
loi générale); faut-il, dis-je, faire une loi générale,
conçue au point de vue élevé où l'État peut se placer
vis-à-vis des services publics, en ne prenant en considération que leurs intérêts permanents, en oubliant
le passé pour songer à l'avenir, en faisant la part
des droits acquis au moyen de dispositions transitoires
très larges, très généreuses? Faut-il faire une loi dans
cet esprit, ou bien une loi de circonstance, comme
nous en faisons trop souvent? Faut-il faire, en
d'autres termes, une loi qui supprime à la fois les
caisses de retenue et les règlements de ces caisses, ou
une loi qui supprime les caisses, et conserve les règlements?

Ne nous le dissimulons pas, voici comment les choses
se sont passées, comme elles ont dû nécessairement se
passer. Au premier bruit d'une législation générale sur
les pensions, toutes les administrations particulières se
sont émues; elles ont toutes pensé qu'elles avaient des
droits à faire valoir, des privilèges à conserver. Elles
se sont adressées au ministre des finances, qui s'est
exécuté de très bonne grâce, je le reconnais, mais qui
n'a pas eu le courage, ou la force, d'exécuter de la même

manière ses collègues. (On rit.) La commission, à son
tour, est intervenue dans les meilleures intentions ; je
lui rends pleine justice, et je lirai même, si vous le
permettez, quelques phrases de son rapport ; mais elle
a rencontré cette émeute des anciennes caisses de retraite supprimées, voulant toutes pénétrer dans le
projet, malgré les efforts de M. le Ministre des finances,
malgré ceux de la commission. La porte a été forcée, et
les anciens privilèges ont trouvé asile, les uns dans
l'article 8, les autres dans l'ancien chapitre. (C'est
vrai!)

Je n'invente pas, Messieurs, je raconte. La meilleure
preuve de ce que je raconte, c'est que la commission
a raconté comme moi.

Voici des traces, dans le rapport même, de la lutte
honorable qu'elle a soutenue, pour faire prévaloir les
principes que je soutiens à mon tour, et, qu'à mon avis,
elle n'a pas fait prévaloir assez.

Je lis à la page 105 du rapport :

« Quelques grands services publics ont obtenu de
M. le Ministre des finances l'introduction dans le projet
de loi de statuts spéciaux, qui reproduisent les dispositions des règlements actuels relatifs à leurs caisses sur
fonds de retenue. Ces statuts spéciaux, répartis en
cinq paragraphes sont :

» 1° Les magistrats de l'ordre judiciaire ;

» 2° Les membres de la Cour des comptes ;

» 3° Les agents diplomatiques et consulaires ;

» 4° Les membres du corps enseignant et les professeurs ressortissant des divers ministères ;

» 5° Les membres du corps royal des ponts et
chaussées et des mines.

» Les exceptions portent : 1° sur les conditions d'âge ;

14.

2° sur la durée des services, en cas d'infirmités ; 3° sur le taux de la pension, soit par la fixation d'un traitement moyen plus favorable, soit par l'élévation de l'annuité de la pension, soit par l'élargissement dans les limites du maximum; 4° enfin, sur la quotité reversible en faveur des veuves.

» Mais chacun de ces statuts spéciaux renferme des dispositions qui se diversifient dans l'application de chacune de ces exceptions, sans que rien vienne justifier cette diversité de règles.

» Nous allons citer quelques exemples (et ils sont curieux). S'agit-il de déterminer la quotité de la pension reversible en faveur des veuves? Pour la magistrature, cette quotité est du tiers (art. 27 du projet); elle est du quart pour les agents politiques et consulaires (art. 45). S'agit-il de déterminer la durée du mariage antérieure à l'ouverture du droit du mari à la pension? Pour la veuve du magistrat, cette durée est de cinq ans; elle est de six pour la veuve d'un agent diplomatique ou consulaire ; de cinq pour un membre de l'Université; cette durée n'est pas limitée pour un membre du corps royal des ponts et chaussées, etc. »

Je n'ai pas le droit de fatiguer longtemps la Chambre; je ne continue pas la lecture de cette portion du rapport, très instructive à mon avis, et qui nous montre que les dispositions que j'attaque en ce moment, ont été maintenues dans la loi, par le seul motif qu'elles existent aujourd'hui dans les anciens règlements. On a encadré dans la loi générale, les règlements des caisses supprimées.

Les exceptions qui ont été admises par la commission, se justifient-elles beaucoup mieux que celles qu'elle a repoussées? Voyons un peu.

Tout le monde rend cette justice au rapport de la commission, que ce rapport, consciencieux et complet, doit donner de bonnes raisons... à supposer qu'il en existe.

Eh bien, si, en lisant ce rapport, je ne trouve à l'appui de presque toutes les exceptions que ces mots : Cela se rencontre dans les règlements existants ; c'est un usage ; c'est une habitude ; nous admettons, parce que ce n'est pas une innovation ! Si je ne trouve que cela dans le rapport, je serai autorisé à conclure que la commission ne s'est pas placée au point de vue que j'indiquais en commençant, et qu'elle n'a pas assez compris la grande mission de généralisation qui lui était confiée par la Chambre. (Très bien !)

Voici la première exception, l'exception qui concerne les soixante ans d'âge. On vous propose de déclarer que les différentes catégories de fonctionnaires auxquelles se rapporte l'ancien chapitre II, c'est-à-dire les magistrats membres de la Cour des comptes, les membres du corps enseignant, du corps diplomatique, des ponts et chaussées et des mines, ne seront pas assujetties à la condition commune de soixante ans d'âge, exigée pour avoir droit à pension.

On excepte les professeurs, parce que leurs fonctions sont très fatigantes ; et les membres du corps diplomatique, quoique leurs fonctions passent en général pour l'être fort peu. (On rit.) On exempte les ingénieurs des ponts et chaussées, parce que leur service exige une grande activité physique, et les magistrats, quoique leur service n'exige aucun mouvement.

En dehors de la véritable raison que j'indiquais tout à l'heure (l'existence des règlements qui ont demandé à être maintenus et qu'on a voulu maintenir), en dehors de cette raison, je n'en trouve pas de sérieuses.

Croyez-vous, Messieurs, que si on voulait cherche
dans les divers services, soit sédentaires, soit actifs;
croyez-vous, que si on voulait chercher parmi les services assujettis à la règle générale de soixante ans
d'âge, on n'en trouverait pas beaucoup, qui justifieraient
l'exception, bien autrement que la catégorie d'employés
dont il est question?

La deuxième exception concerne la dispense des
conditions ordinaires, dans le cas d'infirmités graves.

Voici, sur ce point, la déclaration du rapport. Elle
me dispensera de tout commentaire :

« Votre commission, Messieurs, en acceptant ces
dispositions, a cédé à la considération que ce n'était
pas une innovation, mais le maintien rigoureux de la
législation existante, pour la plupart des fonctionnaires
que ces dispositions régissent. »

On ne pouvait dire plus clairement ce que je cher-
chais à établir tout à l'heure ; c'est que les exceptions
sont maintenues parce qu'elles existent ; c'est qu'elles
seront dans la loi, parce qu'elles étaient dans les règlements.

Passons à la troisième exception. On augmente la
pension des veuves de professeurs, parce que le traitement de ceux-ci est modique et leur existence modeste ;
on l'augmente pour les membres du corps diplomatique,
parce que leurs traitements sont élevés, et que la grande
existence qu'ils ont menée, nécessite le maintien d'une
portion de cette existence pour leur famille. (Rire appro-
batif.)

Que la Chambre me permette de le dire, personne
n'est plus favorable que moi à une large rétribution, à
un système vraiment généreux de pensions. Oui, il est
juste de donner des pensions suffisantes, et celles des

veuves sont plus dignes d'intérêt que toutes les autres.
Oui, c'est un devoir pour l'État de protéger la vieillesse
de ses employés. Mais ce devoir est général, ce droit
est général : la loi devait être générale aussi, et quant
aux privilèges, ils ont besoin de se justifier.

Si je reprends le rapport sur la quatrième exception
que je combats, la Chambre reconnaîtra qu'il faut
toujours en revenir à ce motif : nous n'innovons pas ; il
n'y a pas de mal à conserver ce qui existe.

Pour les agents diplomatiques même, remarquez : on
cite un arrêté de 1800 dont on fait l'éloge, puis une
ordonnance de 1823 qui en reproduit les dispositions,
et l'on conclut qu'il n'y a pas même à examiner la
question de savoir si la règle générale peut être adoptée.

Messieurs, la Chambre est maintenant en mesure
d'apprécier le système des dispositions exceptionnelles
qui lui sont soumises.

Qu'elle ne croie pas que les observations que je
lui présente en ce moment soient dictées par un
goût purement théorique pour l'uniformité. Des motifs
sérieux, pratiques, que j'ai exposés l'autre jour, et auxquels on n'a pas répondu un mot, déterminent mon
opinion. Il s'agit de l'intérêt de l'administration elle-
même. Si vous avez une loi de pensions véritablement
une, alors vous aurez une administration réellement
une aussi : les différents services ne seront pas isolés,
murés, étrangers l'un à l'autre ; ce sera un tout organisé, harmonieux ; les échanges pourront alors s'opérer
entre les différentes branches du service. Mais si vous
conservez les exceptions qui se justifient on ne peut moins
dans le rapport, vous aurez des services avec retenue
et des services sans retenue, des services avec maximum

14

et des services sans maximum, des services avec condition d'âge et des services sans condition d'âge, des services avec reversibilité et des services sans reversibilité. Pensez-vous qu'il ne résulte pas de cet état de choses, de très graves inconvénients pour le passage d'un service dans un autre ? (C'est vrai.)

Je le disais en commençant, je n'ai guère l'espoir de faire prévaloir ces observations auprès de la Chambre; mais les considérations de succès influent peu sur mes démarches, la Chambre l'a peut-être déjà remarqué. Je fais les choses lorsque je les crois bonnes, je les dis lorsque je les crois sensées. J'ai contre moi l'esprit de notre temps: nous avons peur de l'absolu, horreur des principes. Nous aussi, nous proscririons les idéologues.

Plus que tous les autres, le chapitre en discussion porte le cachet de l'époque.

A titre de transaction, de compromis et d'expédient, je lui prédis beaucoup de succès. (Approbation sur plusieurs bancs.)

CHAMBRE DES DÉPUTES

SÉANCE DU 12 MARS 1845

Discussion de la proposition concernant la translation du
domicile politique.

M. DE GASPARIN. — Je demande la parole [1]. (Aux voix,
aux voix !)

Messieurs, les doutes qui existent dans quelques
esprits, en dehors des considérations politiques qu
viennent d'être présentées par l'honorable préopinant,
ne me semblent pas avoir été suffisamment dissipés par
la discussion à laquelle nous venons d'assister. Je
demande à la Chambre l'autorisation de les exposer en
très peu de mots. (Parlez ! parlez !)

1. La Chambre vient d'entendre les discours de MM. Dubois,
Duchâtel, ministre de l'intérieur; Hébert, rapporteur; de Carné,
Pelteraux-Villeneuve, Maurat-Bellangé, de la Plesse, Berville, et
Ledru-Rollin.

Voici les deux motifs qui, sauf explications ultérieures, m'empêchent d'accepter la proposition qui vous est soumise.

Le premier motif, c'est que cette proposition remet la loi électorale en question.

Jusqu'à présent, quelle réponse avons-nous faite, du sein du parti conservateur, aux propositions qui avaient pour but de modifier la loi de 1831? Avons-nous dit que la loi de 1831 était parfaite, qu'il n'y avait rien à y changer, que nous ferions aujourd'hui ce qu'on avait fait en 1831? Nullement. Nous avons répondu, et je persiste dans cette opinion, que la législation électorale devait durer ; que ce n'était pas tous les dix ans, qu'il fallait remettre sur le métier les principes fondamentaux de notre ordre politique. (C'est vrai!)

Eh bien, Messieurs.... (Aux voix! aux voix!)

Mes scrupules sont graves ; on les dissipera sans doute par la réponse qui me sera adressée; toutefois, je supplie la Chambre de me permettre de les exprimer. (Parlez! parlez!)

Il me semble que la proposition qui vous est soumise, est une modification de la loi de 1831; il me semble incontestable que l'on ne pourra pas faire, après l'adoption de la proposition, ce que l'on fait aujourd'hui, et ce qu'à mon avis, on a pu faire très utilement et très consciencieusement. (A gauche. Très bien!)

Il est évident que la loi de 1831, a établi une distinction profonde entre le domicile réel et le domicile politique; il est évident que la loi de 1831, a établi le libre déplacement des électeurs et des éligibles, et que le libre déplacement des électeurs et des éligibles n'est pas maintenu par la proposition.

Ceci est du moins ma conviction actuelle, et j'ai le droit d'exprimer ce doute devant la Chambre.

Voici ma seconde objection :

J'avais cru, jusqu'ici, que le mal contre lequel nous avons tous à lutter, le mal que nous déplorons tous, que ce mal résultait du matérialisme croissant des élections, que ce mal résultait de la substitution croissante des intérêts aux principes, que ce mal résultait des rapports trop directs, trop personnels, entre les députés et les électeurs. J'ai cru cela jusqu'ici. (Approbation à gauche.)

Ce mal est considérable, prenez-y garde ! Soyez persuadés que si, loin de l'affaiblir, vous l'aggravez, il se trouvera, aux prochaines élections, beaucoup de membres honorables de cette Chambre, beaucoup de membres dont l'absence serait regrettée, sur quelque banc qu'ils eussent siégé, qui ne voudront pas, qui ne pourront pas prendre part à la lutte électorale, dans laquelle ils seraient obligés d'employer des armes dont il ne leur convient pas de se servir. (Très bien!)

Or, je me demande si la proposition dont il s'agit (ce n'est qu'un douté) doit atténuer ou doit aggraver le mal.

Quant à moi, je crois que, dans un pays constitué comme le nôtre, dans un pays où il n'y a pas de grandes fortunes, où les grandes fortunes disparaissent de plus en plus par l'effet de la législation civile ; je crois que dans un tel pays, les déplacements d'électeurs dont on parle, seront ordinairement des déplacements politiques, et que, par conséquent, ils introduiront un élément nouveau, un élément politique dans des collèges, où, jusqu'ici, l'élection a eu un caractère que je déplore, et que nous déplorons tous. (Sensation.)

Messieurs : voilà mes doutes.

CHAMBRE DES DÉPUTÉS

SÉANCE DU 28 AVRIL 1845.

Discussion du projet de loi relatif aux crédits supplémentaires et extraordinaires.
(Exercices 1844-1845 et exercices clos.)

(M. de Gasparin monte à la tribune, et attend pendant quelques instants que le calme et le silence aient succédé à l'agitation produite par un incident sur le procès-verbal.)

LE Cᵗᵉ AGÉNOR DE GASPARIN. — Je viens, Messieurs, entretenir la Chambre d'une question grave, la question de la liberté religieuse. Je viens demander à M. le Garde des sceaux, qui est prévenu, quelle suite il a donnée au vote si solennel de l'an dernier.

C'est l'usage de la Chambre, d'autoriser ses membres à profiter de la discussion des crédits supplémentaires, pour introduire des questions qui ne sont pas direc-

tement soulevées par le projet de loi, mais auxquelles,
d'ailleurs, on répugnerait à appliquer la forme un peu
solennelle d'une interpellation proprement dite.

L'occasion directe de soulever cette question ne
manquerait pas, si de nouvelles pétitions avaient été
envoyées cette année à la Chambre. Elles ne l'ont pas
été, et je dois tout de suite en indiquer les motifs : les
nombreux pétitionnaires de l'an dernier ont pensé,
dans un sentiment respectueux pour la Chambre,
qu'ils devaient s'abstenir, après le vote émis par la
Chambre ; ils ont pensé que la question n'était plus
entre eux et la Chambre, mais entre la Chambre et le
Gouvernement ; que la Chambre, jalouse de sa propre
dignité et gardienne de ses votes, saurait en poursuivre
les conséquences.

Vous vous rappelez, Messieurs, quel a été le vote de
l'année dernière. La Chambre, ou plutôt la majorité
qui a ordonné le renvoi des pétitions au ministère, a
pensé que la liberté des cultes devait être une liberté
générale ; la Chambre n'a pas entendu donner une liberté à
tel ou tel culte. Ce n'est pas au nom de tel ou tel culte,
que la liberté a été demandée ; ce n'était pas un protestant qui la réclamait à cette tribune, pas plus que
ce n'est un protestant qui la réclame aujourd'hui ; c'é-
tait un député préoccupé du droit de tous, du droit
constitutionnel appuyé sur les termes de la Charte, qui
a promis à tous, indistinctement, la liberté religieuse.
(Très bien !)

Nous réclamions la liberté générale, mais non pas
la liberté sans conditions et sans limites ; c'est là une
calomnie, passez-moi le mot, que l'on a propagée pour
discréditer nos réclamations. La liberté sans conditions
et sans limites, n'a été demandée pour personne.

On a demandé une loi qui organisât les conséquences de l'article 5 de la Charte, dans le double intérêt de l'ordre public et de la liberté; une loi suppléant, dans l'intérêt de la liberté, l'autorisation préalable qui la nie, et fixant, dans l'intérêt de l'ordre public, les conditions nécessaires de surveillance et de répression.

Voilà, messieurs, le sens du vote qui a été émis par la Chambre l'année dernière.

Laissez-moi replacer sous vos yeux quelques-unes des circonstances de la discussion. Vous verrez qu'aucune équivoque n'est possible, vous verrez que les observations mêmes présentées par M. le Garde des sceaux, par M. Hébert, par M. Dupin, ont contribué à donner au vote un rare degré de précision et de clarté.

Voici les conclusions du rapport, conclusions qui ont été adoptées par la Chambre:

« Pour les associations de plus ou de moins de vingt personnes, nécessité de l'autorisation préalable et de l'agrément de l'autorité aux conditions qu'il lui plaira d'imposer, interdiction, dissolution et poursuites contre les associations qui ne se seraient pas soumises à l'autorisation préalable ; mais pour les réunions qui n'ont d'autre but que l'exercice même du culte, intervention de l'autorité pour les mesures de police et de bon ordre, surveillance vigilante, suspension, interdiction, poursuites devant les tribunaux, si les réunions ont été autre chose que des réunions sérieuses pour l'exercice d'un culte sérieux, mais pas d'autorisation préalable; l'autorisation préalable, c'est le système préventif appliqué au culte, avec l'autorisation préalable, il n'y a plus de liberté des cultes.

» Par ces motifs, et prenant en considération l'état actuel de la jurisprudence, votre Commission n'hésite pas à penser que des mesures législatives sont nécessaires pour régler d'une manière stable et permanente l'exercice de la liberté des cultes; elle est d'avis que ces dispositions doivent être sévères, s'il en est besoin, en tous cas très strictes et très prudentes. Leur urgence lui paraît démontrée non seulement par la raison, mais par les faits qu'elle vient de vous exposer.

» *A gauche.* — Acceptez-vous le rapport, monsieur le Garde des sceaux?

» *M. le Garde des sceaux.* — Je n'accepte pas le rapport. »

M. Dupin. — Il a eu raison.

M. de Gasparin. — Et quand M. le Garde des sceaux était à la tribune, discutant et combattant les conclusions de la commission, il prononçait les paroles suivantes :

« Mais l'honorable M. de La Farelle s'est placé à un autre point de vue. »

M. de La Farelle. — Je demande la parole.

M. de Gasparin. — « Il s'est demandé s'il n'y avait pas lieu de renvoyer au gouvernement les pétitions qui vous ont été présentées, en ce sens que le gouvernement serait appelé à examiner, avec tout l'intérêt qu'une pareille question doit nécessairement lui inspirer, s'il n'y a pas quelques mesures administratives meilleures à prendre. Eh bien, je n'hésite pas à déclarer, au nom du gouvernement, que, dans les termes où la question a été posée par M. de La Farelle, il consent au renvoi des pétitions.

» *M. Odilon Barrot.* — Je demande la parole. »

Étant monté moi-même à la tribune après M. le Garde des sceaux, je m'exprimais ainsi :

« M. le Garde des sceaux accepte les conclusions de M. de La Farelle, et repousse les conclusions du rapport.

Je crois qu'il est de l'équité de la Chambre de permettre que deux opinions très dissemblables soient successivement exposées devant elle. (Parlez ! parlez !)

» Quant à moi, je viens soutenir les conclusions telles qu'elles ont été présentées par M. le Rapporteur. Je comprends que les amis de la liberté religieuse les acceptent, comme je comprends que les adversaires de la liberté religieuse les repoussent ; mais je ne comprends pas de terme moyen entre le rejet et l'adoption, c'est-à-dire entre le régime de la liberté et le régime de l'autorisation préalable, entre le droit et la tolérance. (Très bien ! très bien !) »

M. Hébert disait à son tour : « Je commence par vous déclarer que, si le renvoi demandé n'a pour objet que de recommander à l'attention du gouvernement une matière grave, que d'appeler, en effet, toute son attention, dans l'exercice du pouvoir qui lui est confié, sur les cultes, je n'ai aucune objection à élever contre ce renvoi.

» S'il a pour objet de demander la revision, la modification, sous un rapport quelconque, de la législation existante en matière d'association et de culte, telle qu'elle est entendue par la jurisprudence constante de la cour de cassation, je déclare, sous ce rapport, ne pas m'associer au renvoi : c'est dire que je conteste tous les principes qui ont été mis en avant et soutenus par l'honorable M. de Gasparin, et ceux qui, non pas d'une manière absolument conforme, mais avec quelques variantes, ont été produits par l'honorable M. Odilon Barrot. »

Vers la fin de la discussion, M. le Rapporteur renouvelait sa question : « Je désirerais savoir si le gouvernement accepte ou n'accepte pas les conclusions que j'ai formulées au nom de la commission?

» *M. le Garde des sceaux.* — Je crois avoir expliqué suffisamment ma pensée. J'ai refusé d'accepter le renvoi tel qu'il était proposé par la commission; mais j'ai dit que je ne voyais pas d'inconvénient au renvoi dans les termes proposés par M. de La Farelle. »

M. Dupin contribuait, pour sa part, à éclairer le débat; il rappelait, lui aussi, dans quels termes la question avait été posée, d'un côté par M. de La Farelle, de l'autre, par le rapport; et, interpellé par l'honorable M. Dubois, il s'écriait :

« Eh bien, Messieurs, je vois un tel péril dans cette confusion-là, que, reprenant pour mon compte les recommandations de M. de La Farelle, et trouvant qu'elles méritent d'être prises en considération, pour en finir, je demande l'ordre du jour. (Exclamations diverses.)

» *M. le Garde des sceaux.* — Je ne rétracte aucune des paroles que j'ai prononcées relativement à l'adhésion donnée aux conclusions lues par M. de La Farelle à la tribune; mais je reconnais que dans l'état de choses, et pour éviter toute confusion, la proposition de M. Dupin est la seule qui puisse nous faire sortir de l'embarras dans lequel nous nous trouvons. Et en conséquence, et sans me mettre en contradiction avec moi-même, je déclare à l'avance que je voterai l'ordre du jour dans ce sens.

» *De toutes parts.* — A la bonne heure! — Très bien! très bien!

» *M. le Président.* — La Chambre comprend maintenant le vote. Il a été bien précisé par l'incident.

» L'ordre du jour a été proposé par M. Dupin; l'ordre du jour a la priorité.

» En conséquence, je consulte la Chambre sur l'ordre du jour.

» (Deux épreuves successives ont lieu par assis et
levé, et sont toutes deux déclarées douteuses.)

» *M. le Président.* — Il va être procédé au scrutin.
(Sensation.) »

C'est ici ma dernière citation du *Moniteur*; la séance
se termina, vous le savez, par un vote contraire à
l'opinion soutenue par MM. Hébert, Dupin et par M. le
Garde des sceaux.

Que diriez-vous, Messieurs, si un vote pareil, précédé
de circonstances semblables, n'avait eu aucun résultat?
Que diriez-vous si le gouvernement, si M. le Garde
des sceaux n'avait pas même accordé aux pétitions
ainsi renvoyées, la politesse d'un examen?

M. MARTIN DU NORD, *ministre de la justice et des
cultes.* — Qui a dit cela?

M. DE GASPARIN. — Je le crains, et je vais essayer
de justifier mes craintes en racontant ce que je sais,
c'est-à-dire ce qui s'est passé depuis le vote de l'an
dernier. Je le ferai, en supprimant toute réflexion, toute
discussion de principe; c'est un sacrifice que je m'impose, mais je sens que je ne dois pas abuser des
moments de la Chambre. Si plus tard on nous appelait
à discuter le principe, assurément je ne le déserterais
pas. Le principe ici est trop évident, il a en lui-même
une trop grande force, pour qu'on puisse hésiter à le
défendre. Je m'impose en ce moment une tâche moins
agréable et moins facile, la tâche de raconter, purement
et simplement, ce qui s'est passé depuis le vote de l'an
dernier.

Peu de jours s'étaient écoulés, que M. le Garde des
sceaux adressait au consistoire de La Rochelle une
lettre dans laquelle il maintenait exactement tous les

principes qui avaient été contestés par la Chambre ; une lettre, dans laquelle il déclarait l'illégalité des réunions religieuses non autorisées.

M. le Garde des sceaux n'a pas jugé convenable de modifier sa circulaire du 28 février 1844, circulaire que je vous ai lue à une autre époque et que je relis encore. Elle est instructive :

« On ne saurait, *sans de très graves motifs*, restreindre l'application du principe de la liberté religieuse, quand elle est réclamée de *bonne foi*, et par des citoyens *pratiquant un des cultes reconnus en France.* »

Ainsi, Messieurs, trois conditions doivent être remplies pour que la liberté religieuse existe.

Il faut d'abord qu'elle soit réclamée par un citoyen appartenant à l'un des cultes salariés par l'État ; car il n'existe pas de liberté légale, d'après la circulaire, pour les autres citoyens.

Il faut ensuite qu'on réclame de bonne foi, et que cette bonne foi soit appréciée administrativement.

En troisième lieu, il se peut que des circonstances graves empêchent de reconnaître, même au profit de ces Français privilégiés, la liberté garantie à tous par la Charte constitutionnelle.

Voilà les principes de la circulaire du 28 février 1844. M. le Garde des sceaux n'y a rien changé.

N'est-il pas évident que le gouvernement ne peut s'attribuer à lui-même le droit d'apprécier la sincérité des actes religieux, sans faire naître chez les fonctionnaires inférieurs la pensée de prononcer, eux aussi, ces étranges jugements ? C'est ce qui est arrivé.

M. le Préfet de la Haute-Vienne n'avait-il pas déjà dit, comme je l'ai rappelé dans la dernière session, *qu'il n'y avait pas de protestants à Villefavart*, et que *la présence du pasteur n'y avait pas été réclamée de bonne foi !*

Ajoutons que, depuis lors, le culte protestant a été autorisé à Villefavart, ce qui suppose que la présence des protestants et l'existence de la bonne foi ont été reconnues par un nouvel et plus juste arrêt en matière spirituelle.

Mais, passons. M. le Préfet de la Haute-Vienne ne s'est pas arrêté en si bon chemin. Il a profité d'une circonstance solennelle, l'ouverture du conseil général, pour exprimer de nouveau son opinion officielle sur un mouvement tout religieux, sur un mouvement dirigé par un de nos consistoires :

« L'établissement du culte protestant à Villefavart, n'est ni une question religieuse ni une affaire de conviction. »

Singulier pays, que celui où l'administration peut dire de telles choses !

« C'est une nouvelle forme donnée à cet esprit d'opposition systématique et turbulente, qui saisit toutes les occasions de manifester ses tendances et d'agiter le pays. »

Comment M. le Préfet s'attribue-t-il le droit de caractériser ainsi une œuvre d'évangélisation, à laquelle s'intéresse toute la France protestante?

« Mais l'influence du vénérable prélat qui vient d'être placé à la tête du diocèse, l'attitude du clergé catholique, *le bon sens des masses*, et, au besoin, *la mesure protectrice de l'administration*, obtiendront justice des tentatives faites au nom de cette liberté religieuse, que chacun entend à sa manière... »

Je n'ajoute qu'un seul mot : Il est fort heureux que tout le monde ne l'entende pas à la manière de M. le Préfet de la Haute-Vienne. (C'est vrai!)

Voilà une des conséquences de la doctrine professée par M. le Garde des sceaux.

Une autre conséquence, c'est que, placé entre sa prétention à l'arbitraire et le sentiment du droit si clairement écrit dans la Charte, du droit reconnu par cette Chambre en 1830 et en 1844, reconnu deux fois à quatorze années de distance, le gouvernement n'ose pas appliquer ses propres principes.

Ainsi, plusieurs consistoires ont établi le culte, sans demander d'autorisation. Le consistoire de Meaux a établi le culte à Joinville, et n'a fait qu'une simple déclaration ; le consistoire de Valence a établi le culte à l'Étoile, et n'a fait qu'une simple déclaration ; le consistoire de Paris a établi le culte à Pierrefonds, et n'a fait qu'une simple déclaration.

Cet état de choses ne peut qu'engendrer de fâcheux conflits avec les autorités subalternes, qui prennent au sérieux les instructions de l'administration centrale, et cherchent à les exécuter.

A Pierrefonds, par exemple, la réunion est sommée de se disperser ; les membres qui la composent, sentant qu'ils sont dans leur droit, déclarent qu'ils ne se disperseront que si la force les y contraint. Heureusement, le conflit n'a pas été plus loin, le maire de Pierrefonds ayant eu la sagesse de se retirer. Mais voyez quelles sont les conséquences, presque inévitables, de cet antagonisme entre les prétentions arbitraires que le gouvernement proclame dans ses circulaires, et le respect qu'il est obligé de témoigner, en fait, aux promesses de la Charte et aux votes de la Chambre.

Ici, je ne peux pas ne point faire une remarque qui est nécessaire, pour établir aux yeux de la Chambre la vérité de mes paroles, le soin avec lequel je vérifie et ai toujours vérifié les affirmations que je porte à cette tribune.

L'année dernière, quand je citais l'acte du consistoire de Paris, établissant le culte à Pierrefonds, sans recourir à l'autorisation préalable, M. le Garde des sceaux prononça ces mots : « Je déclare que l'honorable M. de Gasparin a dit une chose qui ne peut pas être vraie. » — Je suis obligé de faire remarquer aujourd'hui que la chose était vraie, et qu'elle est restée vraie.

Cette rectification est indispensable pour maintenir à mes paroles, qui sont graves, le caractère qu'elles doivent avoir aux yeux de la Chambre.

Dans d'autres localités, on n'a pas fermé les yeux comme à Pierrefonds, comme à l'Étoile, comme à Joinville : on a cherché, quelquefois, à interdire les réunions religieuses.

Ainsi, pour ces baptistes de l'Oise dont je vous parlais l'année dernière. Il n'est pas de vexations qu'on n'ait employées contre eux : des menaces, des procès-verbaux ; mais point de poursuites judiciaires, c'est le progrès que je constate cette année.

A Saint-Denis-Hors, près d'Amboise, une réunion protestante avait été indiquée ; on avait fait une déclaration. Mais le maire, observateur fidèle des principes maintenus par M. le Garde des sceaux, interdit le culte au dernier moment.

Cette interdiction a été levée depuis, sans doute ; nous n'en éprouvons pas moins le besoin de nous associer au sentiment qu'exprimait le pasteur, dans la lettre ci-jointe :

« Voici un nouveau fait, que vous pourrez ajouter aux exemples déjà trop nombreux de l'opposition que rencontre dans notre pays l'exercice de la liberté des cultes. Il continuera à prouver comment, en dépit de l'article 5 de la Charte, on pourra abuser contre nous de l'article 294 du code pénal, fortifié par les derniers arrêts de la cour de cassation, tant qu'une loi nouvelle ne viendra pas mettre un terme à l'arbitraire des officiers municipaux.

» Sollicité depuis longtemps de me rendre à Amboise pour annoncer l'Évangile au milieu de nos coreli- . gionnaires, j'avais fixé le jour de notre réunion au 1er janvier 1845.

» Nous devions nous assembler près d'Amboise. Le propriétaire de *Belleroche* (commune de Saint-Denis-Hors), avec un zèle tout chrétien, avait mis une des salles de son château à notre disposition ; lui-même, cinq jours à l'avance, avait averti le représentant du maire de la commune, qui lui avait répondu qu'il ne voyait à cela aucune opposition ; la réunion avait été fixée pour midi, plusieurs de nos amis devaient venir de loin.

» Eh bien, le matin même du 1er janvier, une heure avant notre culte, au moment où toutes les autorités municipales étaient dispersées, où un contre-ordre ne pouvait être donné aux protestants prévenus, le garde champêtre nous remit de la part du même officier municipal, qui avait été informé, la lettre suivante, moins honnête de fond que de forme.

« Saint-Denis-Hors, le 31 décembre 1844.

» *A Monsieur de T., propriétaire à Belleroche.*

» Monsieur,

» Je crois être bien informé que votre intention est d'ouvrir demain votre maison à une réunion qui a pour but l'exercice d'un culte religieux. Je vous

15.

préviens que vous ne pouvez consentir l'usage d'aucun de vos appartements pour une semblable réunion sans vous rendre passible d'une amende assez considérable, à moins d'en avoir préalablement demandé et obtenu l'autorisation, soit de l'autorité municipale, soit de M. le Préfet. Ainsi veuillez, dans votre intérêt, vous abstenir de livrer votre maison à une pareille desti-.nation, jusqu'à l'obtention de la permission qui vous est nécessaire.

» Recevez, Monsieur, l'assurance de ma considération distinguée.

> *Pour le Maire absent, le premier conseiller municipal,*
> GEORGES BONNET. »

« Cette lettre lue, nous nous rendîmes aussitôt, M. de T. et moi, chez le signataire. Il était à la messe. Vingt-quatre personnes se présentèrent. Nous nous crûmes obligés, non sans une vive peine, de les renvoyer en leur disant : — On nous défend aujourd'hui de prier avec vous !

» J'avais fait neuf lieues pour visiter mes coreligion-naires, je m'en retournai sans avoir pu m'unir avec eux devant Dieu.

» Sommes-nous en France, sous le gouvernement de 1830 ? Des citoyens paisibles, respectables et respectés, comme nous pouvons le dire des protestants d'Amboise, qui désirent s'unir pour invoquer le nom de Dieu, trouveront-ils plus de difficultés pour ouvrir un lieu de culte, que d'autres une salle de bal ou de comédie ? L'autorité ne comprendra-t-elle pas que nous avons *droit*, non seulement à sa *permission*, mais à sa *protection* ? Si la liberté des cultes est une vérité, les choses peu-vent-elles se passer ainsi ?

» Nous demandons de nouveau, ce que sont devenues les pétitions que la Chambre des députés a renvoyées l'année dernière à M. le Ministre des cultes ? »

C'est précisément, Messieurs, la question que je reproduis : Que sont devenues les pétitions, que la Chambre a renvoyées l'année dernière à M. le Ministre des cultes ?

L'application la plus remarquable des principes posés par la circulaire ministérielle se trouve dans un arrêté de M. le Préfet de police de la Gironde, arrêté contre lequel on a déjà noblement protesté à la Chambre des pairs. Ici, la Chambre m'autorisera à entrer dans quelques détails; car la doctrine de l'autorisation préalable s'y montre dans toute sa naïveté; elle y produit toutes ses conséquences.

Personne, certes, n'accusera le magistrat distingué qui administre le département de la Gironde, de s'être mépris, complètement, sur le sens des instructions ministérielles.

Abordons les faits: M. le pasteur Lourde avait été appelé par le propriétaire du château de Loris, dans la commune de Doulezon. Le maire avait interdit la réunion, comme n'ayant pas été préalablement autorisée. On s'adresse au préfet. Voici la première lettre de ce magistrat :

« J'ai prié le sous-préfet de Libourne de recueillir des renseignements sur *l'état des esprits*, afin de savoir si *l'ordre public* avait à redouter quelques atteintes des réunions du château de Loris: l'autorisation sera probablement accordée, *s'il n'existe sur les lieux aucune effervescence susceptible de porter atteinte à l'ordre public.* »

Ainsi, l'exercice de la liberté religieuse est toujours subordonné à la question de savoir s'il se trouverait sur les lieux quelque sujet d'effervescence ou de mécontentement !

Le préfet de la Gironde, ayant constaté qu'aucune effervescence n'existait, prit un arrêté pour autoriser le culte de Doulezon. Remarquez-en les termes :

« Il est permis aux *ving-six protestants* disséminés dans les communes de Ruch et de Doulezon, de se réunir au château de Loris pour y célébrer leur culte. *La réunion ne pourra dépasser ce nombre, dans lequel les habitants du château, le ministre et son clerc ne sont pas compris.* »

C'est ici, Messieurs, une conséquence rigoureuse du principe posé ; principe en vertu duquel la liberté du culte n'étant garantie qu'aux membres de tel ou tel culte salarié par l'État, ne peut avoir un caractère de prosélytisme.

Par sa lettre du 23 août 1844, le préfet s'exprime à cet égard avec une parfaite franchise :

« J'ai l'honneur de vous adresser mon arrêté relatif aux *vingt-six protestants disséminés.*

» ....M. le pasteur Lourde m'a bien expliqué qu'il réclamait la liberté de faire des prosélytes au protestantisme ; *à ce point de vue*, il m'est tout à fait *impossible de seconder ses intentions.* »

Il semble, Messieurs, qu'on se reporte à plusieurs centaines d'années en arrière, ou tout au moins jusqu'à l'époque où Louis XIV, sur le point de révoquer l'édit de Nantes, insérait dans une foule d'arrêts la formule bien connue: « Auquel prêche ne pourront assister que les personnes de la famille dudit.... et ceux qui seront actuellement habitants dans l'étendue de ladite justice. » (C'est vrai!)

Voilà ce que vous trouverez continuellement, dans les arrêts qui ont précédé la révocation de l'édit de Nantes. Je suis honteux de ce rapprochement; je ne lui donne pas plus d'importance qu'il ne doit en avoir, mais il m'est impossible de ne pas le faire.

L'arrêté relatif aux vingt-six disséminés a porté ses fruits; des procès-verbaux ont été dressés. Voici celui du 8 octobre: « Nous avons fait donner lecture à l'assemblée d'une lettre du sous-préfet, qui nous annonçait que nous pouvions faire dresser procès-verbal contre tout catholique ou tout protestant, autres que ceux inscrits sur la liste, qui assisteraient à la réunion. » En vertu de quoi, on signale différentes personnes, et entre autres, le maire d'une des communes voisines.

Un second procès-verbal a été dressé le 13 octobre : « Ayant lu la liste des vingt-six disséminés, etc. » Parmi les personnes signalées, on trouve la *sœur du pasteur*, qui l'avait accompagné, et qui ne se trouvait pas sur la liste.

Ainsi que je l'affirmais en commençant, cet arrêté est grave, surtout comme conséquence du système que nous avons combattu, du système qu'a soutenu l'administration. Et, en effet, le préfet dit, dans sa correspondance (je ne veux pas fatiguer la Chambre par de nouvelles citations): « qu'il faut tenir compte de certains paragraphes de la circulaire. » Dans son arrêté, il la vise.

Rien de plus naturel. Cette circulaire déclare que,

lorsqu'il y aura de graves motifs, on pourra restreindre la liberté religieuse. Le préfet s'informe, il examine s'il n'y a pas de graves motifs pour restreindre la liberté religieuse. Cette circulaire déclare qu'on n'assure la liberté religieuse, qu'à ceux qui pratiquent un des cultes reconnus par l'État. M. le Préfet s'informe des personnes qui pratiquent un des cultes reconnus par l'État; il en dresse la liste; il assure la liberté à ces personnes, et à elles seules.

Cela est si vrai que, lorsqu'après trois mois d'examen, M. le Ministre s'est décidé à introduire des modifications dans l'arrêté relatif à Ruch et Doulezon, il a changé les termes, mais non le fonds des choses. La liste n'est plus comme dans le second arrêté; cependant elle y subsiste en fait. On n'y autorise pas le culte protestant à Doulezon. Non, la formule est autre : elle n'admet aux réunions que les seuls protestants, et encore les protestants des deux seules communes de Ruch et de Doulezon. Qu'y avait-il de plus dans le premier arrêté ?

Ces principes, si tristement appliqués en France, on les applique aussi hors de France, dans nos possessions coloniales.

J'ai appris, avec une grande surprise, que les maximes professées par M. le Préfet de la Gironde et par M. le Garde des sceaux, étaient également professées dans quelques colonies françaises. Ainsi, à Mahé, on a refusé à un missionnaire protestant l'autorisation de convertir des païens. Le chef du service de Tellichery lui a dit (j'espère qu'il s'est trompé) que, d'après les instructions ministérielles, le droit de prosélytisme, le droit de propagande était réservé au culte catholique; que les protestants n'avaient d'autre droit que celui de se réunir entre eux et de célébrer entre eux leur culte.

C'est exactement la même doctrine. Et voyez quel spectacle ridicule nous donnons, si ces faits sont exacts, nous qui possédons à peine quelques points sur la côte de l'Inde, en face de l'empire anglais ouvert à tous les prosélytismes, où les missionnaires catholiques vont librement professser et propager leurs doctrines !

Je ne veux pas mêler deux questions. Je ne veux pas traiter la question de savoir si le gouvernement doit prendre, s'il peut prendre constitutionnellement sous sa protection spéciale tel ou tel culte; mais, assurément, il n'y aurait pas de plus mauvais service à rendre au catholicisme que de le protéger ainsi, et de provoquer contre lui les représailles de l'Angleterre. (Bruits divers.)

Je comprends les désavantages que j'ai, en venant traiter de pareilles questions, des questions hérissées de faits; en m'interdisant la discussion des principes. J'ai peut-être eu tort; la discussion des principes eût peut-être intéressé plus vivement la Chambre. Après l'incident qui a si péniblement agité le commencement de la séance, j'ai besoin de solliciter avec une instance particulière la bienveillante attention de mes collègues. Le sujet en est digne. (Parlez! parlez!)

Voici quel me paraît être le caractère général de la conduite du gouvernement, depuis le vote de l'an dernier: maintenir toutes les doctrines qu'il avait professées; n'en modifier, n'en répudier aucune, et d'un autre côté, ne pas les appliquer, reculer devant les poursuites judiciaires.

Ce n'est pas là ce que nous avions demandé; ce n'est pas la tolérance substituée à la liberté que nous avons réclamée. Ce que nous avons réclamé, c'est que les principes inscrits dans la Charte soient enfin reconnus;

c'est que les votes émis par la Chambre en 1830 et
1834, portent leurs fruits ; c'est que la déclaration
solennelle du Gouvernement, faite dans la session de
1834, ne soit pas retirée.

Que résulte-t-il des derniers faits? Il en résulte que
la liberté et l'ordre public, sont également privés des
garanties dont ils ont besoin. La liberté est menacée
par l'autorisation préalable ; l'ordre public est menacé
par les inconséquences de l'administration, qui laisse
faire et ferme les yeux. Il en irait tout autrement,
sous ces deux rapports, avec la loi spéciale que la
Chambre demandait l'année dernière.

Enfin, Messieurs, il est une considération à laquelle
je suis, pour mon compte, particulièrement sensible. Je
tiens beaucoup à la dignité des décisions, des votes de
la Chambre, et je craindrais que, si un vote aussi solennel
que celui de l'année dernière n'était suivi d'aucune
conséquence, je craindrais que la considération de la
Chambre n'en fût altérée. C'est déjà bien assez que
d'avoir annulé les déclarations du gouvernement, faites
dans la discussion de 1834 par le cabinet tout entier,
et rappelées depuis par M. le duc de Broglie, qui s'écriait
à une autre tribune :

« Il paraît que nous nous trompions en 1834, quand
nous pensions que l'autorisation préalable n'était pas
conciliable avec la liberté religieuse. »

Eh bien, ces déclarations du cabinet, prenez garde
que, si vous les retirez, si vous les reniez aujourd'hui,
on ne puisse vous dire avec raison, lorsque vous
voudrez donner des explications à la tribune, que vos
explications n'ont rien de sérieux, qu'elles n'engagent
ni vous ni vos successeurs, et qu'elles ne valent pas
plus que celles que vous faisiez en 1834 !

Je ne crois pas me tromper en disant que, probablement par ma faute, la Chambre n'est pas disposée à suivre cette discussion. J'abrège mes développements. (Parlez ! parlez !)

Il y aura peut-être sagesse à réserver pour une autre occasion ce qui me reste à dire sur d'autres droits également importants. Néanmoins, Messieurs, tout en y renonçant en ce moment, il est un fait que la Chambre me permettra d'articuler devant elle, car il s'agit d'une chose grave : il s'agit de la liberté d'un homme, de la liberté d'un Français. Ce sujet vous paraîtra lié d'une manière peu étroite à la discussion à laquelle je me suis livré tout à l'heure ; mais je ne puis attendre pour en parler ; le devoir que j'ai à remplir est pressant.

Il y a huit mois, un Français, membre de l'ordre des Frères de la doctrine chrétienne, et qui habitait la ville de Genève (je rappelle ces faits, Messieurs, avec la certitude que tout le monde ici, tout le monde, sans exception, se réunira dans le sentiment que j'exprime ; qu'il n'y aura dans cette question ni catholiques ni protestants) ; un Français, membre de l'ordre des Frères de la doctrine chrétienne, habitant Genève, le frère Gaillard, a disparu, après avoir manifesté l'intention de quitter l'ordre auquel il appartenait, et d'embrasser la religion protestante.

Depuis son départ de Genève, on n'en a plus eu de nouvelles, on s'en est beaucoup inquiété. Ses vêtements, renvoyés à Genève, semblaient porter les traces d'une lutte violente. Le paquet qui les contenait, renfermait quelques effets qu'il avait achetés lui-même, et qui ne pouvaient être l'objet d'une restitution. Enfin, le tout avait été rapporté, non à l'adresse qu'il connaissait seul, mais à celle connue de ses supérieurs.

On a affirmé, à Genève, que le frère Gaillard avait été dirigé sur Chambéry; puis, on a prétendu que le frère Gaillard était à Lyon, en terre française; on a recherché la preuve de ce fait, on a conjuré ceux qui étaient les plus intéressés à faire cesser ce pénible débat, en mettant hors de cause l'ordre des Frères de la doctrine chrétienne, on les a conjurés de fournir une preuve quelconque de la présence de Gaillard à Lyon. La preuve n'a jamais été fournie.

Je donnerais plus de développements à cette question, si M. le Ministre des affaires étrangères était à son banc.

Plusieurs membres. — Il y est; il y a un ministre intérimaire, M. le Ministre de l'intérieur.

Le Cᵗᵉ Agénor de Gasparin. — Je demande pardon à M. le Ministre de l'intérieur, mais il ne se méprendra pas sur le sens des paroles que j'ai prononcées.

C'est à l'honorable M. Guizot que nous avons communiqué les détails relatifs à cette affaire. Il a bien voulu nous promettre que des communications diplomatiques seraient faites, pour constater la situation du frère Gaillard. Je ne doute pas qu'il ne les ait adressées, et, s'il était ici, il nous aurait donné des renseignements précis, sur le résultat qu'elles ont amené.

Toutefois, en l'absence même de M. Guizot, je n'ai pas cru inutile d'appeler l'attention de la Chambre, sur un fait dont je ne détermine pas aujourd'hui la gravité. Le gouvernement du Roi est saisi. Il faut absolument que le frère Gaillard soit retrouvé. (Exclamations et rires.)

M. de La Rochejacquelin, *à M. de Gasparin.* — S'il est à Lyon, cela regarde M. le Ministre de l'intérieur, et non pas M. le Ministre des affaires étrangères.

M. DE GASPARIN. — Je ne puis pas m'associer au sentiment qui semble prévaloir dans la Chambre. Quoiqu'il n'y ait aucune accusation dans mes paroles actuelles, quoiqu'il n'y ait aucun soupçon, il n'en reste pas moins vrai qu'un Français a disparu; que depuis cinq ou six mois, le gouvernement du Roi est averti; et que cet homme n'est pas encore retrouvé.

Il s'agit ici, Messieurs, de la sécurité des Français à l'étranger. Il s'agit aussi de la liberté religieuse, car le frère Gaillard a disparu, après avoir manifesté l'intention d'abandonner le catholicisme.

Ce qui explique les craintes qui ont été très vivement éprouvées dans la ville de Genève, c'est que plusieurs fois des disparitions, inexpliquées aussi, y ont eu lieu. Il y a deux ans, un membre de l'Église catholique qui avait passé à l'Église protestante, a disparu de Genève. Un ancien frère du Saint-Bernard, qui était devenu ministre protestant à Berne, n'a échappé que par une espèce de miracle à une tentative d'enlèvement. (Exclamations nouvelles.)

M. DE LA ROCHEJACQUELIN. — Je demande la parole.

M. DE GASPARIN. — Quant aux deux faits que je viens de citer, ils sont constants, ils ne sont pas contestés. Quant à celui qui se rapporte au frère Gaillard, je n'affirme rien. Je dis que le frère Gaillard a disparu, qu'il y a eu de très vives contestations au sujet de cette disparition, que l'on a demandé la preuve de son séjour à Lyon, que la preuve n'a pas été donnée, et je supplie le gouvernement de vouloir bien prendre les mesures nécessaires, pour arriver à la constatation des faits. Si les démarches diplomatiques n'amenaient pas de résultat, il serait facile d'en obtenir, en s'adressant au supérieur des Frères de la doctrine chrétienne, et en lui deman-

dant de représenter Gaillard, libre sur une terre libre.
(Approbation sur plusieurs bancs.)

(MM. de la Rochejacquelin, de La Farelle, Martin du
Nord *Garde des sceaux*, de Tocqueville, Dupin, Odilon
Barrot, Béchard, prennent successivement la parole sur
l'incident.)

M. DE GASPARIN. — Je demande à répondre brièvement à ce qui a été dit tout à l'heure.

L'honorable M. Dupin a fait une allusion qu'il est
impossible de ne pas relever. Il a dit (sans employer ces
termes) qu'il y avait des jésuites partout, qu'il y avait
des jésuites protestants comme des jésuites catholiques.
(Oui! oui!)

Je crois que si nous définissons ce mot (que n'a pas
prononcé M. Dupin, mais qui était sur les lèvres de
tous les membres de la Chambre), si nous définissons ce
mot, je pourrai accepter l'accusation. Peut-être que dans
l'esprit de M. Dupin, *jésuites* signifie avant tout les
hommes qui ne veulent pas accepter le gouvernement
du spirituel par l'État; les hommes qui ne veulent
pas que l'État soit chargé de nous dire ce que nous
avons à croire, ce que nous avons à professer; les
hommes qui ne considèrent pas comme représentants du
libéralisme moderne, Louis XIV et Napoléon. (Très
bien! très bien!)

Voilà, si je ne me trompe, pour les protestants, le
sens de la pensée de M. Dupin. Dans ce sens, je l'accepte.

Il est très vrai que deux grandes écoles sont en présence. L'une, qui croit que l'Église est libre dans son
domaine, qu'elle ne relève que d'elle seule. Qu'à la condition que le culte soit établi ouvertement, qu'on puisse
y entrer et y voir, constater qu'il n'y a pas autre chose

que le culte rendu à la divinité, qu'il n'y a ni politique, ni débauche, ni aucun de ces excès auxquels on fait allusion et qu'on ne signale nulle part, qu'à cette condition, le culte est libre, que l'État n'a rien à y prescrire; qu'il peut réprimer, mais non prévenir. (C'est vrai.)

Voilà ce que pensent les uns.

Les autres, pensent que l'État doit faire, doit déterminer les religions; qu'il doit les timbrer à la frontière et leur dire : Vous serez admise avec telles conditions, avec telle confession de foi; et, si vous modifiez ces confessions, je serai là.pour examiner les modifications que vous aurez introduites!

Voilà les deux grandes écoles en présence. Voilà comment M. Dupin, tout à l'heure, disait qu'il ne fallait pas exagérer les principes de liberté, qu'on perdait les principes en les exagérant. Et, pour se préserver lui-même de cette exagération, il admettait cette liberté que voici : — Vous aurez la liberté de vous réunir pour votre culte, à la condition que moi, État, je viendrai vous donner une autorisation, que je pourrai refuser ou retirer à mon gré. — Voilà la liberté de M. Dupin. (Bravo!)

Je dis que, pour toute liberté autre que celle du culte, il n'y a pas d'homme politique qui se respecte, qu'il siège dans cette Chambre ou dans l'autre, qui osât soutenir la conciliation possible, entre le mot *liberté* et le mot *autorisation préalable*. Je dis que, parmi les adversaires mêmes de la liberté des cultes, je pourrais recueillir maints témoignages, desquels il résulterait que la conciliation est impossible, que l'autorisation préalable exclut la liberté. Je pourrais invoquer les paroles de M. Thiers, qui a dit que la vraie liberté d'enseignement se trouvait dans l'abandon de l'autorisation préalable; je pourrais citer les paroles de M. Cousin, qui a

dit que la liberté d'enseignement n'était point dans la loi
de 1802, parce que la loi de 1802 établissait la condition
de l'autorisation préalable. (Très bien !)

Et vous voulez nous faire croire que nous sommes
libres, lorsque vous maintenez cette autorisation ! Vous
voulez nous faire croire que nous exagérons la liberté, en
posant son principe nécessaire ! Vous voulez nous faire
croire que le régime des permissions de police, c'est le régime de la liberté ! J'affirme que vous tentez l'impossible.

Il n'y avait qu'une chose à vous dire, et je regrette de ne
pas m'être borné à vous la dire, dès le commencement de la
séance, au lieu de raconter et de discuter des détails.
Il n'y avait qu'à vous dire : La liberté a été promise
à *chacun* par la Charte. A ce mot *chacun*, vous substituez
trois ou quatre cultes salariés ; vous excluez ceux-ci,
vous admettez ceux-là ; vous choisissez parmi les citoyens
que la Charte appelait aux mêmes droits : la Charte
promet une liberté, vous lui substituez une tolérance.
(Très bien! très bien !)

Voilà ce que j'avais besoin de vous rappeler. Voilà
dans quels termes la question a été posée et résolue
l'année dernière, posée et résolue en 1830, posée et
résolue toutes les fois que la Chambre a eu à se prononcer, posée et résolue par le gouvernement, lorsque,
à une autre époque, il réservait expressément le principe de la liberté religieuse.

Tels sont, je le répète, les termes de la question. M. de
Tocqueville l'a bien dit : la poser c'est la résoudre. Et
nous les poserons, ces termes inexorables, nous les poserons toujours, quand on essaiera d'échapper à une vérité
plus éclatante que la lumière du soleil : quand on
essaiera de nous faire prendre la tolérance pour la
liberté. (Bravo !)

La tolérance ! la bienveillance de l'administration ! la modération dans l'exercice des prétentions arbitraires ! Ce n'est pas ce que nous demandons. Nous demandons une liberté, nous demandons un principe.

Les administrations passent. Les principes restent. (Sensation générale.)

LETTRE DE M. LE COMTE AGÉNOR DE GASPARIN, EXTRAITE DES *ARCHIVES DU CHRISTIANISME* DU 14 JUIN 1845.

« Nous recevons de M. le comte Agénor de Gasparin communication de la lettre suivante.

» *A Monsieur le Frère assistant le Supérieur Général de l'Ordre de la Doctrine Chrétienne.*

» Monsieur,

» Je crois avoir rempli un devoir, quand j'ai réclamé publiquement sur le frère Gaillard, des éclaircissements que mes démarches officieuses n'avaient pu obtenir.

» Je remplis un nouveau devoir aujourd'hui, en vous remerciant de l'obligeance et de la loyauté avec lesquelles vous m'avez ouvert les portes de votre institut, où j'ai vu moi-même le frère Gaillard.

» Cette lettre est destinée à lever tous les doutes. Je vais prier les journaux protestants de la publier, et je vous autorise à en faire l'usage que vous jugerez convenable.

» Veuillez agréer, Monsieur, l'assurance de mon respect.

» A. DE GASPARIN,
» *Membre de la Chambre des députés.*

» Paris, 7 juin 1845. »

CHAMBRE DES DÉPUTES

SÉANCE DU 26 MAI 1845

*Discussion de la proposition de M. Demesmay relative
à la réduction de l'impôt sur le sel.*

M. LE PRÉSIDENT. — Le parole est à M. de Gasparin.

M. DE LAHAYE-JOUSSELIN. — M. de Gasparin me cède-t-il la parole ?

LE Cᵗᵉ DE GASPARIN. — Je ne demanderai la parole, qu'autant que la proposition sera contestée.

M. GLAIS-BIZOIN. — Le ministre l'a contestée !

M. LUNEAU. — Il est des arguments de M. le Ministre qui ont pu faire impression sur la Chambre. Si M. de Gasparin se propose d'y répondre... (Bruit.)

M. GLAIS-BIZOIN. — On ne s'inscrit pas pour ne pas parler sur une question. Nous ne pouvons pas admettre l'explication de M. de Gasparin, lorsqu'il dit que la proposition de M. Demesmay n'a pas été combattue. Elle l'a été par M. le Ministre des finances. A son point de vue, il a défendu et très bien défendu sa cause. Si M. de Gasparin ne veut pas se faire entendre, qu'il veuille bien céder à d'autres son tour de parole. Il importe qu'une voix repousse avec vigueur et détruise, ce que je crois facile, toute l'argumentation de M. le Ministre des finances.

M. DE GASPARIN. — Ce qui me faisait désirer de ne pas répondre, c'était la crainte de reproduire les arguments de M. Genty de Bussy. (Parlez! parlez!)

M. le Ministre des finances vous a dit tout à l'heure, qu'il allait tenir un langage sincère, consciencieux (celui qu'il tient toujours) ; il a dit qu'il ne flatterait pas la vanité nationale.

J'ai, Messieurs, à faire, à mon tour, une autre remarque, qui n'est pas très propre à flatter la vanité nationale.

En Angleterre, on parle moins de réforme et l'on en fait davantage. Ici, toutes les fois qu'une question de réforme simplement utile se présente à cette tribune, nous reculons (C'est vrai!), nous ajournons. Nous avons des motifs très consciencieux, très sensés, mais nous avons toujours des motifs. (Nouvelle approbation.)

Croyez-vous que, lorsque l'Angleterre a fait ce que vous hésitez à faire aujourd'hui, elle n'avait pas ses embarras? Croyez-vous qu'en 1823, lorsqu'elle a renoncé à l'impôt sur le sel, ses finances fussent tellement prospères, qu'elle pût sacrifier légèrement une certaine quantité de millions? (Bruit.)

N'était-elle pas alors, comme aujourd'hui, surchargée d'une dette énorme, à laquelle nous ne pouvons heureusement comparer la nôtre? Et cependant elle a réformé, elle a agi ; elle a soulagé ses populations d'une charge écrasante : d'une charge dont il est temps que nous songions à soulager les nôtres. (Très bien!)

Je crois avoir le droit d'affirmer que je suis conservateur, que je ne me laisse pas entraîner par des propositions inconsidérées de réforme. Mais, je l'ai dit dans une autre discussion, je le répète en cet instant : conserver, c'est améliorer ; conserver, c'est avancer ; qui n'avance pas recule. Aucun parti politique ne peut vivre de négation seulement. (Sensation.)

C'est déjà quelque chose, c'est déjà un service rendu au pays, que de résister aux mauvaises réformes. C'est déjà beaucoup, que d'empêcher le mal. Toutefois, il y a autre chose à accomplir ; et, dans l'intérêt de la politique que je défends, je souhaiterais que nous sussions plus souvent, nous conservateurs, prendre de courageuses initiatives. — Regardez ce qui se fait de l'autre côté du détroit, où le chef du grand parti conservateur s'est emparé, au profit de son propre parti, de grandes et belles réformes, de grandes et belles idées. Il n'en laisse le monopole à personne. Il réalise, lui, des progrès qui peut-être seraient impossibles pour d'autres. (Très bien ! très bien!)

M. GLAÏS-BIZOIN. — Avec l'appui de l'opposition.

M. DE GASPARIN. — Sans doute, avec l'appui de l'opposition. Voilà les sentiments que j'éprouve. Je les exprime rapidement ; je ne les développe pas. Je connais l'impatience de la Chambre, je n'abuserai pas de ses moments. (Parlez !)

J'ai écouté avec beaucoup d'attention M. le Ministre des finances, et je ne saurais assez dire combien de respect m'inspire le sentiment qui l'a porté à monter à cette tribune, à y combattre une proposition populaire. Mais moi, qui ne conseillerai jamais au gouverne-

ment de mon pays, de courir après la fausse popularité,
de chercher la popularité aux dépens des principes, aux
dépens de l'ordre public et de la paix du monde, je lui
conseille de rechercher la popularité légitime : la bonne
popularité. Voici une occasion de la conquérir. Ne la
laissons pas échapper. Agissons résolument. Agissons
au profit des classes qui n'ont pas de représentant
direct dans cette enceinte, mais que nous aimons tous,
et que nous représentons tous. (Très bien!)

Rappelons-nous à quel point l'impôt du sel a été de
tout temps odieux aux populations. Le souvenir de son
abolition s'est uni à celui de la révolution de 89. Que
le souvenir de son allègement s'unisse à celui de la révolution de 1830, du gouvernement qu'elle a fondé.

J'aborde le principal argument de M. le Ministre des
finances. Si le revenu de l'impôt sur le sel vient à
baisser, M. le Ministre craint que la situation financière
de l'État ne soit compromise.

Il y a, Messieurs, une arithmétique vulgaire, et par
cela même fausse; une arithmétique vulgaire, qui considère isolément telle ou telle taxe, et qui considère la
diminution de ce revenu spécial, comme une perte sèche
pour le trésor.

Plaçons-nous à un point de vue plus élevé; embrassons
d'un coup d'œil l'ensemble des revenus de l'État. N'oublions pas que les dégrèvements nécessaires, sont des
dégrèvements féconds. N'oublions pas que la pros-
périté rapporte.

Il y aura un grand soulagement pour les classes
pauvres, si la proposition est adoptée. Il y aura un
grand bienfait pour l'agriculture (je suis obligé de
la comprendre dans mon raisonnement, bien que

M. le Ministre des finances ait cru devoir l'écarter en disant : On cherchera, on trouvera peut-être). Il y aura profit pour toutes les classes. Et vous croyez que, si les ressources du trésor diminuent, je le veux, sur le produit du sel, elles ne s'accroîtront pas sur d'autres !

Les souffrances de l'agriculture, les souffrances des ouvriers et des paysans, réduisent plus que vous ne le pensez, le total de vos recettes annuelles.

Mais je consens à me renfermer dans l'appréciation de la question toute spéciale, posée par l'honorable M. Demesmay. Il me sera permis sans doute, d'en appeler soit au raisonnement, soit à l'expérience, et de répondre avec assurance à M. le Ministre, que l'impôt diminué rapporterait bientôt autant que l'impôt actuel.

M. DE TRACY. — Vous avez raison.

M. DE GASPARIN. — Voilà ce que je voudrais exposer en quelques mots. Je le fais avec timidité, parce que l'autorité de M. le Ministre des finances est grande en pareille matière, et que j'ose à peine opposer, sur ce point, mes assertions aux siennes.

Il arrive parfois, j'en conviens, que les dégrèvements n'ont pas pour conséquence d'augmenter la consommation.

Lorsqu'il s'agit d'un impôt qui ne forme pas une partie notable du prix de la matière sur laquelle il est assis, la diminution ne peut influer, on le conçoit, sur le prix général de la denrée ; elle ne peut amener un grand accroissement de consommation. Au contraire, lorsque la valeur de la denrée (et c'est ici le cas) se compose presque uniquement de l'impôt, je demande si le dégrèvement ne doit pas, nécessairement, amener un tout autre résultat.

Lorsqu'il s'agit d'une denrée qui n'est pas nécessaire, d'une denrée de mode, on peut se tromper; le dégrèvement peut ne pas amener l'augmentation de consommation qu'on en attend, parce que la mode change, parce que la fantaisie se porte ailleurs. Mais il s'agit ici d'une denrée de première nécessité, dont on se prive (Oui! oui!), dont on se prive, à cause de son prix excessif.

Messieurs, il faut ne pas être entré dans ces pauvres demeures du peuple, où souvent l'air respirable manque, et où manquent bien d'autres choses aussi, pour contester la privation que le pauvre s'impose aujourd'hui, à cause de la taxe actuelle. (Très bien! très bien!)

Voilà la seconde condition du succès d'un dégrèvement. Elle est remplie par la taxe actuelle.

La troisième condition a été indiquée avec beaucoup de raison par M. le Ministre des finances. Il faut qu'il n'y ait pas d'intermédiaire entre le consommateur et le producteur; il faut que le dégrèvement ne soit pas détourné au profit des industries diverses, qui transforment la marchandise dégrevée. Cette troisième condition, est remplie ici comme les autres.

J'ai enfin un quatrième motif théorique, de douter des assertions que M. le Ministre a portées tout à l'heure à la tribune, quand il a dit qu'il ne croyait pas que l'abaissement des droits sur le sel, amenât un accroissement notable dans la consommation! — Si l'abaissement des droits était insignifiant, il ne faudrait pas en attendre de grands résultats. Ce ne sont pas des diminutions de quelques centimes, qui modifient les habitudes d'un peuple. Mais il s'agit ici d'une diminution importante, et qui ne saurait rester sans influence ainsi que M. le Ministre l'a prétendu.

16.

Je suis donc conduit par le raisonnement, par le raisonnement seul, à affirmer qu'on doit attendre un accroissement considérable dans la consommation, par suite de l'adoption de la proposition de l'honorable M. Demesmay. (Très bien !)

Ce que je viens de dire suffit. Toutefois je ne saurais, en conscience, faire abstraction complète des données de l'expérience, et passer sous silence les documents qui nous ont été communiqués. Je ne puis croire qu'il ne faille tenir aucun compte des relevés officiels relatifs à l'ancien régime, ou aux décrets de l'empire, ou aux lois de la restauration. Je ne crois pas que les arguments de M. le Ministre aient ôté toute valeur à ces faits significatifs, qui établissent une concordance si remarquable, si constante, entre les chiffres de l'impôt et ceux de la consommation.

Quel a été le grand moyen de M. le Ministre des finances, pour écarter de tels faits? M. le Ministre a dit : Je mets de côté les intérêts agricoles. On s'occupera de ces intérêts; nous arriverons, sous ce rapport, à une solution. Laissons à part ce qui concerne l'agriculture. (C'est cela.)

Messieurs, je ne puis croire que la solution annoncée ici par M. le Ministre soit prochaine, et voici mon motif : l'élévation actuelle de l'impôt assure une prime énorme à ceux qui rendront sa forme primitive au sel dénaturé. Voilà le motif qui m'empêche de croire à l'amélioration promise. J'y croirais, si la taxe était réduite. Alors, je ne douterais pas que dans un bref délai, l'agriculture ne fût dotée de ce sel dénaturé, à très bas prix, dont on a parlé. Pour faire ce que projette avec raison M. le Ministre, il faut adopter d'abord ce qu'il a combattu.

Telles sont les considérations que je désirais soumettre à la Chambre. Je sais très bien qu'à cette heure avancée, il est impossible d'entrer devant elle dans plus de détails, et je la prie de ne pas repousser la proposition. (Très bien! très bien! — Aux voix! aux voix!)

(La Chambre vote la prise en considération de la proposition de M. Demesmay, sur la réduction de l'impôt du sel.)

CHAMBRE DES DÉPUTÉS

SÉANCE DU 30 MAI 1845

*Suite de la discussion générale du projet de loi relatif
au régime législatif des colonies.*

M. LE PRÉSIDENT. — La parole est à M. de Gasparin.
Le Cᵗᵉ A. de Gasparin monte à la tribune.
Quelques voix. — La clôture!
D'autres voix. — Parlez! parlez!
M. DE GASPARIN. — Messieurs, ne laissons pas abaisser
ce débat. On vient nous parler de commerce, de navi-
gation, de productions coloniales! Il y a autre chose,
dans la loi qui est soumise aux délibérations de la
Chambre. (C'est vrai! c'est vrai!)

J'ai besoin d'exprimer le sentiment qui m'anime en
montant à la tribune. J'éprouve un soulagement véritable en voyant posée, après tant de lois d'intérêts matériels, une grande question, la plus grande question

qui puisse être soumise à notre examen : une question
de civilisation et de liberté.

Je sais que cette diversion, faite aux travaux habituels
de la Chambre, peut ne pas plaire à ceux qui prennent
pour eux le titre d'hommes pratiques. Mais j'aurais bien
envie de leur contester ce titre, et de dire aux hommes
pratiques, qu'ils sont des rêveurs. Assurément, de toutes
les illusions la plus triste et la plus folle, est celle qui
fait consister dans les intérêts matériels, l'avenir et les
développements d'un pays. (Très bien!) Assurément,
ceux qui ne pensent qu'aux principes se trompent. Ils se
trompent moins, que ceux qui ne pensent qu'aux intérêts
matériels.

Ce sont deux manières de mutiler les destinées
humaines. J'aime mieux, quant à moi, la première que
la seconde. Je crois que la plus petite idée, que le plus
mince principe, aura plus d'influence sur les destinées et
sur les progrès du pays, que tous les chemins de fer que
vous avez votés dans cette session. (Mouvements divers.)

Je ne porte pas seulement à cette tribune mes sentiments, Messieurs, j'y porte aussi, je dois le dire,
une étude sérieuse et approfondie de la question. Voilà
dix années que je m'en occupe, que je lis, que j'étudie,
que je modifie mes propres idées ; c'est ce qui me donne
l'assurance de les présenter à la Chambre, en la sup-
pliant, quoique l'heure soit avancée, de me permettre
une discussion complète du projet de loi et des questions
qui s'y rattachent. (Parlez ! parlez!)

J'ai entendu l'honorable M. Levavasseur exprimer une
pensée qui, après lui, a été exprimée aussi par l'honorable amiral Le Ray : Nous sommes tous d'accord, nous
voulons tous l'abolition de l'esclavage! L'honorable

M. Levavasseur disait (et assurément les contestations que j'élèverai ici ne porteront pas sur ses intentions), M. Levavasseur disait : — Il n'y a pas deux bancs dans cette Chambre, le banc des partisans de l'esclavage et le banc des partisans de l'émancipation. Nous sommes tous partisans de l'abolition de l'esclavage!

Je n'ai jamais entendu, Messieurs, de discours contre l'émancipation, qui ne commençât par une profession de foi en sa faveur. (C'est vrai! c'est vrai!)

Eh bien, je crois qu'il importe de ne pas respecter une telle illusion; car c'en est une. Il importe de dire toute la vérité sur cette question. Non, nous ne sommes pas tous d'accord. Non, le principe de l'émancipation n'est pas universellement accepté. Non, la question n'est pas résolue. Nous sommes plus séparés et plus profondément qu'on ne l'imagine. (Très bien!)

J'ai rarement vu que, lorsqu'on était d'accord sur le principe, on ne se mît pas facilement d'accord sur les détails de l'exécution. J'ai rarement vu l'exécution des détails empêcher les mesures dont la base était acceptée. Il faut chercher plus loin les causes de notre dissentiment. Vous ne pouvez pas esquiver ce débat, le rapetisser, le déplacer. Il faut aller au delà des détails de la loi; il faut arriver jusqu'à la véritable question, jusqu'au véritable débat; il faut se rendre compte de la véritable situation où nous nous trouvons les uns et les autres, situation parfaitement consciencieuse pour tous.

Nous ne sommes pas d'accord comme on le prétend, nous ne sommes pas unanimes comme on l'affirme; il suffit, pour s'en convaincre, de remarquer comment la question se pose pour les uns et pour les autres. Vous avez entendu, tout à l'heure, comme on la posait. On vous a parlé de produits coloniaux; on vous a dit que l'exportation du sucre pourrait diminuer, et que, par là même, la question était résolue !

Messieurs, je tiens grand compte de ce côté de la question ; mais j'ai besoin de le déclarer, quand on m'aurait prouvé que la liberté rapporte moins que l'esclavage, la question du fond, la question de principe ne serait pas résolue pour moi. (Très bien !) J'ai besoin de dire que le grand côté du débat n'est pas là à mes yeux. Rendre la liberté à ceux à qui on n'a pas eu le droit de l'enlever, remplir un grand devoir, payer une grande dette, réparer de grands crimes, des crimes contemporains ; car, il faut l'avouer, c'est en plein xixᵉ siècle que la France, par un décret inséré au *Bulletin des lois*, a rétabli l'esclavage dans ses colonies (Sensation.), voilà la chose essentielle. La France a à réparer ! Et elle n'est pas la seule malheureusement dans le monde, qui ait une pareille réparation à accomplir.

Vous le voyez, la question se pose très diversement, de même qu'elle se résout très diversement.

Et nous sommes d'accord ! Et nous sommes unanimes ! Et nous considérons au fond l'esclavage de la même manière ! — Je ne puis pas accepter ce mensonge convenu.

L'amiral Le Ray, j'insiste là-dessus, apportant tout à l'heure le résultat des recherches consciencieuses et intéressantes auxquelles il s'est livré, insistait particulièrement sur ce point : — Les comptes rendus du patronage, publiés par le gouvernement, établissent que la situation des esclaves n'est pas aussi malheureuse qu'on le pense. Les esclaves, à tout prendre, sont aussi heureux peut-être, que l'ouvrier de nos villes et de nos campagnes.

Une voix. — Plus heureux !

M. DE GASPARIN. — Plus heureux ! On me fait l'honneur de m'interrompre pour me dire : Plus heureux! Les esclaves ont la nourriture, l'hôpital, des soins empressés; les châtiments diminuent de rigueur chaque jour.

Messieurs, voilà une assertion contre laquelle il importe de protester avec énergie, parce que la conscience humaine proteste elle-même! Et j'attends le jour, où l'on verra l'un de ces ouvriers libres solliciter la condition des esclaves! Un ouvrier libre, sent très bien la différence qu'il y a entre son malheur à lui, et le bonheur de l'esclave. Il sent cela. L'ouvrier libre a une famille, l'ouvrier libre se marie, l'ouvrier libre est responsable, l'ouvrier libre a un avenir et un passé. L'ouvrier libre, enfin, n'est pas esclave, et tout est dans ce mot. (Bravo!)

Messieurs, ce qui est vrai de la liberté personnelle, est vrai de la liberté politique. C'est une remarque que je soumettais à la Chambre l'année dernière, et qu'il faut reproduire, puisque l'allégation qui la provoque ose se reproduire aussi.

Voyez Rome. Lorsque le despotisme politique s'y établit, sous César, on résiste, on tue César dans le Sénat, on se bat à Philippes. Puis, sous Tibère, il y a encore des protestations, des protestations individuelles ; on souffre encore, on regrette encore la liberté. Sous le Bas-Empire, on est fait au despotisme ; on ne résiste plus, on ne souffre plus : l'œuvre de dégradation est accomplie. (Très bien! très bien!)

Voilà l'histoire du bonheur établi par l'esclavage. Ce bonheur est le plus détestable de ses fruits. Ce bonheur est le dernier degré d'avilissement moral, auquel la créature humaine puisse descendre. (Assentiment.)

Il y aurait beaucoup à dire, Messieurs, sur le rôle de la souffrance dans notre destinée; et peut-être trouverions-nous que le signe le plus évident de notre dignité, c'est la souffrance. Les grandes âmes sont celles qui souffrent le plus. La liberté a ses périls et ses souffrances; c'est par cela qu'elle est grande et qu'elle est belle. (Très bien!)

L'homme est fait pour sentir sa responsabilité, pour prévoir son avenir. Ne le débarrassez pas de cette sollicitude de l'avenir, vous le réduiriez au bonheur de la brute, qui a ses aliments, qui mange et boit, et qui est contente. Voilà le bonheur de l'esclave, tel qu'on l'entend : ce bonheur est jugé, dès qu'il est décrit. (Adhésion à gauche.)

Au surplus, nous pourrions prouver que ce bonheur même, ce triste bonheur n'existe pas; nous pourrions, en nous plaçant au point de vue de nos honorables adversaires, leur montrer ce que sont les traitements infligés à l'esclave; le leur montrer par des faits que je ne produis pas ici, que je ne mets pas sous les yeux de la Chambre. La brochure de M. de Cussac, dont les assertions n'ont pas été démenties et ne peuvent pas l'être, en cite d'assez nombreux, d'assez graves, pour ne laisser aucun doute dans les esprits.

Et voyez ces créatures heureuses! on les vend au marché. Dans la Guadeloupe seule, en quinze ans, plus du tiers de la population esclave a été vendue : 38,000 esclaves sur 90,000.

Les esclaves sont heureux! et ils s'enfuient, ils s'enfuient de tous côtés. Vous êtes obligés de doubler les garnisons: en cinq ans, elles ont été portées de 5,000 hommes à 9,000.

Vous doublez la garnison, et les soldats français

17

périssent par centaines, par milliers, pour empêcher
les évasions des noirs, pour garder les portes de leur
prison. Ils sont heureux ! et vous êtes obligés d'écrire
dans votre loi, qu'il leur est interdit d'avoir des bateaux.
Vous craignez donc qu'ils n'échappent à ce bonheur,
dont on nous parle tant. (C'est vrai !)

Une chose demeure certaine : l'esclave n'est pas dans
la situation qu'on nous dépeignait tout à l'heure. Une
chose reste prouvée : nous ne comprenons pas la
question comme nos adversaires. La différence qui
existe entre nous, n'est pas une différence de temps,
de mode; c'est une divergence plus profonde et plus
sérieuse. Ce qui nous frappe, ce qui nous saisit, ne
les touche pas ; leur pensée confond toujours l'ouvrier
et l'esclave, et nous sommes forcés de répondre, encore
aujourd'hui, à cette objection tant de fois produite : —
Occupez-vous des blancs. Vous avez à côté de vous
des infortunes, soulagez-les, sans aller en chercher aux
Antilles !

Mais quels sont ceux qui s'occupent le plus des blancs?
Ce sont ceux qui s'occupent des noirs. En Angleterre,
quels sont les hommes qui ont exigé et obtenu la loi
sur le travail des enfants dans les manufactures, la loi
sur la limitation des heures du travail? Les mêmes, que
ceux qui avaient demandé et obtenu l'affranchissement
des esclaves et l'abolition de la traite.

La charité chrétienne ne se partage pas ainsi; elle
ne peut avoir des entrailles pour l'un, sans en avoir pour
l'autre; c'est, au contraire, son beau privilège, que
plus elle donne et plus elle a (Très bien !). Plus on
s'occupera des noirs dans les colonies, plus on s'occupera des blancs de la métropole. Je plaindrais nos
ouvriers, si nous perdions toute sympathie pour les

misères qui existent de l'autre côté de l'Atlantique (Très
bien!).

L'honneur de la France! Voilà encore un point, sur
lequel nous sommes plus séparés qu'on ne le dit. Pour
quelques-uns, l'honneur de la France consiste à repousser les provocations machiavéliques de l'Angleterre.
L'honneur de la France consiste à conserver magnani-
mement un grand crime; à avoir la grandeur d'âme de
ne rien changer, de ne rien sacrifier, de ne rien faire.
L'honneur de la France, consiste à s'associer aux peuples
complices en matière d'esclavage.

Oui, on nous a présenté cette belle perspective politique : la France, au XIXᵉ siècle, à la tête des peuples
possesseurs d'esclaves! la France ayant pour alliés (et
pour alliés parce qu'elle les a pour complices, je répète
le mot), les États-Unis, Cuba, le Brésil!

J'entends d'une autre manière l'honneur de mon pays.
Son honneur, c'est d'être juste; son honneur, c'est de
donner un grand exemple, après avoir donné un triste
exemple; son honneur, c'est de dire : Lorsque l'Angleterre fait une œuvre juste et bonne, fût-ce même
par des motifs intéressés, la France ne doit pas y renoncer pour cela.

M. Odilon Barrot. — Vous avez mille fois raison.

M. de Gasparin. — On répète les doléances des conseils coloniaux, on vous les apporte chaque jour à cette
tribune. Les conseils coloniaux, M. de Tocqueville l'a
fait remarquer, ont reçu, des événements, les plus écla-
tants démentis. Que de fois ces conseils n'ont-ils pas
prédit la ruine des colonies!

Cette ruine devait résulter de l'abolition de la traite;
elle devait résulter de la loi de 1833, qui établissait l'é-

galité des droits pour les classes de couleur; elle devait résulter des ordonnances sur le patronage! Aucune de ces prophéties ne s'est réalisée, et j'espère que les prédictions qui concernént l'avenir ne se réaliseront pas plus que celles qui concernent le passé.

Les conseils coloniaux se plaignent, et de quoi? De ce qu'on ne peut pas travailler à détruire l'esclavage sans le discréditer (Bravo!), de ce qu'on ne peut pas le discuter sans le flétrir, de ce qu'on ne peut pas imposer silence à la conscience humaine.

Et croyez-vous que, parce que vous aurez repoussé toute mesure énergique, croyez-vous qu'à cause de cela nous nous tairons, et que, tant que l'esclavage existera dans les colonies, il ne s'élèvera pas ici des voix faibles ou fortes, mais des voix convaincues, pour vous dire que le crime existe, et que la réparation se fait attendre?

On invoque l'intérêt des colonies!

Laissons de côté les questions de principe, n'envisageons que les intérêts matériels. Ici encore, je me sépare profondément des adversaires du projet de loi.

Les colonies seraient intéressées à ce qu'on ne fît rien! Les colonies seraient intéressées au *statu quo!* — L'intérêt des colonies est tout autre, permettez-moi de vous le dire. L'intérêt des colonies, le voici : il faut qu'elles sachent ce qui est inévitable; il faut qu'elles connaissent la pensée claire du gouvernement et des Chambres; et il faut, en même temps, qu'elles sachent qu'on pourvoira à tous leurs intérêts. Le deuxième projet de loi est destiné à effectuer de grands progrès; sous ce rapport, j'y applaudis de toute mon âme. Oui, certainement, comme le disait l'honorable M. Levavasseur au commencement de cette séance, il faut travailler aussi à ce point de vue. Il y a une immense transformation industrielle et agricole à opérer dans les colonies. Oui certes, il ne faut pas s'occuper seulement de l'abolition de l'esclavage, il faut encore s'occuper des changements à introduire dans la production. Ces changements peuvent être efficaces ; ils peuvent doubler, quadrupler les produits ; ils peuvent ainsi compenser la perte qui résultera de l'émancipation.

Voilà de quelle manière les intérêts des colonies doivent être défendus. Mais quand on vient nous dire : « Ne faites rien, n'adoptez rien ! » savez-vous ce qu'on crée ? Avant tout, un malaise profond dans les colonies.

On nous parle du calme de la société coloniale. Cependant, nous voyons les îles anglaises voisines des nôtres se peupler d'évadés des colonies : il y en a six ou sept cents à la Dominique, autant à Antigue, autant à Sainte-Lucie ; et les pensées des noirs se tournent avec une ardeur croissante vers les rivages, que leurs yeux aperçoivent, vers les rivages où règne la liberté.

Les imprudents défenseurs des colonies veulent y entretenir une agitation funeste. Ils veulent aussi exposer les maîtres à une émancipation brusque et sans indemnité : à l'émancipation qu'opérerait (on l'a déjà prouvé) notre première guerre maritime.

Je ne dirai qu'un mot de l'expérience anglaise. C'est encore là un point sur lequel nous sommes en désaccord. Je n'y insisterai pas, car l'honorable M. de Tocqueville nous a déjà présenté des faits qui ont édifié la Chambre, en relevant les erreurs produites dans la séance d'hier.

L'émancipation opérée par l'Angleterre n'a pas

réussi de tout point; il est très vrai que la production du sucre a diminué d'un tiers. Mais il faut ajouter que cette production est en voie de progrès, qu'elle se relève depuis plusieurs années. Il faut ajouter aussi que les exportations de l'Angleterre dans ses colonies se sont accrues depuis l'émancipation. J'invoque ici la déclaration solennelle de lord Stanley, en 1842 :

« Je reconnais que le succès est incomplet au point de vue de la production, mais non au point de vue du progrès moral. Voyez les écoles! En France, vous avez un enfant à l'école sur douze habitants; dans les colonies anglaises, il y a un enfant écolier sur neuf habitants. Les crimes et les délits diminuent dans une proportion incroyable depuis l'émancipation, et les mariages augmentent dans la même proportion. »

Ces faits, Messieurs, sont reconnus de tous. Ils ne permettent pas de douter du succès moral de l'émancipation. On parle beaucoup des démentis que cette expérience a donnés aux abolitionnistes. Il me semble qu'elle en a surtout donné aux colons. Ils nous annonçaient des égorgements, ils nous prédisaient le retour des noirs à la vie sauvage!

Eh bien, Messieurs, pas une goutte de sang n'a été répandue à la Jamaïque depuis l'émancipation, tandis que dans les trente années qui avaient précédé, il y avait eu cinq grandes révolutions sanglantes.

Une voix. — Il y en a eu une à la Dominique!

M. DE GASPARIN. — Je sais qu'il y a eu un mouvement à la Dominique; mais nous devons ici nous montrer indulgents, car il s'agissait d'un recensement. (On rit.) Il n'y a eu d'ailleurs ni lutte sérieuse ni égorgement; il n'y a eu qu'une légère émeute, dans laquelle un ou deux nègres ont péri.

M. DE LA ROCHEFOUCAULT-LIANCOURT. — Un seul a péri.

M. DE GASPARIN. — Un seul a péri. Puisqu'il y a contestation sur ce point, permettez-moi, Messieurs, de présenter à la Chambre le rapport officiel du grand comité d'enquête de 1842; comité d'enquête qui avait été nommé sur la provocation de lord Stanley, et qui a examiné avec beaucoup de rigueur, je pourrais dire avec quelque prévention, les résultats de l'expérience anglaise. Ce rapport constate, d'une part, les souffrances des propriétaires ; de l'autre, les progrès immenses des noirs.

Voici comment il s'exprime sur le second point, le point essentiel :

« Le grand acte d'émancipation a produit les résultats les plus favorables et les plus satisfaisants, en ce qui concerne la situation morale et physique de la race noire.

» Sous le rapport moral, l'amélioration des noirs est surabondamment prouvée par leur avidité toujours croissante pour l'instruction religieuse et temporelle ; par leur bonne volonté, toujours plus sensible, à s'imposer les obligations du mariage et à remplir les devoirs de la vie de famille ; par la réforme de leurs mœurs; par leurs rapides progrès en civilisation; enfin, par le prix qu'ils savent attacher aujourd'hui à la possession de la propriété et d'une position indépendante. »

Et voici comment lord Stanley, résumant lui-même les résultats de l'enquête qu'il avait provoquée, s'exprimait à son tour. Je ne citerai qu'une phrase : « L'émancipation a produit plus de bien que n'avaient osé en espérer les plus ardents promoteurs de cette mesure. » Lord Stanley citait ensuite une dépêche du gouverneur de la Jamaïque : « C'est une chose bien remarquable et bien satisfaisante, que la situation des noirs de cette colonie. Je ne crois pas qu'il y ait sur le globe une classe laborieuse qui jouisse de plus d'indépendance et de bienêtre. Quand à leur conduite, elle est régulière, et, à certains égards, digne d'admiration. »

Enfin, lord Stanley citait le relevé des contribuables pour leurs terres (écoutez ceci), (Mouvement d'attention), et il en résultait que, pour la seule paroisse de Manchester à la Jamaïque, le nombre des contribuables, qui s'élevait à 400 avant l'émancipation, était monté à 2,000 depuis. Messieurs, de pareils chiffres disent tout.

Oui, en effet, l'émancipation a été l'avènement de la petite propriété dans les colonies anglaises (Sensation.); l'émancipation aura sans doute, un jour, le même résultat chez nous. Devons-nous donc nous affliger, si la propriété se divise aux mains des noirs ; si les noirs arrivent, dans nos colonies, à cet état que nous considérons comme heureux en France? Faudra-t-il, je le demande, déplorer une telle transformation? Faudra-t-il que les noirs ne puissent pas arriver à la propriété? Non, Messieurs ; et déjà, dans les colonies anglaises, ils y arrivent en foule; des centaines de villages libres s'y sont formés; les noirs ont acheté des terres, ils ont travaillé, et, grâce à leur travail, la production, momentanément affaiblie, n'a pas disparu, comme on le disait.

Il y a là, Messieurs, un spectacle très grand . J'espère que ce spectacle ne sera pas présenté par les seules îles anglaises; j'espère qu'il se présentera aussi dans nos îles; j'espère que nous verrons cette solennelle réparation, accordée par la Providence à la race esclave. Oui, ceux qui servent aujourd'hui, seront propriétaires un jour.

Un jour, ils gouverneront, comme ils le font dans les colonies anglaises, où beaucoup de juges sont nègres, où la majorité des jurés se compose de noirs et de mulâtres, où il y a même un gouverneur mulâtre. C'est une belle chose. S'en afflige qui voudra et qui pourra; pour moi, je ne saurais qu'y applaudir. (*A gauche.* Très bien.)

Messieurs, les adversaires de l'émancipation (j'ai le droit de les appeler ainsi, je crois l'avoir prouvé) reprochent au gouvernement d'être faible et de céder aux impatiences des abolitionnistes. Singulière impatience, pour le dire en passant! Car voilà douze ans, si je compte bien, que la loi du 24 avril 1833 est rendue; voilà douze ans que nous examinons des projets de loi; que nous prenons en considération, tantôt la proposition de M. Passy, tantôt la proposition de M. de Tracy; et ces abolitionnistes si impatients de France regardent, attendent, et n'agissent guère.

Je viens adresser au gouvernement un reproche tout contraire : je crains que le gouvernement n'ait pas assez marqué la situation et sa volonté.

Déjà, remarquez-le, en 1841, l'amiral Roussin écrivait une dépêche, dans laquelle il disait que le moment était venu de s'occuper de l'émancipation. (*Plusieurs voix.* C'est en 1839!) Le moment était venu en 1839; or, vous voyez quel est le projet qu'on vous apporte en 1845!

Le gouverneur de la Guadeloupe disait en 1840, que dans sa pensée, une émancipation prochaine était nécessaire; en 1844, le gouverneur de la Martinique, dans son discours d'installation, n'a pas craint d'annoncer que les mesures destinées à opérer l'émancipation des noirs, seraient empreintes (je ne me

17.

rappelle pas très bien les termes, mais c'est le sens) d'une prudente *lenteur* ; comme si la lenteur était prudente en pareille matière !

Voilà le langage. Voici les actes : voici ce qui se passe aujourd'hui dans nos colonies. Le gouverneur de la Martinique fait saisir des ballots de brochures ; il en interdit l'entrée ; et pour quel crime ? Leur crime, c'est de renfermer des opinions abolitionnistes ; ces brochures contiennent la critique du projet que nous discutons en ce moment ; elles contiennent des lettres adressées à plusieurs députés (à celui même qui est en ce moment à la tribune), pour les féliciter de la part qu'ils ont prise à de précédentes discussions.

L'esclavage, dit M. le Gouverneur, est le régime légal de la colonie : on ne peut pas permettre qu'il y soit attaqué. — Si ce motif est sérieux, il faut alors interdire l'entrée de nos colonies à tous les journaux, et au *Moniteur* lui-même, car assurément, le *Moniteur* reproduira les paroles que nous prononçons à cette tribune, paroles qui ne sont pas toujours favorables au *régime légal* des colonies. (Très bien !)

J'ai un autre fait à signaler, un fait plus grave : des usages que je crois anciens, et qui n'en sont pas moins odieux, se maintiennent encore aujourd'hui. On prend, indépendamment de tout arrêt judiciaire, on prend des mesures en conseil privé, pour expulser des noirs de nos colonies. On met ces noirs sur des bâtiments, et on les fait transporter, où ? dans les colonies espagnoles ! Je ne crois pas me tromper, en disant qu'ils y sont vendus, et qu'on rapporte en échange des bœufs et des mulets. (Mouvement.)

M. TERNAUX-COMPANS. — C'est faire la traite. On pourrait saisir les bâtiments.

M. DE GASPARIN. — Oui, c'est faire la traite : la traite des esclaves français. Ils sont encore esclaves ; on peut encore les vendre sur le sol de nos colonies; mais les vendre aux Espagnols, mais les séparer de leur famille (car probablement ils ont une famille), mais faire tout cela sans arrêt, sans intervention des tribunaux, par la seule volonté du gouverneur, cela me paraît énorme. Cependant, la preuve est entre mes mains. Voici un arrêté du gouverneur de la Martinique, à la date du 2 avril 1843. Il est ainsi conçu :

« Nous, gouverneur de la Martinique, invitons le capitaine Flink, du bateau français l'*Alpha*, mouillé en rade du Fort-Royal, · à recevoir à son bord et transporter à Viègues, les sept esclaves ci-après nommés, renvoyés de la colonie par décision du conseil privé.

» Prions MM. les Commandants de navires de guerre des nations alliées de la France, et recommandons aux· commandants des services de guerre français, de laisser passer librement de la Martinique à Viègues le bateau français l'*Alpha*, sans nullement l'inquiéter pour raison de la présence à son bord des sept esclaves ci-dessus mentionnés. »

Je ne lis pas les noms : il y a un vieillard, il y a une femme.

M. TERNAUX-COMPANS. — L'amiral Mackau a déclaré que ce fait n'était pas vrai, et il a nié que ceci ait eu lieu sous son ministère.

M. DE GASPARIN. — Ce n'est pas là le seul fait que nous ayons à déplorer ; et je le déplore ici tout haut, parce que je suis persuadé que cette tribune a une grande puissance, parce que je suis persuadé que produire ces choses-là au grand jour, c'est les détruire, et qu'elles ne peuvent pas subsister du moment où on les raconte. (Sensation générale.)

S'il est un principe consacré par notre ancienne législation, c'est la libération de droit des esclaves touchant le sol français. Sur ce point-là, encore, je crains que nous n'ayons reculé.

Il faut négocier pour obtenir la liberté des anciens esclaves qui ont touché le sol de la France, tandis que leur libération devait s'accomplir de plein droit, par le seul fait de leur arrivée sur le territoire.

Bien plus. Voici ce qui s'est passé l'année dernière : des esclaves ont comparu, comme esclaves, devant un tribunal français à Draguignan. C'étaient des esclaves appartenant à des Arabes ; mais je ne sais pas distinguer, et je croyais que l'ancien principe : « La terre française affranchit, » s'appliquait à tous les esclaves. (C'est évident!) Je le crois encore. Ces esclaves ont comparu comme témoins devant une cour française, à Draguignan. Ils ont été traités, sans que personne ait relevé de telles paroles, de vils esclaves, de choses, d'animaux achetés au marché; et ces choses, ces animaux achetés au marché, ces esclaves, sont sortis esclaves de l'enceinte de la cour, ont traversé, esclaves, la terre de France, en sont sortis esclaves, et sont encore esclaves à l'heure qu'il est. (Sensation.)

Ne laissons pas perdre cette belle maxime de notre droit! Si nous ne faisons pas de choses grandes pour l'avenir, maintenons au moins ce qui l'était dans le passé. (Très bien!) Les nations qui se respectent font toutes cela. L'Angleterre maintient avec une louable rigueur le droit d'affranchissement attaché à son sol, et dernièrement, un navire turc chargé d'esclaves ayant touché les eaux anglaises à Zante, tous les esclaves ont été déclarés libres, de plein droit.

La Grèce, elle aussi, a soin d'inscrire en tête de sa Constitution : « Tout esclave qui touchera le sol de la Grèce sera libre. »

Renoncerions-nous seuls, à ce glorieux privilège du sol natal?

La Chambre me pardonnera de m'être écarté du projet, en commençant cette discussion. J'ai cru que la question de principe devait trouver place dans le débat, et qu'on ne pouvait rien perdre à l'agrandir. (Oui! oui!)

J'aborde le projet de loi. Vous avez vu comment il a été traité. Votre commission (je ne crains pas d'être démenti par son honorable rapporteur) votre commission nous a fait entendre assez clairement, que le projet n'était pas ce qu'elle aurait souhaité qu'il fût.

Plusieurs des orateurs qui l'ont défendu, l'ont défendu de la même manière. Vous avez entendu M. Ternaux dans sa défense du projet, dans son apologie. (On rit.) M. de Tocqueville lui-même, a eu soin de dire qu'il ne soutenait le projet, que parce qu'il introduisait le principe de l'intervention de l'État en matière coloniale, entre le maître et l'esclave.

Eh bien, ce projet qu'on désavoue, qu'on n'ose pas louer du moins, on nous propose de l'adopter sans amendement, sans aucune modification ! C'est un point sur lequel j'ai besoin de m'expliquer clairement, moi qui adopte le principe de la loi, bien plus que la plupart de ceux qui en soutiennent les termes; moi qui adopte le principe, et qui par cela même, tiens à l'organiser sérieusement.

On dit dans le rapport, on vous fait entendre dans

cette discussion, que ce qu'on cherche, c'est surtout un effet moral. On tient fort peu au projet lui-même, on tient beaucoup à avoir fait quelque chose.

Or, je le demande : cet effet moral ne resterait-il pas entier, ne serait-il pas même plus complet, si le projet discuté comme il l'est, rapporté comme il l'a été, amendé comme j'espère qu'il le sera, se trouvait (je le veux) repoussé dans une autre enceinte? La pensée du gouvernement et des Chambres se serait produite. La chambre des pairs ayant adopté la loi, la Chambre des députés ne l'ayant pas trouvée assez libérale, ayant formulé cette opinion en amendement, l'effet moral serait conservé, serait agrandi : la volonté du gouvernement et des Chambres se serait produite plus énergiquement qu'avec l'adoption pure et simple. *(Plusieurs voix.* Très bien!)

Un autre motif est donné par les orateurs qui défendent le projet au point de vue du rapport : — Ce rapport contient un langage énergique, des promesses importantes !

Quant aux promesses, je les accepte ; mais je suis convaincu que leur accomplissement ne tient pas à l'adoption du projet. Je maintiens que, quel que soit le sort de la loi, il n'est désormais au pouvoir de personne, de refuser la liberté aux noirs des ateliers coloniaux.

Quant au langage, je l'approuve, j'y applaudis, j'exprime ma sympathie à cet égard ; mais nous ne votons pas ce langage, nous ne votons pas ce rapport. Qu'arriverait-il lorsque, conformément aux conclusions du rapport, on aurait adopté la loi sans amendement? Vous auriez la loi purement et simplement, ayant à sa gauche le rapport de la Chambre des pairs, qui déclare que cette loi n'engage à rien, qu'elle ne mène à rien, qu'elle n'oblige à rien; ayant à sa droite le rapport de la Chambre des députés, qui dit le contraire. (C'est vrai!)

On s'écrie encore : — Mais nous avons introduit dans un deuxième projet un amendement très grave, un amendement qui satisfait en partie ce que vous désirez vous-même. Nous mettons, par cet amendement, à la disposition de M. le Ministre de la marine, des fonds destinés à compléter le pécule, à libérer le membre esclave des familles dont un membre fut racheté!

Messieurs, je me demande, en admettant que cet amendement fasse (et je ne le pense pas), tout ce qu'il serait nécessaire de faire pour améliorer le projet; en admettant même cela, je me demande pourquoi l'amendement dont on parle, est rejeté dans un deuxième projet? Pourquoi ne l'avoir pas introduit dans le projet actuel? Probablement, parce qu'on doutait de son adoption dans une autre enceinte. Or, il se trouvera qu'ayant voté la loi, dans l'espérance d'un amendement qui ne sera pas voté ailleurs, vous aurez purement et simplement la loi, tenez-le pour certain, quel que soit le langage, quels que soient les amendements introduits dans un second projet.

Je crois, messieurs, qu'on calomnie ce projet, je crois qu'on calomnie les pouvoirs publics, quand on prétend qu'il ne serait pas possible d'aboutir à quelque chose de mieux. On nous dit : — Prenez cette loi, elle n'est pas bonne, mais enfin, c'est tout ce qu'on peut obtenir aujourd'hui! — Je ne le pense pas ; je ne pense pas que ce soit là le dernier mot de la France; je crois que la question de l'esclavage pèse sur la conscience de ce pays, et je pense qu'il ne faut pas débarrasser trop légèrement cette conscience du poids qui pèse sur elle. (Très bien !)

Si on adopte une loi, ce sera un allègement. On se dira : — Nous avons fait quelque chose, nous avons fait la loi de l'émancipation! Et cette loi faite : — Ne venez pas de longtemps réclamer autre chose!

La conscience du pays sera déchargée. On aime à se faire cette illusion, qu'on a rempli son devoir, et que la dette est payée.

Prenez-y garde, Messieurs! J'adjure ceux qui ne croient pas la loi bonne, efficace, ou qui la croient dangereuse, d'agir en conséquence, de produire leur véritable opinion ; car je n'ai jamais vu que des réticences calculées, que le refus de manifester sa pensée, que l'acceptation de mesures que l'on blâme, aient réussi en quoi que ce soit. (Très bien ! très bien!)

Veuillez me permettre de vous dire en deux mots ce qu'est la loi, à mon avis.

Voici la loi, si elle n'est pas modifiée.

On reconnaît le droit de pécule et de rachat; c'est un progrès, *je ne veux pas le nier.* Une fois le droit reconnu, qu'en résultera-t-il dans les colonies? Les esclaves perdront immédiatement, on vous l'a dit, toutes les faveurs, tous les avantages qui leur sont accordés aujourd'hui par la libéralité, par le laisser-aller des maîtres. C'est là le premier résultat, résultat inévitable de la loi.

Il faudra s'émanciper par le rachat, il faudra former le pécule. Les esclaves auront leur samedi en remplacement de la nourriture, et, sans admettre peut-être la rigueur du calcul qui nous était présenté hier par l'honorable M. Ternaux-Compans, en en rabattant beaucoup, il n'est certes personne ici, qui pense qu'avec la loi proposée, on puisse arriver, avant 20 ou 25 ans de travail, à se constituer le pécule nécessaire pour se racheter.

Ce n'est rien. L'esclave a ramassé la somme qu'il croit nécessaire à son rachat ; il se présente pour l'opérer. On lui demande de prouver la légitimité de sa propriété. Le rapport de la seconde loi affirme que cette légitimité, cette preuve de la légitimité de la propriété, ne serait faite que dans des cas exceptionnels. Messieurs, la loi dit autre chose ; et la loi, soyez-en sûrs, sera exécutée dans le sens le plus rigoureux. On demandera à l'esclave de prouver la légitimité d'un argent accumulé pendant vingt ans, trente ans, amassé sou par sou ; on lui demandera de fournir une preuve impossible, une preuve que nous ne fournirions pas nous-mêmes, pour notre propre fortune.

Ce n'est pas tout. Je suppose que l'esclave a prouvé la légitimité de sa propriété. Il se présente devant une commission composée de planteurs et de magistrats ; je ne dirai pas, comme l'honorable M. Ternaux-Compans de planteurs et de planteurs. (On rit.) Cette commission dit à l'esclave : — Vous vous êtes évalué à tel prix ; mais vous valez le double, le triple, le quadruple !

Comment voulez-vous qu'on travaille pendant de longues années à l'affranchissement, sans but certain, sans résultat bien défini d'avance ? (C'est vrai !)

Ce n'est pas tout encore. L'esclave a surmonté ces difficultés. Il a travaillé trente ans ; il a ramassé son pécule ; il a prouvé la légitimité de son pécule ; il a atteint le chiffre que la commission a déterminé au dernier moment. Il est libre sans doute ? Non, Messieurs ; encore cinq ans de travail forcé après l'esclavage ! Pendant cinq ans, tu travailleras sous un maître, comme auparavant ! — Tel est l'encouragement nouveau, donné à l'affranchissement par le rachat.

Ces cinq années passées, l'émancipé est-il libre ? Encore

une fois non. Cet homme, qui a fait tout ce qui est nécessaire pour arriver à la liberté, cet homme qui a subi les
cinq années de travail supplémentaire, cet homme tombe
sous une législation exceptionnelle! Exceptionnelle, même
à notre législation si rigoureuse sur le vagabondage. Et,
fût-il domicilié, n'eût-il jamais mendié, fût-il en état de
satisfaire à tous ses besoins, cet homme pourra être
envoyé dans un atelier colonial, et y être envoyé pour
un temps illimité! Voilà l'analyse fidèle du projet de loi.
(Très bien!)

Ce projet m'inspire deux craintes. La première, la
plus grave de toutes, je vais l'exprimer : On propose aux
partisans de l'émancipation, de signer un bail de dix à
douze ans, en faveur de l'esclavage (C'est cela !), un bail
de dix à douze ans, malgré toutes les réserves et toutes
les déclarations.

Que votre loi soit considérée comme une loi d'émancipation, ou comme une loi de préparation, il n'importe.
Si vous la considérez comme une loi d'émancipation,
on vous dira plus tard : — Comment ! vous avez fait une
loi d'émancipation en 1845 ; et en 1846, en 1848 [1], en
1850, vous viendrez déjà proposer autre chose! Laissez
donc faire ; laissez les pécules se former. Ce n'est pas en
quelques années, que l'on peut arriver à un résultat.
Les effets d'une telle mesure, ne se produiront pas du jour
au lendemain !

Si vous considérez cette loi comme une loi de préparation, on vous dira encore : — Ce n'est pas en un jour,

---

1. En 1848, on s'en souvient, M. Schoelcher que la révolution
venait de porter au pouvoir, d'un trait de plume, *biffa* l'esclavage.
— Et les colonies n'en sont pas mortes. — Eᴅ.

qu'on change toutes les habitudes, qu'on établit de
nouveaux rapports entre les maîtres et les esclaves !

Messieurs, je vous le garantis d'avance, si la loi est votée
sans amendement, si elle ne produit aucun résultat, vous
en aurez pour longtemps à attendre et à vous taire.

Voici ma seconde crainte. Cette loi, impuissante pour
le bien, elle ne l'est peut-être pas pour le mal. (Très
bien !) Elle ne saurait, dans la forme actuelle, donner
la liberté aux esclaves ; mais il est possible qu'elle produise des malaises, des mécontentements et des désordres. On se dit tout cela à l'oreille ; ou plutôt, on ne se
le dit pas, car on ne s'avouerait pas une telle espérance ;
mais instinctivement, on pense peut-être que la loi, précisément parce qu'elle est mauvaise, est excellente. Elle
mécontentera tout le monde : les noirs, car vous leur
promettez la liberté et vous ne la leur donnez pas ; les
colons, car vous diminuez leur autorité, et vous aug-
mentez les prétentions des esclaves. Tout le monde
souffrira, et, au bout d'un an ou deux, le malaise sera
tel, qu'on viendra nous dire : Pour en finir, affranchis-
sons brusquement et en un jour !

M. DE CASTELLANE. — Et sans payer.

M. DE GASPARIN. — La Chambre ne me soupçonnera
pas de ne pas désirer l'affranchissement. Messieurs, je
n'en veux pas par ce chemin-là : il n'est pas légitime.

Faire du mal pour qu'il en arrive du bien, est une
maxime qui ne sera jamais à mon usage. (Très bien !
très bien !) Marchons loyalement à l'émancipation ; avan-
çons franchement. Mais cacher l'émancipation générale,
sous la prudence excessive de quelques mesures prépa-
ratoires : voilà ce que je ne saurais approuver.

Mes craintes ne sont pas chimériques ; l'expérience a

parlé. Cette expérience a été invoquée par M. Jollivet, avec lequel je me rencontre sur ce seul point.

M. Jollivet disait : « Votre loi, c'est l'acte en conseil de 1831 ». — Rien n'est plus vrai. Singulière façon d'éviter les fautes de l'Angleterre ! Nous copions un acte que tout le monde a qualifié de faute, de faute grossière, les partisans comme les adversaires de l'émancipation.

L'acte en conseil blesse tous les intérêts. Il promettait aux esclaves la liberté, et on ne la leur donnait pas, et les maîtres criaient à la spoliation ! Il en résulta un état violent, et un an après, en 1832, la Chambre des communes, présidée par lord John Russell, proposait l'émancipation immédiate et en masse.

Voilà de l'histoire ; elle est instructive. (Approbation.) Vous le voyez, Messieurs, c'est précisément parce que je suis partisan du principe de la loi, que je signale la nécessité de l'amender profondément.

J'accepte le principe de la loi. Oui, l'affranchissement par le rachat est un principe excellent, civilisateur ; oui, c'est par le travail volontaire qu'il faut arriver au travail libre ; oui, c'est en provoquant le déploiement spontané de l'activité de l'esclave, que vous le transformerez en ouvrier. Mais il faut que ce grand principe soit appliqué avec énergie, pour qu'il produise ses fruits.

Sans doute il est dûr, je le sens, de dire à des esclaves : Vous vous rachèterez ! — Messieurs, c'est ainsi que la liberté est arrivée dans le monde. Il en va encore ainsi de nos jours : les serfs de la Hongrie parviennent à la liberté par le rachat.

Croyez bien qu'il y a là un principe vrai, civilisateur, qu'il ne faut pas écarter légèrement. Et croyez-le, si vous amendez la loi, si vous donnez aux esclaves l'appui décidé du gouvernement, si vous assurez le rachat de la famille entière, lorsqu'un de ses membres s'est affranchi ; si vous provoquez la multiplication du mariage et la création de familles légitimes, si vous établissez des caisses d'épargne dans les colonies, si vous interdisez les châtiments flétrissants, surtout pour les femmes, si vous fixez d'avance le prix des noirs, si vous supprimez la preuve de la légitimité du pécule, si vous donnez une liberté entière à l'affranchi, vous aurez beaucoup fait pour l'émancipation. ·

Si, de plus, entrant dans la voie que j'indiquais tout à l'heure, vous venez en aide à la production agricole et manufacturière, vous aurez fait l'émancipation autrement que l'Angleterre, mieux que l'Angleterre : vous aurez satisfait à la fois aux intérêts des esclaves et aux intérêts des colons. (Très bien ! très bien !)

(L'orateur, en regagnant sa place, reçoit les félicitations d'un grand nombre de ses collègues.)

Pendant les séances suivantes — consacrées au même sujet — M. de Gasparin, grâce à une discussion serrée, vigoureuse, persistante, mais trop fragmentée pour que nous puissions la reproduire ici, contraint le ministre à émettre successivement, sur chacun des articles de ·la loi, des déclarations positives, qui en décident et en affirment le caractère libéral.

Nous donnons le dernier discours prononcé dans ce débat par M. de Gasparin. Sur plusieurs points, les paroles de l'orateur sont d'une triste et d'une poignante actualité. — Edit.

CHAMBRE DES DÉPUTÉS

Suite de la discussion du projet de loi concernant le régime législatif des colonies.

M. LE PRÉSIDENT. —Art. 18. « La présente loi ne s'applique qu'aux colonies de la Guadeloupe, de la Martinique, de la Guyane et de Bourbon, et à leurs dépendances. » Sur cet article, deux amendements ont été proposés, l'un de M. de Gasparin, portant : « Il sera procédé par des lois séparées à l'abolition de l'esclavage dans les autres colonies de la France. »

La parole est à M. de Gasparin.

LE Cᵗᵉ A. DE GASPARIN. — Messieurs, je comprends la disposition de l'article en discussion ; mais il est nécessaire (et ici, on ne m'accusera pas d'aller au delà de ce que la curiosité parlementaire doit se permettre (On rit.), il est nécessaire de demander quelles sont véritablement les intentions du gouvernement, pour nos possessions autres que la Martinique, la Guadeloupe, la Guyane et Bourbon ?

Nous avons trois possessions où l'esclavage existe : l'Inde française, le Sénégal et l'Algérie. Je dirai un mot de chacune d'elles.

Quant à l'Inde, vous savez à quel point nos possessions y sont insignifiantes, comparées à celles de l'Angleterre. L'Angleterre a aboli l'esclavage chez elle. Il paraît évident que l'abolition de l'esclavage dans nos propres possessions ne peut pas rencontrer de difficultés.

M. Ternaux-Compans. — Elle ne l'a pas aboli dans l'Inde.

M. de Gasparin. — Je vous demande pardon.

M. Ternaux-Compans. — Je vous demande pardon moi-même.

M. de Gasparin. — Je passe au Sénégal. L'affranchissement, de l'aveu de tout le monde, doit y rencontrer moins d'obstacles qu'ailleurs. Là, en effet, point de cultures coloniales ; un petit nombre d'esclaves, dix mille, sous le nom de captifs. Point de complication sérieuse. Si l'on n'applique pas la loi actuelle au Sénégal, c'est que l'on veut mieux faire, c'est que l'on veut affranchir plus rapidement dans cette colonie.

Mais, ici, il est impossible de passer sous silence un fait grave, relatif à notre colonie du Sénégal.

On nous avait promis que tout commerce d'esclaves y cesserait ; que l'on n'y achèterait plus d'esclaves pour les affranchir ensuite, et en recruter nos régiments noirs. Cette promesse était contenue dans le rapport de M. le duc de Broglie en 1843. Voici la phrase même du rapport ; je ne pense pas que la commission et M. le duc de Broglie aient écrit une pareille phrase, sans y être parfaitement autorisés :

« Ces achats d'esclaves qu'on affranchit, n'auront plus
lieu à l'avenir. Le commerce des esclaves ne doit être
toléré sous aucune forme ni pour aucun but. »

Messieurs, je pense que cette promesse sera remplie.
Toutefois, je ne peux pas ne point remarquer que,
dans une dépêche de 1844, c'est-à-dire l'année suivante,
un officier de marine, aux sentiments élevés, duquel je
rends hommage, M. Bouet, disait que l'on n'achetait
plus, pour recruter les régiments noirs, « que des prisonniers de guerre inévitablement dévoués à la hâche ».

C'est là, vous le savez, le prétexte éternel des recru-
tements dont il s'agit. On répète sans cesse qu'acheter des
prisonniers et les affranchir, c'est leur rendre un grand
service ; et l'on oublie que, dans cet effroyable commerce, c'est de la demande que naît l'offre, de même
que dans tous les autres ; on oublie que c'est parce
que l'on achète les esclaves à la côte, quelle que soit
leur destination ultérieure, qu'il se fait des esclaves à
l'intérieur (C'est vrai.) ; on oublie que c'est parce qu'il
y a marché d'esclaves sur la côte, qu'on enlève, qu'on
vole, qu'on vend les hommes et les femmes dans l'intérieur.

Messieurs, c'est parce qu'il y a un marché de chair
humaine à Constantinople et au Caire, qu'on s'appro-
visionne au cœur de l'Afrique, qu'on exécute d'horribles chasses au Sénaar, et qu'un haras, oui, un haras
de nègres et de négresses, existe au-dessus des cataractes.
(Sensation.)

N'oublions pas cela.

Un gouvernement que l'on n'accusera pas d'aller
trop vite en matière d'émancipation, le gouvernement
hollandais, a lui-même, après avoir mûrement étudié
la question, après s'être longtemps défendu, consenti
à renoncer à ce commerce d'esclaves, destinés à l'affran-

chissement et au recrutement des régiments noirs. La mesure a été prise il y a trois années ; et je suis certain qu'en pareille matière, le gouvernement français ne se laissera pas distancer.

Je pourrais invoquer ici le témoignage de M. Bouet, que je citais tout à l'heure. Il a constaté les véritables causes de l'esclavage africain ; il a constaté que cette cause était l'achat à la côte.

M. Bouet, qui visitait un négrier portugais, ne pouvait pas l'arrêter définitivement, puisque nous n'avions pas de traité de droit de visite réciproque avec le Portugal. Or, voici ce que constata M. Bouet, en interrogeant les femmes esclaves qui se trouvaient à bord ; je passe plusieurs noms :

« *Oguilé.* — Traduction du nom : *instrument de musique.* — Au moment où son père se mourait, son oncle l'a enlevée, jeune fille, et vendue.

» *Ouaouna* — (Sans traduction.) — Jeune fille, elle a été arrêtée et enlevée, au moment où elle allait chercher de l'eau.

» *Ododena.* — Traduction du nom : *belle.* — Elle méritait son nom, et était encore jeune fille ; aussi son frère, soldat fameux, partant pour la guerre et n'ayant pas d'armes à feu, l'a facilement vendue en échange d'un fusil.

» *Oërimba.* — Vendue également par son frère, pour un fusil.

» *Ouanné.* — (Sans traduction.) — Vendue par son oncle, pendant la maladie de son père. Elle peut avoir de six à sept ans.

» *Evenou-Ockey.* — Traduction : *je ne suis pas pour tout le monde.* — Un ami de son père est venu

18

l'engager à prendre part à un festin ; après quoi, il l'a fait enfermer dans une case, et l'a vendue.

» *Oddiera.* — Elle est du pays des Athanes. Sa mère l'éloigne, avec intention, du pays où demeurait son père, puis la vend à des Ibos.

» Ainsi, de ces huit jeunes filles que j'interroge, en voilà deux vendues par leur frère pour un fusil ; une autre par son époux, pour une ou plusieurs rations de bœuf ; deux par leur oncle ; une enlevée près de la fontaine où elle allait puiser de l'eau ; une autre par un ami de son père. La dernière, je n'ose le redire, c'est sa propre mère qui la vend !

» J'abandonne le soin des commentaires aux partisans de l'esclavage.

» Ed. BOUET, *Capitaine de vaisseau.* »

Messieurs, je leur abandonne, moi aussi, le soin du commentaire, et je constate devant la Chambre, que tout se réunit pour exiger l'accomplissement de la promesse, contenue dans le rapport du duc de Broglie.

J'en viens à Alger.

Laissez-moi vous présenter une réflexion en passant. Il est triste de penser que, sur cette terre d'Afrique, les marchands, les recruteurs d'esclaves reculent, quand ils voient une colonie anglaise, tandis qu'ils abordent tranquillement tous les établissements français. Il est constant qu'on amène des esclaves au Sénégal et en Algérie, tandis qu'on n'en amène pas à Sierra-Leone.

M. GENTY DE BUSSY. — C'est une erreur, on n'amène pas d'esclaves en Algérie.

M. TERNAUX-COMPANS. — Les Arabes vont acheter des esclaves à Mozambique, pour les revendre ensuite dans l'Inde.

M. DE GASPARIN. — Messieurs, l'esclavage existe en Algérie : l'esclavage et la traite. Malheureusement, la preuve en est facile. Puisque l'on conteste, je vais la donner.

L'esclavage existe en Algérie, et cependant, l'affranchissement y serait plus aisé qu'ailleurs.

En effet, le nombre des esclaves y est fort peu élevé. D'après le relevé récent du *Moniteur algérien*, il n'y aurait pas plus de 1,200 esclaves dans toute l'Algérie.

Assurément la difficulté ne serait pas grande, si l'on avait la bonne volonté. Déjà le bey de Tunis (un *barbare*, comme on dit), a aboli l'esclavage ; il a interdit l'introduction des esclaves dans tous ses États.

Et savez-vous ce qui en est résulté? Pensez-vous qu'il en soit résulté des inconvénients graves dans la régence de Tunis? Non, il est arrivé que les caravanes qui amenaient des esclaves, amènent maintenant des nègres libres ; des villages entiers quittent le Soudan, pour se fixer dans la régence de Tunis.

A présent, Messieurs, je vous l'avoue, je suis honteux de comparer notre conduite à celle du bey de Tunis. Je suis honteux d'avoir à dire que, dans l'Algérie, on vend, non pas publiquement sans doute, mais notoirement des esclaves, et qu'on les y maltraite comme aux colonies. Je pourrais citer de tristes preuves, je m'en abstiendrai; je ne parlerai pas des faits qui se sont accomplis en 1844, faits qui ne seraient contestés par personne.

Nous avons été plus loin, nous avons renvoyé des esclaves fugitifs à leurs maîtres. Je crois que cela ne se fait plus, mais cela s'est fait. On a renvoyé à leurs maîtres irrités des esclaves fugitifs, qui étaient venus chercher un abri sous le drapeau français. (Sensation.)

On vient de nier que la traite se fît en Algérie ; on a

dit que les caravanes de l'intérieur de l'Afrique, n'amenaient pas d'esclaves dans nos possessions! Messieurs,
cette dénégation n'est en vérité pas possible. A défaut
de mon témoignage, dont je comprends l'insuffisance,
j'invoquerai celui d'un membre de cette Chambre, et
celui de M. le Gouverneur général de l'Algérie.

Un membre de cette Chambre, un homme que nous
honorons tous, M. Desjobert, a protesté, noblement protesté, dans son dernier travail sur l'Afrique, contre la
traite algérienne. M. le Maréchal Gouverneur de l'Algérie,
devant lequel j'aurais voulu parler de ces choses (je comp-
tais le faire lors de la discussion de l'adresse, et je
l'avais prévenu) a lui-même reconnu que cette bran-
che de commerce y existait.

On a dit, à l'appui du maintien de la traite, que ce
n'est pas au moment où nous allons établir des relations avec l'intérieur de l'Afrique, qu'il faut priver l'intérieur de l'Afrique de semblables exportations.

Messieurs, je ne réfute pas une pareille doctrine. Je
crois que la France est en état de faire ce qu'a fait le bey
de Tunis; et mes observations sont de circonstance,
quand je dis qu'à l'instant même où l'on vient de signer
un traité pour l'interdiction de la traite sur mer, on
ne voudra pas maintenir la traite sur terre : sur terre
française!

Vous pouvez être insensible aux souffrances des noirs,
quand elles n'existent qu'au delà de l'Atlantique; à cette
distance, les douleurs se taisent et les crimes s'affaiblissent. Mais en Algérie, à quarante-huit heures de la
France, sous les yeux de l'Europe, au bord de la Médi-
terranée, c'est trop près, croyez-moi.

Vous ne maintiendrez à Alger ni la traite ni l'esclavage. (Vive approbation à gauche.)

1846

CHAMBRE DES DÉPUTÉS

SÉANCE DU 20 JANVIER 1846

Suite de la discussion du projet d'adresse.

M. le Président.[1]. — La parole est à M. de Gasparin.

(M. de Gasparin monte à la tribune; il attend, pendant cinq ou six minutes, que l'agitation qui a succédé au discours de M. Duvergier de Hauranne soit calmée.)

M. le Président. — J'invite MM. les Députés à reprendre leurs places et à faire silence, pour que l'orateur puisse se faire entendre.

Le Cte A. de Gasparin. — L'honorable préopinant disait tout à l'heure : « Je sais la réponse qu'on va me faire; on me dira que les mêmes reproches ont été adressés aux cabinets précédents, et que, par conséquent, nous n'avons pas à nous occuper au fond de toutes ces questions, vieilles comme le monde. »

1. M. Sauzet.

L'honorable préopinant s'est trompé. (On rit.) Celui qui a l'honneur de lui succéder à la tribune, considère les questions qu'il a soulevées comme très graves, très dignes d'être examinées, indépendamment de la conduite des cabinets successifs.

M. Duvergier de Hauranne a dit encore une parole que la Chambre me permettra de relever, avant d'essayer de suivre la pensée principale de son discours. Il a dit qu'aujourd'hui, les remarques de M. Royer-Collard ne s'appliquaient plus : que les jeunes gens ne s'étonnaient plus des abus qu'il a signalés.

Je crois, Messieurs, que ma présence à cette tribune est une réponse, et j'espère que mon discours en sera une autre. (Bruits et mouvements divers.)

L'appui des jeunes gens n'a manqué ici à aucune des questions vraiment libérales. Le libéralisme, dont on parle beaucoup et qui est devenu très rare, le libéralisme qui s'applique à toutes les questions (car la liberté est une), j'ai pris l'engagement, pour mon compte, de ne jamais le déserter, et je tiendrai cet engagement : liberté pour les blancs, liberté pour les noirs, liberté du commerce, liberté de l'administration, liberté des élections.

Plusieurs membres. — Bravo !

M. DE GASPARIN. — Liberté des cultes, liberté de l'enseignement. (Très bien ! très bien !) Je ne veux pas fatiguer la Chambre de l'énumération des libertés ; mais j'espère qu'aucune ne sera jamais, pour aucun intérêt, dans aucune circonstance, abandonnée par moi. (Très bien ! très bien !)

J'ai écouté avec beaucoup d'attention le débat auquel nous avons assisté. Quelques membres de la Chambre paraissent le trouver déjà long. Quant à moi, je ne

regrette pas le moins du monde cette revue générale
de la politique du gouvernement. Une telle revue est
nécessaire ; si nous ne faisions que des affaires, comme
on dit, la Chambre descendrait de son rôle naturel ;
il faut qu'elle fasse autre chose que des affaires. Elle a à
examiner l'ensemble de la politique. Les questions générales ! ne regrettons pas, Messieurs, le temps que nous
y donnons. (Approbation.)

Une voix. — Personne ne le regrette.

M. DE GASPARIN. — Messieurs, parmi ces questions, il en
est beaucoup que l'on traite ici, sans saisir l'attention de
la Chambre ; il y en a d'autres qui, toujours, causent une
profonde émotion sur tous les bancs. Vous avez entendu
parler de bien des choses, dans cette revue générale de
la politique.

On a parlé, je crois, des lois de Septembre; on a parlé
de la réforme électorale ; on a parlé de l'application des
lois concernant la presse, et l'honorable préopinant faisait lui-même remarquer, tout en remplissant un devoir
à cet égard, qu'il s'attendait à rencontrer fort peu de
sympathie et d'intérêt.

Cela est vrai. Cela est si vrai, que même lorsque l'on
fait des reproches fondés au ministère, fondés à mon
avis, les reproches tombent et ne sont pas relevés.

Ainsi (pourquoi ne le dirai-je pas?) deux lois ont
été violées. Il faut avoir de graves motifs pour agir de la
sorte ; ces motifs existent peut-être. Quoi qu'il en soit,
la justification est inutile. Les ministres peuvent se
dispenser, à l'exemple de leurs prédécesseurs, d'exécuter
la loi sur la garde nationale. Il ont pu méconnaître
l'esprit évident de la loi récente sur le conseil d'État. En
signalant ces faits si considérables, on ne touche, c'est
clair, ni la Chambre ni le pays. (C'est vrai!)

De même, pour la politique étrangère. On vient parler de l'alliance anglaise; on cherche à réchauffer la question de Taïti, cette question sur laquelle je m'impose à moi-même l'obligation de ne rien dire en ce moment; de ne rien dire, jusqu'à ce qu'on reproduise expressément certaines assertions; de ne rien dire, quoique je continue à opposer une protestation très haute et très publique, à des insinuations toujours dénuées de preuves.

Or, Messieurs, ces questions-là ne remuent personne. On sent, au fond, que la politique étrangère est le grand titre du cabinet actuel. C'est là sa gloire; employons le mot. La gloire du cabinet actuel, est d'avoir compris que la liberté, la civilisation, c'était la paix générale; que la paix générale, c'était l'alliance intime avec l'Angleterre. Sa gloire a été de vouloir non pas seulement le but, mais les moyens, ce qui est plus rare (Très bien!). Et c'est en cela, que le cabinet se distingue de l'honorable préopinant.

M. Duvergier de Hauranne a déclaré qu'il ne voulait pas la guerre, qu'il voulait la paix. Messieurs, je fais peu de différence entre ceux qui veulent à la fois le but et le moyen, et ceux qui les séparent.

Messieurs, ces questions de politique étrangère intéressent-elles aujourd'hui? En sommes-nous émus?

Pour ma part, je le dis hautement, si j'avais à faire un reproche au gouvernement (permettez-moi une courte digression sur ce point), si j'avais un reproche à lui faire, je lui reprocherais de ne plus vouloir, peut-être, cette politique aussi fermement qu'il l'a voulue; je lui reprocherais de se laisser aller à certains entraînements momentanés de l'opinion. Je suis de ceux qui redoutent un peu nos fantaisies maritimes et coloniales;

je suis un de ces esprits rétrogrades, qui croient que le classement des influences politiques importe à la paix du monde, et que la transposition des rôles ne peut pas s'opérer sans péril; qui croient que le rôle de la France a été jusqu'ici très grand, très glorieux, et qu'elle risque beaucoup à vouloir en changer. J'ai le malheur de croire encore cela, Messieurs; j'ai le malheur de m'effrayer, lorsque je vois toutes nos lorgnettes braquées sur les océans lointains, tandis que nous tournons le dos à l'influence naturelle de la France en Europe. (Approbation sur plusieurs bancs.)

Nous avons nos alliances naturelles, les alliances continentales; qu'en faisons-nous?

La Belgique! Elle va devenir allemande, peut-être.

La Suisse! Je cite des exemples, parce que c'est avec des traités de commerce qu'on fait aujourd'hui des conquêtes, et la Prusse l'a bien prouvé.

Or, ces moyens de conquêtes, d'influences véritables, d'influences continentales, conformes à nos traditions, nous les repoussons obstinément. Belgique, Suisse, Savoie, tous les États voisins, nous les avons successivement repoussés; nous cherchons à faire le vide autour de nos frontières. Quant à moi, j'ose le dire, j'aimerais mieux l'union douanière avec la Belgique, que la conquête de Madagascar.

C'est là une digression à laquelle j'ai peut-être eu tort de me laisser entraîner. Retournons à la question, au point essentiel traité par l'honorable préopinant. Ce point me préoccupe fortement, aussi j'y reviens. Si je n'y revenais sans cesse, vous auriez le droit de ne pas croire mes idées sérieuses, de les accueillir comme on accueille de simples fantaisies, de purs caprices. Si elles sont sérieuses, je dois les reproduire incessamment,

car elles touchent à l'honneur de mon parti : à l'avenir
de la majorité conservatrice du bien, et à la moralité du
pays entier.

J'ai dit la politique conservatrice, le parti conservateur.

Il y a deux choses pour un parti : triompher aujourd'hui (cette victoire est certaine), triompher aujour-
d'hui, avoir la majorité ; et, avoir de l'avenir, renfermer
en soi les éléments de la durée.

La durée, messieurs, est à la condition d'une certaine
initiative, d'un sincère amour du progrès et de la liberté.
J'y reviendrai ; l'honorable préopinant m'y a convié, en
signalant la désertion universelle, selon lui, du libéralisme soutenu dans les premières années qui ont suivi la
révolution de Juillet : du libéralisme, abandonné maintenant.

Je ne m'enferme pas dans les questions spéciales,
traitées hier à cette tribune. — Falsifications de listes !
L'accusation est grave ; je suis loin de l'admettre dans
son application aux instructions ministérielles.

Je n'ai garde de m'engager dans des détails qui me
sont inconnus.

On a parlé de députés candidats ! Sur ce point, Messieurs, je pourrais dire davantage, j'aurais le droit de
raconter aussi.(Racontez ! racontez !)

Ce serait un devoir pour moi, si je n'avais déjà
établi et maintenu, si je ne maintenais pas hautement
les assertions que j'ai portées il y a deux ans à cette
tribune ; si je ne disais que, dans le département que
j'ai l'honneur de représenter, cet abus existe à un
haut degré, que les faveurs ministérielles y passent
exclusivement par le canal de tel député ou de tel can-

didat à la députation, si je ne disais que l'abus a un
caractère plus grave que partout ailleurs (et j'ai toujours insisté sur ce point), en ce que, pour les Corses,
la lutte n'est pas politique. Oui, en Corse, on ne fait pas
la guerre à des adversaires politiques. En Corse, la
classe exclue, absolument exclue, si elle ne recourt à certaine influence, est étrangère aux passions politiques qui
peuvent nous diviser. Donc, en Corse, la seule excuse
qu'on puisse présenter ailleurs manque à la partialité,
à la faiblesse du gouvernement. (*A gauche.* Très bien!)

Il a fallu dire cela; j'aurais manqué à un devoir si
ne l'avais pas dit. — Mais j'ai hâte d'arriver à des
questions plus générales, sinon plus hautes.

Je me sens pour mon compte, embarrassé dans ces
discussions en quelque sorte personnelles, dans ces
préoccupations qu'on pourrait croire intéressées.

Je suis très à mon aise pour attaquer hautement,
franchement, l'intervention corruptrice des députés;
très à mon aise, car on apostille sur tous les bancs de
la Chambre, si je ne me trompe (On rit.). J'ai l'avantage de m'adresser, non pas seulement à une fraction de
la Chambre, mais de m'adresser à tous ses membres; et,
quant à moi, je ne sais pas si les apostilles ministérielles
sont les plus puissantes.

Ce qui fait aussi que je suis à mon aise dans ce débat,
c'est que la politique conservatrice est essentiellement
intéressée à la cessation des abus.

M. le Ministre de l'intérieur disait hier que la politique du gouvernement n'avait pas besoin de recourir
à la corruption; qu'elle avait bien d'autres armes à employer; que ses armes étaient les services rendus, les
difficultés résolues par elle.

19

M. le Ministre avait mille fois raison. Non seulement la politique ministérielle n'a pas besoin de la corrup-tion, mais elle a besoin que la corruption cesse d'exis-ter. (Très bien !)

Vous comprenez le sens dans lequel j'accepte ce mot : corruption. Vous comprenez qu'il ne s'agit pas ici d'appliquer une accusation à tel ou tel ministre, à tel ou tel cabinet. Tous ont marché dans la même voie; nous y avons tous marché ; tous nous avons notre part de responsabilité. Si ce mal s'est accru (et je crois qu'il s'est accru), pourquoi l'a-t-il fait ? Parce que les ministres actuels sont venus après les autres. C'est une affaire de date. Quand une maladie est croissante, ceux qui arrivent les derniers sont les plus malades. (On rit.)

Ma position personnelle est nette; je puis me laver publiquement les mains de pareils abus. (C'est vrai !) J'ai pris un engagement, et je l'ai tenu. Je ne suis inter-venu, depuis plusieurs années, dans aucune affaire d'intérêt privé, je ne recommencerai pas à intervenir; je sortirai peut-être de la Chambre, mais assurément, s'y j'y rentre jamais, ce ne sera que pour représenter des idées, des convictions, et non des intérêts person-nels. (Très bien !)

Messieurs, en quoi consiste le mal ? Nous en faisons-nous une juste idée? Je cherche à ne pas passionner ce débat, je parle avec calme et sérieux, d'une affaire profondément sérieuse pour tout le monde. Quel est le mal? Nous en faisons-nous, je répète la question, une juste idée? Regardons dans les collèges électoraux : que devient l'élection? Sans calomnier personne, sans ca-lomnier le pays, en supposant que la moralité du pays vaut bien la moralité des autres nations, je puis de-mander ce que devient l'élection, quand on s'informe

plutôt du crédit d'un candidat que de son opinion? Que
devient le rôle du député, s'il a à faire autre chose que
son métier de député à la Chambre? Que devient l'administration, si elle voit son influence subordonnée, son
indépendance détruite, son rôle usurpé? ·

Ici, je pourrais entrer dans des détails, invoquer des
faits. Il en est un que je citerai, car il se reproduit tous
les jours, et vous le connaissez tous. J'en rougis chaque
fois que j'y pense. Parmi les solliciteurs qui font anti-
chambre chez nous, il y a des soldats, des soldats qui
ont versé leur sang pour le pays, qui ont gagné leurs
épaulettes, qui ont gagné la croix d'honneur, qui sont
présentés par leurs chefs, et qui viennent nous dire :
Sans l'appui d'un député, je n'aurai pas d'avancement.

Plusieurs membres. — C'est vrai !

M. DE GASPARIN. — Se trompent-ils, je l'ignore ; mais
vous l'avez tous entendu. (Oui ! oui !) Et moi, qui ai le
regret de leur répondre : Je ne puis rien, je ne puis
pas intervenir ! j'ai le regret aussi de leur entendre dire :
Eh bien, la présentation est comme nulle, mon colonel
me l'a dit. (C'est vrai !)

Et vous pensez que lorsque de tels faits, lorsque de
telles idées sont admises dans le pays ; quand l'armée,
quand la marine, quand toutes les administrations,
quand les électeurs, quand les non-électeurs croient tous
à ces procédés arbitraires ; quand tout un peuple croit
et sait qu'il est impossible de parvenir à un avancement
quelconque, d'obtenir une faveur quelconque, de recevoir une bourse, un secours, si l'on n'a l'appui d'un
député, vous pensez que, dans un tel pays, l'élection ne
se fausse pas nécessairement, que le caractère de la députation ne s'altère pas absolument !

Je dis que nul ne saurait, *a priori*, nier de tels résultats.

Je n'examine pas *a posteriori*, dans les faits, ce qui est arrivé; j'admets que nous ayons échappé jusqu'ici aux plus tristes conséquences; mais, prenez garde, Messieurs, prenez garde et pour le bien de ce pays et pour l'honneur de tous les partis, prenez garde d'aller plus loin. (Approbation.)

Nous nous faisons, je le crains, de grandes illusions sur l'apaisement de la fièvre politique.

On s'en félicite beaucoup, et, dans une certaine mesure, je suis prêt aussi à m'en féliciter. Oui, la sagesse du cabinet actuel et des cabinets précédents, la politique du dedans et la politique du dehors, ont eu une noble part dans cet apaisement de la fièvre politique.

Mais n'y a-t-il pas d'autres raisons? N'existe-t-il pas d'autres causes, des causes dont on ne peut pas se glorifier? Les intérêts matériels, n'ont-ils pas détourné une partie des passions qui se portaient vers la politique? Est-ce profit? Est-ce progrès? Quant à moi, Messieurs, j'aime mieux la fièvre dans les collèges électoraux qu'à la bourse. (Très bien!)

Au surplus, ce n'est pas là le seul motif de cet apaisement de la fièvre politique. Il en est un qu'il est plus difficile d'indiquer, quoique vous le deviniez tous.

Quand on a lutté longtemps contre un adversaire qui décidément l'emporte, il y a deux manières de renoncer à la lutte: on peut se résigner, ou l'on peut changer d'opinion.

Or, j'ai peur que dans beaucoup de collèges on ne se résigne et qu'on ne dise: — Nous ne pouvons plus lutter, mais nous voulons notre part.

A gauche. — C'est cela!

M. DE GASPARIN. — C'est un peu la fable, permettez-

moi cette allusion,, la fable du chien qui porte le dîner
de son maître. (C'est vrai!) Il le défend quelque temps,
puis, quand il voit que la défense est devenue impossible, il demande sa portion. (Rires à gauche.)

Je sais bien qu'on fera une théorie là-dessus.

On nous prouvera que les abus sont nécessaires,
qu'on ne peut s'en passer, qu'ils ont existé partout où
a existé un gouvernement représentatif, que peut-être
même ils ont leur bon côté! Car nous vivons dans un
temps, Messieurs, où l'on est singulièrement habile à
construire des théories, à jeter les magnificences du
langage sur les pauvretés et sur les vices de la conduite.
(Très bien!)

Nous sommes tous enclins à cela ; nous sommes enclins
à faire la théorie de notre pratique. C'est une tendance
naturelle de l'esprit.

Mais songez-y, à côté de la théorie, au-dessous de ce
beau langage, le fait ne sera pas changé ; et, en ce qui
me concerne, je ne voudrais à aucun prix accepter, pour
notre forme de gouvernement, une définition célèbre :
le gouvernement représentatif par la corruption. (Mouvement.)

Messieurs, si le mal est réel, il faut un remède.
J'attendrai que quelqu'un conteste le mal. S'il est réel,
il faut un remède.

J'avais essayé, avec quelques-uns de mes collègues
(tous membres du parti conservateur), de prendre une
initiative à cet égard, dans la session dernière. Nous
avions cherché un remède dans la hiérarchie des fonctions administratives, dans la limitation des candidatures.

A une voix de majorité, je crois, notre proposition
a été rejetée. J'ignore ce qu'il y aura à faire ; mais je

désire beaucoup que le cabinet, qui avait paru approuver en principe cette mesure, y donne suite. Peut-être le fera-t-il.

Voix à gauche. — Il s'en gardera bien.

M. DE GASPARIN. — Permettez-moi d'avoir plus de confiance en lui que vous n'en avez.

Je désire que, donnant suite à notre pensée, le gouvernement prenne l'initiative de cette réforme administrative, qui opposerait une barrière réelle à beaucoup d'ambitions.

Sans doute, il y a des moyens plus radicaux, plus absolus. Il y aurait un moyen que j'ose à peine indiquer : une modification du règlement de la Chambre, une clause nouvelle introduite dans le serment des députés. Je n'insiste pas, j'ajoute seulement que si nous le voulions bien, sans mesure législative, le mal cesserait. Je mets en fait que si, dans cette Chambre, il se trouvait seulement vingt membres qui prissent hautement l'engagement de ne plus intervenir dans les intérêts privés, tous leurs collègues seraient moralement forcés de suivre leur exemple. (Marques d'approbation.)

M. LHERBETTE. — Plusieurs d'entre nous l'ont déjà fait.

M. DE GASPARIN. — Je vous en félicite.

Un membre à gauche. — Nous n'avons pas besoin de prendre d'engagement, personne ne nous soupçonne !

M. DE GASPARIN. — Messieurs, il y a là, dans tous les cas, une réforme dont je ne voudrais pas que le parti conservateur laissât l'honneur à un autre parti. Je me tourne vers les membres qui siègent sur les mêmes bancs que moi, je m'adresse directement à eux, et je les supplie, dans l'intérêt de nos opinions, que je crois bonnes, dans l'intérêt de notre parti, auquel je crois de l'avenir, je les supplie de ne pas laisser à d'autres cette réforme, et d'autres réformes encore.

Et ici, Messieurs, je répondrai indirectement à une portion du discours de l'honorable préopinant. Il verra qu'il y a du moins dans le sein du parti conservateur des membres (car je ne suis certes pas le seul), des membres qui se préoccupent de l'idée de donner plus d'initiative, plus d'élan, plus de *jeunesse*, au parti conservateur.

Les partis ne vivent qu'à cette condition-là. Le rôle de la résistance est glorieux. Il l'a été, comme on le disait tout à l'heure, quand la résistance était difficile, quand elle présentait du danger, quand la guerre au dehors, quand l'émeute au dedans, la rendaient aussi périlleuse que nécessaire : alors, la politique de résistance avait un rôle assez glorieux pour honorer, pour faire vivre un parti. Mais, je l'affirme, jamais parti n'a pu se contenter longtemps d'un rôle purement négatif. Empêcher le mal, c'est beaucoup; cela ne suffit pas. Il faut faire le bien pour conserver ; il faut améliorer, pour ne pas perdre sa position : il faut marcher en avant ! (Approbation à gauche.)

On le sait ailleurs. On n'oublie pas, dans un autre pays, cette maxime vulgaire, cette maxime connue : que l'histoire improvise sans cesse ; que, par conséquent, il faut de nouvelles solutions à des difficultés nouvelles ; qu'un parti qui aurait le malheur de dire : — Ma doctrine est faite, ma politique est arrêtée ; ce que j'ai pensé, je le penserai ; ce que j'ai voulu, je le voudrai toujours ! un tel parti donnerait sa démission. On le sait ailleurs, dis-je, et en effet, il y en a de grands exemples de l'autre côté du détroit.

Un ministre qui a duré longtemps, et qui a tué son

parti, sir Robert Walpole, avait pour principe de ne rien faire, de ne remuer aucune question nouvelle, de ne tenter aucune amélioration. *Quieta non morere*; c'était là sa maxime.

Un autre ministre, qui dure encore, et qui, quelles que soient les alternatives de la politique, durera long-temps ; un ministre qui donne de l'avenir à son parti ; que son parti déteste, et qui fait vivre son parti ; sir Robert Peel, a une autre maxime. L'œil fixé sur ses adversaires, il cherche constamment dans leur programme, quelle idée applicable, quelle pensée bonne et vraie il peut leur déro- ber, quelle réforme réalisable il peut leur soustraire ; et de la sorte, il a transformé les conservateurs en quasi- révolutionnaires. Or, les révolutions ne se font bien qu'ainsi ; c'est ainsi qu'elles portent de bons fruits ; c'est ainsi que les partis modérés s'honorent et se perpétuent. (Approbation.) M. d'Israëli, un membre très éminent du parlement anglais, disait de sir Robert Peel : Il a trouvé les wighs au bain, et il s'en est allé avec leurs habits. (On rit.) C'est de la bonne guerre.

Prendre les habits de ses adversaires, prendre leurs idées quand elles sont sensées, leurs propositions de progrès quand elles sont réalisables, leur laisser ce qu'il y a de mauvais, garder ce qu'il y a de bon, c'est de la bonne guerre. Les idées de liberté, de progrès : c'est notre bien. On prend son bien, partout où on le trouve.

Encore un mot. Les questions politiques sont des questions d'échéances. Remettre à demain, ce n'est pas comme si on faisait aujourd'hui. Pour prendre les ini- tiatives qui honorent, qui comptent, il faut les prendre à temps. Proposez aujourd'hui telle réforme, on vous en saura gré. Attendez quelques jours, d'autres l'accompliront, ou vous l'accomplirez vous-mêmes, sans qu'on vous en tienne aucun compte.

C'est ainsi que j'entends faire la guerre à nos adversaires de l'opposition.

Une voix à gauche. — C'est de la bonne guerre.

M. DE GASPARIN. — La guerre qui consiste à repousser énergiquement toutes les idées funestes (et il y en a, il faut bien que je le pense, sans cela je ne serais pas assis sur les bancs de la majorité), la guerre qui consiste à repousser énergiquement les idées, les tendances contraires aux vrais intérêts du pays, et en même temps, à nous approprier avec empressement toutes les initiatives honorables et utiles !

Ce n'est pas seulement vis-à-vis de nos adversaires politiques, que nous devons agir ainsi. Nous avons d'autres adversaires qu'on oublie un peu trop, qu'on dédaigné un peu trop, qui font leur chemin dans le pays, et que pour mon compte, je redoute beaucoup. (Mouvement d'attention.)

Il y a une école, qui a écrit sur son drapeau le nom de *socialisme*. On ne prend pas assez garde à cette école. Elle fait la guerre à tout ce qu'il y a de plus essentiel à une société libre : à l'individu, à la famille, qui est aussi un individu, relativement au grand tout. Là est un grave danger. Or, nous concourons tous à le grossir, nous sommes tous des alliés du socialisme sans le savoir, sans le vouloir. J'ai peur que nous ne reproduisions l'histoire de cet homme qui, au moyen d'une formule magique, avait évoqué un génie et lui avait ordonné d'apporter de l'eau. Le génie apportait de l'eau ; mais l'homme avait oublié la formule nécessaire pour le renvoyer ; et l'eau monta, monta, jusqu'à ce qu'il fût englouti. (Sensation.)

19.

Ne nous y trompons pas; dans le socialisme, il y a des idées vraies et des idées fausses; et ce qu'il y a de vrai, soutient ce qu'il y a de faux. Laissons-lui son droit au travail, qui a pour corollaire impérieux le devoir du travail, c'est-à-dire l'esclavage. Quant à ses sympathies envers les classes laborieuses, quant aux grandes questions humanitaires qu'il soulève, ne les traitons pas avec dédain.

J'entends souvent dire autour de moi, j'entends dire ici et ailleurs, qu'on grossit la misère du pauvre; que les choses se sont toujours passées ainsi. Je ne sais pas ce qui a été, mais je crois savoir un peu ce qui est, et je dis qu'il y a des misères intolérables, qu'il y a des souffrances horribles, et que ceux qui en doutent n'ont pas été les voir.

M. Glais-Bizoin. — Dites-le bien haut, c'est vrai!

M. de Gasparin. — Je voudrais que ma voix fût plus haute, pour la faire entendre à mon pays tout entier! Il y a des voix plus éloquentes que la mienne, mieux écoutées; je les supplie de faire retentir les mêmes vérités.

Oui, il y a des misères horribles, et qu'y faisons-nous? Voilà aussi une réforme : voulez-vous la laisser à d'autres? La concurrence industrielle décime, détruit certaines populations. Vous ne pouvez pas le nier. On nous propose des remèdes, des remèdes efficaces dans une certaine mesure, et nous ne voulons pas même les examiner! Je parle ici de la limitation des heures de travail. L'Angleterre l'a déjà essayée, trop peu, mais enfin l'a essayée pour les femmes. Qu'est-ce qui a empêché qu'elle ne l'appliquât aux hommes? L'exemple de la France, l'inertie de la France, la crainte de la concurrence française. On a dit, dans le sein du parlement

britannique : Nous ne pouvons pas retrancher à nos
manufacturiers deux, trois, quatre heures de travail,
quand nos voisins les conservent.

L'idée d'une convention diplomatique sur ce point si
essentiel, et, ce me semble, si facile à régler, cette idée
a surgi dans beaucoup d'esprits, des deux côtés du détroit. J'ai pris moi-même la liberté de l'indiquer au
gouvernement, l'année dernière, dans une discussion
analogue.

Messieurs, ne méprisons pas de telles idées. La négociation peut offrir plus de difficultés que je ne le suppose ;
mais l'entreprendre est déjà un honneur. Il est bon que
l'alliance anglaise porte de tels fruits.

En Angleterre, lord Ashley, dans quelques jours, présentera de nouveau son bill et, dit-on, avec quelques
chances de succès. Déjà, maints négociants anglais,
que cette initiative honore, ont réduit le nombre des
heures de travail dans leurs manufactures, et s'en sont
bien trouvés, même au point de vue du produit.

Je ne fais que signaler ces réformes à la Chambre.
Elles peuvent être accomplies sans compromettre
aucun des principes politiques que nous avons défendus. J'ajoute, qu'en décrétant des réformes nouvelles en faveur des classes laborieuses, nous devons
veiller, avant tout, au maintien de celles que nous avons
déjà votées. Vous avez fait une loi sur le travail des
enfants dans les manufactures ; qu'est devenue cette loi
protectrice, cette loi nécessaire ? Permettez-moi d'en
dire un mot.

Cette loi n'est pas exécutée. Assurément, je rends hommage aux intentions et à l'humanité de M. le Ministre
du commerce, mais les moyens lui manquent. Au lieu
d'inspecteurs locaux, de voisins, d'amis qui ne peuvent

dresser des procès-verbaux contre les manufacturiers avec lesquels ils vivent chaque jour, que M. le Ministre ait des inspecteurs généraux, étrangers à la localité. Sans ces moyens, il n'arrivera à rien de sérieux.

Où sont les procès-verbaux? Où sont les condamnations? Je le demande. Bien plus, il y a des articles de la loi qui sont violés universellement, nul ne peut le contester.

Ainsi, la loi avait établi le repos du dimanche. (Interruption.) Je ne porte pas le moins du monde la question religieuse, la question de dogme à cette tribune. Le dimanche est pour moi, en ma qualité de législateur, le repos indispensable d'un jour par semaine, le patrimoine précieux des travailleurs, un bien inestimable dont il ne faut pas les dépouiller aujourd'hui. (C'est vrai !)

Vous avez accordé le repos du dimanche. Eh bien, on travaille le dimanche; le dimanche est consacré, en partie, à nettoyer les machines. Et qu'on ne vienne pas prétendre que les nécessités de la concurrence avec l'étranger nous ont entraînés à cette violation. Non. En Angleterre, vous le savez, les machines ne se nettoient pas le dimanche; on fait ce travail le samedi soir. C'est donc, sans avoir même le prétexte de la concurrence à soutenir, que nous violons la loi. Et nous la violons de bien d'autres manières. (Bruit.)

J'appelle l'attention de la Chambre sur cette question ; elle en vaut la peine. Il s'agit de centaines de milliers d'enfants, qui souffrent et qui meurent par la violation de la loi. (Nouveau bruit.)

J'attendrai le silence.

Je disais, Messieurs, que la loi était violée par la suppression illégale du repos du dimanche. Elle est violée aussi, en ce que, dans certaines manufactures, dans les verreries, par exemple, où le travail est très prolongé, on s'est permis d'étendre non pas seulement jusqu'à douze, treize et quatorze heures, mais jusqu'à vingt-quatre et vingt-six heures le travail des enfants. (Exclamations et rires.)

Je ne croyais pas avoir besoin d'indiquer à la Chambre que, lorsque j'ai dit vingt-six heures, c'était vingt-six heures de travail sans discontinuer. (C'est évident.) Je n'aurais pas voulu, pour que ma phrase fût meilleure, m'arrêter à vingt-quatre heures. J'ai voulu présenter le fait, dans toute son énormité.

Je dis donc que des enfants travaillent vingt-quatre et vingt-six heures. On se contente de jeter quelques matelas dans l'atelier, pour qu'ils s'y reposent de temps en temps.

Vous avez voulu une protection réelle pour les enfants, et cette protection n'existe pas. Cette réforme qui vous a honorés, il ne faut pas la laisser perdre, au moment où nous sollicitons vivement d'autres réformes.

Je le sais, on excite chez ses amis une sorte d'irritation, lorsqu'on dit certaines vérités sur la politique qu'on suit en commun avec eux. Mais j'aime mieux l'avenir de cette politique que mon propre intérêt, que ma propre situation. Cette politique, je ne la veux pas seulement victorieuse, je la veux honorée. Je suis plus jaloux d'elle que vous-mêmes. Il ne me suffit pas qu'elle ait la majorité aujourd'hui, je lui veux la vie demain.

Parler comme je parle, c'est, comme le disait hier M. de Peyramont, servir utilement la politique conservatrice, à laquelle je suis dévoué. (Très bien! très bien!)

CHAMBRE DES DÉPUTÉS

Suite de la discussion du projet d'adresse. — Para-graphe 4 : Instruction publique [1].

M. LE PRÉSIDENT. — L'ordre du jour appelle la suite de la délibération de la Chambre sur les paragraphes du projet d'adresse.

La parole est à M. de Gasparin.

LE Cᵗᵉ A. DE GASPARIN. — Messieurs, je ne sais pas s'il y a place, dans ce long débat, pour une parole de liberté. (Oui! oui!)

J'entends, non pas la liberté de 1808, mais la liberté de 1846.

La liberté de 1808 a été assez célébrée de part et d'autre.

---

1. Le débat — il a occupé plusieurs séances — est engagé à propos de l'ordonnance royale du 7 décembre 1845, qui attribue au conseil royal de l'instruction publique, un pouvoir arbitraire sur les écoles normales que va fonder le gouvernement dans les villes pour-vues d'une faculté.

Quant à la liberté promise en 1830, refusée jusqu'en 1846, et qu'il est à peine permis de réclamer aujourd'hui, je voudrais en dire un mot à la Chambre. J'y suis forcé, d'ailleurs, par les paroles qu'a prononcées hier, à cette tribune, l'honorable M. Thiers.

Je ne m'enferme pas, comme vous le voyez, dans la question spéciale; elle a été épuisée, à mon avis. Je ne sais pas s'il se trouve encore dans la Chambre beaucoup de membres disposés à s'attendrir sur le sort de ces huit petites souverainetés absolues, qui ont été médiatisées par M. le Ministre de l'instruction publique. (On rit.) Je sors de ces étroites limites.

Il y a ici deux questions : la petite et la grande, l'apparente et la réelle.

La grande question, la question réelle, celle qui, au fond, nous préoccupe, celle qui a donné de l'intérêt et de la grandeur au débat, c'est la question qu'a touchée hier en passant l'honorable M. Thiers, quand il vous a dit qu'il fallait tendre à l'unité, que l'unité en toutes choses, c'était la grandeur de ce pays; et quand il a placé, remarquez-le bien, à côté de l'unité administrative représentée par le conseil d'État, à côté de l'unité de jurisprudence représentée par la cour de cassation, l'unité de l'enseignement, représentée par l'Université.

Messieurs, je ne crois pas qu'une parole plus dangereuse, qu'une parole plus contraire aux notions véritables de liberté, pût être prononcée dans cette enceinte.

Nous sommes encore des enfants en fait de liberté. Regardez les peuples qui la pratiquent depuis longtemps ! On l'a dit avec raison ; si le premier ministre d'Angleterre s'avisait de proférer une semblable parole au parlement; s'il venait y dire que l'unité de l'enseignement est nécessaire, que la direction de l'éducation publique est un des privilèges de la couronne, la Chambre des communes le croirait fou. (Mouvements divers.)

Messieurs, je m'en tiens à la question politique; je n'oublie pas que nous sommes dans la discussion de l'adresse, et la Chambre peut être certaine que je m'attacherai exclusivement, scrupuleusement à ce côté de la liberté d'enseignement : au côté politique. (Bruit.)

Voix au centre. — Attendez le silence !

M. DESMOUSSEAUX DE GIVRÉ. — On le fait exprès.

M. DE GASPARIN. — Je dis que la liberté d'enseignement est la première condition d'un gouvernement libre. Et, par liberté, j'entends la diversité possible, facile de l'enseignement.

La Chambre va me comprendre. Qu'est-ce que le régime représentatif ? qu'est-ce que le régime de liberté? C'est l'opinion publique, prenant un corps pour gouverner le pays. Aussi, quel est le point sur lequel se porte avec le plus de jalousie l'attention de tous les amis de la liberté? C'est sur la libre expression, sur la libre manifestation de l'opinion publique.

Or, il y a deux manières de fausser l'opinion publique : par l'unité de l'enseignement, qu'on vous propose, et par l'unité de la presse, qu'on n'oserait pas vous proposer. Vous ne voudriez à aucun prix qu'il n'y eût qu'un seul journal, que le gouvernement pût seul parler à l'opinion, propager ses propres idées par le moyen de la presse; vous ne le voudriez pas, parce que le gouvernement fausserait ainsi l'opinion, déterminerait seul et absolument nos destinées et nos tendances politiques. Mais comme il ne s'agit plus ici que des générations futures, vous vous inquiétez peu de remettre au gouvernement une arme terrible, une influence exclusive, et vous voulez, vous libéraux, vous amis des libertés publiques, vous voulez l'unité de l'enseignement ; vous voulez que l'opinion des générations futures, que leurs tendances, que leurs idées, que leurs croyances, que leurs caractères, soient formés sous l'influence unique du gouvernement.

Ce n'est pas seulement par la considération que je viens de présenter à la Chambre, que la question touche aux libertés publiques ; elle y touche encore par un autre point : à un pays libre, il faut des hommes et des croyances. Avec l'unité d'enseignement, dans un pays où les convictions religieuses ne sont pas uniformes, vous n'aurez ni hommes ni croyances.

Je sais que nous avons tous un ennemi, un ennemi public, sur lequel nous nous ruons tous : c'est l'individu, c'est l'homme qui veut être lui et non pas tout le monde. Je sais que nous rêvons un système d'après lequel on fabriquerait, pour ainsi dire, en gros les citoyens ; on leur donnerait à tous la même physionomie, la même empreinte ; on ferait une moyenne de caractères, d'opinions, de croyances : de la petite propriété en toutes choses. (C'est vrai !)

Voilà nos tendances véritables. Et s'il y a un mot qui nous indispose, une idée contre laquelle on s'insurge, c'est l'idée d'absolu. L'absolu ! et cependant, les grandes choses sont toutes faites par des idées absolues. Parti de la résistance, entente cordiale, autant d'idées absolues qui saisissent l'opinion, qui ont réussi parce qu'elles étaient absolues. Émancipation des noirs, abolition des lois sur les céréales, toujours des idées absolues, présentées comme telles : les seules qui se puissent suivre, les seules qui remuent un peuple, les seules qui s'emparent des intelligences et des cœurs.

Un homme dont on a souvent cité les paroles, et
avec raison, M. Royer-Collard, en a dit une que je
demande la permission de citer à mon tour. Il a dit
qu'il y avait dans ce pays-ci, une grande école d'immoralité (j'ajoute une école de servitude) ; cette école,
c'est celle des événements. Et qu'apprend-on, dans
l'école des événements ? On y apprend à préférer le
fait au droit ; on y apprend à avoir plus d'habileté que
de doctrines ; à abdiquer son opinion propre pour
chercher l'opinion des masses, pour se perdre dans
les majorités ; on y apprend à adorer la nécessité, on
y apprend à se placer, non dans la vérité absolue,
mais, comme on l'a dit si bien, trop bien : dans
la vérité relative de son temps, de son pays. (C'est
vrai !)

Tel est l'enseignement qui se propose, qui se répand,
qui pénètre les âmes, qui ruine les individualités, qui
abaisse les niveaux. Et vous voulez lui opposer, quoi ?
l'éclectisme universel, nécessaire ; l'éclectisme philoso-
phique et religieux des collèges de l'Université ! Et
vous avez besoin d'hommes, de croyances ; vous avez
besoin de ces éléments qui gênent quelquefois, parce
qu'ils résistent ; vous avez besoin de diversités, de
divergences consciencieuses ; vous avez besoin de
caractères absolus, indépendants ; et vous n'en
voulez pas !

Je parle en présence d'une opposition. (L'orateur
se tourne vers la gauche.) On peut trouver parfois
que l'opposition gêne ; qu'elle empêche que nous ne
soyons toujours d'accord. Eh bien, je prétends que
c'est cette gêne-là, qui fait notre vie et notre force.
(Très bien !) Je prétends que nous serions tous affai-
blis, si nous ne rencontrions plus de divergences ; si

nous arrivions à cette unité que l'on rêve, que l'on veut, et qui est la mort.

Je comprends, Messieurs, que ceux qui veulent l'unité telle que l'entend M. Thiers, je comprends que ces hommes-là admirent les institutions impériales et les traditions de Louis XIV ; je le comprends à merveille.

Oui, on nous parle de liberté, et en même temps on nous cite continuellement les décrets de 1806, les décrets de 1808, les décrets de 1811. Tout cela (vous l'oubliez sans doute) a été rendu dans un temps où il n'y avait ni journal, ni tribunal, ni voix indépendantes nulle part ; où une seule voix se faisait entendre, ou une seule pensée se produisait ; pensée assurément très forte, mais très despotique.

J'ai entendu souvent, avec surprise, accoler le mot de liberté et les noms de Louis XIV et de Bossuet. Continuellement, on nous jette ces noms-là.

Bossuet faisait la théorie, pendant que son maître faisait la pratique. Bossuet demandait, justifiait la persécution ; Louis XIV l'accordait, la mettait dans ses édits. Voilà la vérité.

La liberté ! Elle a eu trois noms sous Louis XIV : elle s'est appelée Port-Royal, et la charrue a passé sur les débris de Port-Royal ; elle s'est appelée la Réforme, et les réformés ont rempli les bagnes et peuplé les pays voisins ; elle s'est appelée l'Ultramontanisme (oui, l'ultramontanisme a été une des formes de la liberté ; c'était une protestation contre l'unité de ce temps-là, contre l'unité de Louis XIV) et on a marché sur l'ultramontanisme, et on a fait les quatre articles, et on a tenu l'assemblée de 1682.

Après cela, il y eut unité. Une seule pensée, une seule croyance : rien qui ne fût timbré et approuvé à Versailles.

Alors, le beau idéal de votre système fut réalisé. (Rumeurs.)

Il est fâcheux d'être seul de son avis ou à peu près. (Non ! non !)

Voilà vos traditions, vos traditions de liberté ; je vous les laisse. Quant à moi, j'étouffe dans cette atmosphère des souvenirs de l'empire et de Louis XIV ; j'étouffe là, il me faut l'air de mon temps, l'air de nos institutions. J'ai besoin de me retrouver au milieu de mes contemporains, de mes concitoyens, au milieu de nos idées et de nos lois.

Et ici, combien de témoins s'élèvent en faveur de la cause que je soutiens ! De tous les côtés, ne l'oubliez pas (on l'oublie trop), de tous les côtés, de nobles défenseurs viennent soutenir cette cause. Sous la restauration, pas un des amis des libertés publiques ne l'a désertée ; tous voulaient la liberté, la liberté vraie, large de l'enseignement ; non pas celle que vous avez mise dans votre rapport (Mouvement.), dans votre projet de loi ; cette liberté menteuse, contraire aux promesses de la charte, et dont nous ne voulons à aucun prix (Bravo ! à droite.) ; cette liberté que vous nous accordez par parcelles imperceptibles, de manière qu'il y ait moins de collèges libres après qu'avant. Non, ce n'est pas de cette liberté que voulaient ses vrais amis.

Vous vous rappelez peut-être, avec quel dédain M. Benjamin Constant repoussait les ordonnances de 1828, qu'on prétendait lui donner comme équivalent de la loi d'enseignement ; vous vous le rappelez, Messieurs, et je pourrais prendre et sur les bancs des ministres et dans le conseil royal des exemples fameux : M. Guizot, M. Duchâtel, M. Saint-Marc Girardin, M. Dubois ! tous ont soutenu la liberté, la vraie, la liberté d'enseignement qui ouvre largement les portes, qui veut créer la diversité dans le pays, qui veut qu'il y ait plusieurs enseignements, qui veut une concurrence réelle ; et non pas cette liberté menteuse, qui met partout l'Université, et ne voit pas de place à côté d'elle. (Interruption.)

Je ne retiendrai pas longtemps la Chambre, elle peut en être sûre. (Parlez! parlez!)

M. Garnier-Pagès. — Parlez! vous êtes sincère !

M. de Gasparin. — C'est plutôt une protestation qu'autre chose, que j'apporte à cette tribune. (Parlez! parlez!) Voilà mes témoins, voilà ceux qui se placent à côté de moi, devant moi; oui devant moi; derrière lesquels je marche dans cette bonne guerre ! Et je pourrais non seulement invoquer les hommes, mais encore les événements.

Savez-vous, Messieurs, que la révolution de 1830 s'est faite aux cris de *Vive la liberté d'enseignement!* (Interruption nouvelle.)

On m'interrompt! Lisez la proclamation du général Lafayette aux habitants de Paris, vous y verrez...

M. Dupin. — C'est la charte de l'hôtel de ville. (Bruit.)

M. de Gasparin. — Vous y verrez la liberté d'enseignement, avant qu'elle fût inscrite dans la charte.

Une voix. — On est d'accord.

M. de Gasparin. — Je sais que tout le monde est d'accord. Nous sommes d'accord, nous le répétons sans cesse. Nous voulons tous la liberté de l'enseignement.

Eh bien, je le nie. Nous voulons la liberté vraie, et vous voulez la fausse : vous voulez l'apparente exécution des promesses de la Charte. (Approbation sur plusieurs bancs.)

Messieurs, d'où vient qu'à côté de tant de témoignages,

lorsque tant d'hommes, de toutes parts, ont élevé la voix pour cette cause, je me retrouve seul?

M. DE LAMARTINE. — Non! non!

M. DE GASPARIN. — Presque seul.

La raison est très simple : l'Université a été habile et heureuse, elle a crié *au jésuite !* Et, dans ce pays où on subordonne si aisément tous les principes à toutes les passions, toutes les convictions à toutes les circonstances, ceux qui défendaient la liberté d'enseignement, lui ont tourné le dos. (C'est cela!)

Je ne crois pas avoir besoin de faire ma profession de foi, au sujet des jésuites.

Un membre.—Vous êtes un jésuite ! (Exclamations et rires.)

M. DE GASPARIN. — Je suis un jésuite? (Bruit.)

M. DE L'ESPÉE. — Ne prenez pas cela au sérieux.

M. DE GASPARIN. — Je disais (et j'insisterai davantage sur cette pensée, puisque j'ai été interrompu) je disais que je n'avais pas besoin de faire ma professsion de foi au sujet des jésuites. Je déclare qu'il n'y a pas dans cette Chambre un seul membre, un seul! qui voulût exprimer, comme je le ferais, ses répugnances pour les dogmes ultramontains (Mouvement.); et non seulement ma répugnance, mais ma méfiance. (Écoutez! écoutez!)

Je ne veux paraître dupe à personne; je ne veux pas qu'on croie que je me berce d'illusions, que je me fie à certaines protestations libérales. Elles sont sincères ici, chez plusieurs des honorables défenseurs de la liberté d'enseignement; ils en ont donné des preuves; ils ont voulu la liberté pour les autres comme pour eux-mêmes : je crois complètement à leur sincérité. Mais en dehors des enceintes législatives, je le déclare bien

haut, pour qu'on n'attribue pas les paroles que je porte
à cette tribune à de fausses espérances et à de fausses
idées ; en dehors des enceintes législatives, je ne crois
pas au libéralisme du parti ultramontain. Je n'y crois
pas, parce que la liberté que les hommes de ce parti
veulent en France, ils ne la veulent pas, là où ils
pourraient l'établir; la Belgique exceptée (Mouvement.);
noble exception, à laquelle on ne rend pas assez hommage. (Rumeurs.) A cette exception près, tous les
pays où l'on pourrait exercer son influence, où l'on
pourrait réclamer la liberté, tous les pays où on l'étouffe,
où elle n'existe à aucun prix, à aucun degré, dans
aucune mesure, tous ces pays sont oubliés, par le parti
qui se montre si libéral chez nous. (C'est vrai !)

En Italie, il n'y a pas un Italien qui puisse manifester
une dissidence quelconque, sans encourir des peines
graves. En Espagne, pas un Espagnol, en Portugal pas
un Portugais. Aujourd'hui encore, les prisons de Ma-
dère sont pleines d'hérétiques[1]!

Oui, Messieurs, en 1846, il y a des hommes condamnés pour crime d'hérésie ; et l'on voit le clergé
portugais faire déposer sur le bureau de la Chambre des
pairs de Lisbonne, une proposition destinée à aggraver
ces indignes lois. L'Amérique méridionale est absolument asservie : là, pas la moindre dissidence possible, pas une seule garantie de liberté ! Il me serait
facile de parcourir ainsi le monde entier, de visiter
avec vous tous les États où la voix du parti ultramontain pourrait être entendue, où son influence
pourrait s'exercer, et vous verriez le même spectacle se
produire partout !

1. L'orateur parlait en 1846, ne l'oublions pas.

Lorsqu'on réclame la liberté pour soi, il faut la réclamer aussi pour ses adversaires. Quant à moi, je ne me croirais pas le droit de parler de liberté à cette tribune, si je n'y signalais avec énergie, avec indignation, les pays (heureusement peu nombreux) au sein desquels règne l'intolérance protestante; si je ne réprouvais la législation de la Suède et du Danemark, où l'on peut exiler un homme, pour avoir changé de religion. Je réprouve sincèrement, hautement, publiquement de pareilles pratiques. Que tous viennent en faire autant, et alors, nous aurons le droit de parler de liberté. (Très bien! très bien!)

Je ne suis donc pas suspect. D'où vient donc que je suis seul?

Je le disais tout à l'heure, on a crié *au jésuite!* Messieurs, je pense que les libertés veulent être défendues pour elles-mêmes, que les principes doivent être soutenus pour eux-mêmes. Nous ne conserverions pas une seule de nos libertés publiques, pas même celle de la tribune, si nous voulions les répudier parce qu'on en abuse quelquefois. Les libertés, les principes sont notre défense, notre bouclier à tous. Je ne jetterai pas mon bouclier, même pour écraser un ennemi. (Vive approbation.)

Messieurs, vous êtes embarrassés, c'est ce qui me frappe. Dans ce débat, toutes les questions deviennent énormes. Pourquoi? C'est que vous ne voulez pas la liberté. C'est que vous oubliez que la liberté, la liberté vraie, est une grande solution, une solution toujours sûre, toujours facile. Veuillez la liberté; ayez foi en vous, ayez foi en vos idées; et vos idées, si elles en sont dignes, si elles en ont le droit, triompheront.

C'est n'avoir pas foi en soi, c'est n'avoir pas foi en ses idées, que de repousser la liberté. (Très bien !)

Une voix à gauche. — Et la liberté de la presse !

M. DE GASPARIN. — On dit, la liberté de la presse ! Si elle était compromise, je serais un des premiers à venir la défendre à cette tribune.

M. GARNIER-PAGÈS. — Elle n'existe pas ; elle existe pour les riches, elle n'existe pas pour les pauvres.

M. DE GASPARIN. — Je ne ferai pas aux jésuites, l'honneur de leur sacrifier un article de la charte, une des libertés de mon pays. (Vous avez raison!)

Ma profession de foi est tout entière dans quelques lignes, que je demande à la Chambre l'autorisation de lui lire. Ce sont des paroles écrites par un gouvernement tombé, tombé pour la bonne cause, la cause du véritable libéralisme, et tombé sous les coups du despotisme radical. Voici comment s'exprimait le gouvernement de Lausanne, sur l'affaire des jésuites. Écoutez ces paroles : (Mouvement général d'attention.)

« Le Conseil d'État est composé de protestants, et ses membres savent que l'ordre des jésuites, institué pour résister à la Réforme, n'a jamais dissimulé son antipathie pour le protestantisme et la tolérance ; il sait que son influence rendra plus difficile un rapprochement entre les Suisses des deux confessions ; il sait encore que, même en se dissimulant sous les formes les plus modestes, son action sur la politique des pays où les jésuites sont admis est incontestable. Mais l'éloignement de cette corporation doit-il être acheté par le sacrifice des principes du droit et du juste ? La vérité est impérissable ; elle ne redoute pas les combats de l'intelligence et les luttes de l'esprit ; elle ne peut pas être comprimée par la force. Son plus grand

20

ennemi, c'est l'emploi pour sa défense des armes de
ses adversaires. On l'a dit : pour attaquer les jésuites,
ne nous faisons pas jésuites. En posant un principe
ab irato, songeons au lendemain; pensons qu'il
peut être retourné contre ce que nous avons de plus
cher. Le présent est le chemin de l'avenir. Ne quittons
pas celui de la justice et de la liberté pour tous. »
(Très bien !)

Je répète ces paroles : Pour combattre les jésuites, ne
nous faisons pas jésuites.

M. Desmousseaux de Givré. — Très bien !

(L'orateur, en retournant à son banc, reçoit de nombreuses félicitations.)

CHAMBRE DES DEPUTES

SÉANCE DU 13 FÉVRIER 1846

Lecture de la proposition de M. de Gasparin, sur les conditions d'admission et d'avancement dans les fonctions publiques.

M. LE PRÉSIDENT. — ..... La parole est à M. de Gasparin pour donner lecture de sa proposition.

LE Cᵗᵉ A. DE GASPARIN. — La proposition que j'ai l'honneur de présenter est conçue en ces termes :

« Article premier. — A l'avenir, nul ne sera admis au grade le moins élevé de l'un des services publics rétribués par l'État, si son aptitude n'a été constatée par l'un des moyens suivants :

» Le résultat d'un concours ;

» Un examen subi à la sortie d'une école spéciale ;

» Un diplôme obtenu dans une des facultés ;

» Un surnumérariat précédé et suivi d'examen ;

» Un certificat d'aptitude délivré après examen spécial.

» La forme dans laquelle l'aptitude doit être constatée

sera réglée, pour chacun des services publics, par des ordonnances royales rendues dans l'année qui suivra la promulgation de la présente loi, et dans la forme des règlements d'administration publique, s'il n'y a déjà été pourvu d'une manière conforme aux règles qui viennent d'être établies par des lois, décrets, ou ordonnances royales.

» Art. 2. — Les ordonnances rendues en vertu des articles précédents détermineront la hiérarchie des emplois dans chacune des branches de l'administration, et fixeront, s'il y a lieu, l'équivalence des grades, soit dans le même service, soit dans des services différents.

» Art. 3. — Nul ne sera admis dans les autres grades d'un service public rétribué par l'État, qu'à la condition d'avoir rempli, pendant deux ans au moins, le grade immédiatement inférieur à un emploi équivalent.

» Art. 4. — Toutefois, les fonctionnaires de l'ordre judiciaire et les conservateurs, gardes et employés des bibliothèques ou archives du royaume, pourront être nommés pour un *cinquième*, en dehors des règles prescrites par la présente loi.

» Les préfets et les receveurs généraux pourront être nommés pour un *dixième*, en dehors des mêmes règles.

» Art. 5. — Les dispositions de la présente loi ne s'appliqueront pas aux fonctions de :

» Ministre,

» Ambassadeur et ministre plénipotentiaire,

» Gouverneur général de l'Algérie,

» Sous-secrétaire d'État,

» Secrétaire général d'un ministère,

» Préfet de police.

» Art. 6. — Toutes les nominations faites par ordonnance royale ou par arrêté ministériel, seront rendues publiques par la voie du *Moniteur*, avec indication spéciale de celles qui auront lieu à titre exceptionnel, en vertu de l'article 4.

M. DE GASPARIN. — Je demande à la Chambre de fixer les développements de cette proposition au samedi 21 février.

M. LE PRÉSIDENT. — Y a-t-il opposition ? (Non ! non !) Les développements sont fixés au 21 février.

Nous donnons ici, à titre de note seulement, quelques mots du comte Agénor de Gasparin, par lesquels il appuie (séance du 15 février 1846) une pétition dont le rapporteur indique le sens en ces termes : « Des pasteurs de l'Église réformée et de l'Église de la confession d'Augsbourg à Paris, demandent la suppression de la prostitution ou plutôt de l'autorisation officielle de la prostitution.

» La pétition émane des hommes les plus honorables et les plus éclairés, qu'il suffit de nommer : MM. Monod, Cuvier, Valette et Mèges. Elle renferme des vues utiles, de nobles sentiments ; elle signale avec force l'abus et les dangers des provocations extérieures, qui pourraient être plus sévèrement réprimées dans la capitale ; elle fait ressortir, au point de vue de l'intérêt des familles, la nécessité d'une exécution plus fréquente et plus rigoureuse, de la loi qui punit l'excitation à la débauche, de la jeunesse de l'un et l'autre sexe, au-dessous de vingt et un ans ; elle rappelle enfin qu'un gouvernement voisin, la Prusse, vient d'entrer dans la voie d'une complète abolition de l'autorisation officielle de la prostitution. Bien que cette idée de suppression absolue paraisse présenter de grandes difficultés d'exécution, elle ne saurait être trop sérieusement étudiée ; elle mérite au plus haut degré l'attention et l'examen de l'administration française, à laquelle la morale publique est déjà redevable, en cette matière, de louables améliorations.

» Nous avons l'honneur de proposer le renvoi de la pétition à M. le Ministre de l'intérieur. »

M. LE PRÉSIDENT. — Il n'y a pas d'opposition ?

M. DE GASPARIN. — Le renvoi ne parait pas être contesté ; je n'entrerai donc pas dans la discussion. Mais
comme les renvois non contestés sont ordinairement les
plus inutiles, je prie la Chambre de me permettre de
dire, de ma place, quatre mots, pour préciser le sens du
renvoi, et la portée du vote que nous allons émettre.

Je reconnais, avec l'honorable rapporteur, que l'administration a déjà accompli beaucoup de bien, qu'elle
est en voie de progrès. Il est impossible qu'il en soit
autrement : nous connaissons tous les sentiments élevés
du magistrat qui dirige aujourd'hui la police de Paris [1].
Néanmoins, la proposition qui vous est faite, le renvoi
que vous allez prononcer, constitueront un progrès
beaucoup plus considérable encore, et dont je prie la
Chambre d'apprécier la gravité.

Les pétitionnaires, que leurs fonctions pastorales
mettent à même de sonder, peut-être mieux que d'autres,
la profondeur de la plaie dont il s'agit, vous ont demandé
trois choses :

En premier lieu, la suppression absolue, complète,
immédiate de la prostitution.

Je comprends, sur ce point, la réserve du rapport.
Il ne va pas aussi loin que ma propre opinion ; mais,
du moins, le rapport ne dit pas qu'une pareille suppression, immédiate, soit impossible. Ce mot, nous n'avons
plus le droit de le prononcer, puisqu'un pays voisin, la
Prusse, a décrété la suppression absolue ; puisque,
depuis le 1er janvier de cette année, l'autorisation de
la prostitution n'existe plus en Prusse, et notamment
dans la ville de Berlin, qui était une des villes les plus

---

1. M. Gabriel Delessert.

corrompues de l'Allemagne (Interruption.) : une ville de garnison. (Nouvelle interruption.)

Je ne discute pas, je constate le sens du rapport, le sens des conclusions que vous allez admettre.

A défaut de la demande présentée en première ligne par les pasteurs protestants, il y a deux demandes subsidiaires, que votre commission admet complètement et qui ont une très grande importance.

L'une se rapporte à la suppression de toutes les provocations extérieures, des signes apparents de circulation dans les rues; suppression que la conscience publique réclame, suppression que personne n'oserait combattre, et qui vient d'être prononcée dans un autre pays voisin, la Belgique, par une loi qui n'a pas quatre mois de date.

L'autre demande, également admise, est relative à l'application de l'article 234 du code pénal : dispositions destinées à protéger les mineurs des deux sexes. Les faits contraires à ces prescriptions du code sont si nombreux, si odieux, si incontestables, que, lorsqu'il n'y aurait que ce point, la Chambre devrait prendre en très sérieuse considération la pétition qui lui est présentée.

Je ne puis donc qu'appuyer le renvoi, dans les termes où il est proposé à la Chambre. Je l'appuie, comme marquant un grand pas en avant, dans une voie que nous parcourrons tout entière. Je l'appuie, mais j'ai dû en constater le sens, en préciser la portée, pour qu'il eût une véritable efficacité. (Approbation.)

M. LE PRÉSIDENT. — Le renvoi n'étant pas contesté, la Chambre renvoie au ministre de l'intérieur la pétition des pasteurs de l'Église réformée et de l'Église de la confession d'Augsbourg.

CHAMBRE DES DÉPUTÉS

*Développement de la proposition de M. de Gasparin,
relative aux conditions d'admission dans les emplois
publics.*

M. LE PRÉSIDENT. — L'ordre du jour appelle les développements de la proposition de M. de Gasparin, relative
aux conditions d'admission dans les emplois publics.

LE Cᵗᵉ A. DE GASPARIN. — Messieurs, je ne chercherai
pas à rendre ma tâche plus facile, en dissimulant la gravité (qui me paraît mal comprise) du vote que je viens
solliciter.

Prendre en considération, pour la seconde fois, une
proposition déjà discutée, c'est faire un peu plus qu'autoriser un examen ; c'est, dans une certaine mesure,
s'engager ; c'est, jusqu'à un certain point, manifester
l'intention arrêtée, l'intention persévérante d'agir.

Cette situation nouvelle, Messieurs, s'est manifestée
dans la discussion des bureaux. La proposition y a
rencontré cette année, et c'était chose naturelle, une

résistance qu'elle n'avait pas rencontrée il y a deux ans;
une résistance qui, je le pense, se produira aussi devant
la Chambre.

Je suis donc forcé de traiter à fond, de traiter aussi
complètement qu'il dépend de moi, les questions qui se
rattachent à l'ordre hiérarchique des services.

Ne le regrettez pas trop, Messieurs. Ces questions sont
grandes en elle-même (Oui! oui !), et les tristes tendances
contre lesquelles il s'agit de lutter, leur donnent un
nouvel intérêt.

Un mot d'abord, pour ne plus y revenir, sur le texte
actuel de la proposition.

Ce texte est, à peu de chose près, celui que la Chambre
a discuté, je dirai presque adopté l'année dernière. Une
seule voix, vous le savez, a manqué à son adoption. Je
n'aurais pas commis la maladresse de substituer mon
œuvre personnelle, à l'œuvre d'une commission considérable. Voici les seules modifications que j'ai cru nécessaire d'introduire. Je les indique en passant.

Je propose à la Chambre de supprimer un paragraphe
relatif aux listes de présentation et aux tableaux d'avancement, paragraphe qui avait soulevé plus d'objections
qu'il n'avait peut-être d'utilité pratique.

Par une sorte de compensation, je lui propose de
déterminer elle-même, dans le projet de loi, la durée
minimum du séjour dans chaque grade, et de la fixer
à deux ans.

Je lui propose encore d'effacer, de retrancher l'exception injustifiable qui avait été admise relativement
aux receveurs particuliers, de réduire du cinquième au
dixième l'exception relative aux préfets et aux receveurs
généraux, et enfin d'établir par l'article dernier, relatif

à la publication de toutes les nominations, la mention spéciale des nominations faites à titre exceptionnel.

En dernière analyse, voici la proposition : Organisation hiérarchique de tous les services réglés en conseil d'État, conditions à l'entrée de tous les services, avancement strictement hiérarchique, mise en commun de tous les services par le système des équivalences ; contrôle de la publicité. Enfin, deux exceptions seulement : une exception absolue pour les fonctions publiques ; une exception partielle, du cinquième au dixième, pour un petit nombre de fonctions, désignées expressément dans le projet de loi.

Telle est, Messieurs, la proposition qu'on a qualifiée d'inefficace, dont on a parlé avec quelque dédain, dont on a dit qu'elle ne changerait pas grand'chose aux faits actuels : à la pratique actuelle de l'administration.

Il est vrai que ceux qui adressent ces reproches à la proposition, qui s'effrayent de son inefficacité, sont très effrayés aussi du danger qu'elle présente, de la gêne qu'elle impose au gouvernement. Ils disent : qu'il n'y a point de maladie ; que le remède serait dangereux ; et que le remède serait inefficace. — Selon eux, il n'y a rien à faire. Je fais trop, et je fais trop peu. (On rit.)

Je ne me charge pas de concilier ces contradictions ; mais je me charge de répondre sur les trois points.

Et d'abord, pour rassurer mes honorables adversaires (et vous savez que je n'invente pas des objections afin d'avoir le plaisir d'y répondre), pour rassurer, dis-je, mes honorables adversaires sur le point qui paraît les inquiéter le plus, je parlerai de l'efficacité de la proposition.

A cet égard, il y a, vous le sentez, Messieurs, un certain

degré de modestie qui ne m'est pas permis. Si je pensais de la proposition une partie de ce qu'on en dit, je ne serais pas à cette tribune ; je n'aurais pas le droit d'en occuper la Chambre un seul instant.

Je le déclare donc bien haut, s'il n'y a là qu'une bonne intention, repoussez-la : on ne prend pas en considération les bonnes intentions ; s'il n'y a là qu'une idée vague et inapplicable, repoussez-la : on ne prend pas en considération les idées vagues et inapplicables ; s'il n'y a là qu'une utopie, repoussez-la : on ne prend pas en considération les utopies. (Très bien ! très bien !)

Mais prenez-y garde, pour soutenir de telles accusations, il faut avoir quelques preuves à produire ; car voici la portée des assertions que je combats.

L'histoire même de la proposition prouve à quel point elle est sérieuse. Ce n'est pas le sort ordinaire des utopies de croître, de prendre des formes de plus en plus sévères, des traits de plus en plus précis. A mesure qu'elles avancent, au contraire, elles disparaissent devant la discussion : elles s'amoindrissent et se fondent au soleil du débat public. (C'est vrai !) Qu'est-il arrivé, au contraire, de la proposition ? Suivez-la, passant des mains de M. de Remilly aux mains de M. Deslongrais, de la loi des pensions à la loi des finances, du rapport de M. Bignon à la proposition originaire, de la proposition originaire au projet de l'an dernier, du projet de l'an dernier à celui de cette année ; et vous le remarquerez, la proposition devient de plus en plus précise, de plus en plus sévère. Ce n'est pas là, je le répète, le sort des utopies.

La Chambre se serait donc méprise singulièrement, et avec elle le pays, car voilà cinq, six ans, qu'elle applaudit tous ceux de ses membres, qui viennent lui parler de l'organisation des services.

Quand M. de l'Espée, quand d'autres membres ont produit cette idée devant elle, ils ont rencontré l'assentiment général ; et cet assentiment, ce n'est pas seulement au sein de la Chambre qu'il s'est manisfesté, il a existé hors de la Chambre, dans tous les organes de l'opinion.

Voici quelques lignes du *Journal des Débats*, il y a deux ans de cela. C'est bien vieux, deux ans! Mais enfin, je crois que le témoignage n'en a pas une moindre valeur :

« Quel est le remède au mal que nous reconnaissons? L'exclusion des députés, l'interdiction d'avancement? Non ! c'est un remède brutal, nous osons le dire. Le remède est dans l'organisation de la hiérarchie administrative. Faites que dans chaque administration il y ait des règles d'avancement, et que ces règles soient respectées ; alors, vous n'aurez plus à craindre ces intrusions parlementaires, qui ne déplaisent pas moins aux fonctionnaires qu'à l'opinion publique.

» Citons quelques exemples pour mieux faire comprendre notre pensée.

» Nous n'avons pas vu qu'un député ait jamais été nommé d'emblée, général ou colonel dans l'armée, ingénieur en chef dans les ponts et chaussées, professeur de faculté dans l'Université. Pourquoi cela? Est-ce parce que ces emplois sont au-dessous de l'ambition des députés ? Non, c'est que, pour être officier, il faut un certain temps de service, et qu'il faut sortir d'une école militaire ; c'est que, pour être ingénieur, il faut avoir été élève à l'École polytechnique ; c'est que, pour être professeur de faculté, il faut être licencié et docteur. Ces diverses conditions sont des barrières salutaires opposées à l'ambition : ce sont en même temps, et surtout, des

garanties de capacité. Nous voudrions que ces garanties
de capacité fussent exigées dans la plupart des carrières
administratives ; nous voudrions que ces barrières, qui
ne sont pas des exclusions, protégeassent l'administration contre le caprice et la faveur. Une profession est
bien mieux et plus honorablement défendue par les
épreuves qu'elle impose à ceux qui veulent l'embrasser,
que par les exclusions qui l'interdisent à telle ou telle
classe de citoyens. Que tout le monde puisse entrer dans
l'administration, député ou non, que tout le monde
puisse y avancer ; mais qu'on y entre par la porte
ordinaire, et après le noviciat nécessaire dans toutes
les professions ; qu'on n'y tombe pas du ciel ! »

Vous le voyez, l'idée que je viens défendre à cette
tribune n'est pas nouvelle ; elle a été soutenue de tous
les côtés de la Chambre, et par tous les organes de l'opinion. Pour prétendre qu'il ne s'agit ici que d'une utopie,
d'une idée inapplicable, il faut avoir le courage de dire
que la commission qui s'en est occupée l'année dernière
a poursuivi une chimère ; que l'honorable M. Dufaure,
rapporteur de cette commission, est un homme qui
n'entend rien aux services publics, qui méconnaît les
conditions régulières de l'administration. Il faut avoir
le courage de dire que le gouvernement, qui a accepté le
principe de la proposition, a agi avec peu de bon sens ;
que la Chambre elle-même, qui en a adopté les termes
par assis et levé, a agi, elle aussi, avec quelque légèreté.

Messieurs, je tiens à établir ces faits, mais je n'en
resterai pas là : je descendrai au fond même de la
question, je prendrai au sérieux des assertions qui n'ont
pas toujours été sérieusement faites, des assertions
répétées chaque jour par des personnes qui probablement n'ont pas même lu le texte de la proposition,

On aurait raison, je l'avoue, de me dire que je ne fais rien, s'il n'y avait dans la proposition que les deux premiers articles; si elle ne renfermait que les conditions à l'entrée des carrières, et le renvoi au conseil d'État. Ce ne serait pas assez: on ne fait pas des lois pour si peu de chose.

Oui, on accepte volontiers les conditions à l'entrée des carrières; on entasse les examens et les diplômes, quand il s'agit de surnuméraires, d'aspirants, de *soupirants*, comme on dit (On rit.); mais, quand il s'agit de fonctions plus élevées, on fait ses réserves.

De même, on accepterait volontiers l'organisation générale en conseil d'État. Messieurs, ce ne serait pas sérieux. Nous ne sommes pas ici pour renvoyer au gouvernement, nous y sommes pour poser des principes, dans lesquels l'action organisatrice du Gouvernement est obligée de se renfermer.

Telle est la portée de la proposition; c'est par là qu'elle est sérieuse. Elle va au-delà des conditions d'entrée. Elle pose des principes inflexibles, des principes bons ou mauvais, mais des principes qui modifient profondément l'état de choses actuel. (Très bien!)

S'il n'y avait que ces deux articles, je voterais moi-même contre la proposition; si on la réduisait à ces deux articles, elle ne vaudrait pas la peine d'occuper un quart d'heure la Chambre. Mais il y a plus, et ici j'entre dans le fond même du débat.

Permettez cependant, que je fasse une simple réflexion qui vous aura tous frappés.

D'où viennent ces réserves qui s'appliquent aux articles 3, 4 et 5 de la proposition, tandis qu'on accepte l'article 1er et l'article 2? D'où vient que, dans les ordonnances qu'on a rendues, on a institué des conditions nombreuses très suffisantes à l'entrée des carrières, tandis qu'on maintient l'arbitraire en ce qui concerne les grades supérieurs ? Pourquoi fait-on de telles réserves ? Est-ce parce que la proposition ne fait rien, ou est-ce parce qu'elle fait trop ? Est-ce parce que la proposition gêne, ou parce qu'elle maintient purement et simplement l'état actuel ? — La réponse n'est pas douteuse ; cela est plus clair que la lumière du jour.

A présent, je ne m'arrête pas à ces fins de non-recevoir. Pénétrons dans le fond des choses.

Et tenez ! prenons tout simplement les services publics les uns après les autres. Que la Chambre ne craigne pas de me voir entrer dans trop de détails. (Parlez ! parlez !)

Si la Chambre m'accorde sa bienveillante attention, je traiterai la question jusqu'au bout. (Parlez ! parlez !)

Prenez les services publics. Faites ce que j'ai déjà essayé de faire en méditant la proposition, en me préparant à la développer à cette tribune. A côté de chaque service, mettez les articles que je propose : l'article qui exige que l'avancement soit strictement hiérarchique (à quelques exceptions près), et l'article qui décide qu'il faudra rester deux ans au moins dans chaque grade ; mettez ces articles à côté de chaque service, et dites s'ils ne font pas quelque chose ?

Prenez les grands corps de l'État. Le conseil d'État, la cour des comptes, où, pour le dire en passant, on entoure de beaucoup de conditions et de garanties la nomination aux fonctions de référendaire de première classe, tandis qu'on laisse à l'arbitraire le plus absolu la nomination aux fonctions de référendaire de deuxième classe, de président et de maître des comptes !

C'est un exemple, entre beaucoup, de ce qu'est notre

organisation, ou plutôt notre désorganisation administrative. (On rit.) La proposition, ici, fait-elle quelque
chose? Modifiera-t-elle cette organisation, oui ou non?

Prenez l'administration de la justice. Pour cette administration, je n'aurais qu'à relire ce qu'en a écrit un
honorable membre qui n'est pas suspect, M. Hébert.
M. Hébert, dans un rapport sur la proposition de M. de
Rémusat, constatait lui-même, énumérait lui-même les
avancements qui se font dans la magistrature, en fran-
chissant à la fois plusieurs des degrés de l'échelle hiérarchique. « Ainsi, disait-il, de juge on devient
conseiller, sans avoir été vice-président ou premier
président; on devient conseiller à la cour de cassation,
sans avoir été premier président ou procureur général. »

Et il ajoutait : « Ce qu'on dit ici des fonctions de la
magistrature, on peut le dire de la plupart des services
de l'administration. »

Je n'ai rien à ajouter à cela. Il est évident que la
proposition, à tort ou à raison, change l'état des choses
que constatait l'honorable M. Hébert.

Prenez le ministère des finances. Songez aux recettes, aux bureaux de poste !

Prenez le ministère des affaires étrangères. N'y a-t-il
rien à faire, pour exiger les conditions d'aptitude des
attachés? Ce que tous les gouvernements voisins : la
Belgique, la Prusse, ont fait, est-il absolument impossible, inutile de le faire? Est-il inutile de constater
qu'il y a connaissance des langues étrangères, connaissance du droit international? Est-il absolument impossible d'appliquer les règles de la hiérarchie aux fonctions
diverses de la diplomatie politique et de la diplomatie
consulaire?

Prenez le ministère de l'intérieur. Dans le ministère

de l'intérieur, les exemples abondent: préfectures, sous-préfectures, conseillers de préfecture, tous les commissaires de police !

Ceci est grave, Messieurs. Les commissaires de police sont des fonctionnaires importants dans l'État: ils sont magistrats de police administrative et magistrats de police judiciaire; ils remplissent les fonctions du ministère public auprès des tribunaux de simple police. Est-il absolument impossible de leur imposer des conditions d'aptitude, de s'assurer qu'ils connaissent les lois de leur pays, d'établir aussi, entre les mille ou onze cents commissaires de police, une hiérarchie selon leur résidence? de leur donner de l'avenir, de leur donner de l'émulation? (Très bien !)

Et les bureaux de préfecture ! les bureaux de préfecture où se traitent toutes les grandes affaires du pays! Là, il n'y a ni conditions, ni garanties, ni avenir. Les bureaux de préfecture sont en dehors de toute hiérarchie; ils ne sont rattachés à rien; ils ne mènent à rien.

Sans traiter à fond toutes ces questions, que j'indique en passant, je demande si la proposition qui les pose et les résout, si cette proposition est inoffensive, innocente, inefficace, si elle fait ou non quelque chose ?

Je m'attarderais trop, si je voulais parcourir toutes les fonctions qui ne sont pas réglées ; si je voulais parler de tous ces inspecteurs qu'on crée chaque jour (on a souvent raison de les créer), de ces commissaires près des chemins de fer, de ces fonctions qui naissent sans conditions aucunes, sans garanties aucunes, qui n'appartiennent à aucune hiérarchie.

Mais je m'attache à un exemple, cité comme le plus favorable aux adversaires de la proposition.

On a dit : — Le gouvernement a rendu des ordonnan-

ces pour l'organisation des bureaux de toutes les administrations centrales des différents ministères.

Un membre à gauche. — On ne les suit pas.

M. DE GASPARIN. — Il y a eu des ordonnances faites
en 1844, si je ne me trompe, pour la plupart des administrations centrales.

Or, je maintiens que ces ordonnances sont le plus
fort de mes arguments ; qu'elles établissent mieux que
toute autre chose, l'impossibilité de renvoyer purement
et simplement au gouvernement la mission de se lier
les mains à lui-même.

Ces ordonnances, je ne les ai pas là, je ne les lirai pas
devant la Chambre ; mais je ne serai pas démenti, si je
dis qu'on y remarque avant tout des disparates inex-
plicables, inconcevables : ici, une règle ; là, une autre.
Pourquoi ? on serait fort embarrassé d'en donner la
raison. Ce serait déjà quelque chose que d'établir l'har-
monie, l'unité, par l'examen du conseil d'État.

Ces ordonnances prêtent à de bien autres critiques.
Elles établissent des conditions à l'entrée des carrières,
des conditions très sévères pour nommer des copistes.
Mais élevez-vous au-dessus, arrivez aux fonctions de
chef de division : immédiatement, l'arbitraire absolu,
complet ! Il y a plus. Même pour les fonctions qui
semblent être réservées à l'avancement hiérarchique, les
exceptions, les réserves sont telles, que les garanties disparaissent totalement.

Ainsi, dans plusieurs de ces ordonnances, vous voyez
que la règle sera maintenue, *sauf les décisions spéciales.*
(On rit.) Dans d'autres, vous voyez que la moitié seulement ou le tiers des vacances est réservé à l'avancement
hiérarchique, même pour les fonctions inférieures.

Je constate donc, Messieurs, qu'il n'existe aucun rap-

port entre ce qui a été fait et ce que je demande. C'est
le jour et la nuit.

A gauche. — C'est vrai !

M. DESLONGRAIS. — C'est ce qu'on voulait !

M. DE GASPARIN. — Qu'il me soit permis d'ajouter
ceci : La proposition innove, même pour les services qui
sont réglés, convenablement réglés par des ordonnances
ou par des arrêtés ministériels.

Est-il inutile, dites-le moi, de donner force à l'exécution des ordonnances rendues? — Vous vous rappelez
les discussions qui ont eu lieu dans le sein de la Chambre
au sujet des intendants militaires !

Est-il absolument inutile de convertir les arrêtés
ministériels en ordonnances, en règlements d'administration publique? Vous savez la différence qui existe
pour l'exécution, entre les ordonnances et les arrêtés.
Cette différence est telle, que dans l'organisation de
l'un des ministères, on a pris soin de mettre dans un
simple arrêté tout ce qui concernait les garanties, les
conditions d'entrée et d'avancement ; tandis qu'on
mettait dans une ordonnance, l'énumération des fonctions et les traitements.

Je sortirai le plus tôt que je pourrai des détails tech-
niques. (Parlez ! parlez !)

M. GLAIS-BIZOIN. — La proposition est très importante.

M. DE GASPARIN. — La proposition a des effets plus
généraux. Elle n'organise pas l'enseignement adminis-
tratif, elle ne le peut pas ; l'initiative parlementaire ne
peut s'emparer d'une telle création. La proposition
suppose, elle nécessite partout l'enseignement adminis-
tratif.

C'est la réalisation d'une des idées qui ont le plus

préoccupé les esprits éminents de notre pays, à commencer par Cuvier ; d'une idée qui préoccupe aujourd'hui
même M. le Ministre de l'instruction publique ; et il ne
me désavouerait pas, s'il était à son banc. Je crois lui
donner force pour l'exécution d'une grande mesure qui
honorerait son administration.

Il y a plus encore. La proposition, si vous l'adoptez, si
vous la prenez au sérieux, si vous la maintenez réellement à
l'ordre du jour de cette Chambre et de l'opinion du
pays (Oui ! oui !), (car c'est le seul but que je puisse me
proposer en ce moment), la proposition aura pour effet
de rappeler notre attention sur la réforme administrative, et d'en donner le signal.

Il est étrange que dans ce pays où tout se fait par
l'administration, dans ce pays de centralisation, dans ce
pays de petites fortunes, dans ce pays où la classe des
fonctionnaires est si importante par elle-même, l'intérêt
de l'administration soit méconnu à ce point. (C'est vrai !
c'est vrai !)

Parmi les mille reproches que nous adressons chaque
jour au gouvernement, avez-vous entendu quelqu'un
assez mal avisé pour lui reprocher de manquer de capacités administratives ? de négliger l'intérêt de l'administration ? L'administration ! c'est trop peu de chose. Nous
n'en faisons aucun cas, nous ne traitons jamais ces
questions-là à la tribune. L'administration va toute
seule, comme elle peut. (On rit.) Je prétends que c'est
faire quelque chose, que de diriger l'attention du pays
et de la Chambre, sur ce côté si dédaigné et si important de nos affaires politiques. (Très bien !)

On me dira : — Mais quel rapport y a-t-il, entre le
remède que vous proposez et le mal qui vous effraye ?

21.

Messieurs, le rapport est fort simple. N'avez-vous jamais entendu parler de solliciteurs qui demandent qu'on leur procure une place quelconque ? (On rit.) Il y a tant de gens qui ne sont propres à rien, et qui sont aptes à tout et parviennent à tout. Ils ne pourraient remplir les conditions réelles, sérieuses, d'aucune carrière ; ils ne pourraient satisfaire à aucun examen ; ils ne pourraient avancer par eux-mêmes ; mais ils savent parfaitement comment on entre et comment on avance. Supprimez cette classe de solliciteurs, vous aurez fait beaucoup. L'honorable M. Dufaure, que je suis heureux de citer ici, le disait dans son rapport. Je demande l'autorisation de mettre une des phrases de ce rapport sous les yeux de la Chambre.

« Ces règles écarteront de la carrière administrative cette foule de prétendants, qui, sans études préalables, sans ferme intention de se rendre utiles à leur pays, avides de l'aisance qu'un emploi public peut procurer et sans souci du devoir qu'il impose, trouvent toujours, grâce à la molle facilité de nos mœurs, quelque protecteur puissant et dévoué pour les imposer à l'État, qui souffrira de leur incapacité. » (Très bien !)

L'action préventive de la proposition s'exerce puissamment. Elle écarte les solliciteurs incapables dont parle M. Dufaure. Ce n'est pas tout, elle atteint un but plus élevé.

Quand la proposition ne modifierait en rien l'état actuel, elle aurait néanmoins pour effet — et c'est un résultat énorme — de changer l'opinion du pays.

Il y a une opinion, qui provoque de mauvaises ambitions d'un bout à l'autre du territoire. (C'est vrai !) Rien n'est organisé. On croit (à tort, si vous voulez) que toutes les fonctions sont accessibles à tout le monde. Que cela soit vrai ou faux, on le croit. Or, détruire une pareille opinion, alors même que vous ne changeriez pas le fond des choses, ce serait travailler efficacement à la moralité et au salut de nos institutions. (Très bien! très bien!)

Ne croyez pas d'ailleurs, Messieurs, que je me fasse illusion. Je ne m'imagine pas que la proposition doive guérir le mal tout entier. La guérison radicale, ce serait le changement des cœurs, et cette guérison-là est au-dessus de toutes les législations.

Après avoir essayé de prouver que la proposition ne sert à rien, que c'est la puérile manifestion d'une intention honnête; on se retourne et on nous dit : — La proposition est dangereuse : elle compromet l'action du gouvernement, elle porte atteinte à sa prérogative.

Singulier privilège pour la proposition, Messieurs, que d'être ainsi attaquée pour ce qu'elle fait et pour ce qu'elle ne fait pas : attaquée parce qu'elle fait trop, attaquée parce qu'elle fait trop peu.

N'importe, abordons ce second côté de la discussion.

On perd son temps, à me prouver que la France n'est pas la Prusse, que nous ne sommes pas en Allemagne, et que, vouloir importer dans ce pays-ci les institutions prussiennes, ce serait faire un contre-sens politique. On perd son temps. Je suis aussi convaincu sur ce point que qui que ce soit. Je pense, comme tous les membres de cette Chambre, qu'il y a des garanties complètes de l'administration, qui peuvent exister, là où manquent les autres garanties. Oui, l'indépendance absolue de l'administration est possible en Prusse, à défaut de l'indépendance politi-

que. Mais dans un pays de liberté comme le nôtre,
il est nécessaire de placer la liberté du ministre à
côté de la responsabilité du ministre. Tout cela, je le
sais. J'ajoute seulement, que la proposition respecte
avec scrupule ces incontestables axiomes.

Quels sont les deux principes de l'organisation
prussienne? En premier lieu, l'examen et le concours ;
ce sont eux qui nomment. Rien de semblable dans la
proposition : l'examen, le concours, la durée des
services ne créent que des candidatures (dans le
cercle desquelles vous serez obligés de choisir) mais
enfin, de simples candidatures.

En Prusse, il y a une autre garantie, corollaire naturel de la première : C'est un jugement qui révoque.
Dans ma proposition, c'est le gouvernement. Sur ce
point encore, la liberté du gouvernement est complètement réservée par la proposition. La proposition maintient cette liberté sur deux points essentiels : le gouvernement nommera, le gouvernement révoquera; mais
l'action du gouvernement se renfermera dans des limites
qui, je le pense, importent à sa dignité et à sa véritable
liberté. (Très bien!)

Je sais bien, je le disais, je crois, l'année dernière, je
sais bien qu'une règle est une gêne à un jour donné ;
cette gêne-là, c'est une force.

Ne venez pas jeter dans la discussion générale, de
grands mots dont nous aurions très bon marché.

La prérogative royale ! — En vérité, est-ce qu'elle ne
se concilie pas avec les lois, avec les règlements sur
le service militaire ? Est-ce que la prérogative royale est
compromise, parce que le roi choisit les officiers dans des
limites beaucoup plus sévères que celles que je propose
en ce moment?

La responsabilité ministérielle! — Est-ce qu'elle n'existe pas au ministère de la guerre ? Est-ce que le ministre de la guerre n'est pas responsable des choix qu'il fait, quoiqu'il les fasse selon certaines règles et dans certaines limites.

La nécessité, pour le gouvernement, de choisir librement les collaborateurs qu'il associe à sa pensée! — Il y a des choses, Messieurs, qu'il ne faut pas regarder de trop près, des arguments qu'il ne faut pas examiner avec trop de soin : ils disparaissent devant l'examen. Est-ce que nous ne savons pas que ces chefs de division, que ces directeurs de ministères, se sont asservis successivement (et cela est naturel) à la pensée de tous les ministres ? Est-ce que nous sommes dupes de cette prétendue théorie, de cette prétendue nécessité ?

Est-il d'ailleurs un ministre qui voulût dire et qui osât dire: — Je ne puis pas choisir parmi les nombreux fonctionnaires que me présente le système des équivalences ; je ne puis trouver parmi eux des collaborateurs directs, qui s'associent à ma pensée ?

Le ministre qui dirait cela, se condamnerait lui-même.

Il ne reste qu'une seule ressource, je conseille à mes adversaires de s'en contenter : qu'ils invoquent les capacités exceptionnelles ! Or, je me charge de ruiner, de détruire de fond en comble toutes les limites, toutes les règles, avec le commode argument des exemples illustres. L'honorable M. Dufaure, qui était lui-même un exemple (Très bien !), indiquait l'an dernier la réponse à cet argument : « Est-il donc plus fâcheux de fermer l'entrée de l'administration et des bureaux aux capacités exceptionnelles dont il s'agit, aux hommes illustres dont on craint de priver l'administration et les bureaux ; est-ce plus fâcheux que de priver la Chambre des hommes capables qui sont retenus à sa porte par le défaut de cens, parce qu'ils ne payent pas quelques centimes de plus, ou parce qu'ils n'ont que vingt-neuf ans au lieu de trente. » (C'est vrai ! c'est vrai !) — Cette règle peut être une gêne à un jour donné, je le reconnais, elle est très fâcheuse ; mais la règle est utile en elle-même.

Je concevrais qu'on invoquât la nécessité de recourir à des hommes illustres, à des capacités exceptionnelles, quand il s'agit de la défense du pays ; je comprendrais qu'on dît alors : — Il s'agit du salut de la nation, il s'agit de repousser l'ennemi ! Et vous m'emprisonnez dans des catégories ! Et vous m'empêchez de porter d'emblée aux premiers grades cet officier distingué ! Vous m'empêchez de lui confier un grand commandement ! — Cependant on s'incline devant une telle règle, on accepte une telle nécessité ! Cela est beaucoup plus grave, croyez-le bien, que de ne pouvoir placer telle ou telle capacité exceptionnelle dans les bureaux, dans l'administration. (Très bien ! très bien !)

Messieurs, je suis convaincu que je défends ici la liberté du gouvernement. Je maintiens qu'un gouvernement libre est celui qui peut opposer la règle à certaines exigences. Je maintiens qu'un gouvernement fort (et je veux le gouvernement fort, je lui désire plus de force qu'il n'en a, j'ai plus d'ambition pour lui qu'il ne semble en avoir parfois lui-même), je maintiens qu'un gouvernement fort, est celui qui dispose d'une administration indépendante. Il y a une grande force dans ce pays, c'est l'administration. Or, si vous subordonnez l'administration, si vous la laissez périr, en quelque sorte, sous l'influence dominante des députés ; l'administration, cette grande force sur laquelle vous auriez pu vous

appuyer pour faire de grandes choses, l'administration
vous échappera. Serez-vous plus libres, serez-vous plus
forts ? (Très bien ! très bien !)

Je touche au point le plus délicat de cette discussion.
Certaines personnes me disent : — Nous ne voulons
pas de votre remède, parce que nous ne sommes pas
malades.

Messieurs, il est embarrassant de répondre à de tels
arguments. Il y a des gens qui ne voient rien, qui ne
prévoient rien, qui vivent dans l'optimisme le plus absolu :
tout est pour le mieux dans le meilleur des mondes
parlementaires. (On rit.) On a la majorité aujourd'hui,
par conséquent il n'y a plus à se préoccuper de rien :
il n'y a plus de nuages à l'horizon, il n'y a plus de
questions politiques, il n'y a plus de questions so-
ciales.

Que répondre ? Que peut-on répondre à ces opti-
mistes enragés ?

Il faut leur répondre que fermer les yeux, ce n'est
pas supprimer le péril (C'est cela !) ; qu'on ne comble
pas le précipice parce qu'on détourne la tête pour ne
pas le voir. Il faudrait pouvoir leur dire ce qu'on disait
l'autre jour à d'autres aveugles volontaires, au delà du
détroit : « Bon gré, mal gré, vous regarderez l'Irlande
en face. Ne fermez pas les yeux aujourd'hui ; car il
faudra bien les ouvrir demain. »

D'autres s'offensent singulièrement du mot de corruption. Fi donc ! quel vilain mot !

Messieurs, le mot n'est pas plus laid que la chose.
(On rit.) J'ai remarqué que les oreilles ne sont jamais
plus susceptibles, plus délicates, que quand la conscience commence à l'être moins. (Très bien !), et qu'on

est d'autant plus chatouilleux sur les mots, qu'on est plus large sur les choses. (Très bien! très bien!)

Je maintiens le mot, faute d'autre. Mais je définis son application.

Est-ce que je lance une accusation contre le gouvernement qui siège sur ces bancs? En aucune manière.

Quelques voix. — Qui accusez-vous?

M. DE GASPARIN. — J'accuse la nature humaine. Qui j'accuse? Mais c'est vous, c'est moi, c'est nous tous!

A gauche. — Vous avez raison.

M. DE GASPARIN. —Dans tous les pays et sous tous les gouvernements, ces mêmes tendances se manifesteront, si vous ne prenez pas de mesure pour les arrêter. (C'est évident!)

Je le dis avec franchise devant les ministres: ils ont fait un peu plus de mal que leurs prédécesseurs, un peu moins que ceux qui leur succéderont. (C'est vrai!)

Je ne fais point leur procès; je ne fais pas non plus le procès de mon temps ou de mon pays. Je sais très bien quelles ont été les douleurs, quelles ont été les dégradations des autres temps et des autres régimes, je le sais; j'ai autant que d'autres, le légitime orgueil des progrès accomplis. Mais cependant, messieurs, permettez que j'ajoute une restriction : Nos institutions représentatives, que personne n'aime mieux que moi, peuvent devenir les plus corruptrices de toutes (C'est vrai!), car elles peuvent faire descendre la corruption beaucoup plus loin, beaucoup plus bas dans le corps social, que toutes les autres institutions. Cela est tout simple : elles multiplient les agents, et les occasions de la corruption.

Montesquieu, parlant des institutions représentatives de l'Angleterre a dit : « C'est par la corruption du corps législatif, que ce gouvernement périra! »

Prenons garde de justifier la prophétie.

Quant à notre pays, n'y a-t-il pas chez nous un vice national que nous pouvons tous reconnaître : la manie d'être fonctionnaire ?

Voix nombreuses. — C'est vrai !

M. DE GASPARIN. — Qu'un jeune homme s'occupe tout simplement de l'exploitation de ses propriétés, et voilà une famille désolée, humiliée : — Il n'est bon à rien ! — Qu'un autre devienne substitut du procureur du roi, oh ! alors, c'est un personnage ! celui-là seul a une carrière [1] ! (Rires approbatifs.)

M. GLAIS–BIZOIN. — C'est cela ! Vous avez mille fois raison !

M. DE GASPARIN. — Le vice que je signale ici date de loin, et, dans un livre qui a été mis au pilon sous le régime des libertés impériales (On rit.), dans *l'Allemagne* de Mme de Staël, dans ce livre qui, selon ses propres expressions, fut transformé en un carton parfaitement blanc, sur lequel aucune pensée humaine n'apparaissait plus, voici ce que je lis :

« Dès qu'on se met à négocier avec les circonstances, tout est perdu, car il n'est personne qui n'ait des circonstances. Les uns ont une femme, des enfants, ou des neveux, pour lesquels il faut de la fortune ; d'autres ont besoin d'activité, d'occupation, que sais-je ? une quantité de vertus qui conduisent à la nécessité d'avoir une place à laquelle soient attachés de l'argent et du pouvoir. N'est-on pas las de tous ces subterfuges dont

1. Ce défaut, cette manie nationale ne vient-elle point du gouvernement à outrance, qui tue le *self government;* c'est-à-dire l'habitude et la faculté de se gouverner soi-même, de se suffire à soi-même, de se créer à soi-même des intérêts, des travaux ; de marcher dans la vie, en un mot, sans être soutenu par les lisières de quelque emploi public ? — EDIT.

la révolution n'a cessé d'offrir l'exemple ? L'on ne rencontrait que des gens qui se plaignaient d'avoir été forcés de quitter le repos qu'ils préféraient à tout, la vie domestique dans laquelle ils étaient impatients de rentrer, et l'on apprenait que ces gens-là avaient employé les jours et les nuits à supplier qu'on les contraignit de se dévouer à la chose publique, qui se passait parfaitement d'eux. » (Page 507 de *l'Allemagne*, édit. Charpentier.) (Mouvement.)

Messieurs, avec une nation ainsi disposée, avec des élections continuelles, ayez une administration sans garantie, une administration sans condition d'entrée et d'avancement; et vous arriverez nécessairement à ce que je suis obligé d'appeler: la corruption. (Approbation à gauche.)

La corruption ! Mais j'en connais, vous en connaissez tous, de ces arrondissements corrompus, gangrenés jusqu'au fond, pour toute une génération peut-être. (*A gauche.* Très bien!) De ces arrondissements dans lesquels de longtemps (je le dis pour que cela s'arrête, parce qu'il est bon que cela soit énoncé bien haut, je le dis parce qu'il y a danger), dans lesquels, de longtemps peut-être, il sera impossible de faire pénétrer une pensée politique, une lutte politique, autre chose qu'un marché.

Il n'en existe pas beaucoup, je l'espère, toutefois la tendance peut se généraliser. Elle est en progrès. Prenez garde d'en venir à un point tel, que les arrondissements qui ont des députés plus scrupuleux, plus réservés que les autres, n'aient en quelque sorte le droit de leur dire : « Vous nous faites du tort; vous empêchez, à notre détriment, la répartition équitable du budget. »

A gauche. — C'est cela !

M. DE GASPARIN. — Ce qui m'effraye le plus, je vais vous le dire : c'est que le vice tend à se transformer en vertu. Le vice qui conserve son nom n'est qu'à moitié dangereux.

Est-ce que cet électeur qui, avant de donner son suffrage, tâche de placer son fils ou son neveu, est un malhonnête homme ? Pas le moins du monde. C'est un homme qui pense sérieusement que le temps des luttes politiques est passé, que celui des intérêts est venu. (*A gauche.* Très bien !)

Est-ce que ce candidat qui promet à droite et à gauche, est un malhonnête homme ? Pas le moins du monde. Il se dit que c'est, à présent, le seul moyen d'entrer à la Chambre ; qu'il faut bien faire ce sacrifice aux mœurs, aux vices mêmes de son pays ; que si sa place n'était pas occupée par lui, elle le serait au détriment de la morale par des gens qui ne le vaudraient pas.

Est-ce que ce député, qui à peine élu travaille à sa réélection, qui sollicite, qui obtient une faveur le matin et qui vote librement le soir, est-ce que ce député est un malhonnête homme ? Pas le moins du monde. C'est un homme qui se dit qu'en définitive, l'intérêt général se compose d'intérêts locaux, et que les intérêts locaux se composent d'intérêts individuels. (Rires approbatifs.)

Arrière ces sophismes ! Il faut en faire bonne justice, comme de tous ceux qu'on a mis en avant.

On vous a dit, dans une précédente discussion (et je comprends qu'on cherche, pour sa propre conscience, pour sa propre intelligence, à justifier ce qui se fait), on vous a dit : — Les députés sont des hommes considérables, importants dans leurs arrondissements, dans leurs départements ; il est naturel qu'avec nos institutions représentatives, on ait recours à leurs lumières.

Des lumières !... Mais je vous le demande, et je m'adresse à la conscience des députés de tous les côtés de cette Chambre ! quand nous recommandons quelqu'un, faisons-nous l'office de juge, examinons-nous réellement, comme si nous avions à nommer nous-mêmes ?

Je veux faire ici ma propre confession, bien haut. Quand je m'occupais encore de sollicitations, j'avais, je l'avoue, moins de fermeté, moins d'intégrité que n'en ont montré mes collègues. Je ne me sentais pas le courage de repousser un homme, qui avait fait deux ou trois cents lieues en comptant sur moi ; de repousser une requête, qui m'était recommandée par des personnes en qui j'avais confiance. Eh bien, oui ! je recommandais à mon tour ; oui, je l'ai fait. Et si mes collègues agissent mieux aujourd'hui que je n'agissais alors, je serai heureux d'être démenti.

Je dis, Messieurs, qu'avec un pareil système, ce n'est pas la lumière qui arrive au gouvernement, c'est tout le contraire.

Le vrai mérite a sa dignité, il sollicite peu. Ceux qui s'agitent, ceux qui écrivent, ce sont, je vais vous le dire, ce sont les hommes qui ne peuvent compter que sur leur persistance ; ce sont les hommes sans capacité. Ceux-là écrivent, ceux-là viennent à Paris, ceux-là assiègent vos antichambres, ceux-là vous entraînent, ce sont ceux-là que vous recommandez ; et assurément, ce n'est pas la lumière, que nous apportons par là à l'administration. (Très bien ! très bien !) Est-ce que par hasard, s'il s'agissait de lumières, les pairs de France n'auraient point leur part à fournir comme nous? Ce sont aussi des personnages considérables dans leurs département. (Très bien! très bien!)

Croyez-vous que M. le baron Louis, quand en 1830 il jetait au feu les lettres des députés, qu'il leur fermait son cabinet, la porte de tous ses bureaux, croyez-vous que M. le baron Louis faisait cela parce qu'il était ennemi des lumières, parce qu'il craignait de s'éclairer sur le choix qu'il avait à faire? C'est tout le contraire; M. le baron Louis savait qu'il ne pouvait être éclairé qu'en se privant des lumières que nous apportons. (Rires.)

Je ne crains pas la discussion sur ce point. Je ne crains pas non plus qu'on vienne nous dire, que nous allons reformer l'administration impériale, nous replacer sous le joug des bureaux, reconstituer je ne sais quelle royauté absolue de l'administration, dont l'apostille est le contrepoids.

Messieurs, il y a d'autres contrepoids, d'autres contrôles, d'autres surveillances; la loi y a pourvu. Il y a des moyens réguliers, d'empêcher la reproduction de l'administration impériale. Vous avez les conseils municipaux à côtés des maires, les conseillers généraux à côté des préfets, les Chambres à côté du gouvernement.

Ici, sollicitez hardiment. Je ne crains pas les sollicitations qui partent de la tribune. Vainement a-t-on cherché à les confondre avec les sollicitations ordinaires. Je ne crains pas ces sollicitations, qui se font à la tribune; elles y rencontrent leur remède immédiat : on en porte la responsabilité, on s'expose à des réfutations. Voilà nos garanties. La loi ne les a pas mises dans l'apostille. L'administration impériale ne se reformera soyez tranquilles. (Très bien!)

On nous a dit encore (je vous demande pardon d'aller jusqu'au bout). (Parlez ! parlez !) On nous a dit encore : — Il y a les inconvénients du gouvernement absolu, et il y a les inconvénients du gouvernement libre. Choisissez !

C'est comme si on nous disait : — Il y a l'opium et il y a l'acétate de morphine. Choisissez ! (On rit.) — Je n'admets pas que nous soyons placés en présence d'une telle alternative.

Sans doute, il y a des inconvénients plus particulièrement attribués aux gouvernements libres. Cependant, ne croyez pas que les sollicitations, que les interventions abusives, soient le privilège exclusif des gouvernements libres. Vous vous rappelez peut-être ce que M. de Sartines disait à Louis XV : « Je n'ai pas plus tôt arrêté un voleur, que derrière lui se trouve un pair de France. » (Hilarité prolongée.) Aujourd'hui, ce n'est pas un pair de France qu'on trouve. (Sensation.)

S'il est vrai qu'il y ait des inconvénients, des maladies spécialement attachées aux gouvernements libres, je dis que la conclusion à tirer n'est pas celle qu'on en tire, mais une conclusion diamétralement opposée. Si nous sommes exposés à un mal, raison de plus pour le combattre. S'il est vrai que le genre d'intervention dont je parle, soit le fléau de notre gouvernement représentatif, raison de plus pour prendre au sérieux le remède, raison de plus pour conjurer un péril, le seul peut-être, par lequel nous puissions périr. (Adhésion.)

Je crois avoir démontré devant la Chambre la réalité du mal et l'efficacité du remède que j'ai l'honneur de proposer. Seulement, je considère le mal et le remède, d'une manière plus générale que l'honorable M. de Rémusat ne l'a fait dans sa proposition.

M. de Rémusat se préoccupe du mal qui se fait dans la Chambre, moi je me préoccupe du mal qui se fait par la Chambre. (Très bien!)

M. de Rémusat se préoccupe beaucoup du député fonctionnaire, moi je me préoccupe beaucoup plus du député solliciteur de fonctions. —J'ai dû rappeler cette distinction, pour maintenir à la proposition que j'ai l'honneur de soumettre à la Chambre son caractère particulier.

Et maintenant, j'aurai encore un mot à dire en finissant, et en demandant pardon à la Chambre d'avoir si longtemps abusé de son attention.

Ce mot, le voici. Il n'y a pas seulement ici une mesure, il y a une démonstration. Messieurs, indépendamment du bien réel que ferait, j'en reste certain, l'adoption de la proposition (modifiée, améliorée sans doute; je suis persuadé que les lumières d'une commission et de la Chambre l'amélioreraient sensiblement); indépendamment du bien que ferait cette adoption, il y a ici une démonstration devenue nécessaire. (Sensation.)

Sur les bancs du parti conservateur, je ne suis pas le seul, qui n'accepte pas une condition telle, que nous fussions réduits à reconnaître toujours la réalité du mal, et à repousser successivement tous les remèdes. Je ne suis pas le seul, j'en demeure convaincu. (Non! non!)

Nous pensons qu'il faut avoir pour soi-même et pour son parti une certaine fierté; que les mots sont quelque chose, que les prétentions sont quelque chose; et que laisser à ses adversaires le monopole de certains mots et de certaines prétentions, c'est se faire un tort considérable et gratuit. (Très bien!)

D'ailleurs, Messieurs, est-ce que je me tromperais, en pensant que le parti conservateur tout entier est disposé

à examiner sérieusement une proposition dont l'origine
n'est certes pas suspecte, qui n'est pas dictée par l'hostilité contre les hommes et contre les principes? Est-ce
que le parti conservateur méconnaîtrait assez, le dirai-
je, sa propre force, sa propre cause, la beauté de sa
cause, pour vouloir appuyer ou paraître appuyer sur
des abus, un triomphe qui, je le crois, est assuré par
d'autres moyens ?.

Oui, j'ai foi en notre cause ; et je dirai à mes honorables amis, à quelques-uns d'entre eux, ce que je disais
à mes adversaires il y a quelques jours: Si vous ne voulez pas des institutions pures et libres, vous n'avez pas
foi en votre cause, vous n'avez pas foi en vos idées !

Nos idées sont vraies; nos principes sont vrais ; ils
sont conformes aux intérêts de ce pays, à ses intérêts
durables. Le pays les acceptera, les appuiera. Nous ne
pouvons pas altérer nos institutions, sans diminuer notre
force.

Être conservateur, c'est conserver avant tout l'intégrité des institutions ; c'est se porter partout où il y a
danger, sur tous les points qui menacent ruine.

Aujourd'hui, ce sont les passions qui menacent: eh
bien, portons-nous au-devant des passions et combat-
tons-les. Un autre jour, c'est la corruption qui menace :
portons-nous au devant de la corruption et combattons-
la. On n'est conservateur qu'à ce prix. (Approbation
sur plusieurs bancs.)

Il y a, pour le pays, un danger plus réel qu'on ne
pense ; j'hésite presque à le signaler. Mais j'ai été franc
depuis le commencement de mon discours, je le serai
jusqu'à la fin.

Je suis convaincu que notre force, une force durable,
légitime, repose sur la discussion; que le grand soleil

de la discussion, que la tribune, donne force à nos principes. J'ai toujours vu notre cause se relever ici, par
la discussion. Cela est bon, cela est glorieux.

Mais je m'effraie beaucoup de cette prétendue force
qu'on va chercher ailleurs ; je ne crois pas qu'on puisse
rien asseoir de solide sur la base vermoulue des intérêts
privés. (*A gauche.* Très bien ! très bien !) Après la corruption, savez-vous ce qu'il y a ? —La corruption aujour-
d'hui, c'est la réforme demain. Vous savez quelle réforme !
La réforme politique, peut-être la réforme sociale ; car
de tous les crimes que peut commettre la classe qui
gouverne, le plus impardonnable, le seul qu'on ne par-
donne jamais, c'est d'exploiter à son profit le gouvernement. (*A gauche.* Très bien ! très bien !) Or, les classes
moyennes seraient compromises de nos jours, comme les
classes aristocratiques l'ont été en 89, si nous laissions
tomber leur plus solide rempart. Ce rempart, c'est le
respect. (Marques nombreuses d'approbation.)

M. le Président. — La proposition est-elle appuyée ?
Voix nombreuses. — Oui ! oui !

La Chambre consultée se prononce, à une grande majorité, pour la prise en considération. Elle ordonne
l'impression et la distribution de la proposition et de
ses développements.

CHAMBRE DES DÉPUTÉS

SÉANCE DU 29 MARS 1846

Pétitions, demande d'ajournement de M. de Gasparin.

M. LAURANS. — J'ai encore un autre rapport de pétitions.

M. LE PRÉSIDENT. — Vous avez la parole.

(M. Laurans monte à la tribune.)

M. DE GASPARIN. — Avant que M. le Rapporteur commence, la Chambre me permettra de lui présenter une observation.

La question traitée dans le rapport qui va être lu a une certaine gravité; elle se rattache à d'autres questions, à d'autres pétitions qui seront ultérieurement rapportées. M. le Garde des sceaux n'est pas présent. Il me paraît donc convenable de prier M. le rapporteur d'ajourner à une autre séance.

Ceci, Messieurs, m'amène à soumettre à la Chambre une réflexion plus générale, que je la prie de prendre en considération.

Je tiens le droit de pétition pour très important, surtout avec nos formes rigoureuses qui n'admettent pas, comme les formes anglaises, la conversation presque familière sur tous les sujets de la politique.

Or, depuis le commencement de la session, (j'ai eu la curiosité d'en faire le relevé dans le *Moniteur*), nous n'avons pas eu une seule séance réservée aux pétitions. Toujours les pétitions ont été inscrites à l'ordre du jour, comme un accessoire, à côté de développements de propositions, de demandes à fin de reprises de discussions de projets de loi, ou d'interpellations adressées au gouvernement. C'est-à-dire, qu'on admet dans l'ordre du jour les pétitions, pour donner aux députés le temps d'arriver au commencement de la séance, ou pour utiliser une demi-heure, une heure qui reste par hasard, après que le débat principal est terminé.

Cela, Messieurs, présente un inconvénient grave. Voici ce qui en résulte : il en résulte que les pétitions qui n'ont pas d'importance, et je le dirai même, les pétitions ridicules, celles qui contribuent à discréditer le droit de pétition, qui achèvent de le perdre, sont les seules qu'on puisse en général rapporter ; il en résulte que les pétitions sérieuses, considérables, celles qui peuvent donner lieu à un vrai débat, sont nécessairement ajournées, parce que, la Chambre le sait, pour ces pétitions-là, quand une discussion doit avoir lieu, il est loyal de prévenir ses adversaires, de se donner en quelque sorte rendez-vous. Il faut être sûr d'avoir du temps pour discuter. Or, ce rendez-vous, que la loyauté parlementaire a toujours admis, n'a pu être donné pour la pétition dont il s'agit. Aucune pétition considérable n'a été, ne pourra être rapportée, tant que la Chambre n'aura pas réservé, complètement réservé, une séance spéciale pour les pétitions. (C'est vrai !)

Je conclus, Messieurs, en demandant formellement à la Chambre de fixer un samedi, exclusivement, véritablement réservé aux pétitions. La séance de demain est consacrée à des interpellations; le samedi 28 mars est affecté aux développements de la proposition de M. de Preigne. Je demande que le samedi 4 avril soit réservé aux pétitions; et, subsidiairement, je demande que les pétitions auxquelles je faisais allusion tout à l'heure, les pétitions qui portent dans le feuilleton les nos 57, 58, 59 et 60, aient la priorité.

Quelques voix. — Quel est leur objet?

M. DE GASPARIN. — Elles se rapportent à la question la plus haute de notre temps, à la question de la liberté religieuse, et je crois que la Chambre ne me refusera pas d'adopter la proposition que je lui soumets en ce moment.

La Chambre rendra possible un débat sérieux, un débat que personne sans doute ne veut éviter, en réservant le samedi 4 avril aux pétitions, et en accordant, ce qui, du reste, est de droit aux termes de l'article 82 du règlement, la priorité aux pétitions que je viens d'indiquer, pétitions au nombre desquelles se trouve celle dont l'honorable M. Laurans se prépare à faire le rapport. (Appuyé.)

La Chambre consultée fixe au samedi 4 avril le rapport sur les pétitions indiquées par M. le Cte Agénor de Gasparin.

CHAMBRE DES DÉPUTÉS

SÉANCE DU 4 AVRIL 1846

Pétition des membres de la Société du protestantisme français à Paris, qui demandent la revision du règlement qui régit les hôpitaux militaires relativement aux secours religieux [1]. — Pétition de la Société du protestantisme français, relative à la nécessité de modifier l'article 354 du code pénal [2]. — Pétition des membres de l'Église de Cannes, relative au droit de se réunir pour l'exercice du culte [3].

PÉTITION Nº I

Secours religieux dans les hôpitaux militaires.

En vertu du règlement dont les pétitionnaires réclament la modification, **MM.** les Pasteurs évangéliques protestants ne sont admis à visiter les militaires malades appartenant au culte réformé, que sur la requête

1. Rapporteur : M. de Sahune.
2. Rapporteur : M. Laurans.
3. Rapporteur : M. Poisat.

22.

expresse de ceux-ci ; tandis que les prêtres catholiques romains entrent librement dans les hôpitaux militaires.

— La commission demande, par l'organe de son rapporteur, que tous les cultes, indistinctement, aient libre accès dans les hôpitaux militaires. — M. Martin du Nord, ministre de la justice et des cultes, dit qu'il y a, en effet, des mesures à prendre. — M. Beaumont (de la Somme) « demande que l'égalité existe. Du moment que les prêtres catholiques sont admis tous les jours et à toute heure dans les hôpitaux, il doit en être de même pour les ministres des autres cultes. »

Le Cte A. de Gasparin. — Je viens appuyer les conclusions du rapport.

Une voix. — Il n'y a pas d'opposition.

M. de Gasparin. — Il n'y a pas d'opposition ; mais il n'en est pas moins important de poser nettement la question, et de donner au vote toute sa signification et toutes ses conséquences.

Voici la circulaire de 1839, à laquelle l'honorable rapporteur faisait allusion tout à l'heure. C'est une circulaire du 26 janvier 1839, de M. Barthe, Garde des sceaux : « M. le Ministre de la guerre m'informe qu'il vient de donner des instructions à MM. les Intendants des divisions militaires, pour que les ministres des cultes non catholiques soient admis dans les hôpitaux militaires, toutes les fois que les soldats invoqueront leurs secours spirituels. »

Rien de plus bienveillant en apparence que cette circulaire ; elle semble ouvrir les portes des hôpitaux militaires aux ministres des cultes non catholiques ; en réalité, elle les a fermées, et cela est facile à comprendre.

Ainsi que le disait M. le Rapporteur, une religion a
besoin de s'offrir à ceux qui la professent. Elle ne
peut attendre une demande spontanée de la part
de militaires malades, entourés de leurs camarades,
exposés à leurs railleries. L'attendre dans ces
circonstances, c'est attendre un appel qui ne se fera
jamais.

En effet, les hôpitaux militaires ont été fermés aux
ministres protestants, depuis la circulaire de 1839;
fermés en fait, mais nullement, j'en suis convaincu,
dans l'intention de l'administration.

Je me suis informé de ce qui s'est passé dans les
villes à grandes garnisons. A Paris, où il y a deux
hôpitaux militaires, le Val-de-Grâce et le Gros-Caillou,
hôpitaux qui contiennent bien certainement des militaires protestants malades, les pasteurs de l'Église
réformée déclarent que, depuis très longtemps, leur
ministère n'a pas été réclamé. A Toulouse, où il y a
une garnison nombreuse, trois ou quatre régiments, si
je ne me trompe, où, par conséquent, il y a toujours
des malades protestants à l'hôpital, point de demandes
de pasteurs depuis 1839, pas un seul enterrement
protestant. A Strasbourg, ville de grande garnison, où
l'hôpital militaire a sans cesse des malades protestants,
pas une seule demande de ministres, pas un seul enterrement protestant depuis 1839. Enfin à Metz, une seule
demande, une seule visite de ministre protestant,
depuis 1839.

Messieurs, ces faits en disent assez, surtout quand on
les compare à ce qui se passait auparavant. Remarquez-
le, messieurs, nous ne demandons nullement le désordre ou l'anarchie; les pétitionnaires comprennent à
merveille quelles sont les nécessités du service; ils

comprennent que la discipline militaire doit régner dans les hôpitaux militaires; ils le comprennent si bien que, dans leur pétition comme dans le rapport, on demande simplement, non pas que l'aumônier protestant habite l'hôpital comme l'aumônier catholique, mais qu'à certains jours, à certaines heures, les pasteurs protestants puissent visiter leurs coreligionnaires, célébrer leur culte, que l'état des malades protestants soit constaté et communiqué au pasteur.

En Algérie, les choses se passent exactement comme nous le désirons. Il y a de grands hôpitaux à Alger, à Douera; les ministres du culte réformé y sont admis, quand ils le veulent, sans demande préalable. On constate le nombre des malades; on en communique l'état. Ce que nous réclamons, c'est précisément ce qui se pratique en Algérie.

Ce qui ne présente aucun inconvénient en Algérie, serait-il si dangereux en France?

Remarquez-le, dans les pays protestants (car il faut toujours renverser les hypothèses), en Angleterre, en Prusse (je m'en suis informé), voici comment se passent les choses. Les hôpitaux militaires ouvrent leurs portes toutes grandes aux ministres du culte catholique, aux ministres de la minorité: ils y entrent quand il leur plaît; leurs visites ne sont pas assujetties à la condition dérisoire d'une demande de la part des militaires.

Je pense qu'il n'y aura pas d'opposition au renvoi de la pétition, et j'espère que ce renvoi portera des fruits. Je crois de plus, que la Chambre et le gouvernement ont des devoirs à remplir, vis-à-vis de ces jeunes gens enlevés à leurs familles, et qu'on n'a pas le droit de dire à quelques-uns d'entre eux : Parce que vous êtes protestants, parce que vous n'appartenez pas au culte de la majorité, non seulement vous ne posséderez pas, au milieu de vous, un pasteur de votre religion, mais vous serez obligés de faire preuve de courage, d'un courage héroïque, pour obtenir, par une demande formelle, la visite d'un ministre de l'Église réformée. (Approbation.)

La Chambre ordonne le renvoi de la pétition à M. le Ministre de la guerre et à M. le Ministre de la justice et des cultes.

PÉTITION N° 2

Enlèvements d'enfants mineurs.

La Société des *Intérêts généraux du protestantisme français*, pétitionnaire, appelle l'attention de la Chambre sur la nécessité de modifier l'article 354 du code pénal, relatif aux enlèvements d'enfants mineurs.

Cet article, disent les pétitionnaires, rédigé dans la prévision d'une seule nature d'enlèvements (de ceux qui ont pour motif la séduction), ne protège pas suffisamment l'autorité paternelle contre les enlèvements qui ont pour motif le prosélytisme religieux.

La commission demande le renvoi de la pétition à M. le Ministre de la justice.

M. LE PRÉSIDENT. — Il n'y a pas d'opposition ! (Non ! non !)

La pétition est renvoyée à M. le Ministre de la justice

M. DE LA ROCHEJAQUELIN. — Une enquête !

(M. de Gasparin se dirige vers la tribune.)

Plusieurs voix. — Il n'y a pas d'opposition.

Le Cte A. de Gasparin. — Je demande la parole.

M. le Garde des sceaux. — Le gouvernement ne s'oppose pas.

M. de la Rochejaquelin. — De quoi s'agit-il? est-ce qu'il s'agit de réclamations contre des décisions de cour d'assises?

M. de Gasparin. — Non !

Plusieurs voix. — Il n'y a pas d'opposition.

M. de Gasparin. — Du moment que le renvoi n'est pas contesté, ma tâche sera singulièrement facilitée. Je crois qu'au fond, il n'y a de question pour la conscience d'aucun de nous. Je soumettrai également à la conscience de tous les membres de cette Chambre, l'appréciation morale des faits qui ont provoqué la pétition.

J'admets, plus complètement que personne, le prosélytisme. Mais, le prosélytisme qui s'adresse à des enfants de douze à treize ans, le prosélytisme qui s'exerce en les détournant de leur famille, en les éloignant de la maison paternelle, le prosélytisme qui s'empare d'eux par de tels moyens, ce prosélytisme-là, je ne l'admets pas. Nul, assurément, ne l'admet ici. (Très bien !)

Évidemment, Messieurs, personne, à cet égard, ne veut rétrograder jusqu'aux idées du moyen âge : quand François d'Assises enlevait de jeunes filles pour les faire religieuses ; ou jusqu'aux institutions d'un pays voisin : la Sardaigne. (Réclamations à droite.)

A gauche. — Allez ! allez ! vous êtes dans le vrai !

M. de Gasparin. — C'étaient les idées du temps.

M. de la Rochejaquelin. — C'était réciproque.

M. de Gasparin. — Je cite sans condamner, croyez-le. Je sais très bien la part qu'il faut faire aux idées d'un temps. Mais nous sommes au XIXe siècle, nous ne sommes plus au moyen âge; nous sommes en France, nous ne sommes pas en Sardaigne. (Écoutez ! écoutez !)

En Sardaigne! Vous savez que l'année dernière, ou il y a deux ans, on opposa aux réclamations d'un père, de M. Heldevier, d'un ambassadeur, une loi qui l'empêchait de revoir son enfant et de la ramener dans sa famille. — Nous ne sommes pas en Sardaigne.

Eh bien, Messieurs, ici, en France, il y a eu quelques faits, des faits incontestables, propres à nous alarmer. Soyez sûrs que je ne chercherai pas le moins du monde à envenimer le débat en rappelant ces tristes détails; je n'apporterai à la tribune aucun fait douteux ; plusieurs m'ont été cités, dont je ne suis pas certain; ceux-là, je n'en parlerai pas; mais en voici, qui expliqueront suffisamment nos craintes et la démarche qui a lieu maintenant.

Le *Courrier de la Côte-d'Or*, si je ne me trompe, a mentionné, il y a quelque temps, la disparition d'une jeune fille protestante, enlevée à sa mère qui habite Dijon, mise dans une voiture publique et conduite à Mâcon, dans la maison, je crois, du Bon-Pasteur. Il a fallu l'intervention de l'autorité judiciaire, pour la faire rendre à sa famille.

Une autre jeune fille a été enlevée et renfermée dans la maison de Saint-Jacques-ès-Arrêts, près de Villefranche. Il a fallu aussi, de la part des parents, de la part de l'autorité judiciaire et de la part de l'autorité administrative, de longues recherches pour la retrouver et la faire rendre à sa famille.

Une troisième jeune fille, et ceci devient plus grave, car, à l'heure où je parle, elle n'est pas retrouvée, elle n'est pas rendue à ses parents, la jeune Vedel, de Sommières, a disparu à son tour. Je n'examine pas ici, la question de savoir s'il faut considérer cette enfant comme protestante avec son père, ou catholique avec sa mère. Ce n'est pas une question de religion, une question de communion que nous discutons en ce moment ; c'est une question d'autorité paternelle. (Approbation.)

Le père a réclamé son enfant, il s'est adressé à l'autorité judiciaire ; le parquet de Nîmes n'avait pas son chef actuel. L'autorité judiciaire n'a pas agi, et le père a été obligé d'intenter lui-même un procès au civil contre la tante, qui se déclare complice de la disparition de la jeune fille. (Sensation.)

Le procès civil a été gagné par le père. Il y a eu appel en cour royale ; on se traîne devant la cour royale, l'affaire n'est pas décidée, et la fille n'est pas retrouvée.

Un membre. — Il y a eu arrêt de partage.

M. DE GASPARIN. — Oui, il y a eu arrêt de partage.

Messieurs, dans d'autres cas, l'autorité judiciaire a vigoureusement agi. Dans l'affaire de la jeune Alby, qui disparut il y a deux ans, la cour royale de Toulouse évoqua l'affaire, et la jeune Alby, que depuis longtemps on cherchait en vain, qui avait été promenée dans tout un département pour la dérober à sa famille, la jeune Alby fut retrouvée. C'est alors que la cour royale de Toulouse rendit l'arrêt de non-lieu qu'interprétait, il y a un instant, l'honorable rapporteur ; arrêt que peut-être, je n'interpréterais pas tout à fait comme lui. N'importe, passons !

Est venue l'affaire de la jeune Madeleine Gray, dans l'Ardèche. Cette affaire a eu un grand retentissement. La jeune fille disparut du sein de sa famille ; c'est aussi une enfant de treize à quatorze ans, une enfant protestante. Elle disparut du sein de sa famille, qui demeurait à Chalenia; elle fut dirigée d'abord, et si je ne me trompe, sur un couvent des sœurs de Saint-Joseph, dans la Haute-Loire. Puis, l'autorité judiciaire faisant des perquisitions, on la transporta dans un autre couvent du même ordre ; ensuite, dans un couvent de la Providence, près des Roches de Condrieux; et, enfin, comme la persistance de l'autorité était sur le point de triompher, même des mensonges pieux qu'on opposait aux recherches, la jeune fille fut mise sur un bateau à vapeur et renvoyée à ses parents.

A la suite de cette séquestration si grave, une poursuite criminelle a eu lieu; l'autorité judiciaire a fait son devoir, et la cour d'assises a rendu un verdict d'acquittement.

Je ne juge pas un instant le verdict d'acquittement: il est acquis. Mais je crois que l'on peut, même en se mettant en dehors des circonstances que je viens de rappeler, penser avec les pétitionnaires que l'art. 354 du code pénal, qui a été rédigé dans d'autres vues (évidemment dans la prévision de l'enlèvement pour motif de séduction), je crois que l'on peut penser que cet article du code pénal, qui prononce la peine énorme de la réclusion, n'est pas précisément applicable au cas dont il s'agit; que l'énormité de la peine, ici comme en d'autres cas (je pourrais citer le duel), que l'énormité de la peine empêche peut-être l'application de la loi, et qu'il y a lieu d'examiner sérieusement la question de savoir si une modification de cet article, si un abaissement de la peine, ne rendrait pas la répression plus efficace.

Quoi qu'il en soit, j'appuie les conclusions du rapport, qui demande que l'attention du gouvernement soit appelée sur ce sujet. Ces explications publiques sont

23

elles-mêmes une garantie, une garantie de la sévérité avec laquelle, dans l'intérêt de tous, on protègera l'autorité paternelle à l'avenir.

J'insiste, en finissant, sur ce mot : l'autorité paternelle. Elle doit être protégée. C'est notre intention à tous, et le renvoi y contribuera certainement. (Très bien ! très bien !)

(Après un discours du garde des sceaux, le Cᵗᵉ Agénor de Gasparin, qui a demandé la parole, remonte à la tribune.)

M. DE GASPARIN. — Voulez-vous me permettre de dire un mot sur le fait personnel?

Je ne crois pas que mes allégations aient été le moins du monde démenties par M. le Garde des sceaux.

M. le Garde des sceaux n'a fait que répéter les observations que j'avais moi-même présentées, quand il s'est écrié : Il y a eu arrêt, *il y a eu verdict d'acquittement*. Ceci est vrai; mais oserait-on soutenir devant la Chambre que les faits avoués par l'avocat même qui plaidait, sont inexacts? Nul ne peut contester que la jeune Madeleine Garay n'ait été enlevée à sa famille, qu'elle n'ait été promenée de couvent en couvent.

Nous sommes ici une assemblée politique, saisie de l'examen, non pas des arrêts qui ont été rendus, mais de ce fait que, dans plusieurs circonstances qu'on n'a pas démenties, des jeunes filles de douze, treize et quatorze ans, ont quitté leur famille, ont reçu des listes de guides, ont été conduites de cure en cure, de couvent en couvent. Voilà des faits qui ne peuvent être contestés, et, je le maintiens, ces faits autorisent, légitiment, nécessitent l'examen sérieux de la question. (Très bien!)

Ce n'est pas un renvoi innocent que nous deman-

dons. Ce n'est pas non plus une enquête. Nous ne
demandons pas une enquête sur des faits accomplis et
jugés. Nous demandons que l'attention du gouvernement
soit appelée sur un aussi grave sujet. Il faut vous mettre
à la place de ces familles qui, pendant des mois entiers,
ne savent pas où sont leurs enfants. (Approbation.)
Oui, il faut se mettre quelquefois à la place des gens,
pour juger sainement les questions. (Très bien!)

J'aurais voulu que le débat fût calme ; j'aurais voulu
que le renvoi fût prononcé par l'unanimité de la Chambre, afin que l'attention du gouvernement fût excitée,
non seulement sur les faits eux-mêmes, sur la nécessité
de la répression, mais excitée aussi sur la législation ;
sur le point de savoir s'il n'y a pas quelque chose de
mieux à faire, que d'appliquer l'article 354 du code pénal.
Nous n'avons, d'ailleurs, rien à dire contre cet article ;
maintenez-le si vous voulez, mais établissez alors qu'il
peut s'appliquer quelquefois. (Très bien!)

M. le Garde des sceaux dit que j'ai produit une allégation hasardée, en interprétant l'arrêt de la cour royale de
Toulouse. Je n'interprète pas l'arrêt de la cour royale
de Toulouse, je maintiens un fait qui n'a été démenti
par personne : le fait qu'on a favorisé la fuite de la jeune
Alby, le fait que des listes de guides ont été dressées, des
étapes fixées ; le fait que la jeune Alby a été rebaptisée,
solonnellement rebaptisée, à l'âge de treize ou quatorze
ans, dans l'une des maisons où elle avait trouvé un abri.

Vous venez d'avancer qu'on a fait effort pour la retenir!
Il ne faut pas essayer de le prouver. Il ne faut pas
tenter l'impossible, dans le sein d'une Chambre qui a
du bon sens, qui écoute attentivement, et lorsqu'on peut
parler après vous.

A gauche — Très bien !

Messieurs, j'ai le droit de maintenir que, pour l'autre fait sur lequel j'ai reçu un désaveu, celui de la jeune Védel de Sommière, j'ai raison également. M. le Garde des sceaux a dit que l'on ne s'est pas judiciairement refusé. J'affirme que le procureur général auquel on s'est adressé a répondu à un père de famille que lui, procureur général, ne pouvait pas agir, et que le père ferait mieux de donner son consentement au changement de religion de sa fille. (Mouvement d'indignation à gauche.)

Voilà les faits que je ne voulais pas signaler à la Chambre. J'y engage ma parole. Et cette parole n'est peut-être pas aussi affaiblie que le supposait M. le Garde des sceaux, par les circonstances qu'il rappelait tout à l'heure à la Chambre. — J'ai parlé de l'affaire du frère Gaillard. J'en ai parlé, comme d'un fait dont je n'étais pas certain. J'ai dit que je serais heureux de reconnaître qu'on s'était trompé.

Tel est le langage que j'ai tenu. Je suis arrivé à reconnaître qu'on s'était trompé, et je l'ai déclaré le jour même, loyalement.

Quant à M. le Garde des sceaux, puisqu'il accuse ici ma mémoire d'infidélité, je suis obligé de rappeler que, dans une discussion précédente, il y a deux ans, il est venu porter à cette tribune des faits qui n'étaient pas d'une parfaite exactitude. Il nous a parlé de M. Maurette, qu'il traitait comme il n'est pas permis de traiter un homme; de M. Maurette qui, par conscience, a changé de religion. Vous respectez bien les pasteurs protestants qui se font catholiques en Angleterre, et vous ne respecteriez pas les pasteurs catholiques qui se font protestants! (Très bien! très bien!)

Après avoir traité de cette sorte M. Maurette, M. le

Garde des sceaux a ajouté : « Cet homme dont on vous a parlé, et dont on a fait tant de bruit, n'a pas même osé se présenter devant la cour d'assises, devant le tribunal qui devait le juger ; à l'heure qu'il est, il fuit. »

Au moment même ou M. le Garde des sceaux prononçait ces mots, je recevais de M. Maurette une lettre (je ne prévoyais pas cet incident), dans laquelle il disait qu'il était dans son droit, et qu'il le soutiendrait, sans tourner le dos à l'honneur. Contrairement aux allégations de M. le Garde des sceaux, M. Maurette est rentré en France pour être jugé, et M. Maurette a passé une année en prison, pour délit de controverse.

Voilà les faits que je suis obligé de rétablir, afin de faire bien comprendre à la Chambre, que lorsque je porte des allégations à la tribune, je les ai bien pesées, et que je puis les opposer à celles d'un membre quelconque de cette assemblée. (Sensation.)

(M. le Garde des sceaux prononce un discours, le comte Agénor de Gasparin se lève.)

M. DE GASPARIN. — J'ai demandé la parole.

M. LE PRÉSIDENT. — M. Odilon Barrot l'a demandée avant vous.

M. DE GASPARIN. — C'est pour un fait personnel. J'en demande pardon à la Chambre, mais j'ai été tellement mis en cause par M. le Garde des sceaux, qu'il ne m'est pas possible de ne pas répondre un mot. (Parlez! parlez!) Je me renfermerai avec soin dans le fait personnel.

Que la Chambre veuille bien m'excuser, si je reprends la parole pour la troisième ou quatrième fois dans ce débat.

J'écarterai toute réponse à ce que M. le Garde des sceaux a dit du refus d'autorisation ; j'écarterai ce qui a rapport à la liberté générale des cultes. Nous y reviendrons à l'occasion du rapport de M. Poisat, et la question sera traitée alors, si la Chambre le permet. (Oui ! oui !)

Vous ne perdrez rien pour attendre. (*A gauche*. Très bien !)

Je me renferme donc, dans le fait particulier de M. Maurette.

Je ne parviens pas à comprendre M. le Garde des sceaux. Il veut que nous respections, et je respecte autant que lui les arrêts de la justice ; car, il faut bien le dire, je n'ai parlé des faits dont il s'agissait : des faits jugés dans l'Ardèche, de ceux jugés à Toulouse, que comme je parlerais de faits jugés à Rouen, en disant que M. Dujarrier a été tué par M. Beauvallon...

A gauche. — C'est cela ! Très bien !

M. DE GASPARIN. — Je n'ai parlé d'aucune culpabilité, d'aucune intention, d'aucune complicité morale ou judiciaire ; j'ai raconté les faits, clairs comme la lumière du jour, incontestés, incontestables. Les faits j'ai le devoir d'en parler, parce que les familles sont alarmées, et qu'un droit, le droit de l'autorité paternelle que vous voulez protéger comme nous, était violé. J'ai eu le devoir de dire ce qui s'était passé.

Mais, à présent, ce que j'ai le devoir de dire aussi, c'est que M. le Garde des sceaux, dans la revue rétrospective dont il veut bien m'accorder l'initiative (initiative que je n'accepte pas (On rit.), car c'est lui qui a rappelé le premier le fait du frère Gaillard) ; dans cette revue rétrospective, M. le Garde des sceaux a commis une erreur très grave, au sujet de M. Maurette.

Il n'est pas exact de dire que M. Maurette eût fui, au moment où parlait M. le Garde des sceaux; et puis que plus tard, sur le conseil que des personnes bienveillantes, bien intentionnées (M. de Gasparin lui-même.) (On rit.), auraient donné, M. Maurette fût venu se rendre auprès de la justice.

Au moment du débat, je n'avais pas entre les mains la lettre qu'il a écrite; elle m'est arrivée le jour même; et, je le répète, il n'y a pas eu fuite un seul moment; M. Maurette s'est présenté devant ses juges; il n'a pas tourné le dos à son devoir, il n'y a jamais songé.

Voilà le fait rétabli.

Quant à la théorie d'après laquelle un curé catholique, converti au protestantisme, ne devrait pas prêcher l'Évangile dans la commune où il a vécu jusqu'à sa conversion, ce n'est pas une question de convenance, c'est une question de droit. (Interruption. — Vive adhésion à gauche.) Oui, Messieurs, c'est une question de droit, et si bien une question de droit et non une question de convenance, que M. le Garde des sceaux, a confisqué le droit dans cette affaire. (Très bien!)

Même pour la convenance, je n'ai qu'un seul mot à dire : les protestants de tout pays vous laisseront la pleine et entière propriété de votre théorie. (Vive sensation.) Les protestants anglais trouvent très bon que les pasteurs anglais, protestants convertis au catholicisme, exercent leurs fonctions dans le lieu-même où ils avaient été pasteurs protestants. Nous trouvons cela très bien. C'est que nous voulons véritablement la liberté des cultes, et que vous ne la voulez pas; voilà la différence, je tiens à l'établir.

Si les paroles qui ont été accueillies par des signes d'approbation, tout à l'heure, avaient été prononcées

dans un pays où l'on sait l'*a, b, c*, en matière de liberté
religieuse, ces paroles auraient excité des manifesta-
tions d'une tout autre nature. En Angleterre, messieurs,
personne n'oserait dire que M. Neuman commet un acte
d'inconvenance, en prêchant le culte catholique dans le
lieu même où il a été ministre protestant (Approbation sur plusieurs bancs.). Cela ne s'est pas dit, et cela ne
se dira pas, pour l'honneur du culte auquel j'appartiens.
Votre théorie, nous ne l'acceptons pas, et j'espère qu'un
jour viendra où, dans mon pays aussi, on comprendra,
pour les autres comme pour soi-même, les conditions
de la liberté! (Adhésion à gauche. — Sensation sur plusieurs bancs.)

La Chambre ordonne le renvoi de la pétition à **M. le**
Garde des sceaux.

PÉTITION N° 3

Droit de réunion religieuse, liberté des cultes.

M. Poisat, *rapporteur*. — Plusieurs membres de
l'Église réformée de Cannes et de Dijon, demandent
que des instructions précises soient données aux
autorités municipales, afin que le droit qu'ils ont de
se réunir pour l'exercice de leur culte, ne soit point
confondu avec le pouvoir qu'a l'autorité, d'autoriser le
choix du local qui y est destiné.

Les pétitionnaires, mettant hors de discussion le droit
de réunion inhérent à la liberté des cultes consacrée
par l'article de la charte, ne font aucune difficulté
d'admettre que ce droit, tout absolu qu'il leur paraît
être en lui-même, ne soit subordonné dans l'exercice,

à l'autorisation préalable de l'autorité civile, pour les locaux destinés à ces réunions. Ils reconnaissent que cette autorité a le droit d'intervenir ; mais uniquement pour vérifier la *solidité*, la *salubrité*, la *convenance* des locaux, et, en conséquence pour y autoriser ou défendre les réunions sous ce rapport. D'où il résulte que l'autorisation ne saurait être refusée, que par des motifs uniquement tirés de ce qui regarde cette *convenance*.

Mais les pétitionnaires se plaignent que, dans l'usage, et spécialement à l'occasion des autorisations que les membres de l'Église réformée sont à même, souvent, de demander dans le département du Var ; les autorités civiles, la plupart du temps, refusent de répondre, ou répondent par une interdiction générale qui s'applique au culte et non au local. C'est pourquoi ils réclament l'intervention de la Chambre, pour faire cesser une confusion qui nuit à leurs droits.

Sous ce rapport, et dans les termes où les pétitionnaires restreignent leur demande, nous nous bornerons à proposer le renvoi à M. le Ministre de la justice et des cultes, et à M. le Ministre de l'intérieur, pour apprécier les faits signalés, et donner en conséquence des instructions précises aux administrations locales, afin de leur faire comprendre que la question du local est entièrement distincte de la question du culte, et que les refus d'autorisation des locaux ne peuvent être justifiés que par des motifs évidents de convenance et de salubrité.

Le Cᵗᵉ DE GASPARIN. — Je demande la parole.

Voix diverses. — Est-ce pour ou contre les conclusions du rapport?

Le Cᵗᵉ DE GASPARIN. — Si quelqu'un demande la parole

23.

contre les conclusions, je descendrai de la tribune à l'instant même. (Silence général.)

Messieurs, M. le Garde des sceaux sait comme moi, qu'indépendamment de la question spéciale posée par la pétition et par le rapport, indépendamment de la question relative au local, la question générale de la liberté des cultes doit être traitée aujourd'hui. La Chambre ne s'opposera pas, je pense, à ce que cette grande discussion ait lieu. (Oui! oui!)

La question spéciale a beaucoup de gravité; la question générale en a infiniment plus. Je suis sûr de ne pas me tromper, en disant que cette Chambre, qui a montré une bienveillance particulière pour la liberté religieuse, qui a constamment accordé son intérêt le plus sérieux aux débats qui s'y rapportaient, prêtera encore quelques instants d'attention à la discussion actuelle, qui doit couronner toutes les autres. Il vaut mieux que cette discussion vienne à propos des pétitions, que si nous l'amenions par des interpellations *ad hoc*, ou par un incident sur les crédits supplémentaires.

Messieurs, il faut souvent traiter ces questions-là, il faut souvent en parler; c'est en en parlant souvent, c'est en présentant souvent ces vérités au pays et à l'opinion, qu'on gagne les grandes causes. Les principes que nous défendons sont si lumineux par eux-mêmes, qu'il suffit de les montrer souvent, pour leur assurer le succès.

Il est très difficile, en effet, de combattre la liberté générale des cultes, sur son vrai terrain. On peut lui opposer quelques allégations vagues; mais venir dire — et nous prions les adversaires de la liberté générale de descendre sur ce terrain — venir dire que la liberté se concilie avec l'autorisation ; venir dire que l'opinion qui fait naître toute liberté, le jour précis où l'autorisation préalable a été supprimée ; venir dire que la liberté promise à tous par la charte, doit être restreinte à quelques-uns ; voilà qui est malaisé ; voilà qui est périlleux ; voilà ce que j'espère peu qu'on ose faire aujourd'hui. — Nos adversaires craignent les principes. Eh bien, nous reproduirons inexorablement les principes, jusqu'à ce que nos adversaires daignent les aborder avec nous. (Très bien !)

Messieurs, la discussion a déjà porté des fruits. C'est un encouragement dont nous n'avions pas besoin, mais c'est un encouragement positif.

Vous vous souvenez tous, de l'énergie avec laquelle M. le Garde des sceaux, il y a deux ans, combattait non seulement le droit général consacré par la charte, mais le droit spécial des Églises officielles. Je ne dis pas des Églises reconnues, car je me rappelle, pour mon compte, que ce mot d'*Église reconnue* a été repoussé par la Chambre entière, en 1830, lorsqu'elle votait la charte. Un amendement fut rejeté, parce qu'il contenait ce mot, contraire au sens de notre constitution, contraire à la conscience que nous avons du droit général : le mot de *culte reconnu.*

Il y a des cultes officiels, salariés ; il n'y a pas de culte *reconnu.* (*A gauche :* C'est vrai !)

Vous vous souvenez tous, disais-je, de l'énergie avec laquelle M. le Garde des sceaux combattait le droit spécial des cultes officiels. Nous avons discuté deux ans cette fameuse circulaire de 1834, en vertu de laquelle des circonstances graves, pouvaient autoriser l'administration à restreindre le droit même des cultes officiels ;

en vertu de laquelle on appréciait administrativement, la bonne foi des membres des Églises, même officielles, qui voulaient ouvrir de nouvelles réunions !

Cette circulaire, nous l'avons discutée longtemps. Elle n'existe plus. M. le Garde des sceaux l'a déchirée lui-même, de ses propres mains.

Voilà les premiers fruits des discussions auxquelles nous nous sommes livrés.

Je ne crois pas commettre d'indiscrétion, en disant ce que sait tout le monde, c'est qu'il y a trois semaines, au sein du conseil d'État, M. le Garde des sceaux a reconnu ce qu'il avait si longtemps contesté.

M. LE GARDE DES SCEAUX. — Je n'ai pas contesté.

M. DE GASPARIN. — M. le Garde de sceaux me dit qu'il n'a pas contesté.

Je me rappelle, et la Chambre se rappellera sans doute comme moi, que, lorsqu'en 1844, je disais à cette tribune (j'ai du malheur vis-à-vis de M. le Garde des sceaux dans mes assertions) (On rit.), quand je disais en 1844 : Les consistoires les plus rapprochés, ceux de Paris et de Meaux, vont établir des lieux de culte sur de simples déclarations, sans autorisation préalable ; M. le Garde des sceaux s'écria : — « Ce que M. de Gasparin vient de dire est impossible, ne peut pas être vrai. » — C'est encore là un des points sur lesquels l'expérience ultérieure a pris soin de me donner raison, dans mes débats contradictoires avec M. le Garde des sceaux. Il sait comme moi que le fait, si vivement démenti, était exact, qu'il s'est reproduit. Le fait *impossible* en 1844, est devenu un fait légitime aujourd'hui, de l'aveu même de M. le Garde des sceaux.

Messieurs, je me féliciterais de cette conversion inattendue, je m'en féliciterais, sans y insister, s'il n'y

avait pas une autre question ; si la question de la liberté
générale n'était pas là, sans solution encore ; sans solution, à la honte de notre époque. Car il est humiliant
d'avoir encore à discuter aujourd'hui ces choses-là...

A gauche. — C'est vrai !

M. DE GASPARIN. — A discuter ces choses, que les peuples qui pratiquent la liberté, ont tous résolues depuis
longtemps.

Messieurs, nous y revenons. Nous disons même à
M. le Garde des sceaux, qu'il finira par reconnaître la
vérité. Il a fait le premier pas ; il fera le second. Qu'il
me permette de l'espérer, car, en matière de liberté, tout
se tient. On ne peut pas accorder quelque chose sans
accorder davantage. On ne peut pas reconnaître la
moitié d'un droit ; il faut bien, quelque mauvaise volonté qu'on y mette, qu'on finisse par reconnaître le
droit tout entier. (Très-bien !)

Ainsi M. le Garde des sceaux... (Interruption.)

Je comprends parfaitement, Messieurs, que la Chambre
puisse être fatiguée (Non ! non !) ; mais j'ai une discussion complète à lui présenter, et il faut, pour que je
continue, que je sois certain de son autorisation. (Parlez !
parlez !)

Je disais que le premier pas était fait ; que j'espérais
qu'on ferait le second, que tout se tenait en fait de liberté,
et qu'il était beaucoup plus facile de soutenir, comme
le faisait, il y a deux ans, M. le Garde des sceaux, la conciliation possible de la liberté avec l'autorisation préalable,
que de venir dire, comme il le dira aujourd'hui : « Pour
les cultes officiels, il faut supprimer l'autorisation, car
leur liberté est à ce prix. » Et ajouter : « En dehors des
cultes officiels, l'autorisation est maintenue. En dehors
des cultes officiels, il n'y a pas de droit, pas de liberté. La

liberté des cultes est écrite, non dans l'article 5 de la charte, mais dans la loi de germinal an X ! » Cela est beaucoup plus difficile à soutenir, que la thèse qu'on soutenait il y a deux années. J'espère donc que nous irons jusqu'au bout; et que M. le Ministre acceptera un jour la liberté générale, comme il vient d'accepter le droit spécial de deux Églises.

La Chambre me pardonnera l'ardeur que je mets à défendre une question aussi grosse, aussi importante.

L'article 5 de la charte, Messieurs, c'est notre édit de Nantes. L'édit de Nantes n'était un édit de garantie, que parce qu'il permettait, d'un bout à l'autre du royaume, les réunions religieuses sur simple déclaration, sans autorisation préalable. L'édit de Nantes disait cela, rien de moins. La charte ne dit rien de moins non plus. (Très bien ! très bien!)

Telle est, Messieurs, la question que je désire traiter. Je la pose en ces termes clairs et nets : autorisation et liberté, conciliables ou non; l'article de la charte disant *chacun*, et non pas *quelques-uns*.

Voilà les termes. Je demande qu'on s'en souvienne, et qu'on ne réponde pas par des considérations générales, à ce qui est net et précis.

Sur la question spéciale du local, je crois que les conclusions de la commission sont acceptées par le gouvernement. Je le crois et je m'en félicite : cependant il faut s'entendre.

Vous savez (et ceci montre à quel point les hommes qu'on accuse d'exagérer la liberté et de ne pas accepter les conditions de l'ordre public, respectent, au contraire, tous les droits du gouvernement conciliables avec la liberté) ; vous savez que nous avons toujours admis l'ap-

plication de l'article 294. Jamais nous n'avons contesté
à l'autorité municipale le droit d'autoriser le local, au
point de vue de la convenance matérielle, de la sécurité,
de la salubrité. Jamais nous ne l'avons contesté. Mais
on peut faire sortir de l'article 294 la résurrection de
l'article 291. De l'article 294, appliqué et interprété d'une
certaine manière, on peut tirer précisément tous les
abus contre lesquels nous réclamons ; ces abus que la
Chambre a condamnés, quand la Chambre, à quatorze ans
de distance, par deux votes solennels, a donné raison
aux amis de la liberté générale. Cela est bien simple.
(Bruit dans un couloir.)

Je crois que cette discussion vaut la peine d'être
suivie. J'attendrai le silence. (Vous avez raison!)

Je disais que, de l'interprétation et de l'exécution
déloyales de l'article 294, on pouvait faire sortir tous les
abus contre lesquels nous nous sommes élevés, et que
la Chambre a repoussés.

Ainsi, lorsqu'on s'adresse au maire, pour lui demander
d'autoriser un local dans une commune, le maire répond
par un refus général non motivé, qu'il opposera successivement à plusieurs locaux. Le droit est confisqué; et ce
n'est pas pure hypothèse; quand je viendrai aux faits,
je le démontrerai.

Une autre supposition. On s'adresse au maire pour
lui demander l'autorisation du local, le maire répond :
— « J'ai des doutes sur le droit; tant que je ne les aurai
pas éclaircis, je ne donnerai pas l'autorisation spéciale
du local. » — Dans ce cas encore, le droit est confisqué.
(C'est vrai.)

Il arrive alors ce qui est arrivé à Dijon : la question
est portée devant le tribunal. Le tribunal déclare que
le pasteur a usé de son droit ; mais, comme le pasteur

n'avait pas l'autorisation du local, il est condamné sur ce point.

Tant qu'on n'aura pas distingué, comme le demande le rapport, entre la question du local et celle du culte; distingué parfaitement et complètement; toutes les difficultés, tous les obstacles opposés jusqu'à présent à la liberté générale pourront reparaître perfidement, hypocritement, d'une manière bien plus dangereuse. (C'est vrai!)

Voici comment je comprends cette distinction. J'entends qu'un maire, lorsqu'il a des doutes sur le droit de réunion, dise : — « Je conserve mes doutes, je les traduis même en poursuites devant les tribunaux; je crois que vous n'avez pas le droit de tenir vos réunions, et je chercherai à les faire condamner. Mais quant au local, il est sain, il est sûr, il ne présente pas d'inconvénients matériels. J'autorise le local et je poursuis le culte. » — Telle est la distinction qu'il faut faire. Elle ne compromet aucun droit, aucune prétention; c'est dans ce sens que le rapport conclut.

Enfin, Messieurs, il y a une autre manière de confisquer le droit : c'est le silence. Ce moyen est simple et commode. Il est fort simple, en effet, quand on vous demande l'autorisation du local, de ne pas répondre, d'ajourner la réponse. Pendant l'ajournement, le culte ne peut pas se tenir, ou, s'il est tenu, il est poursuivi et condamné.

Sur ce point, j'ai une grande autorité à invoquer devant la Chambre : celle de M. Dupin.

M. Dupin, en 1836, dans l'affaire Oster, l'israélite, prononça des paroles que les amis de la liberté n'ont pas oubliées, et qui retentirent à cette tribune après avoir retenti à la cour de cassation.

Voici ce qu'il disait :

« Toutes les fois que celui à qui une condition est imposée a fait tout ce qui dépendait de lui pour la remplir, elle est censée accomplie ; car si l'article 5 de la charte ne comporte pas un droit absolu d'exercer son culte en négligeant toutes les règles imposées pour la police des cultes, notamment par l'article 294, d'un autre côté, *cet article 294 ne doit pas être entendu dans ce sens absurde et injuste qu'un maire, en refusant de répondre,* PUISSE METTRE A NÉANT *l'article 5 de la charte et paralyser le droit du citoyen en refusant d'exercer le sien.* Le silence n'est pas l'exercice d'un droit, c'est une prévarication. » (Très bien ! très bien !)

M. ODILON BARROT. — C'est très libéral.

M. DE GASPARIN. — Messieurs, j'ai dû rappeler ces belles paroles, parce que, comme je le disais tout à l'heure, mes suppositions n'ont rien de gratuit. Si des pétitions sont adressées à la Chambre, c'est parce que toutes ces hypothèses se sont réalisées dans la pratique.

Ainsi les pétitionnaires du Var, pourquoi se présentent-ils devant vous ? C'est parce que, ayant demandé successivement à un certain nombre de maires du Var dont j'ai la liste (je ne veux pas fatiguer la Chambre en la lisant), l'autorisation du local (non pas l'autorisation du culte, ils ne l'ont jamais demandée, mais l'autorisation du local), les maires leur ont répondu par des refus généraux, des refus non motivés, des refus, qui, évidemment, s'adressent au culte lui-même bien plus qu'aux locaux.

A Dijon, les circonstances sont plus étranges encore. A Dijon, il s'agissait d'un ministre de l'Église officielle, qui, sur l'ordre de son consistoire, se rendait à Ahuy, commune voisine, au milieu de personnes qui avaient

réclamé son ministère. M. le pasteur Pertuzon avait
adressé, dans les termes suivants, la demande d'autorisation de local :

« Je viens vous prier de me faire savoir si le local,
comme tel, ne vous paraît pas convenable, s'il présente
des dangers pour les personnes qui s'y réunissent. Je
le juge pour ma part entièrement digne de votre approbation, car il est parfaitement sain et solide, et, de plus,
très distant de l'église catholique. » (Bruit.)

Messieurs, ce n'est pas pour l'orateur, c'est pour la
question que je réclame le silence. (Très bien! Parlez!
parlez!)

« Si toutefois vous aviez, à ces divers titres, des observations à me communiquer, je les recevrais avec empressement, car l'intervention de la police locale, limitée à
la constatation des conditions de salubrité et de sécurité matérielle, n'a pas été abolie par l'article 5 de la
charte.

» Quant à la question, non de salubrité, mais de
culte, la soumettre préventivement à l'autorité administrative, ce serait, comme j'ai déjà eu l'honneur de
vous le faire observer, détruire virtuellement la liberté
des cultes.

» Je ne m'associerai pas par ma faiblesse à un tel
attentat, et je continuerai à annoncer le glorieux Évangile
du Sauveur, devant ceux qui demandent à l'entendre.
Je le prêcherai publiquement, et ne cesserai d'appeler
toute votre surveillance sur mes actes et sur mes discours,
convaincu que mieux ils seront constatés, mieux aussi
on reconnaîtra qu'il s'agit ici non d'une association,
mais d'un culte, d'un culte que la charte déclare libre,
et que vous prétendez, bien à tort selon moi, soumettre
à la censure préalable de l'administration.

» Agréez, etc. » (Approbation.)

Voilà la demande, messieurs. L'autorisation du local n'a été ni donnée ni refusée. Puis, la réunion a été poursuivie, et le jugement du tribunal de première instance de Dijon....

M. D'HAUBERSART. — Est-ce que le maire n'a pas répondu par un refus?

M. DE GASPARIN. — Oui, voici le refus par lequel il a répondu, mais plus tard. Ce refus est curieux, je vais le lire. Ce qui fait précisément le caractère étrange de cette affaire, c'est le refus que l'honorable M. d'Haubersart veut bien me rappeler. (On rit.)

A Dijon, un jugement déclare que le pasteur était dans son droit, qu'il n'avait fait qu'exercer son droit le plus évident ; le même jugement le condamne sur le fait du local, parce qu'ayant demandé l'autorisation pour le local, il ne l'avait pas obtenue. Eh bien, au moment même où ce jugement était rendu, le maire écrivait à M. Pertuzon la lettre réclamée par M. d'H aubersart.

« Monsieur, je vous préviens que, *d'après les ordres que j'ai reçus de M. le Procureur du Roi,* j'ai pris un nouvel arrêté d'après lequel, non seulement il est défendu de tenir des réunions dans la maison Faufard pour la célébration du culte protestant, mais encore dans toutes les maisons quelconques de la commune. »

A gauche. — C'est clair !

M. ODILON BARROT. — Qu'en pense M. d'Haubersart?

M. D'HAUBERSART. — Je dis qu'il fallait déférer l'arrêté du maire au ministre compétent.

M. DE GASPARIN. — C'est ce qu'on a fait. Je remercie M. d'Haubersart, il me fournit tous mes arguments. (Rires à gauche.)

Le pasteur de Dijon a pensé qu'il fallait s'adresser au ministre compétent; mais auparavant, il s'est adressé au préfet. Je présume que M. d'Haubersart admet qu'on s'adresse d'abord au préfet. Le préfet a fait comme le maire, il a confondu la question du culte avec la question du local.

On s'est adressé au ministre, et ici je suis obligé d'insister, parce que, M. le Ministre acceptant les conclusions du rapport et devant donner des instructions aux autorités municipales, il est bon que le sens des instructions soit bien compris, puisque, à mon avis, il aurait à s'en donner à lui-même. (On rit.)

On s'est adressé, dis-je, au ministre. Le ministre n'a pas répondu, pendant deux mois; puis, il a écrit un jour que, comme la question du culte était encore engagée, il n'avait pas de décision à rendre; qu'il rendrait plus tard une décision au sujet de la salubrité du local. (Mouvement.)

Vous le voyez, Messieurs, toujours cette confusion contre laquelle nous nous élevons; cette confusion, qu'il serait cependant si facile de faire cesser sans rien compromettre, puisque le jour même où vous déclarez le local salubre et sûr, vous pouvez néanmoins intenter un procès pour la réunion.

Une réflexion générale à la suite de ces faits.

Rien ne compromet les droits légitimes, comme les prétentions exagérées et abusives. (Très bien!)

Voici un droit légitime reconnu de tous, que personne n'a contesté : vous allez le perdre, si on continue à agir comme à Dijon et ailleurs; car on ne subordonnera certainement pas la prédication de l'Évangile au caprice d'un maire ou à la fantaisie d'un ministère; on s'exposera plutôt à un procès, que de renoncer pendant deux mois à présenter l'Évangile à ceux qui le réclament.

Et le droit légitime, le droit incontesté, vous l'aurez compromis, vous l'aurez perdu !

Voilà la moralité des faits. J'aurais beaucoup plus à dire sur l'affaire d'Ahuy, mais le changement d'opinion de M. le Garde des sceaux m'en dispense, heureusement pour la Chambre.

Cependant, je dois le faire remarquer, quoique mon intention ne soit pas d'insister sur les faits ; il s'est produit, ailleurs qu'à Dijon, des faits qui ne manquent pas de parité, et qui sont fort contraires à la doctrine qu'a récemment adoptée M. le Garde des sceaux.

Ainsi, dans le Var, M. le pasteur Lissignol, délégué par le consistoire général de Marseille, n'a pas pu prêcher. Cependant, il était dans la circonscription officielle du consistoire ; il avait le droit, aux termes de la doctrine admise par le gouvernement, de tenir des réunions sur simple déclaration ; il a essayé de le faire, il n'a pas pu. Il s'est découragé, trop vite peut-être. Un autre, M. Cramer, plus persistant, a réussi, à travers beaucoup de procès-verbaux.

Dans le département de l'Yonne, il n'y a eu que des procès-verbaux. Je passe.

Dans la Haute-Vienne, les actes présentent plus de gravité. Il y a quelques jours à peine, une réunion du culte protestant tenue à Château-Ponsac, par un pasteur qu'avait délégué le consistoire de Le Jay, a été dispersée au moyen de la force publique. Un procès devait s'engager à la suite ; ce procès n'était pas le seul. Il s'est trouvé au commencement de cette session, que nous étions en présence de trois ou quatre procès en perspective : procès dans le Var, on y a renoncé ; procès à Dijon, il a été vidé ; deux ou trois procès dans la Haute-Vienne, ils sont ajournés ; ce qui veut dire, je pense, qu'on .y renonce.

Tels sont les faits. Il y en a d'autres encore, si exceptionnels, qui indiquent une si vive ardeur de répression, que je ne veux pas en faire peser la responsabilité sur le ministère ; ce ne serait pas juste. Remarquez-le néanmoins, il y a toujours une part de responsabilité pour le gouvernement ; c'est toujours dans le sens de l'autorité supérieure que les subordonnés exagèrent. (C'est vrai !)

Nous avons vu un sous-préfet, dans le département d'Indre-et-Loire, prendre un arrêté en vertu duquel M. le pasteur Duvivier (qui se rendait dans la commune d'Huismes par ordre du consistoire général d'Orléans, et dans sa circonscription) devait au besoin être appréhendé au corps ! Oui, la réunion devait être dispersée par la force, et, si besoin était, on devait appréhender au corps M. Duvivier ! (Mouvement.)

Dans les Deux-Sèvres, le sous-préfet de Melle a pris un autre arrêté plus étrange encore. S'il est un usage aussi ancien que l'Église protestante, aussi répandu sur le territoire que ses troupeaux, c'est celui de tenir, indépendamment du culte qui se célèbre à l'église, des réunions privées où l'on explique la Bible dans l'intérieur des familles. C'est là un fait qui se reproduit partout : dans les grandes villes, dans les campagnes ; qui se reproduit chaque jour à Paris, à Nîmes, à Montauban, à Strasbourg, à La Rochelle ; qui se reproduit dans toutes les communautés. On se réunit chez un membre du troupeau, en famille, on lit l'Évangile et on en écoute l'explication. Eh bien ! le sous-préfet de Melle a pris un arrêté, pour interdire à un pasteur, dans sa propre église, la tenue de ces réunions ! — Je le répète,

je ne mets pas en doute la décision de l'autorité supérieure, seulement cette part de responsabilité que j'indiquais tout à l'heure, doit encore lui revenir.

Voilà les faits. Voici quelques réflexions :

La première, et il m'en coûte de l'exprimer, c'est
que le parti qui réclame avec le plus de vivacité (et
avec raison selon moi) la liberté de l'enseignement, a,
dans beaucoup de lieux, provoqué, suscité des obstacles
à la liberté des cultes. (Interruption.)

M. DE LARCY. — Je demande la parole.

M. DE GASPARIN. — Je cite ces faits par deux raisons.
D'abord, c'est que je parle devant des hommes qui
comprennent la liberté pour les autres comme pour eux-
mêmes (Très bien!), qui ont autorité sur leur honorable
parti, et qui feront cesser la contradiction scandaleuse
qui s'est manifestée en plus d'un lieu. Tel est mon
premier motif; qu'on ne le conteste pas. A Dijon, par
exemple, c'est sur les provocations du *Spectateur*, que
des poursuites ont été ordonnées.

Mon second motif, c'est que je suis déterminé à
réclamer la liberté d'enseignement, quelle que soit la
conduite de ceux qui, invoquant cette liberté, empêchent
d'en réclamer d'autres. C'est pour elles-mêmes que les
libertés veulent être défendues, indépendamment des
hommes qui les réclament. (Très bien !)

Tels sont mes motifs. Ainsi, je suis à mon aise. Je
crois à la loyauté et à l'autorité, dans cette question,
de ceux devant lesquels je m'exprime hautement, et je
sais quelles sont mes propres déterminations.

Voici ma seconde réflexion :

On a retenu un an en prison M. Maurette, et puisque son souvenir a été rappelé bien malgré moi dans

cette séance, je ne puis pas le rappeler, à mon tour, sans réclamer contre les paroles de M. le Garde des sceaux, qui nous a dit que M. Maurette avait été condamné, non pour délit de controverse seulement, mais pour délit de mœurs.

M. LE GARDE DES SCEAUX. — Pour outrage aux mœurs dans ses écrits.

M. DE GASPARIN. — Pour outrage aux mœurs dans ses écrits! Rien de semblable dans la condamnation. Elle n'a porté que sur le délit de controverse.

Or, M. Maurette a passé un an en prison pour délit de controverse. Et il est permis d'insulter, d'injurier le clergé protestant!

Nous ne demandons pas de répressions, oh! non. Si jamais il était question de poursuivre quelqu'un pour injures envers un membre du clergé protestant, nous n'aurions pas assez de supplications pour l'empêcher. Mais enfin, il n'en est pas moins vrai que, dans l'affaire d'Ahuy, des paroles bien peu mesurées sont sorties de la bouche des magistrats. Ainsi, devant un tribunal, je ne crois pas qu'il soit permis de dire d'un pasteur, dont le droit a été reconnu, un moment après, par le tribunal lui-même: qu'il était animé d'un esprit de dévergondage! Je ne crois pas qu'il soit permis à un maire, qui souligne lui-même ces mots dans sa lettre, de comparer un pasteur de l'Église réformée à ces bateleurs qui vont dans les foires, et qui amusent les gens sans que cela tire à conséquence. (Mouvement.)

Messieurs, je n'insiste pas sur ces considérations. Mais je dois le faire remarquer, il y a trois moyens nécessaires à une Église en minorité, pour se maintenir, pour vivre, pour s'accroître au besoin, car c'est son droit.

Par un hasard malheureux, sous l'administration de

M. le Garde des sceaux, ces trois moyens ont été successivement contestés. C'est un progrès fâcheux qui
s'arrêtera, j'en suis certain, et j'en ai pour garant le
changement d'opinion de M. le Ministre, sur la liberté du
protestantisme officiel. Ce changement indique une
réaction vers la liberté, je l'espère ; mais enfin, les trois
moyens d'action de l'Église protestante, ont été successivement contestés. Ces trois moyens, quels sont-ils ?
Le droit de réunion, le droit de controverse, le droit
de colportage. Or, nous avons vu commencer, en 1843,
les procès contre le droit de réunion ; en 1844, les
procès contre le droit de controverse ; en 1845, les
procès contre le colportage.

Je suis sûr que l'on s'arrêtera, je suis sûr qu'on reculera : j'en ai pour garant, comme je le disais tout à l'heure,
le changement d'opinion de M. le Ministre. On reculera.
Mais il en est temps.

Messieurs, il me semble qu'on pouvait et qu'on pourrait reculer sans rien compromettre ; car là, les plus
grands dangers que vous ayez à conjurer, ce ne sont
pas les réunions de prières ; il y a d'autres périls à conjurer que celui-là. (Très bien !) Toutefois, puisque vous en
êtes préoccupés, permettez-moi de vous dire que nous
pourrions être compris, nous aussi, dans la pacification
religieuse (On rit.) ; que les protestants pourraient, eux
aussi, participer aux bienfaits de cette mesure générale.
On ne croit pas sans doute que les événements si tristes
pour eux de Taïti et du Gabon ; on ne croit pas que les
calomnies et les violences dirigées contre les missions
protestantes ; on ne croit pas que les doctrines bien
nouvelles à mon sens (mais les doctrines passent aisément
aujourd'hui), qui, identifiant la politique de la France
avec une des communions, reconstituent au dehors

24

les religions d'État; on ne croit pas sans doute, que tous ces faits suffisent à combler les vœux des protestants français.

Ils ne vous demandent pas de privilèges, ils ne vous demandent pas d'argent; ils ne vous demandent que la liberté: la liberté, non pas pour eux, mais pour tout le monde.

Cette liberté, je vais au-devant de l'objection, profitera surtout aux protestants, parce que les minorités profitent plus des libertés; cela est évident; mais on ne peut savoir, dans l'avenir, à qui une liberté profitera le plus. Messieurs, semez des principes; vous recueillerez des garanties pour tout le monde. (Très bien!)

Le moment viendra, où ceux-là qui aujourd'hui ne profitent pas des libertés, seront bien aises de les trouver debout, et de s'y appuyer à leur tour. Et le temps est-il donc si éloigné où un homme éloquent, convaincu, Camille Jordan, réclamait la liberté religieuse au nom du catholicisme lui-même? (Sensation.)

Je dis que si nous en profitons plus que les autres, la liberté n'est pas moins pour tous.

Pourquoi donc en profitons-nous plus que les autres? Est-ce que le principe de l'égalité des cultes est violé? — Les raisons en sont simples.

D'une part, le culte catholique a une unité extérieure que les protestants n'ont pas. Pour les catholiques, la liberté d'une Église est la liberté de tous les catholiques; pour nous, la liberté des Églises officielles n'est pas la liberté de tous les protestants.

D'un autre côté, le culte catholique est partout; il n'y a pas en France une commune qui ne se trouve sous la juridiction spirituelle d'un prêtre catholique, d'un prêtre qui peut y célébrer la messe, y prêcher les dogmes catholiques, y offrir ses croyances aux protestants qui le désireraient.

La religion protestante n'est pas dans la même situation. Elle n'est installée officiellement que dans sept ou huit cents communes. La moitié des départements se trouve en dehors de ses circonscriptions; donc, sans la liberté, le protestantisme serait parqué, enfermé dans certaines limites, exclu d'une portion du territoire. L'Église qui accepterait une situation pareille serait une Église morte, et déshonorée avant de mourir.

Cette liberté que nous réclamons, la demandons-nous sans bornes, sans conditions? Je suis bien forcé de réfuter encore une fois, puisqu'on la reproduit sans cesse, cette vieille et absurde calomnie. Nous voulons des conditions, puisque nous demandons une loi, une loi qui organise les conséquences de l'article 5 de la charte; nous voulons des conditions et des limites, puisque nous vous pressons d'établir les garanties exigées par l'ordre public. (C'est vrai.)

Oui, nous voulons tous des conditions, pourvu qu'elles se concilient avec la liberté elle-même; nous voulons tous des [garanties, pourvu qu'elles ne suppriment pas le droit. Surveillance, répression sévère; nous ne la trouverons, quant à nous, jamais assez sévère. S'il arrivait qu'une réunion de protestants dégénérât en réunion politique; si on y faisait autre chose que lire l'Évangile, que prier Dieu pour le roi, pour le pays, pour les amis et pour les ennemis de l'Évangile; si cela arrivait, nous serions les premiers à réclamer un châtiment exemplaire, car votre sévérité serait notre garantie. (Approbation.)

On dirait, à entendre certaines personnes, que nous prétendons instituer l'anarchie.

Est-ce que vous permettriez, par exemple, que, parce que les réunions électorales sont libres, il suffît d'écrire RÉUNION ÉLECTORALE sur la porte d'une maison, pour qu'il fût permis de s'y livrer à toutes ses fantaisies, pour qu'il fût permis d'y faire de la conspiration, de la débauche, d'y célébrer les mystères de la *bonne déesse?* (On rit.) Assurément non, Messieurs ; la répression, le droit préventif lui-même, reparaissent au moment où une réunion abdique le caractère qui justifiait sa liberté. Cela est vrai des réunions électorales, cela est vrai des réunions religieuses; il ne suffira jamais d'écrire le mot *culte* sur une porte, pour se mettre à l'abri de toute répression, à l'abri même du régime préventif, lequel renaîtrait tout entier contre cette réunion qui prétendait être un culte, et qui n'est plus qu'une association non autorisée.

Messieurs, venez voir ce qui se passe dans les réunions protestantes, venez voir! C'est une vieille prière; au xvie siècle déjà, elle était adressée au roi Charles IX, aux états d'Orléans. Les réformés lui disaient : « Sire, envoyez des magistrats, envoyez quelqu'un qui vienne dans nos réunions, qui entende ce qui s'y dit, afin de faire tomber les faux bruits et les mauvais soupçons. » Cette prière, nous vous l'adressons de nouveau.   .

Venez, voyez, examinez, et il vous arrivera peut-être ce qui est arrivé au maire d'Ahuy, auquel je dois sous ce rapport une réparation. Oui, il s'est rendu une fois, deux fois peut-être, au sein du culte protestant; le pasteur lui a demandé à sa sortie ce qu'il en pensait. Je ne vous dirai pas sa réponse; mais j'affirme qu'il n'était pas disposé à comparer M. Pertuzon aux bateleurs de foire.

Venez, et il vous arrivera ce qui est arrivé à l'huissier Havergne en 1560. Chargé par le parlement de Bordeaux de dissoudre la réunion d'Arvert, il s'y rendit: quand

il y fut, il assista au culte; et quand le culte fut terminé,
au lieu de dissoudre l'assemblée, il s'avança vers le
pasteur, lui serra respectueusement les mains, et félicita
ses auditeurs. (Mouvement.)

Si l'on y regardait de plus près, on serait plus scrupuleux; on s'étonnerait de l'assimilation qu'on a voulu
établir entre ces réunions religieuses, et les associations prévues par la loi de 1834. Mais dites-moi donc
quelle est, dans ces réunions ouvertes à tout le monde,
surveillées par la police, où vous pouvez tout constater,
tout réprimer, dites-moi quelle est l'association politique qui peut renaitre. Est-ce l'association de, *Aide-toi :
le ciel t'aidera?* Est-ce la Société des droits de l'homme?
(On rit.)

Une voix. — Elle est morte!

M. DE GASPARIN. — J'ignore si elle est morte ou
vivante. Est-ce la Société des droits de l'homme avec
ses sections des Bras-Nus de Babœuf, de Marat, de la
Propriété-mal-acquise? Je sais que vous ne le croyez
pas, qu'aucun homme sensé ne peut le croire. Non, les
associations politiques ne renaîtront pas sous la forme
des réunions de culte.

Puisque j'ai parlé des associations et de la loi qui les
concerne, je ne peux pas oublier (on se rend importun
sans doute en reproduisant toujours le même souvenir);
je ne peux pas oublier la discussion de 1834. Des déclarations solonnelles ont été faites alors, des déclarations
reproduites depuis, et que l'année dernière encore,
M. Hébert relisait loyalement à cette tribune. Ces déclarations de 1834 lient le gouvernement. Si le gouvernement a déclaré qu'il était impossible de placer les
cultes sous l'application de la loi de 1834, il a déclaré
par là même qu'il était impossible de les placer sous

24.

l'article 291, dont la loi de 1834 n'est qu'une seconde édition.

Le gouvernement a prononcé de graves paroles, et nous sommes tenus, nous, de les reproduire souvent, pour l'honneur de cette tribune, pour l'honneur du gouvernement lui-même, pour qu'il ne soit pas dit qu'un ministre, en s'en allant, emporte avec lui les engagements du gouvernement tout entier. (Très bien!)

Oui, les engagements pris à cette tribune subsistent; ils peuvent ne pas lier les tribunaux; ici, ils ont leur valeur; ici, ils ont été entendus et enregistrés; ici, ils doivent être invoqués avec succès.

Sachez-le bien, si l'on ne tenait pas de tels engagements, si on les traitait légèrement quelques années après les avoir pris, il arriverait ceci: lorsqu'un ministre viendrait porter une déclaration nouvelle à cette tribune, on pourrait la repousser et dire: — « Cela vaut ce que valaient les déclarations de 1834! » (Vive approbation à gauche.)

C'est une chose gênante que le bon sens (Mouvement.), le bon sens qui vous dit: Vous avez pris un engagement, il faut le tenir! Le bon sens qui dit: La loi de 1834 est inapplicable, donc l'article 291 l'est aussi! Le bon sens qui dit que la censure et la liberté ne se sont jamais conciliées! C'est le bon sens qui dit cela, qui dit encore que prévenir et réprimer sont deux choses fort distinctes, et que la liberté n'est pas la tolérance : la tolérance! dont le nom était aussi odieux à Mirabeau que celui de tyrannie. (Mouvement.)

Messieurs, ne perdons pas nos traditions de liberté. J'en parle avec moins de préoccupation du succès final, que ne le supposent peut-être mes honorables collègues. Croyez-vous qu'il y ait un atôme de découragement au fond de mon cœur ? Croyez-vous que je doute un instant du succès final ? Mais j'en suis assuré ! Mais le succès est infaillible ! Du découragement ! Mais il faudrait fermer les yeux à tout ce qui se passe ! Mais les grandes causes ont toutes rencontré les mêmes obstacles ! Mais ces obstacles, ces résistances, les grandes causes y ont droit ! Mais c'est leur privilège, leur honneur et leur force ! (Sensation.)

Voyez, en France et en Angleterre, l'histoire de toutes les grandes libertés.

En France, la liberté de la presse ! Oh ! si vous lisiez, Messieurs, les discussions relatives à la liberté de la presse sous la restauration, vous y retrouveriez tous les arguments de nos adversaires, tous, sans qu'il en manque un seul. La charte ! elle ne dit pas précisément ce qu'on veut lui faire dire. La censure ! elle se concilie très bien avec la liberté. Tout dépend de la manière de s'en servir. (On rit.) Tout cela a été dit; et la liberté de la presse a triomphé.

Passez le détroit ; voyez ce qui s'accomplit en Angleterre. La liberté religieuse, la liberté du commerce, la liberté des noirs ! elles ont traversé cinquante années de luttes, de sarcasmes et de mépris, avant d'arriver au triomphe.

Notre chemin sera moins difficile et moins long. (Très bien!)

Non, Messieurs! je ne suis pas inquiet, surtout quand je regarde derrière moi, quand je vois les progrès qui se sont accomplis, les progrès qui s'accomplissent tous les jours. Non! non! je ne suis pas inquiet ! croyez-le bien !

D'ailleurs, nous savons comment on conquiert les libertés. On les conquiert en les discutant, en y revenant sans cesse, en venant souvent faire devant la Chambre

ce que je fais à mes risques et périls en ce moment,
(Oh! oh! — Non! non!)

Oui, Messieurs, à mes risques et périls. Qu'importe! Qu'est-ce que j'expose ici? Moi? ce n'est rien.
Les principes? ils survivront.

Ils survivront, j'en suis certain. La liberté! on ne la
conquiert pas en se cachant, en se taisant. On la conquiert en la réclamant sans cesse, et en la pratiquant
aussi.

Nous l'avons éprouvé pour les libertés spéciales, pour
les droits spéciaux des Églises officielles.

Comment avons nous conquis l'opinion de M. le Ministre
sur ce point? Comment? en foulant aux pieds sa circulaire, en ne demandant jamais les autorisations, en
ouvrant des cultes sur une simple déclaration, en faisant
tout ce qu'il trouvait mauvais, tout ce qu'il trouvait
impossible, tout ce qu'il trouve légitime aujourd'hui.
(Mouvement.)

C'est en faisant cela, que nous avons conquis cette
liberté. L'autre, la grande, se conquerra de même
façon. Soyez-en certains, on ne vous demandera pas une
seule autorisation, jamais! On ira devant les tribunaux,
on sera condamné peut-être, qu'importe! La liberté
fera son chemin : elle le fera par la discussion ici, elle
le fera par la pratique ailleurs. (*A gauche.* Très bien !)

Mon inquiétude n'est pas là. Ce qui m'inquiète, vous
le dirai-je? Ce n'est pas le sort de la liberté religieuse,
ce ne sont pas les croyances sincères, sérieuses ; elles se
feront leur place. Toute croyance sérieuse finira par être
une croyance libre. Ce qui m'inquiète, c'est le gouvernement lui-même, dont on compromet la situation normale
en voulant lui faire faire ce qui n'est pas de sa compétence.

C'est une situation anormale que celle-là. Il est aussi
difficile de refuser que de céder, aussi difficile d'accorder
que de dénier les autorisations : c'est un mauvais
métier, un métier dangereux pour le gouvernement.

Quant à l'Église, quant aux Églises croyantes, je
suis tranquille. Les bonnes lois et les mauvaises leur
profitent également.

Il y a longtemps qu'on l'a dit et répété : *Ex bonis et
malis legibus proficit ecclesia!* Nous n'avons à rien à
redouter ! (Sensation.)

Messieurs, savez-vous d'où viennent, à mon sens,
les plus lourdes fautes des gouvernements ? De ce qu'ils
ne voient pas ce qui se passe au fond de la société.
Les yeux fixés sur la surface, ils ne voient pas au delà.

Quel est l'historien profane, par exemple, qui ait
su voir, dans les cinquante premières années du christianisme, la plus grande transformation que mentionne
l'histoire ? Aucun. De même aujourd'hui ; je crois qu'il
s'élabore, sans que nous nous en doutions assez,
quelque chose de grand dans notre société moderne.

A travers beaucoup d'erreurs, beaucoup de fautes,
beaucoup de mépris sincères ou affectés, le mouvement
religieux suit son cours. Il le suit en France comme
en Angleterre, comme en Allemagne, comme en Suisse,
comme partout. Il le suit, en troublant tout autour de
lui.

Le trouble ! vieille accusation qu'on jetait aux
apôtres, quand ils prêchaient l'Évangile ; accusation
qu'on jettera toujours, à quiconque propagera une
croyance et remuera une idée. (Très bien !)

Le trouble ! Oh ! sans doute, l'émotion des consciences
est une cause d'agitation ; le remuement des idées est
une cause d'agitation ; l'esprit de recherche est une

cause d'agitation... Est-ce que cela ne vaut pas mieux, dites-moi, que la mort, que la langueur des consciences, des âmes, des esprits?

Messieurs, nous le disions tout à l'heure, les catholiques se font protestants et les protestants se font catholiques. C'est déplorable, n'est-ce pas? Il vaudrait bien mieux nous traîner dans la vieille ornière de l'hérédité religieuse, qui met les croyances éternelles au niveau d'un patrimoine, et qui les transmet comme un article de succession. (Sensation. — Rumeurs.)

Je dis, moi, que les croyances ainsi transmises, sont des croyances niées. (Réclamations.) Oui des croyances niées. (Nouvelles réclamations.)

Je dis, ainsi transmises; c'est-à-dire sans l'acceptation individuelle, l'acceptation personnelle.

Et moi aussi, j'ai hérité des croyances de ma famille; je ne puis donc pas vouloir dire ce que vous semblez supposer en ce moment. J'ai hérité; mais j'ai accepté. Voilà la différence. Or, je maintiens que l'acceptation personnelle, l'acceptation sérieuse, le choix spontané, rendent seuls hommage à la dignité des dogmes religieux.

Croyez-moi, ne vous plaignez pas trop du mouvement religieux, qui sera, je le pense, je l'espère, le caractère distinctif, la gloire de notre temps, et qui contrebalancera fortement nos tendances matérialistes. Ne vous en plaignez pas, n'usez pas vos forces à l'amortir, à le pacifier, à le corrompre.

Surtout, ne cherchez pas à le garotter. Dans aucun temps, sous aucun régime, on n'y est parvenu. La foi véritable, les cultes dignes de ce nom, briseront du premier effort vos indignes et impuissants liens. (Sensation. — Très bien! très bien!)

Après les discours de M. de Fontette, de M, le Garde
des sceaux, et de M. Odilon Barrot, le comte Agénor
de Gasparin reprend la parole.

M. DE GASPARIN. — C'est sur un fait, que je désire
appeler l'attention de la Chambre.

Je ne rentrerai pas dans la discussion ; je sens que je
n'en ai pas le droit.

Cette discussion de principe, je la crois plus utile que
M. Odilon Barrot ne l'a dit ; mais je n'ai pas le droit
d'y rentrer.

Messieurs, le fait de la déclaration de 1844 est un fait
important, un fait officiellement consigné devant la
Chambre des pairs, dans le rapport de M. le duc de Broglie. M. le duc de Broglie, qui présentait ces paroles à
la Chambre, était membre du cabinet au nom duquel la
déclaration avait été faite. Voici ses paroles :

« Dans l'opinion du cabinet dont je faisais partie... »,
vous le voyez, ce n'est pas l'opinion seule d'un de ses
membres, c'est l'opinion du cabinet, « l'article de la
charte protégeait, contre tout régime préventif, les
réunions du culte. » Et plus loin : « Nous nous étions
trompés, sans doute, mes collègues et moi, en attribuant
à la charte une portée qu'elle n'a pas. »

Telle est la déclaration que faisait M. le duc de Broglie
au sujet de la liberté des cultes, lorsqu'il déclarait qu'en
1834, le cabinet s'était trompé ; lorsqu'il déclarait que
la liberté des cultes était étrangère à la loi des associations.

M. le Garde des sceaux se défend beaucoup d'avoir
changé d'opinion. Il refuse à nos débats antérieurs
d'avoir porté ce fruit très considérable, très important.

Or, voici les paroles que M. le Garde des sceaux prononçait en 1844. Vous verrez qu'il était bien question d'un consistoire, d'une Église officielle agissant dans sa circonscription légale, et que M. le Garde des sceaux, à cette époque, était fort éloigné d'admettre, même la liberté de cette Église : « Qu'est-il venu vous dire (M. de Gasparin)? que des pouvoirs plus puissants que nous n'ont pas pu vaincre des résistances semblables à celles que nous rencontrerons, et qu'au moment où la Chambre délibère, deux consistoires déclarent qu'ils ne demanderont pas l'autorisation pour l'exercice de leur culte, et qu'ils se contenteront de déclarer qu'ils veulent l'exercer.

» *Voix de la gauche.* Ils ont raison, c'est dans la charte.

» *M. le Garde des sceaux.* Je ne puis pas le croire. Et pourquoi, Messieurs, ne puis-je pas le croire? La raison en est toute simple : c'est que, malgré les déclarations faites par l'honorable M. de Gasparin, le principe de la liberté des cultes, article 5 de la charte, a été interprété, je ne dirai pas par les grands pouvoirs de l'État seulement, mais par la jurisprudence la plus constante de la cour de cassation.

» Je comprends bien qu'on vienne dire que cette jurisprudence doit donner lieu à une modification dans la législation, comme l'a demandé l'honorable rapporteur de la commission. Je conçois bien que, par tous les raisonnements possibles, on cherche à atteindre ce but; mais je ne comprendrais pas que des corps établis par la loi vinssent déclarer que, lorsque la loi sur la liberté des cultes doit être entendue de telle manière, ils se préparent à la violer, et qu'ils ne demanderont pas l'autorisation dont cette loi établit la nécessité. (Exclamations diverses à gauche.)

» *M. Beaumont (de la Somme).* Au-dessus de la cour de cassation, il y a la charte.

» *M. le Ministre.* Je déclare que l'honorable M. de Gasparin a dit une chose qui ne peut pas être vraie. »

Je me félicite de la conversion de M. le Garde des sceaux; mais permettez-moi d'en prendre acte.

M. LE GARDE DES SCEAUX. — On a invoqué l'opinion de M. de Broglie; il aurait fallu compléter la citation, et dire, qu'après une discussion très approfondie devant la Chambre des pairs, le renvoi au gouvernement avait été rejeté et l'ordre du jour prononcé.

Moins que personne assurément, je conteste l'autorité de l'un des orateurs les plus importants de la Chambre des pairs; mais il m'est permis de dire que cette Chambre a été en opposition formelle avec l'opinion de cet orateur: c'est un fait.

On a dit que j'étais en contradiction avec ce que j'avais professé en 1844. C'est à l'honorable M. de Gasparin que j'en appelle; moi-même, je fais appel à sa bonne foi; jamais la question s'est-elle présentée d'une manière nette et précise, comme elle l'a été cette fois devant le conseil d'État? Aller ainsi dans une discusion très longue, chercher deux ou trois mots pour me les opposer, c'est en vérité un peu abuser du droit d'interpellation; l'honorable M. de Gasparin lui-même le reconnaîtra.

M. DE GASPARIN. — M. le Garde des sceaux fait appel à ma loyauté. Il me demande ceci : de reconnaître qu'il a, dans un autre temps, exprimé l'opinion qu'il manifestait il y a quelques jours au conseil d'État ! Impossible de ne pas le faire remarquer; non seulement les paroles que je viens de lire sont claires, pré

cises, s'appliquent non pas à la liberté générale, mais
à un consistoire particulier, à une Église officielle; non
seulement les termes sont irréfragables, parfaitement
nets, mais encore, il y a quelques jours, M. le Garde
des sceaux a fait poursuivre M. le pasteur Pertuzon.

C'est par ordre de M. le garde des sceaux, que M. Pertuzon a été poursuivi.

M. LE GARDE DES SCEAUX. — Non, monsieur!

M. DE GASPARIN. — Alors, l'autorité judiciaire de
Dijon est singulièrement indépendante! (Rires à gauche.)

M. LE GARDE DES SCEAUX. — Tous les procureurs généraux sont indépendants.

M. DE GASPARIN. — Je ne nie pas le degré d'indépendance du ministère public; je dis que je supposais
quelques relations, lorsqu'il s'agit de grandes affaires,
de poursuites importantes, entre M. le Garde des sceaux
et le ministère public. J'ai été probablement dans l'erreur. Ces poursuites si importantes, qui intéressent les
grands principes, se font sans consulter le ministre; c'est
possible. M. le Ministre demandait lui-même, il y a
quelques jours, l'autorisation de poursuivre au conseil
d'État. C'était M. le Ministre qui posait la question;
c'était M. le Ministre qui, je le répète, demandait l'autorisation de poursuivre; or, j'ai des raisons de croire
que M. le Ministre voulait très sincèrement, très
sérieusement, obtenir gain de cause. (Mouvement.)

. . . .

M. LE PRÉSIDENT. — La commission a proposé le
double renvoi au ministre de l'intérieur et au garde des
sceaux.

Je consulte la Chambre sur le double renvoi.

(Le double renvoi est ordonné.)

CHAMBRE DES DEPUTES

SÉANCE DU 6 AVRIL 1846

Pétition de protestants de la ville de Cannes, relative aux colporteurs protestants, qui demandent la libre circulation des livres de leur culte, et particulièrement de la Bible.

(Le rapport de la commission, présenté par M. Laurans, propose le renvoi de la pétition à M. le garde des sceaux et à M. le ministre de l'intérieur.)

Le Cte A. DE GASPARIN. — Je demande la parole.

Plusieurs voix. — Il n'y a pas d'opposition ; c'est inutile !

M. LE PRÉSIDENT. — La parole est à M. de Gasparin.

M. DE GASPARIN. — Messieurs, je tâcherai d'être très clair, de rappeler en termes très précis les conclusions du rapport et les conséquences qu'elles doivent avoir. J'espère qu'aujourd'hui, je serai assez heureux pour qu'on n'exagère pas, qu'on ne fausse pas mes paroles afin de les rendre absurdes ; assez heureux, pour qu'on ne me fasse pas dire par exemple, que je réclame une liberté inconditionnelle, illimitée, au moment même où je réclame une loi qui fixe les conditions de la liberté.

Il serait facile, Messieurs, d'élargir la question ; de se demander si la liberté de la vente, n'est pas le corollaire naturel de la liberté de la presse. Je n'agrandirai pas le débat ; je me renfermerai dans la question, telle qu'elle nous est posée.

Permettez-moi de vous donner quelques courts renseignements de fait, sur le colportage dont il s'agit.

Le colportage est une nécessité, pour toute religion en minorité. Cette religion est forcée de pourvoir à l'édification de ses troupeaux disséminés ; elle est forcée, également, de pourvoir à la propagation de ses croyances. Pour cela, elle a besoin des trois moyens que je rappelais dans la séance de samedi dernier : le droit de réunion, le droit de controverse, le droit de colportage.

La minorité religieuse, en France, a toujours apporté le soin le plus scrupuleux dans le choix de ses colporteurs ; et si je pouvais mettre sous les yeux de la Chambre les instructions qui leur sont données, la Chambre comprendrait ce qu'il y a d'étrange dans les tracasseries, les obstacles et les difficultés qu'ils rencontrent depuis quelque temps.

Voici deux mots de ces instructions :

« Il est impossible à tout autre qu'à un chrétien véritable d'atteindre le but du colportage, parce que c'est une œuvre de foi, de prière, et de dévouement absolu. Quiconque se présentera pour colporter les saintes Écritures, est sérieusement invité à s'examiner devant Dieu, et à se demander solennellement, en présence de Celui qu'on ne peut tromper, s'il se sent véritablement appelé par le Seigneur, à cette sainte vocation.

» Toute demande d'admission devra être appuyée par quelques pasteurs ou quelques chrétiens connus. »

Voyez le soin avec lequel on choisit ces hommes.

« Si c'est un jeune homme qui se présente, et qu'il n'ait pas encore l'âge de contracter un engagement sérieux, il doit se faire autoriser de ses parents ; ceux-ci consentent, en même temps, à se porter garants de la bonne gestion de leur enfant.

» Les livres saints, sont vendus au prix coûtant et au dessous du prix coûtant, aux personnes pauvres, aux maîtres d'école, aux militaires. »

Tel est l'esprit du colportage qui a toujours existé au sein de l'Église réformée de France. Telles sont les précautions sévères, avec lesquelles on a usé de ce droit.

Ce que j'ai dit des agents, je puis le dire des livres.

Ici, j'invoque un témoignage qui n'est pas suspect. Dans un des procès récents, à Grasse, département du Var, le procureur du roi, qui demandait la condamnation d'un colporteur, a lui-même déclaré loyalement, en plein tribunal, qu'il avait pris connaissance de ses livres, et qu'il les trouvait excellents.

Ces faits établis, j'examine rapidement les deux formes de colportage, que vient d'indiquer M. le Rapporteur.

Il vous a parlé du colportage dans l'intérieur des maisons, et du colportage sur la voie publique.

Quant au colportage dans l'intérieur des maisons, le rapport établit avec raison qu'il est libre; son droit est incontestable et incontesté. Un arrêt de la cour de cassation, qui n'a pas, je crois, été cité dans le rapport, l'arrêt du 13 février 1845, établit en termes formels, positifs, que le livret de libraire (pas plus que l'autorisation préalable) ne peut être exigé du colporteur dans l'intérieur des maisons.

« Attendu que le tribunal correctionnel de Draguignan, en prononcant la condamnation aux frais contre Barnaud, à raison d'un fait qu'aucune loi ne punit ni de la prison ni de l'amende, a commis un excès de pouvoir et violé l'article 179 du code d'instruction criminelle, qui formait la base et la limite de sa compétence;

» Attendu que le fait constaté par le dit jugement *n'est pas un délit qualifié par la loi* ;

» Casse et annule le jugement rendu le 27 juin 1844 contre David Barnaud, par le tribunal correctionnel de Draguignan comme tribunal d'appel du département du Var, et sur appel du jugement du tribunal correctionnel de Grasse ;

» Ordonne qu'il n'y aura pas de renvoi, etc. »

M. POULLE. — Quelle est la date de cet arrêt?

M. LE Cte DE GASPARIN. — 13 février 1845.

Cet arrêt de cassation n'est pas le seul.

Eh bien, Messieurs, en présence de cette jurisprudence établie, de ce droit incontestable du colportage dans l'intérieur des maisons ; des faits se sont produits, absolument contraires au droit. J'en citerai un seul devant la Chambre; c'est le plus récent.

Voici une lettre de Saint-Valéry-en-Caux, du 17 mars 1846. Cette lettre établit qu'un colporteur, qui se bornait à la vente dans l'intérieur des maisons, qui n'avait fait qu'offrir des Bibles et des livres protestants dans l'intérieur des maisons, sans jamais étaler sur la voie publique, a été arrêté dans l'exercice de ce droit-là, que ses livres ont été mis sous clef, et qu'on ne lui a rendu la clef du dépôt, qu'à la condition qu'il ne vendrait plus!

« Quoique la clef de mon dépôt m'ait été rendue, la

vente m'est néanmoins interdite. Le commissaire m'a rendu la clef, sous condition de me retirer de ce lieu-ci, ou du moins de n'y pas vendre.

» Le commissaire m'a enfin quitté en m'interdisant, sous peine d'amende et de confiscation de mes livres, de vendre sans permission conforme à la loi, c'est-à-dire sans diplôme. »

M. LE DUC D'UZÈS. — Y a-il des protestants à Saint-Valéry?

M. LE Cᵗᵉ DE GASPARIN. — La question me paraît parfaitement étrangère au droit, à la question de droit que nous discutons en ce moment. (C'est vrai!) Si l'on voulait borner aux localités où il y a des protestants la vente des livres protestants, le droit serait confisqué. L'interpellation me prouve à quel point il est nécessaire de traiter souvent des questions de cette nature. (Très bien!)

M. DE L'ESPINASSE. — Il y a eu une séance tout entière consacrée samedi à ces questions, et c'est bien assez!

M. LE Cᵗᵉ DE GASPARIN. — Ce n'est pas ma faute, si la question revient aujourd'hui.

M. DE L'ESPINASSE. — Il ne faut pas la faire revenir tous les jours! Nous avons autre chose à faire!

M. LE Cᵗᵉ DE GASPARIN. — J'ai été averti hier que la question viendrait aujourd'hui. Pour ma part, je ne le regrette nullement, et je remplis un devoir, en soutenant mon opinion à la tribune. (Parlez! parlez!)

Pour que je parle, il ne faut pas que tout le monde parle. (On rit. — Parlez!)

Puisqu'on m'invite à parler, je parlerai, et je supplie la Chambre de m'accorder toute son attention.

La commission conclut sur ce premier point, en ce qui concerne le colportage dans l'intérieur des maisons,

qui est le colportage ordinaire, celui auquel nous nous
livrons en général (le colportage sur la voie publique
est l'exception, le colportage dans l'intérieur des maisons
est la règle générale) ; la commission, sur ce premier
point, conclut, et je conclus comme elle, en invitant le
gouvernement à donner des instructions positives aux
autorités locales, pour les inviter à n'apporter aucun
obstacle illégal à l'exercice d'un droit. (C'est cela !)

Quant au colportage sur la voie publique, je reconnais
avec la commission que la loi de 1834 est applicable, et
que l'autorisation préalable est nécessaire. Mais je crois
aussi avec elle, qu'on a abusé de la faculté d'autorisation ; que, souvent, on a appliqué d'une manière peu
intelligente et peu juste la loi de 1834. Je pourrais citer
les faits auxquels se refèrent les pétitionnaires du Var.
L'autorisation a été demandée, demandée précisément
pour les livres reconnus excellents par M. le Procureur
du roi, à Grasse, et l'autorisation a été refusée, refusée
dans un grand nombre de communes dont j'ai la liste.
Je ne la place pas sous les yeux de la Chambre, afin de
ménager ses moments.

Sur ce second point donc, il est encore utile que les
conclusions de la commission soient adoptées; adoptées
en s'en rendant bien compte, et que des instructions
soient données, pour faire comprendre aux autorités
municipales comment et dans quel sens, doit être appliquée la loi de 1834; pour leur déclarer en termes formels,
que ce n'est pas à la vente de la Bible, à la vente de
livres d'édification ou de controverse, que doit être
appliqué le refus d'autorisation préalable, mais qu'il faut
le réserver aux livres immoraux et corrupteurs. (Approbation.)

Vous dirai-je à présent, Messieurs, ce qui donne le

plus de gravité aux faits que j'ai mentionnés? ce qui a nécessité des explications que peut-être la Chambre a jugées un moment superflues, inutiles, voyant que le renvoi n'était pas contesté?

Voici ce qui fait la gravité de l'affaire : c'est que jusqu'en 1845, le colportage était libre. Jusque vers la fin de 1845, les obstacles au colportage ont été bien peu nombreux, presque nuls; il y a cinq ou six mois seulement que ces obstacles se sont produits, qu'ils ont éclaté sur tous les points du territoire à la fois, et dans le Var, et dans l'Aude, et dans l'Ariège, et dans la Gironde, et dans la Normandie, et dans la Côte-d'Or.

Est-ce encore un hasard malheureux qui fait qu'à cet égard, des lois qu'on laissait sommeiller, se sont tout à coup réveillées sous l'administration de M. le Garde des sceaux ? Est-ce encore un hasard malheureux, comme pour les réunions religieuses, comme pour le droit de controverse ? (Sensation.)

Jusqu'ici, Messieurs, tout est simple. Ce que je viens de dire à la Chambre, ne peut prêter à aucune contestation. Mais je sais que la question a ses difficultés, et je ne suis pas disposé à les esquiver ; je désire au contraire les aborder de front. (Mouvement d'attention.)

Eh bien, oui ; on fait deux grandes objections au colportage des livres, deux objections qui semblent sérieuses. D'abord, on dit : — Il y a des livres infâmes, des livres corrupteurs. Est-ce que vous voulez leur procurer la liberté ? Est-ce que vous voulez leur garantir des droits ? N'arrive-t-il jamais qu'en vendant des livres protestants, on vende autre chose ? qu'à côté de la Bible et de vos livres religieux, que nous n'attaquons pas, on fasse pénétrer dans les campagnes des ouvrages propres à ébranler la moralité, à corrompre profondément les populations ?

Voilà la première objection. Ma réponse sur ce point est facile :

Il y a cinq ou six mois, ces livres corrupteurs dont on parle, existaient probablement en aussi grand nombre qu'aujourd'hui. Pourquoi n'y avait-il presque point de poursuites, il y a cinq ou six mois ? D'où vient cette recrudescence de répression ? D'où vient que, par un malheur inexplicable, toutes les poursuites sont tombées sur la Bible, et non pas sur les livres corrupteurs ? D'où vient que les livres arrêtés, confisqués, entravés dans leur vente, ne sont pas les mauvais livres, mais les bons ? (Très bien !)

Messieurs, je porte ici un défi solennel de prouver, d'avancer même, qu'aucun des colporteurs nombreux qui, depuis longtemps, sont employés en France par l'église protestante et les sociétés protestantes, aient jamais vendu un seul exemplaire des mauvais livres auxquels on fait allusion. Jamais un seul exemplaire, entendez-le bien !

Il est arrivé une seule fois, pour un seul de ces colporteurs, qu'il a vendu, non pas certes un livre infâme, bien loin de là, mais un livre étranger à la religion, étranger aux questions qui seules me préoccupent. Or, ce colporteur, homme excellent d'ailleurs, a été blâmé. Voilà le seul fait qu'on peut me citer : le seul.

Je sais bien, Messieurs, qu'il peut arriver que des colporteurs de mauvais livres achètent des Bibles, les colportent, les placent en même temps que leurs mauvais livres; mais êtes-vous désarmés contre cet indigne abus ? Est-ce que l'article 287 du code pénal n'existe pas ? Permettez-moi de le placer sous vos yeux :

« Toute exposition ou distribution de chansons, pamphlets, figures ou images contraires aux bonnes mœurs, sera punie d'une amende de 16 à 100 francs, d'un emprisonnement de un mois à un an, et de la confiscation des objets du délit. »

Soyez tranquille ! Vous serez toujours libres d'appliquer cet article ; et tout colporteur qui essayerait de vendre dans une commune quelconque, un livre contraire aux mœurs, frappez-le, frappez-le sévèrement ! Il ne trouvera pas ici d'avocat, je vous en réponds ; il ne sera défendu par personne ; car, je vous répète ce que je disais samedi : « Votre sévérité, c'est notre garantie, et nous y tenons beaucoup. » (Très bien ! très bien !)

Mais, Messieurs, est-ce là le caractère des poursuites qui ont eu lieu ?

Une circulaire récente de M. le procureur du roi de Cognac, me semble indiquer les véritables préoccupations qui les ont amenées. Cette circulaire est très récente, et c'est pour cela que je la cite ; elle est du 22 mars 1846. On y voit contester d'abord, la doctrine qui a été tout à l'heure établie par M. le Rapporteur ; la doctrine en vertu de laquelle le brevet de librairie ne peut être exigé du colporteur qui ne colporte des livres que dans l'intérieur des maisons. M. le procureur du roi de Cognac tient peu compte des arrêts de la cour de cassation ; mais voici les phrases significatives, à mon sens, de sa circulaire :

« Vous savez, comme moi, que des écrits dirigés contre la religion catholique sont répandus avec profusion dans plusieurs communes de cet arrondissement; ils paraissent avoir pour objet la propagation du culte protestant,

» Je vous prie d'user des moyens que la loi met dans vos mains pour protéger la religion de la majorité contre des attaques imprudentes ou coupables. »

M. LE GARDE DES SCEAUX. — Très bien!

M. DE GASPARIN. — M. le Garde des sceaux dit : Très bien. Cela prouve précisément que nous ne sommes pas d'accord, et que ce débat est nécessaire.

Selon M. le Garde des sceaux, il faudrait protéger une religion contre l'autre (Non! non!)

M. LE GARDE DES SCEAUX. — La circulaire ne dit pas cela; elle ne parle que des attaques imprudentes et coupables.

M. DE GASPARIN. — Je n'attaque pas les mots, je remonte jusqu'à la pensée, et cette pensée, la voici telle qu'elle se présente à moi, et peut-être à beaucoup d'autres membres de la Chambre. C'est surtout pour protéger la religion de la majorité, qu'il faut surveiller les colporteurs!

A mon avis, les poursuites dirigées contre le colportage, ont eu pour mobile principal, la crainte de la propagation du culte protestant. Je ne crois pas que ce fait puisse être contesté sérieusement ici. Assurément, ce qui vous pousse, ce n'est pas la crainte des mauvais livres. Point d'hypocrisie! (Très bien!)

Quand je vois que, durant les derniers huit jours du carnaval, on vendait, dans les rues de Paris, l'*Almanach poissard*; un livre dont on n'oserait pas citer le second titre, et dont la vente, autorisée sur les places, dans les rues, se fait au meilleur marché possible, afin qu'il soit à la portée de tout le monde; je me dis que ce n'est pas un sentiment pudique, une terreur causée par les livres corrupteurs, qui a amené cette recrudescence de poursuites contre le colportage.

Quand je vois sur les étalages publics, des estampes bien
plus contraires aux mœurs que les mauvais livres ; quand
je vois la provocation extérieure à la débauche, provocation contre laquelle nous nous sommes élevés naguère,
et qui continue encore aujourd'hui ; quand je vois tous
ces faits, je demeure convaincu qu'il ne s'agit pas ici
de la morale universelle, mais de la religion de la majorité. (Sensation !)

On dit : — Vous colportez des livres de controverse !
Vous troublez les consciences, vous agitez le pays !

Sans doute. Ces attaques dirigées par un culte contre
un autre culte, cela remue les esprits ! mais je suis de
ceux qui aiment mieux le trouble de la rue, que la paix
du cimetière : je suis de ceux qui croient que l'échange des
idées, la lutte des idées est chose nécessaire, utile en
religion comme en politique ! Il s'agit d'un droit,
d'un droit plus compromis qu'on ne se l'imagine, plus
contesté qu'on ne croit. (Interruption).

Je vois au fond des interruptions, la négation du droit
de dire tout ce qu'on pense sur tous les cultes. Oh ! avec
des notions réelles de liberté, il n'y aurait pas de question. (C'est vrai !) Il n'y a pas de questions chez les
peuples libres ; pour nous, il y en a encore une. Nous
n'admettons pas encore les belles paroles de M. Dupin :
les cultes n'ont pas le droit de se déplaire ; il faut qu'ils
se supportent ; qu'ils se supportent avec leurs agressions,
avec leurs différences, avec leurs critiques réciproques.

Répétons-le : les cultes n'ont pas le droit de se déplaire.
Voilà la vérité, et, si vous remontiez un peu en arrière,
si vous remontiez jusqu'à la discussion de la loi sur
les controverses, de la loi qui a la prétention de protéger
la religion de la majorité, de la loi de 1822, vous seriez

surpris, aujourd'hui que nous sommes si timides en
matière de liberté, vous seriez surpris de voir jusqu'où
l'on portait l'audace des principes, l'audace de la pensée
et de l'expression.

Faites attention, Messieurs, c'est un souvenir que je
ne voudrais pas voir se perdre; il vaut la peine d'être
recueilli. (Attention générale.)

En 1822, lorsqu'on discutait sur le droit de controverse, l'opposition de cette époque, peu nombreuse en
face d'une majorité compacte et rétrograde (Mouvement), se crut obligée de sortir en masse de la Chambre,
pour protester contre l'esprit d'une telle loi. C'étaient
les Chauvelin, les Benjamin Constant, les Kératry, les
Foy, les Sebastiani, les Saint-Aulaire, les Delessert, les
Manuel. Ils sortirent tous. Mais avant de sortir, ils avaient
tenu un beau et noble langage. Vous écouterez plus
volontiers les paroles de Manuel que les miennes. (Très
bien !) Tâchons d'en faire notre profit.

« Vous savez ce que dit la charte, au sujet des religions. Elle promet liberté entière et protection égale
pour toutes. Or, en quoi consiste la liberté pour une
religion? Consiste-t-elle uniquement en ce qu'on puisse
suivre ses dogmes, professer son culte et rester fidèle à ses
serments ? Non, Messieurs, la liberté d'une religion comporte encore essentiellement le droit de soutenir qu'elle
est la seule bonne, le droit de chercher à faire des prosélytes, et la rédaction actuelle porte atteinte à cette liberté.

» J'entends dire que ce ne serait pas leur faire outrage,
ni les tourner en dérision. Eh quoi ! lorsque je dirai à
quelqu'un qui a été élevé dans une religion, et qui aime
cette religion, comme il le doit; lorsque je lui dirai que
tel dogme qu'il vénère est une erreur complète, une

hérésie; il ne regardera pas cela comme un outrage! Eh
bien, Messieurs, ce que j'aurai fait, il est évident que
j'avais le droit de le faire; mais il est évident que l'article tel qu'il est rédigé me le défend, ou me punira de
l'avoir fait. »

Puis, Manuel faisait entendre d'autres paroles bien
remarquables, car il les empruntait à M. de Courvoisier,
Garde des sceaux à cette époque. Écoutez M. de Courvoisier. (Écoutez!)

« Du moment que vous voudrez imposer des restrictions au droit qu'a chaque croyant *de dire tout ce qu'il
pense des croyances étrangères à la sienne;* du moment
que vous voudrez montrer des châtiments à celui que
Dieu même a chargé d'annoncer sa foi, il bravera les
uns et franchira les autres. *L'empêcherez-vous d'appeler
les cultes étrangers des cultes adultères? De les traiter
d'impies et de sacrilèges?...* »
Vous voyez que les expressions sont fortes; elles sont
de M. de Courvoisier; je n'oserais pas en dire autant.
Je continue : « d'attaquer les dogmes et les rits étrangers?
*de les qualifier d'abominables erreurs ou d'infâmes
profanations?* Voilà le langage que les ministres d'un
culte, que les simples prêtres ont, religieusement parlant, le droit de tenir. Voilà, n'en doutez pas, si vous
le provoquez, le langage qu'ils tiendront, *et il suffira
qu'un seul ait tenu ce langage, et qu'en vertu de votre
loi on ait essayé de l'en punir, pour que tous unani-
mement se croient obligés de répéter la même confession
de foi.* » (Approbation à gauche.)
Messieurs, cela vous paraît bien audacieux, n'est-ce
pas? bien exagéré, bien embarrassant! (On rit.)

Mais je vais au devant d'une objection personnelle. On me dira peut-être (c'est une pensée qui est née sans doute dans l'esprit de plusieurs de mes collègues) on me dira : « — Vous prenez bien aisément votre parti des attaques dirigées contre un culte qui n'est pas le vôtre. Ne seriez-vous pas plus sensible s'il s'agissait du dogme protestant? » (Mouvement d'attention.)

Non, Messieurs. Et plus je respecte, plus j'accepte certaines vérités, plus je suis humilié pour elles, de la protection qu'on veut leur donner en police correctionnelle. (Approbation à gauche.) C'est se défier de ces vérités, que de rechercher pour elles de telles protections. Oui, je suis honteux pour le christianisme, quand je vois que les attaques dirigées contre lui, sont l'objet de poursuites devant les tribunaux.

Ma profession de foi, elle est tout entière dans d'autres paroles, belles aussi (j'aime mieux faire parler les autres que de parler moi-même) elle est dans les paroles que j'emprunte à deux hommes fort différents, à un philosophe, et à un chrétien.

Voici les premières. Le philosophe, c'est Jefferson ; et voici l'immortel considérant qu'il écrivait en tête du bill de 1785, sur la liberté religieuse :

« Considérant que la vérité est grande et forte ; qu'elle ne peut que triompher en la laissant faire ; que l'erreur, après tout, n'a pas de plus redoutable ennemi que la vérité, et que celle-ci n'a pas à redouter la lutte, si l'intervention humaine ne la prive de ses armes naturelles ; savoir : la libre discussion, devant qui l'erreur ne peut longtemps subsister... »

Telle est la déclaration du philosophe : passons à celle du chrétien.

« J'aurais honte, disait l'évêque protestant Warburton,

j'aurais honte d'écrire une ligne pour la défense de la vérité religieuse, si je ne pensais pas que tous les hérétiques jouissent d'une égale liberté pour l'attaquer. »

Voilà, Messieurs, ma profession de foi.

M. Dupin. — Et moi aussi.

M. de Gasparin. — Ne croyez pas que les attaques aient été épargnées au culte de la minorité. Messieurs, j'aurais pu ramasser vingt, cent ouvrages plus violents, plus injurieux que ceux auxquels on a fait allusion !

Je pourrais vous citer des mandements d'évêques. Je ne m'en afflige pas, ils ne me blessent pas le moins du monde ; je trouve que c'est un droit dont on use avec plus ou moins de discernement, mais enfin c'est un droit. Je crois, Messieurs, que lorsque M. l'Évêque de La Rochelle, par exemple, a parlé des colporteurs (puisqu'il s'agit de colportage), en les traitant de cœurs pervers, de perfides aventuriers, de dangereux vagabonds, de ministres du démon (On rit), je crois, Messieurs, qu'il a écrit des paroles injurieuses dont il n'a point eu à se repentir, et que la circulation du mandement n'a point été entravée. (On rit.) Je m'en félicite. Je serais fâché qu'il y eût des obstacles à la critique, même la plus vive, dirigée contre les protestants.

Je serais bien fâché que des livres comme, par exemple, *le Présent et l'Avenir*, ce livre dans lequel toutes les injures sont réunies, ne fussent pas libres ; je serais bien fâché qu'on en fît l'objet d'une poursuite correctionnelle. Et cependant, que voit-on dans ce livre ? La simonie protestante ; le protestantisme, religion de luxure ; la vie scandaleuse de MM. les Ministres de l'Évangile ; le protestantisme, religion d'argent ; la Réforme produisant une immoralité sans borne (Sen-

sation), une complète négation de toute religion divine.
On y voit l'indigne métier que font tous les ministres
protestants, soit en se jouant de la Bible et du salut
éternel des âmes, soit en ne songeant, dans leur facile
et oiseux métier, qu'à sacrifier au dieu de la fortune, à
se produire dans les salons, et à nourrir leur chair
indomptée de sensualisme et de terrestres plaisirs. (Mouvements divers.)

J'en suis blessé plus que vous, mais Dieu me préserve
de jamais demander la répression de semblables délits :
une protection contre de pareilles attaques ! (Bruit.)

Messieurs, il y a ici de grands principes engagés.
On peut être fatigué de discuter les grands principes,
et je crois que personne n'en est plus fatigué que nous.
(Réclamations.)

Je m'applique le reproche à moi-même. Nous aimons
à faire des affaires, à discuter des chemins de fer. Nous
nous dépêchons de vivre et de mourir. (On rit.) Quant
aux grands principes, nous n'en voulons plus ; laissez-
nous faire nos affaires au jour le jour ; laissez-nous
gouverner, *gouvernailler* comme nous voudrons, tant
bien que mal. (Bruyantes exclamations. — *A gauche :*
Très bien !)

Tout le monde, Messieurs, a sa part de responsabilité
dans un pareil état de choses. Quand on s'amoindrit,
quand on évite les discussions de principes, quand on
vit au jour le jour, c'est la faute de tout le monde.
C'est la faute des députés assis sur ces bancs, c'est notre
faute à tous, si nous n'agrandissons pas notre horizon,
si nous ne l'étendons pas, si nous nous renfermons dans
les faits, si nous redoutons les discussions de principes.

Il s'agit de la minorité. Or la minorité, c'est un droit;

la minorité religieuse a autant de droit a être respectée,
que la minorité politique. Ce n'est pas de telle ou telle
religion, ce n'est pas d'un fait, ce n'est pas d'un intérêt
qu'il s'agit ici ; il s'agit d'un droit, et c'est parce que
c'est un droit que je vous en parle.

Messieurs, si c'était autre chose qu'un droit, vous
devriez me fermer la bouche. .

On ne doit pas produire ici des intérêts, des situations
individuelles. On ne produit ici, on ne défend ici que
des droits. (C'est vrai !) C'est un droit que je défends,
un droit essentiel pour tous. Savons-nous qui, demain,
sera de la minorité politique ou religieuse ? Messieurs,
respect aux minorités, toujours !

Ce droit, il a une autre forme, il a un autre nom
dans d'autres pays. Car, en matière de discussion,
nous oublions sans cesse une chose, c'est de renverser les
hypothèses. Représentez-vous la minorité religieuse en
Angleterre : elle a un autre nom, son droit est aussi
sacré. La minorité religieuse d'Angleterre, est-ce qu'elle
ne trouble pas l'Angleterre, comme la minorité religieuse
en France ? Elle la trouble, elle la trouble profondément,
et elle a raison ; elle trouble l'Angleterre par ses réunions,
par ses controverses, par son colportage. C'est en publiant,
en répandant ses fameux *tracts*, que la minorité religieuse
fait son chemin en Angleterre ; qu'elle crée le puséisme
et le catholicisme ; c'est tout un !

Que diriez-vous demain, si vous appreniez que le
gouvernement de la reine Victoria, s'appuyant sur
certaines convenances, sur la crainte de blesser l'égalité
des cultes, sur le besoin de protéger la religion d'État,
sur le devoir de maintenir la paix publique ; que diriez
vous s'il interdisait de colporter des livres dangereux,
offensants pour les croyances protestantes ?

Que diriez-vous, si on venait argumenter comme vous en Angleterre ? Si l'on s'écriait : — Il n'est pas juste que, tandis que la ▴création de la moindre cure anglicane entraîne l'accomplissement de longues formalités, les catholiques puissent bâtir et ouvrir des cathédrales, sans demander la permission de personne ? Désormais dans la Grande-Bretagne, dans ses colonies, dans cet immense empire des Indes ouvert à l'activité chrétienne de toutes les communions, aucun lieu de culte catholique ne sera inauguré sans l'autorisation du gouvernement. — Si vous appreniez une telle résolution, que diriez-vous ? Vous vous indigneriez, et je m'indignerais moi-même plus que vous. Ce qui est juste là, est juste ici. Respect au principe qui protège les minorités.

Je le déclarais en commençant, je le répète en finissant, la minorité a besoin de conserver tous ses droits. Elle a besoin du colportage ; toujours, elle a eu des colporteurs chez nous. Ces colporteurs avaient jadis un autre nom en France, ils s'appelaient *meurciers*. Sous le chancelier de L'Hospital, qui ne les poursuivait pas, lui, ils parcouraient le royaume, en portant des Bibles et leurs *petits livres*.

Plus tard, ils ont eu l'honneur de souffrir beaucoup pour leur foi. La classe des colporteurs a fourni plus de martyrs qu'aucune autre.

Aujourd'hui, il n'est plus question de cela. Nul ne m'attribuera cette pensée ridicule et absurde, d'une allusion à la persécution religieuse. Je ne sais pas s'il faut aller au-devant d'une telle falsification des opinions qu'on émet à cette tribune. (Non ! non !) Certes, la persécution n'est aujourd'hui ni dans la volonté ni dans le pouvoir de personne. Mais je veux vous épargner la contradiction fâcheuse qui existe entre la liberté de fait, que nous possédons à peu près, et la théorie de la persécution, que vous conservez gratuite- ment.

Toujours nous avons eu, et toujours nous aurons des hommes qui parcourront le pays en vendant des Bibles, en vendant des traités d'édification, en vendant des ouvrages de controverse. Et ne croyez pas que les petits obstacles qui peuvent leur être suscités, les arrêtent un moment.

Savez-vous quelle est la puissance de la foi, quelle est sa force? (Bruit.) Je ne citerai pas ces mission- naires, qui répondent aux calomnies par l'héroïsme chrétien. Mais jetez les yeux autour de vous, à droite, à gauche, dans l'Écosse, dans le canton de Vaud! Voyez des milliers de pasteurs, des pères de famille, qui, du jour au lendemain, pour une idée, pour un principe, pour une croyance, pour l'indépendance du spirituel, ont jeté loin d'eux le pain du jour, la subsistance de leurs enfants!

Telle est la force de la foi. Les colporteurs sont pauvres ; ils sont humbles, ils n'ont rien qui frappe les regards ; ils n'emploieront jamais aucun moyen de résistance violent, et cependant, ces hommes sont forts. Ils sont forts, parce qu'ils croient, parce qu'ils regardent plus haut que notre horizon, que notre petite et grande politique; ils regardent plus haut que cela ; ils ont plus d'ambition que vous ; ils ont une ambition si haute, que nos ambitions vulgaires s'y absorbent et s'y perdent.

N'allez pas, gratuitement, sans nécessité, blesser de telles croyances, affronter de tels courages.

J'appuie donc les conclusions du rapport. Leur sens est net, précis. La réclamation qu'elles accueillent est assurément fort modeste. Que vous demandons-nous ?

De nous replacer dans la situation où nous étions il y a six mois. Ce n'est pas trop demander. Mais songez-y ; je vous le dis avec calme et sérieux, parce que j'exprime ici une résolution bien arrêtée ; si l'on ne nous accorde pas cela, si l'on oppose de nouvelles entraves à l'exercice d'un droit nécessaire, eh bien, nous-mêmes, nous prendrons sur notre dos la balle du colporteur, nous irons vendre des Bibles, affronter vos procès, et nous faire jeter en prison !

A gauche. — Très bien ! très bien ! (Murmures au centre.)

Après un discours de M. Martin du Nord, Garde des sceaux, le Cte Agénor de Gasparin reprend la parole.

Le Cte A. DE GASPARIN. — Je n'ai nulle envie de rentrer dans la discussion, je veux seulement rétablir les faits.

Ils sont tout autres que ne le dit M. le Garde des sceaux. Si les petits livres auxquels M. le Garde des sceaux fait allusion étaient placés sous les yeux de la Chambre, ils seraient jugés moins sévèrement, à coup sûr, et personne n'oserait les comparer à ceux dont j'ai parlé moi-même. Mais laissons ce parallèle, auquel nous n'avons rien à perdre, et posons la question.

Je n'ai pas bien compris, c'est ma faute, les dernières paroles de M. le Garde des sceaux.

Voici comment la commission a conclu :

Quant au colportage dans l'intérieur des maisons, il est libre, il n'est assujetti ni à l'autorisation préalable, ni à l'obtention d'un brevet de libraire ; des instructions doivent être données dans ce sens aux autorités locales.

Quant au colportage sur la voie publique, il est sujet à l'application de la loi de 1834. Je l'ai reconnu moi-même. Mais la commission pense qu'on a abusé de la loi de 1834, et qu'il est à désirer que les autorités municipales reçoivent des instructions plus libérales.

Telles étaient, j'en appelle à la loyauté de M. le Rapporteur et des membres de la commission, telles sont les deux conclusions du rapport. Si ces conclusions sont adoptées par M. le Ministre, le débat est terminé. (Très bien !)

M. Dugabé, *de sa place.* — Je demande la parole.

(M. Dugabé incrimine ce qu'il appelle : « le scandaleux épisode de l'apostasie du sieur Maurette ; » il déclare que dans le département qu'il représente : « un procureur du roi et le juge d'instruction ont dû faire une descente, pour saisir des livres dont la distribution et le colportage alarmaient les consciences : ils les ont saisis chez un pasteur protestant!)

M. de Gasparin. — C'est ici une question de bonne foi. Elle serait tranchée si on relisait le rapport, les conclusions du rapport. On y verrait quels sont les souvenirs les plus exacts : ceux de M. Dugabé ou les miens.

Ma mémoire me fait peut-être défaut; mais je crois avoir déclaré au sein de la commission, que des faits nombreux avaient motivé la pétition. Il était inutile de les rechercher d'ailleurs ; la pétition les racontait elle-même, le rapport en fait mention.

Ses conclusions libérales tendent à ce qu'on use mieux que par le passé, de la loi de 1834. Et voilà que ces conclusions auront pour effet d'appeler une surveillance plus sévère sur les colporteurs ! Jamais je n'ai vu de transformation plus prompte, plus miraculeuse. (On rit.)

Quant à certains faits, dont l'honorable M. Dugabé a

parlé par allusions, je le dispense de garder le silence ;
il peut parler quand il voudra. Je le prie de vouloir bien
citer les livres contraires aux mœurs, qu'on trouve chez
les pasteurs protestants ; il est libre à cet égard. Le
scandale dans l'affaire Maurette, ce sont les imputations
sans preuves portées ici ; démenties ici, l'autre jour
encore, samedi ; formellement démenties, sans qu'on
ait pu répondre ; imputations qui tendent à présenter
un homme honorable, comme ayant passé d'une religion
à l'autre pour se venger de l'interdiction de son évêque.
Comme s'il n'était pas facile de comprendre que l'interdiction était, non la cause, mais le résultat du changement.
(*A gauche*. C'est cela !)

Ne portons pas ici, croyez-moi, des questions de personnes ; c'est à regret que je les vois reparaître sans cesse ;
que je vois qu'on cherche à envenimer le débat. Je
prends des principes, je discute des principes autant
que je le puis, et on revient sans cesse avec des faits
personnels, des faits inexacts. On vient passionner la
Chambre, abaisser le débat, écarter les questions de
principe, empêcher la Chambre de s'occuper des conclusions du rapport.

Ces conclusions, en conteste-t-on le sens ? Qu'elles
soient relues, qu'elles soient replacées sous les yeux de
la Chambre. Vous verrez qu'elles sont conformes, non
pas à l'opinion de l'honorable M. Dugabé, mais à celle
que j'ai exprimée tout à l'heure. Ce sont ces conclusions, je suppose, qu'accepte M. le Garde des sceaux, et
c'est sur ces conclusions que la Chambre aura à se prononcer. (Aux voix !)

La Chambre, après quelques paroles prononcées par M. le Garde des sceaux, est consultée :

M. LE PRÉSIDENT. — La commission a proposé le renvoi de la pétition à M. le Garde des sceaux et à M. le Ministre de l'intérieur.

Y a-t-il opposition ? (Non ! non !)

Le double renvoi est prononcé.

FIN

TABLE

TABLE 461

IMPRIMERIE CENTRALE DES CHEMINS DE FER. — A. CHAIX ET Cⁱᵉ,
RUE BERGÈRE, 20. A PARIS. — 12920-0.

www.ingramcontent.com/pod-product-compliance
Lightning Source LLC
Chambersburg PA
CBHW060949280326
41935CB00009B/667